CORRIDA
CIÊNCIA DO TREINAMENTO E DESEMPENHO

ERIC NEWSHOLME
Departamento de Bioquímica da University of Oxford and Merton College, Oxford, UK

TONY LEECH
Grescham´s School, Holt, Norfolk, UK

GLENDA DUESTER
Departamento de Bioquímica, University of Oxford, UK

CB015986

CORRIDA
CIÊNCIA DO TREINAMENTO E DESEMPENHO

TRADUÇÃO E REVISÃO CIENTÍFICA

PROF. DR. REURY FRANK PEREIRA BACURAU

Professor da graduação em Educação Física do UniFMU.

Professor e coordenador da pós-graduação *lato sensu* em Fisiologia do Exercício e Nutrição Esportiva do UniFMU e UGF.

PROF. DR. FRANCISCO NAVARRO

Professor da graduação em Educação Física do UniFMU.

Professor e coordenador da pós-graduação *lato sensu* em Fisiologia do Exercício e Nutrição Esportiva do UniFMU e UGF.

Título original em inglês: *Keep on running*

Copyright © 1994 by John Wiley and Sons Ltda.

Direitos adquiridos para Língua Portuguesa pela Phorte Editora Ltda.

1ª edição brasileira – 2006

Rua Galvão Bueno, 714 – Cjs. 11-14 e 16

Liberdade – São Paulo – SP – CEP: 01506-000 – Brasil

Tel: (11) 3207-2923 e 3209-2793 Fax: (11) 3207-0085

Site: www.phorte.com *E-mail*: phorte@terra.com.br

Produção e Supervisão Editorial: Fábio Mazzonetto

Gerente Editorial: Sérgio Roberto Ferreira Batista

Assistente Editorial: Felipe Freires Carvalho

Revisão Científica e Tradução: Reury Frank Bacurau, Francisco Navarro

Revisão: Marcela M. S. Magari

Projeto Gráfico, Editoração Eletrônica e Capa: Márcio Maia

Impressão: Edelbra

CIP-BRASIL. CATALOGAÇÃO-NA-FONTE
SINDICATO NACIONAL DOS EDITORES DE LIVROS, RJ.

N466C

NEWSHOLME, E. A.
  CORRIDA : CIÊNCIA DO TREINAMENTO E DESEMPENHO / ERIC NEWSHOLME, TONY LEECH, GLENDA DUESTER ; TRADUÇÃO REURY FRANK BACURAU, FRANCISCO NAVARRO. - SÃO PAULO : PHORTE, 2006
    IL.

  TRADUÇÃO DE: KEEP ON RUNNING
  ANEXOS
  INCLUI BIBLIOGRAFIA
  ISBN 85-7655-020-2

  1. CORRIDA - TREINAMENTO. 2. CORRIDA - ASPECTOS FISIOLÓGICOS. I. LEECH, TONY. II. DUESTER, GLENCA. III. TÍTULO.

05-2103.   CDD 796.426
                  CDU 796.422

A
AGRADECIMENTOS

É claro que não é possível escrever um livro deste tipo sem um grande esforço e a ajuda de outros autores. Muito do que está impresso nestas páginas é o repositório do conhecimento compartilhado, uma característica do esforço científico. Muitas das nossas fontes foram listadas como "leituras sugeridas". Mas inevitavelmente utilizamos várias outras pesquisas publicadas. Somos particularmente gratos a Craig Sharp e Priscilla Clarkson, que generosamente comentaram nosso manuscrito e nos auxiliaram, no mínimo, a evitar os erros mais embaraçantes. Em algumas outras partes do livro, contamos com o auxílio de C. Pond, da Open University, T. F. R. G. Braun, do Merton College, e J. A. N. Railton, do Oxford University Commitee for Sport. Gostaríamos de agradecer aos revisores que trabalharam na preparação deste livro, particularmente Judith Kirby e Shirley Greenlade. Obrigado a Brian Taylor, bibliotecário do Departamento de Bioquímica da University of Oxford, pela sua ajuda em obter livros e revistas e no auxílio ao acesso de informações, o que fez que tivéssemos mais tempo para nos dedicar à preparação do livro. Nosso muito obrigado a Stanley Greenberg, estatístico honorário da British Athletic Federetion e BBC TV Atlhetic Statistican, por fornecer as informações atualizadas sobre recordes nacionais, olímpicos e mundiais para provas de atletismo e maratona.

Finalmente, agradecemos aos nossos familiares, pela paciência e suporte durante os longos períodos em que preparamos este livro.

PREFÁCIO

Nenhum outro tecido do corpo humano pode variar sua taxa metabólica tão surpreendentemente como o músculo esquelético. De fato, os músculos ativos podem elevar o nível de seus processos oxidativos em mais de 50 vezes, em relação ao nível de repouso. Esta variação significativa na taxa metabólica cria problemas para as células musculares porque, enquanto o consumo de oxigênio se eleva em 50 vezes, a taxa de remoção do calor produzido, dióxido de carbono, água e metabólitos tem, obrigatoriamente, que aumentar de forma similar. Para manter o equilíbrio químico dentro do organismo há um tremendo aumento nas trocas moleculares entre o interior e o exterior das células musculares. Quando os músculos entram em atividade física intensa, a capacidade de manter o equilíbrio interno em um nível que permita a continuidade do exercício é inteiramente dependente dos órgãos que servem os músculos. Esta dependência é especialmente verdadeira no caso da respiração e circulação, mas certamente a ingestão alimentar, digestão e o aproveitamento dos substratos, as funções do fígado, a regulação da temperatura, a regulação do equilíbrio hídrico e o efeito de vários hormônios também são afetados pela variação da taxa metabólica, causada pelo nível de intensidade das atividades físicas.

Há uma tendência definida pelas novas fronteiras científicas de áreas, como a microbiologia, genética, imunologia, biologia do desenvolvimento e a neurociência de dominar tanto a busca por bolsas para pesquisas quanto o ensino da medicina, das ciências médicas, bioquímica e biologia.

No entanto, há risco na ênfase destes assuntos pelos especialistas. Outros setores da biologia e medicina que podem, no futuro, tornar-se importantes correm o risco de ser negligenciados. Estes riscos foram enfatizados pelas *American and Brithish Physiological Societies*. É muito importante que fisiologistas e biólogos convertam fragmentos sem vida da biologia molecular e celular em sistemas vivos.

Na minha opinião, a fisiologia do exercício é, a partir deste ponto de vista, especialmente importante porque a situação de exercício em vários ambientes oferece oportunidades únicas de estudar como as diferentes funções do organismo são reguladas e integradas. Como dito anteriormente, a maior parte das funções do corpo humano é afetada, de uma ou outra forma, pelos exercícios crônico e agudo. Desta forma, a fisiologia do exercício é uma ciência integrada, que tem como objetivo a identificação dos mecanismos de funcionamento de todo o organismo e sua regulação. É lamentável, portanto, que pouquíssimas dos livros textos de bioquímica e medicina sejam devotadas ao estudo e discussões sobre o efeito da atividade física nas diferentes estrutura e funções do organismo.

Newsholme, Leech e Duester produziram um exemplo excelente e altamente necessário de texto ilustrando a importância de uma abordagem ampla e holística na análise das estruturas e funções humanas. Marchar e correr são atividades desenvolvidas há milhões de anos durante a evolução do hominídeo. Fomos caçadores, coletores e nômades durante mais de 99% da nossa existência como hominídeos! Assim, os "sistemas auxiliares" asseguraram um ambiente interno, função e desempenho ótimos quando a marcha e a corrida foram desenvolvidas, modificadas e adaptadas. É uma questão lógica utilizar a corrida quando discutimos bioquímica e fisiologia humanas, porque é uma situação na qual as células e os órgãos seguem o princípio funcional dos "três mosqueteiros" – "um por todos e todos por um!". A corrida pode estressar o corpo e a mente até o seu limite, sendo importante e fascinante analisar os fatores limitantes, riscos de sobrecarga, a prevenção de tais riscos e o tratamento das conseqüências do super-

treinamento. Os aspectos do desempenho atlético humano têm enorme importância neste livro.

O texto é altamente educacional, servindo a professores de fisiologia e medicina. Concomitantemente, os autores foram capazes de apresentar e discutir questões científicas complicadas em um estilo fluente e didático, de forma que o livro pode ser entendido por atletas e leitores que não tenham domínio formal da bioquímica e da fisiologia. O único prerrequisito é a curiosidade sobre a função do corpo humano. E acredito que esta curiosidade deva ter prioridade.

Prof. Dr. Per Olof Åstrand

SUMÁRIO

I

INTRODUÇÃO

A maior parte das pessoas tem um entendimento maior de como funciona seu carro do que como o seu corpo trabalha, embora isso não aconteça com atletas, os quais, na elevação da condição de seus corpos ao limite, adquirem muita informação. Vários corredores têm pouca ou nenhuma instrução, do ponto de vista científico, e necessitam trabalhar duro para assimilar todas informações bioquímicas, nutricionais, fisiológicas e psicológicas disponíveis. A recompensa para tal esforço, no entanto, é considerável, com a real possibilidade de utilizar esta informação para melhorar o desempenho. Mas, mesmo que não fosse assim, o conhecimento sobre o que ocorre nos bastidores pode dar grande prazer àqueles que correm mesmo sem o objetivo de conseguir medalhas.

Este livro foi escrito para atletas em qualquer estágio de sua carreira, técnicos, médicos e todo aquele que deseja entender mais sobre as bases científicas da corrida. Ele também foi estruturado para auxiliar estudantes de Ciências do Esporte, especialmente aqueles com forte conhecimento em ciências. Na maior parte do texto, enfatizou-se idéias, e não detalhes, e, onde possível, apresentou-se os conceitos de bioquímica, mas sem equações, e de fisiologia, mas sem matemática.

É compreensível que os atletas tenham sua visão centrada nos músculos de seu organismo. E o livro teça comentários sobre os músculos no Capítulo 2. Os músculos humanos não podem desafiar as leis da Física, pois, para continuar funcionando, a estrutura interna que gera a combustão requer uma fonte de energia. É descrito, nos capítulos seguintes, como ela é estocada, colocada a disposição e agindo como limitador do desempenho em diferentes eventos. Para serem utilizados, estes substratos e o oxigênio necessitam, para sua combustão, alcançar os músculos. E um entendimento das linhas de suprimento do corpo humano é descrito no Capítulo 7, o que sempre é um ponto importante das Ciências do Esporte.

Embora a participação feminina em provas de pista e rua seja amplamente aceita, a história da mulher e a corrida são recentes. No Capítulo 8, consideramos algumas poucas formas nas quais corredoras são diferentes de corredores.

A moderna abordagem holística do treinamento afirma que o corpo deve ser treinado como um todo; e isto inclui a mente. Mesmo que nosso entendimento sobre as bases científicas do comportamento esteja muito atrasado em relação ao nosso conhecimento bioquímico e fisiológico, a abordagem científica é mantida no Capítulo 10. Em contraposição, sabe-se muito mais sobre a conexão entre a dieta e o metabolismo energético humano, o que é explorado no Capítulo 11. Com ligações, procuramos corrigir as idéias errôneas e mostrar as necessidades dietéticas dos atletas, diferentes em relação à pessoa comum.

É triste que alguns atletas sofram com contusões ao longo da carreira. No Capítulo 12, tentamos explicar a natureza das lesões mais comuns.

As manipulações dietéticas compõem grande parte da preparação para a corrida. A utilização de drogas não é abordada. No capítulo final, da Parte I nos fundamentamos algumas razões para isso.

Acima de tudo, esperamos não ter perdido a visão da aplicação prática da ciência da corrida. Na Parte II, oferecemos conselhos específicos, iniciando com uma série de programas de treinamento para todas as distâncias, que podem ser adaptadas para as necessidades individuais. Talvez os leitores fiquem surpresos por encontrarem receitas em um livro com princípios científicos. Mas qualquer corredor que tente superar as condições especiais de um programa de treinamento intenso, e o problema de encontrar tempo para preparar uma dieta satisfatória, deve achá-las úteis. A Parte II também contém conselhos sobre vários aspectos da preparação da corrida, desde aprender a relaxar até como encontrar o sutiã adequado.

PARTE I

OS ELEMENTOS DA CORRIDA

1
CORRENDO

E é certo que, em seu congresso, você deve estudar "como fazer um campeão", tomando emprestado o título do monumental livro escrito aqui na Universidade Laval. Apesar deste tipo de estudo estar correto, você também deve realizar outra tarefa ainda maior. Há três séculos, a Revolução Francesa apresentou o conceito de direitos do homem. Um século depois, um grande estadista francês, barão Pierre de Coubertin, adicionou outro direito àqueles propostos por Jean-Jacques Rousseau e Robespierre: ele adicionou o direito ao jogo, à educação física, à unidade mente e corpo, à educação nos jogos Helênicos de ginásio e pista, uma magnífica adequação, primeiro para a grande elite e, durante sua vida, fazendo de tudo pela política do esporte para todos.[1]

Para muitos animais, a própria sobrevivência depende da sua capacidade de correr, seja do perigo, seja para capturar sua alimentação. Os seres humanos, no entanto, sobreviveram, certamente, não apenas por serem bons corredores, mas também por sua versatilidade. Esta capacidade ainda é observada nos tempos modernos, ainda que raramente tenhamos que correr para sobreviver. Nos Jogos Olímpicos de 1988, Carl Lewis conquistou a medalha de ouro nos 100m correndo a 43km/h, e Gerlindo Bordin venceu a maratona (42.195m) em 2h10min32. Em 1989, Tony Rafferty percorreu 1.609km de trilhas em 14 dias, 11 horas e 59 minutos. Estes atletas não correram pela sobrevivência, mas pelo prazer – o prazer de competir e vencer. Muitos outros homens e mulheres obtêm prazer mantendo seus corpos em um estado ótimo de condicionamento. Na verdade, o prazer de correr está associado a um estado de euforia, semelhante ao induzido por algumas drogas. Estes prazeres não são novos: há 2.500 anos atletas gregos, com seus treinadores profissionais, competiam em eventos organizados, por ricas recompensas.

Competição implica em treinamento – técnicas e comportamentos práticos para melhorar a performance. Ao contrário das máquinas, que começam a se desgastar a partir do momento em que são utilizadas pela primeira vez, os corpos dos seres humanos melhoram com o uso. Impondo a nós os mesmos padrões de atividades e estresses controlados, podemos melhorar nossa força, resistência aeróbia e coordenação. Mas o que todos devem saber

---

[1] Do discurso de Philip Noel-Baker, Diretor Geral da Unesco, durante a cerimônia de abertura do Congresso Internacional de Ciências da Atividade Física, em 1976, na cidade de Quebec, antes dos Jogos Olímpicos de Montreal. Philip Noel-Baker ganhou a medalha de prata na corrida de 1.500m nos Jogos Olímpicos de Antuérpia, em 1920.

(e talvez evitar que seus rivais venham a conhecer) é quais são os métodos e a duração de treinamento mais efetivos. Uma vez que diferentes eventos demandem diferentes qualidades, o primeiro princípio de treinamento deve ser: se você deseja que seu corpo faça alguma coisa bem, faça e repita, repita e repita. A experiência, entretanto, tem demonstrado que essa não é a abordagem mais efetiva. Tanto que, por exemplo, um velocista pode obter mais benefícios a partir da realização de uma hora de circuitos ou treinamentos com pesos do que de um dia realizando tiros de velocidade. Por intermédio da experiência acumulada, atletas e treinadores têm desenvolvido métodos de trabalho. Mas serão estes métodos os mais desenvolvidos?

QUADRO 1.1 OS JOGOS OLÍMPICOS REAIS

Os primeiros Jogos Olímpicos foram realizados em 776 a.C., ainda que competições atléticas fossem populares na Grécia muito antes desta data. Por volta de 93 a.C., os jogos eram realizados em 300 lugares distintos, com quatro – Delfos (Jogos Pítios), Corinto (Jogos do Istmo), Nêmea e, claro, Olímpia – sendo os eventos de maior prestígio (Figura 1.1). Em sua natureza geral, eles provavelmente eram similares aos atuais jogos Highland, mas os eventos eram totalmente diferentes e incluíam:

- boxe;
- luta (incluindo *pankration*, uma forma de luta);
- pentatlo (salto em distância, lançamento do martelo, disco, corrida e luta);
- eventos de corrida (o *stade* (estádio), de 200m; o *diaulos*, de 400m, e a corrida mais longa, o *dolichos*, com cerca de 5km) (Figura 1.2).

Apesar da sua origem, na Grécia Antiga, a primeira maratona dos Jogos Olímpicos foi corrida nos Jogos Olímpicos de Atenas, ressuscitados pelo Barão de Coubertin, em 1896.

É intrigante ver o quanto as práticas que associamos ao atletismo moderno foram comuns no período clássico. Veja a recompensa financeira, por exemplo. No princípio, não havia prêmio em dinheiro; os vencedores eram honrados com coroas de flores e louros, e apenas aos mais ricos era permitido viajar até os jogos, que existiam prioritariamente para o povo local. Quando as conquistas militares aumentaram as riquezas da nação, entretanto, prêmios em dinheiro foram oferecidos e, por volta do segundo século antes de Cristo, isso era generoso o suficiente para produzir atletas profissionais ou de carreira. Todas as evidências disponíveis sugerem que, para estes atletas, na Grécia Antiga, não apenas participação era a coisa mais importante!

Figura 1.1 – Locais dos maiores jogos do calendário esportivo da antiga Grécia.

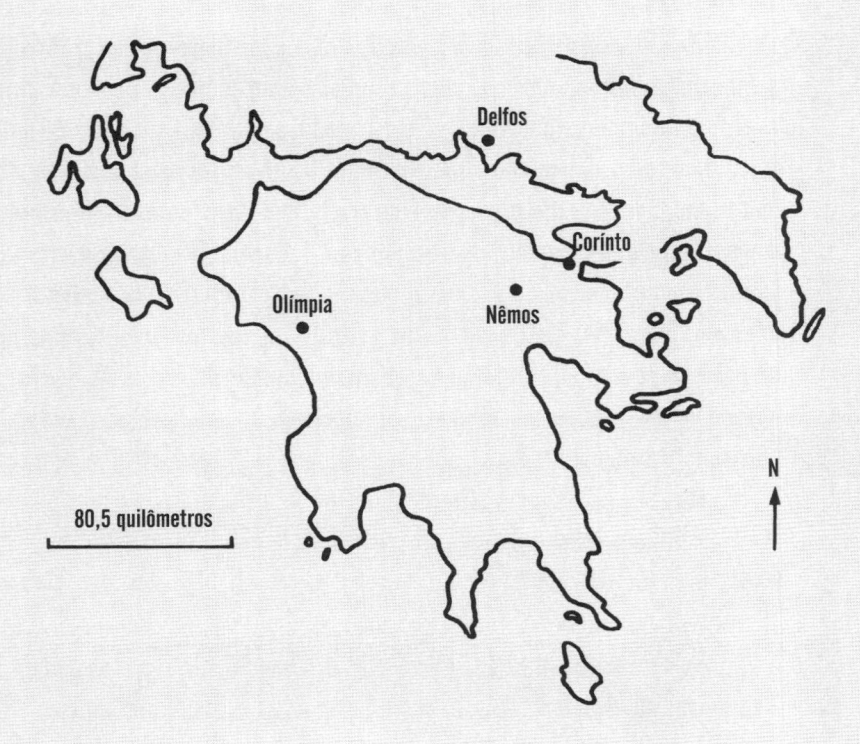

80,5 quilômetros

Figura 1.2 – O estádio atlético de Delfos, na Grécia (fotografia generosamente cedida pelo Museu Ashmolean, Oxford).

A mudança da condição de amador para profissional era gradual, mas total. Com a especialização, os atletas raramente venciam prêmios em mais de um evento. E o evento combinado – pentatlo – foi relegado a uma baixa condição, da qual dificilmente se recuperou. O dia completo do atleta profissional era composto por exercício, alimentação e sono – um estilo de vida deplorável para alguns escritores daquela época e, sem dúvida, para parte da população em geral, uma vez que atletas careciam das habilidades necessárias para a guerra e contribuiam pouco para a sociedade como um todo. Eurípedes descreveu o caso contra um atleta em sua última peça, *Autolycus*, na qual escreveu: "De todos os incontáveis demônios por toda *Hellas*, (Grécia) nenhuma é pior que a raça dos atletas [...] Escravos de sua barriga e suas mandíbulas, eles não sabem como viver bem".

Nos primeiros anos atléticos da Grécia, até cerca do sexto ou quarto século antes de Cristo, considerava-se que as tarefas diárias do fazendeiro (como levantar pesos, puxar o arado colhendo milho e, o melhor de tudo, pegar cavalos correndo atrás

Figura 1.3 – Atleta com o treinador. Os treinadores eram representados vestidos e com uma bastão recurvado (foto generosamente cedida pelo Museu Ashmolean, Oxford).

deles) consistiam num treino adequado. Mas, com o profissionalismo, veio o treinamento específico (Figura 1.3). E, lá pelo fim do quarto século antes de Cristo, o programa de treinamento freqüentemente envolvia um ciclo de quatro dias, onde se usava:

- Dia 1: Preparação – exercício leves e rápidos.
- Dia 2: Concentração – esforço máximo até a exaustão.
- Dia 3: Relaxamento – repouso e recuperação.
- Dia 4: Moderação – exercícios técnicos para preparar-se para um evento especial.

Há ainda evidências, fornecidas por pinturas em vasos, onde corredores eram seguidos por outros a cavalo – equivalente à prática corrente de ser acompanhado por um carro.

TREINAMENTO: UMA PERSPECTIVA HISTÓRICA

Desde a Grécia Antiga, um treinador profissional era uma pessoa importante. Freqüentemente, eles mesmos haviam sido campeões, como Iccus de Tarentam (Taras), vencedor do pentatlo em Olímpia durante algum tempo, no quinto século antes da era cristã. Menciona-se que ele foi o primeiro a escrever um livro de treinamento, mas, infelizmente, a obra não sobreviveu ao tempo (as chances de que existam algumas cópias deste livro, escrito por volta do ano de 440 antes de Cristo, são quase remotas).

Os treinadores sabiam que a dieta era importante e cuidavam para que o dia do atleta fosse ocupado somente pela alimentação, sono e treinamento. Eles também apreciavam a importância da psicologia para vencer corridas, identificando o atleta "ideal" como aquele apto a encarar trabalho árduo, que possui um apetite saudável e raramente fica doente (e que se recupera rapidamente, caso acometido de alguma doença). A importância do aquecimento era considerada, e uma série de exercícios, incluindo corrida no lugar, era realizado antes de cada evento. Também havia controvérsias. Em seu *De Ante Gymnastica*, Filóstrato (terceiro século antes de Cristo) defendia os atletas, contra a diatribe de Eurípedes, mas criticava treinadores que, indiscriminadamente, aplicavam regras rigorosas e rápidas sobre dieta e técnicas de treinamento sem considerar a idade ou as necessidades próprias dos indivíduos. Não temos ouvido esta crítica atualmente?

A leitura dos recordes do século XIX é um passatempo prazeroso para os corredores atuais (Tabela 1.1.). Se há 100 anos ele pudesse correr 10.000m em 30 minutos, teria sido campeão mundial e herói. Já em novembro de 1994, o recorde para homens estava em 26min52s23. Mas um recorde daquela época, que mesmo hoje impõe respeito, foi obtido por Walter George, que correu a milha (1,6km) em 4 minutos e $12^3/_4$ segundos, em 1886. Durante sua carreira de corredor, que durou 20 anos, Walter George obteve recordes em todas as distâncias, da meia às 10 milhas. Seus métodos de treinamento influenciaram atletas britânicos até a Segunda Guerra Mundial, e incluíam os seguintes aspectos:

- Treinamento freqüente – duas vezes por dia na temporada.
- Treinamento não excessivo.
- Treinamento específico (se desejasse correr a um ritmo de 65s por volta, esta velocidade era a do treinamento).
- Descanso antes das corridas.

Seu conselho geral era "correr todos os dias, mas não rápido. Corridas longas e constantes – nada acima de 3km, com pequenos aumentos adicionais de um quarto a meio quilômetro e alguns poucos piques – logo condicionam o indivíduo".

Isso deve ter parecido trabalhoso naquele tempo, mas, para os padrões atuais, é muito limitado. Walter George foi capaz de manter um alto nível de condicionamento, sem a necessidade de um treinamento realmente intenso. Durante o inverno, por exemplo, ele não devia treinar nada, com exceção de seu favorito "Até cem vezes", que consistia em correr no lugar, levantando seus joelhos até a altura do quadril. Os benefícios destes treinamentos deveriam ser mínimos.

Várias gerações de corredores britânicos seguiram o regime de George religiosamente, e alguns aspectos foram conduzidos ao extremo. O conceito de "descanso-preparação" foi muito elogiado, mas acabou sendo extrapolado para justificar apenas o treinamento em dias alternados, e então apenas levemente. Sydney Wooderson, por exemplo, que deteve os recordes da milha e meia milha nos anos 30, fez pouco mais do que curtos intervalos, metade ou três quartos de milha, a passo de corrida, na preparação para eventos internacionais. A atitude predominan-

EVENTO	TEMPO (h:min:s)					
	1896	1908	1924	1936	1960	**1988**
100m	12.0	10.8	10.6	10.3	10.32	9.92
400m	54.2	50.0	47.6	46.66	45.07	43.87
800m	2:11.0	1:52.8	1:52.5	1:52.9	1:46.48	1:43.45
1.500m	4:33.2	4:03.4	3:53.6	3:47.8	3:35.6	3:35.96
5.000m	-	14:36.6[a]	14:31.2	14:22.22	13:43.4	13:11.70
10.000m	-	31:20.8[a]	30:23.2	30:15.4	28:32.18	27:46.70
MARATONA	2:58:50.0[b]	2:55:18.4[c]	2:41:22.6	2:29:19.2	2:15:16.2	2:10:32.00

[a] Jogos Olímpicos de 1912.
[b] Distância da maratona 40km.
[c] Melhor tempo para a Maratona na distância de 42.195km.

te era orientada para o gasto de energia, mais precisamente sua conservação. Isso foi bem ilustrado por Sir Adolphe Abrahams, irmão de Harold Abrahams, velocista dos jogos Olímpicos de 1924, que comentou: "Até mesmo nossa caminhada era feita de forma cautelosa, colocando nossos pés gentilmente no solo, para evitar esforços indevidos".

Com o aumento das competições internacionais, desenvolvidas entre as guerras mundiais, tornou-se necessário capacidades além das comuns. O fator extra estava no próprio treino, e reconheceu-se que isso justificava grande parte do crescente sucesso de alemães e escandinavos em eventos internacionais. Em particular, os finlandeses dominaram os eventos de distância, recebendo 5 medalhas de ouro nos 5.000m, 10.000m e marcha nos Jogos Olímpicos, entre 1920 e 1936. O regime de treinamento destes atletas era muito árduo, maior até mesmo do que os de treinamento de seus contemporâneos britânicos. Os finlandeses vitoriosos eram fazendeiros ou montanheses que, normalmente, passavam várias horas por dia andando ou escalando. Os corredores finlandeses, Hannes Kolehmainen, Paavo Nurmi, Ville Ritola e outros ficaram conhecidos como os "finlandeses voadores" e determinaram padrões que foram seguidos por outros. Nos Jogos Olímpicos de Estocolmo, em 1912, Kolehmainen, que tinha apenas 22 anos, ganhou 3 medalhas de ouro: nos 10.000m (31min20s8), 5.000m (com o tempo recorde mundial de 14min36s6, 25s mais rápido do que qualquer tempo realizado nesta distância) e na corrida *cross-country* de 8.000m. Oito anos depois, ele venceu a maratona olímpica com um tempo notável de 2h32min36. Kolehmainen não era apenas um camponês. Ele lia e estudava os métodos de treinamento empregados por outros atletas vencedores e os adicionava ao seu próprio programa de condicionamento anual.

Mais recentemente, Paavo Nurmi desenvolveu ainda mais as técnicas de treinamento. De 1920 a 1924, ele treinou duas vezes por dia fazendo de 10 a 12 quilômetros com alguns *sprints* pela manhã, e a tarde corria de 4 a 7 quilômetros com um ritmo rápido no último quilômetro. A sessão da tarde era terminada com 4 ou 5 tiros de 80 a 100m. Durante sua carreira de corredor, ele aumentou progressivamente a intensidade de seu treinamento e, como se preparava para os Jogos Olímpicos de Paris, em 1924, incluiu uma sessão extra pela manhã, na qual realizava de 4 a 5 tiros de 80 a 120m, uma corrida de 400 a 1.000m cronometrada e, em seguida, 3.000 a 4.000m no mesmo ritmo, mas com a última volta em maior velocidade. Além do treinamento, ele se aquecia por 30 minutos antes de uma corrida, usava uma roupa de aquecimento antes e depois das corridas, um cronômetro para aprender a correr num dado ritmo e era massageado antes e depois das corridas.

O próximo grande desenvolvimento, trazido até nós em tempos mais modernos, foi o treinamento intervalado, introduzido, primeiramente, por um cardiologista alemão para promover benefícios a pacientes cardiopatas. Foi um técnico alemão, Woldemar Gerschler, quem primeiro utilizou o treinamento intervalado para atletas de campo.

A ABORDAGEM CIENTÍFICA

É improvável que, na era anterior aos recordes, as performances fossem iguais àquelas dos atletas dos tempos modernos, apesar das alegações lendárias. Dizia-se que um corredor gaulês do século XVII, Guto Nythabran, tinha os pés tão rápidos que poderia pegar uma lebre na montanha ou ir até à vila e voltar antes da chaleira entrar em ebulição. Para lendas, infelizmente, a Ciência exige informações precisas e quantitativas. Tanto que qualquer suposição deve ser testada e verificada. Quão velha era a lebre? Quão longe era a vila? Quão grande era o fogo sob o caldeirão? Mesmo os recordes registrados nos séculos passados não seriam aceitos por profissionais contemporâneos. Por exemplo, foi registrado que Tom Price, o açougueiro de Newport, em 1774, correu 12 milhas "em 50 minutos". Completar 19.320m em 50 minutos é, por exemplo, uma comparação mais do que favorável com o recorde de julho de 1994, em que 20.000m foram completados em 57min18min4. Desde que ele tenha corrido de uma vila para outra, no entanto, é provável que a saída e a chegada tenham sido registradas por dois diferentes relógios de igreja – um procedimento de cronometragem que a ciência jamais poderia aceitar.

QUADRO 1.2 BATENDO O RELÓGIO

O Great Court, do Trinity College, é o maior pátio quadrangular de Cambridge. Na primeira batida do sino, ao meio-dia de 7 de junho de 1927, Lorde Burghley (Figura 1.4), graduando do Magdalene College, começou a correr do saguão, com o objetivo de contornar o perímetro do pátio antes que o relógio terminasse de bater. Em suas próprias palavras: "Corri ao redor das bandeiras do Trinity Great Court enquanto o relógio batia às doze horas, fazendo isso antes da última batida, com o tempo de 42,5 segundos. Testemunhas: Tuckit, Allan, Howland e outros". A afirmação de que Lorde Burghley alcançou sua façanha vestido com roupa de gala e sapatos de couro, tendo corrido até a meia-noite, é duvidosa. Ele, na verdade, usava calção e sapatos de corrida. O evento foi registrado no filme *Chariots of Fire* (*Carruagens de Fogo*), que popularizou o esforço, hoje tão freqüentemente imitado por estudantes de Trinity, normalmente à meia-noite, seguido por um jantar formal.

Figura 1.4a — Lord Burghley no Fenners, em 1925. Lord Burghley foi representante da Inglaterra nos 400m com barreiras nos Jogos Olímpicos de 1924 e 1928, sendo vitorioso neste último evento. Morreu em 1981 (fotografia gentilmente cedida por Masters e Fellows, Magdalene College, Cambrigde).

Figura 1.4b — Sebastian Coe e Steve Cram, após corrida ao redor do Great Court, do Trinity College, Cambridge, em 1988, em frente ao famoso relógio. Fotografia reproduzida com amável permissão do Cambridge Evening News.

Em 29 de outubro de 1988, a corrida foi novamente realizada como um evento de caridade, com Sebastiam Coe e Steve Cram aceitando o desafio. Coe levou 46 segundos para completar o circuito e Cram foi 0,3 segundos mais lento. Os aplausos da multidão tornaram difícil dizer o quanto eles literalmente "bateram o relógio", mas um vídeo confirmou que eles não bateram. É intrigante especular, portanto, o quanto Lord Burghley era realmente o corredor mais rápido. Se ele era veloz, então teria um notável resultado para o recorde olímpico dos 400m, que seria 3,7 segundos mais alto, em 1924, em comparação a 1988. Mas há dúvidas. O tempo que o relógio leva para completar suas 32 batidas varia com a condição do vento – de 42,5 segundos a 45 segundos. É possível que este limite fosse maior em 1927. O modo como o tempo de Lord Burghley foi medido também não está claro. Uma outra dúvida está relacionada às esquinas e à distância da corrida. Como Lord Burghley, Coe e Gram começaram nos degraus do salão, a dois terços do caminho do corredor oeste da Corte, incluindo portanto todos os quatros cantos da corrida. Lord Burghley parou nas bandeiras, mas não ficou registrado se ele passou pelos cantos. Se estes foram contornados, de modo que o atleta tenha corrido nos cantos, a distância mínima é 320m, sendo que a distância total na qual Lorde Burghley afirma ter corrido é 341,6 metros.[2]

---

[2] Thorne, C. J. R. (1989). Trinity Great Court Run: os fatos. *Trackstats, 27*, 12-22.

Até recentemente, a Ciência pouco fez por atletas de pista, fornecendo apenas cronômetros precisos. Entretanto, há algum tempo, esportistas que dependam de equipamento tem sentido o impacto da tecnologia, com bolas que quicam mais alto, varas de salto mais flexíveis e arcos que tem uma curvatura mais forte. Ainda que atletas de pista tenham se beneficiado de melhorias no formato dos calçados e nas superfícies das pistas, seus desempenhos dependem quase que inteiramente de seus corpos. Apenas recentemente o entendimento científico da performance humana alcançou o estágio em que ele pode, efetivamente, influenciar esquemas de treinamento, mas prevemos que a abordagem científica será cada vez mais utilizada por atletas e treinadores que têm conhecimentos e sabem como aplicá-los.

Desta forma, o que tomamos por abordagem científica? Não queremos dizer que o uso de instrumentos de alta tecnologia e a descarga tecnológica virá "naturalmente". Ciência é o entendimento de coisas naturais. Quando fenômenos são entendidos, podem ser melhores manipulados para resultarem num fim específico. Ela começa com observação e cuidadosa mensuração. Em Biologia, freqüentemente, há uma variação individual tão grande que muitas medidas devem ser feitas várias vezes para garantir que qualquer diferença não seja o resultado da variação individual de, por exemplo, um programa particular de treinamento ou uma dieta específica. A partir de tais dados, explicações plausíveis são construídas. Então, tem-se a parte crucial dos aspectos distintivos da Ciência: estas explicações são testadas, normalmente, por experimentos. Conjecturam-se situações, nas quais a produção do tratamento ou um elemento do programa de treinamento depende da validade da explicação original. A explicação é tentada e testada, com o julgamento consistente de outros cientistas, que irão demandar altos padrões de validade e reprodutividade, antes de aceitar a explicação. Se a explicação original não for suportada pela evidência, ela será modificada, ou mesmo rejeitada, e novas explicações serão elaboradas. E estas, por sua vez, também serão testadas.

Quanto mais fundamental um novo conhecimento, mais útil ele é, pois pode ser utilizado para explicar uma série maior de observações. A Ciência depende da comunicação, tanto que outros podem utilizar determinados conhecimentos para construir maiores explicações – e assim então continuar a desenvolvimento do conhecimento testado sobre o mundo. A aplicação desse conhecimento, ainda que não sem aspectos prejudiciais, tem contribuído imensuravelmente para o bem-estar da raça humana. Não há razão para que ele também

não contribua, talvez dramaticamente, para a desenvolvimento atlético.

Quando Mike Boit, o grande meio-fundista queniano, retornou, após ter ganhado sua primeira medalha olímpica, disseram-lhe:

— Então, você deve ser muito rápido.

— Sim, muito rápido.

— Você pode apanhar um antílope?

— Não, não posso.

— Então, você não pode ser muito rápido. Nós temos homens aqui que podem pegar o antílope.

Como pesquisadores da Biologia, sabemos que o estudo científico não é uma porção mágica, que irá converter qualquer homem ou mulher em um(a) "pegador de antílope". Mas, se propriamente aplicada, ela pode melhorar a capacidade de um pegador de antílope. Ou, pelo menos, contar-nos exatamente quão rápido um atleta precisa correr para poder apanhar um.

Para ser útil, qualquer introdução da Ciência no entendimento do desempenho científico ou atlético deve melhorar nosso conhecimento sobre:

- como nossos corpos trabalham sob condições normais;
- como funcionam as mudanças durante o desempenho máximo;
- quais os processos que limitam nosso desempenho;
- como estas limitações podem ser reduzidas.

Ao mesmo tempo, devemos evitar duas armadilhas:

• A suposição de que todos os indivíduos irão responder da mesma maneira a um método de treinamento (ainda que, em tempo, as abordagens científicas nos permitam explicar as variações, de tal forma que se torne o programa de treinamento mais eficiente para o indivíduo).
• A rejeição de métodos de treinamento, aos quais ainda faltam bases científicas, mas mostram-se eficientes na prática.

Em 1989, a Sociedade Finlandesa de Medicina Esportiva celebrou seu cinqüentenário realizando o "Congresso Paavo Nurmi: cursos europeus avançados em Medicina Esportiva", e, na subseqüente publicação pela mesma sociedade (editado por Martti Kvist, e publicado em 1989), Tero Viljanen, de Turku, forneceu a seguinte justificativa de Paavo Nurmi, fornecendo compreensão clara das razões do notável desempenho de Nurmi e esclarecendo seu uso do conhecimento biológico científico já no começo deste século (Figura 1.5).

Figura 1.5 – Paavo Nurmi, um dos "finlandeses voadores", correndo na estrada de Heinäjoki a Viborg, sua primeira e única maratona, na qual obteve o tempo de 2h22min3, para uma maratona de 40km. Nurmi foi preparado para os Jogos Olímpicos de 1932, em Los Angeles, mas a ele não foi permitido correr por causa da dúvida referente a sua condição de amador. Nurmi foi o maior ganhador de medalhas olímpicas de ouro dentre outros atletas (reproduzido com amável permissão do Yhtyneet Kuvalehdet Ou).

Paavo Nurmi nasceu na cidade de Turku, na Finlândia, em 13 de junho de 1887. O "rei dos corredores", ou "finlandês voador", como ele era conhecido, ganhou um total de nove medalhas olímpicas de ouro e três de prata, e estabeleceu 6 recordes mundiais. Bateu, ao mesmo tempo, todos os recordes nas distâncias de 1.500 a 20.000m. Nurmi morreu em 2 de outubro de 1973.

Paavo Nurmi foi o super-homem de sua Era. Ele raramente perdia uma competição. Nunca perdeu qualquer corrida de *cross-country* durante sua carreira de atleta de alto nível. Seu primeiro recorde data de 1908, e sua última competição aconteceu em 1934, o que significa uma longa carreira de 26 anos. Hoje ele é uma das grandes lendas jamais vistas no esporte.

O tipo de carreira esportiva de Nurmi não pode ser explicado por um ou dois fatores. É necessário pensar em muitos tipos deles para a sua carreira de atleta de alto nível.

Nurmi tomou sua decisão final de ser corredor no ano dos Jogos Olímpicos de Estocolmo, 1912. Este é o primeiro ponto importante. Os objetivos eram claros para ele e as decisões pessoais, firmes o suficiente para realizá-las. Seu treinamento era progressivo e ele, continuamente, observava o comportamento de seu corpo. Ele aprendeu a conhecer muito bem a si mesmo. Ele tentava e pesquisava novos métodos de treinamento. Ainda no começo dos anos 20, entendeu a relação muito importante entre treinamento, repouso e bons resultados. Este fenômeno é ainda um grande problema místico para muitos atletas dos nossos dias. Ele seguia seu programa de treinamento de forma exata, mas flexível. Seus famosos cronômetros eram alguns de seus melhores assistentes – em treinamento e competições –, mostrando-lhe como continuar. Ele era capaz de conduzir seus exercícios e competições por meio de um abrangente conhecimento sobre seu organismo. E o corpo aprendeu a obedecer a sua vontade. Seu treinamento incluía aquecimento e volta à calma, mas também ginástica. Ele costumava ser massageado e ir à sauna regularmente. Seu treinamento era variado e, ocasionalmente, também envolvia corridas pelo bosque. Nurmi treinava da maneira fisiologicamente correta.

Os hábitos de vida dele eram modestos: dormia cedo, não fumava e nem bebia. Ele também tentou uma dieta vegetariana, mas logo rejeitou esta tentativa por não ser adequada a ele. Tudo servia de forma natural para o alcance de seus objetivos. Finalmente, a fé e o espírito religioso de seus pais não podem ser esquecidos.

Nurmi era um corredor extremamente talentoso e homem inteligente. Era um homem de grande força de vontade. Tudo isso junto tornou possível a ele tornar-se um autodidata, corredor lendário conhecido em todo mundo.

O estilo pessoal e efetivo de corrida era como uma coroa na cabeça do rei dos corredores.

2
MÚSCULOS E MOVIMENTO

Por volta de 2600 a.C., a potência muscular humana (cerca de 4.000 homens, trabalhando por 20 anos) manobrou mais de 2.000.000 blocos de pedras, cada um pesando cerca de duas toneladas e meia, para construir a grande pirâmide do faraó Khufu de Gizé. O empreendimento dependeu da capacidade de contração muscular, do homem para trabalhar em conjunto e da aplicação da Ciência.

Mais de quatro mil e quinhentos anos depois, o sucesso esportivo depende dos mesmos fatores: contração muscular, cooperação entre atleta e treinador e, cada vez mais, engajamento no conhecimento científico para obter o melhor dos músculos.

Mas, o que é o músculo? Simplificadamente, ele é um instrumento feito para diminuir, isto é, contrair, e então aproximar suas ligações – usualmente nos ossos –, puxando-as. Segure seu antebraço firmemente com a mão oposta e flexione o cotovelo com a palma para cima, como se estivesse executando uma rosca direta com peso. Você deve ser capaz de sentir seu bíceps à medida que ele contrai (e se torna saliente) para elevar seu antebraço e relaxar quando ele é abaixado. Para saber exatamente como os músculos trabalham, ferramentas especiais da Ciência tiveram de ser produzidas para auxiliar. Os microscópios ajudam, ainda que os mais simples demonstrem nos apenas que os músculos são compostos de muitas fibras finas, arranjadas lado a lado. A contração depende da organização dentro da fibra, e para enxergar isso é necessário um microscópio eletrônico mais poderoso, com capacidade de ampliação acima de um milhão de vezes. Esta ferramenta revela o modo com que algumas das moléculas de proteínas estão arranjadas nas fibras e o que acontece com elas quando o músculo contrai (Figura 2.1).

A energia necessária para permitir estas contrações provém das reações químicas, o campo de trabalho do bioquímico, que tem, em comparação, que "tatear no escuro" para trabalhar, pois a maioria das moléculas envolvidas são muito pequenas para serem vistas por qualquer microscópio. Pela aplicação de métodos químicos de separação, identificação e mesmo modificação destas moléculas, um quadro notavelmente detalhado surge quanto à maneira dos músculos trabalharem.

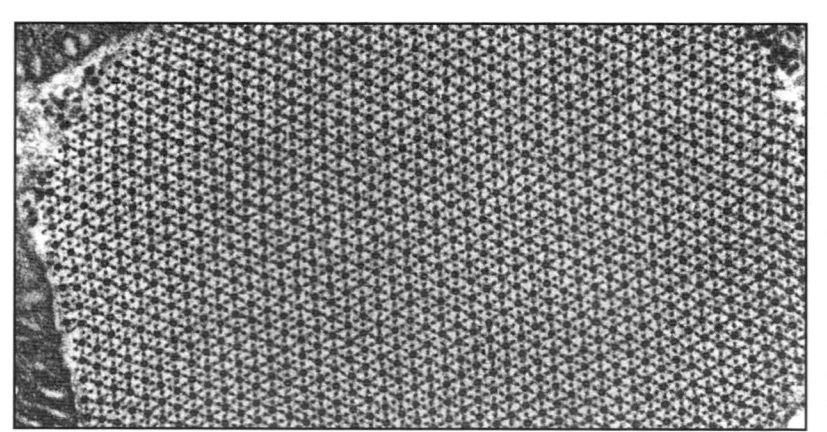

Figura 2.1 – Músculo de um inseto voador, em corte em secção transversal, visto com um aumento de 112.000 vezes por um microscópio eletrônico. Cada um dos pontos vistos representa um pequeno grupo de moléculas, e um grupo deles forma um filamento. A contração é causada pelo filamento grosso (ponto maior) e pelo filamento fino (ponto menor), deslizando um sobre o outro (eletromicrografia gentilmente cedida pelo Professor D. S. Smith, Oxford University).

O quadro é o resultado de pequenas mudanças que se somam para produzir, em conjunto, mudanças maiores. Moléculas que sofram alteração em sua forma permitem que hastes em miniatura deslizem umas sobre as outras. O deslizamento de milhares de hastes, ponta a ponta, encurta a fibra como um todo. O encurtamento das fibras, lado a lado, é somado para gerar força para o músculo inteiro, e músculos contraindo em perfeita sincronia ganham medalhas de ouro.

MOVENDO-SE

Os músculos são ligados aos ossos por tendões – faixas de tecido conjuntivo robustas e fortes, que transmitem a força do músculo para os ossos. Os ossos que precisam ser movimentados estão conectados em articulações, e são mantidos no lugar por meio dos ligamentos. A contração do músculo resulta, portanto, em um osso que se move em relação a outro. Mas a contração

por si só não resulta em movimento. Esta deve ser repetida em intervalos freqüentes, o que significa que um músculo deve tanto relaxar quanto contrair. Uma vez que os músculos são incapazes de retornar ao seu comprimento original por meio de seus próprios atributos, eles devem ser relaxados por alguma força externa. Normalmente, esta força é fornecida por outros músculos que, devido ao fato de contrairem em direção oposta, são conhecidos como antagonistas. Este arranjo é observado nos músculos que movem o antebraço (Figura 2.2). Mas, mesmo para tal movimento, aparentemente simples, muitos músculos adicionais estão envolvidos, contraindo e relaxando, para produzir o movimento final que assumimos como correto. Nós também assumimos prontamente tudo como único, mesmo quando toda a estrutura – ossos, músculos, tendões e ligamentos – é drasticamente estressada durante cada sessão de treinamento. O conhecimento do que realmente acontece quando corremos pode convencer-nos a tratar nossos múscu-

Figura 2.2 – Para dar um soco, o braço é primeiramente flexionado por uma contração do músculo bíceps braquial (bíceps) e pelo relaxamento do músculo tríceps braquial (tríceps). O braço é, então, rapidamente estendido pela contração do tríceps e pelo relaxamento do bíceps. Alguns outros músculos estão envolvidos na flexão do cotovelo.

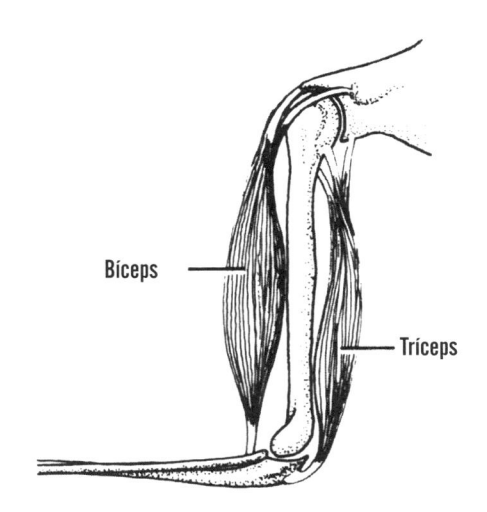

Bíceps

Tríceps

los e esqueleto com respeito, a fim de evitar o supertreinamento e prevermos os problemas que podem surgir quando treinamos cada vez mais intensamente (Capítulo 12).

MÚSCULOS PARA CORRER

O corpo contém, aproximadamente, seiscentos músculos (Figura 2.3). Quase todos são acionados, em alguma extensão, quando corremos. Mas são os numerosos músculos das pernas que fornecem a maioria da força. Movimentos envolvendo as três principais articulações – quadril, joelhos e tornozelos – são combinados para produzir cada passo. Observando cada articulação por vez, e considerando o papel de cada um dos músculos maiores, nós começamos a elaborar um quadro dos complexos padrões de contração e relaxamento envolvidos na locomoção humana (Figura 2.4).

A articulação do quadril é formada a partir da cabeça arredondada do fêmur e da cavidade no lado externo da cintura pélvica. Este arranjo permite o movimento de toda a perna para frente, para trás e para o lado (Figura 2.5). Três músculos glúteos alongam-se a partir da parte de trás da cintura pélvica para o fêmur (Figura 2.6). O maior desses é o glúteo máximo, que forma o volume das nádegas, e, quando ele contrai, puxa o fêmur abaixo da linha do tronco (retração). Este direcionamento posterior da perna é particularmente importante quando corremos numa subida, como indicado pelas nádegas doloridas dos atletas que estão apenas começando um treinamento de ladeira. Os outros dois músculos das nádegas ajudam a suportar o tronco, enquanto o peso está sobre uma perna.

Um segundo conjunto de músculos, conhecido como ileopsoas, controla a elevação do fêmur, opondo-se ao movimento produzido pelos glúteos. O ileopsoas e os glúteos são, portanto, músculos antagonistas. O ileopsoas é constituído pelo múscu-

Figura 2.3 – Fisioculturista Lee Labrado coloca seus músculos em evidência (fotografia © ALLSPORT/ Bill Bobbins).

Trapézio

Deltóide

Peitorais

Tríceps

Bíceps

Oblíquo Externo

Músculos extensores da mão

Quadríceps femoral

Posteriores da coxa

Figura 2.4 – Posição das pernas na corrida, segundo Alexander (1992).

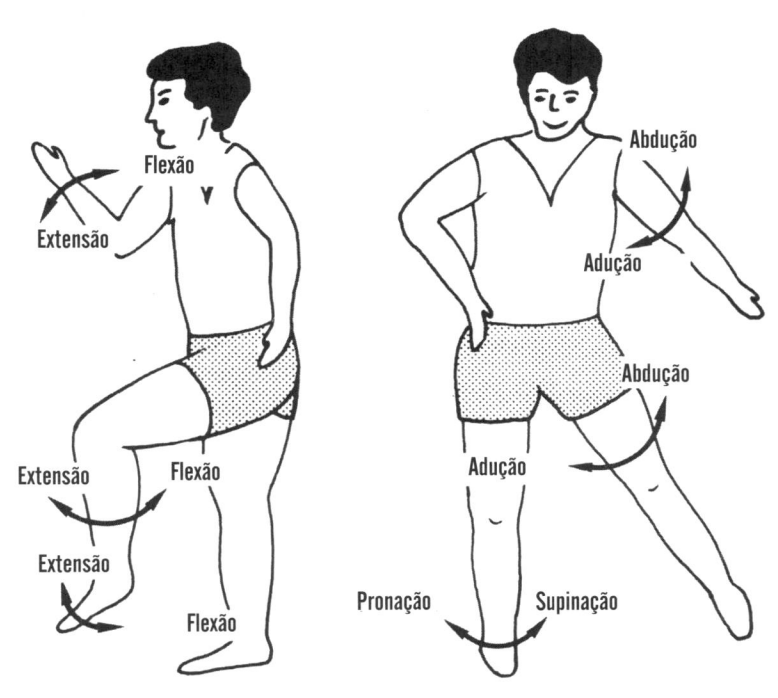

Figura 2.5 – Movimento dos membros. Alguns autores utilizam, respectivamente, o termo flexão dorsal e flexão plantar para substituir os termos extensão e flexão, e para o tornozelo, inversão e eversão (para a superfície plantar) no lugar de supinação e pronação.

lo ilíaco, que se estende do topo do fêmur para a parte superior da pelve, e o músculo psoas, que conecta o topo do fêmur às vértebras lombares (Figura 2.7). O ileopsoas é tenso e, portanto, treinado por meio de abdominais.

Os músculos remanescentes do quadril são aqueles da virilha. A contração desses puxa a perna na direção da linha média, mas também, devido à forma com que eles estão ligados ao fêmur, promovem a rotação externa desse. Isso ocorre durante cada passo da corrida, mas es-

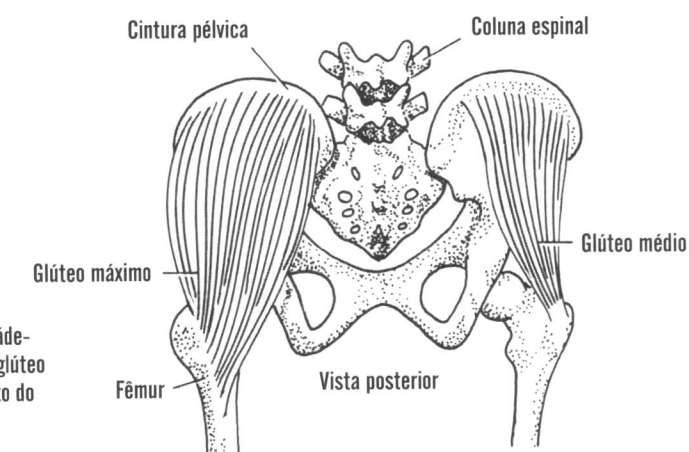

Figura 2.6 – Músculos das nádegas. Um terceiro músculo, o glúteo mínimo, está localizado abaixo do glúteo médio.

tes músculos adutores são tensionados ao máximo, e algumas vezes lesados, nas rotações e fintas associadas a esportes como futebol e *rugby*. Todos os músculos adutores são ligados a um lado da pélvis, mas em distâncias sucessivamente maiores, a medida em que partimos do pectíneo, passando pelo adutor longo até o músculo grácil, o qual está, na verdade, inserido na cabeça da tíbia – o osso inferior da perna. Na verdade, o músculo mais longo do corpo é o sartório, envolvido com a rotação tanto dos joelhos como do quadril.

Um pouco mais abaixo, nos joelhos, o quadro é, pelo menos superficialmente, mais simples. O joelho é uma articulação que flexiona e, portanto, capaz apenas de movimentos significativos num único plano. Na verdade, a organização elaborada dos ligamentos no joelho permite alguma rotação. Os principais músculos flexores do joelho,

os quais contraem quando um passo é executado, são os ísquio-tibiais (semimembranáceo, semitendíneo e bíceps femoral), os quais formam a parte posterior da coxa (Figura 2.8). Todos os músculos que constituem os ísquio-tibiais estão inseridos nos ossos da parte inferior da perna bem abaixo do joelho. As porções terminais superiores do semimembranáceo, semitendíneo e um ramo do bíceps femoral estão inseridos na pelve por meio de tendões longos, que podem ser percebidos através da pele, e são estes que receberam o nome popular de ísquio-tibiais. O segundo "ventre" do bíceps femoral insere-se no fêmur por meio de um tendão.

O grupo de músculos na parte frontal da coxa, antagonista dos ísquio-tibiais, é conhecido como quadríceps. Este nome significa, literalmente, "quatro-cabeças" e refere-se às suas inserções superiores. De fato,

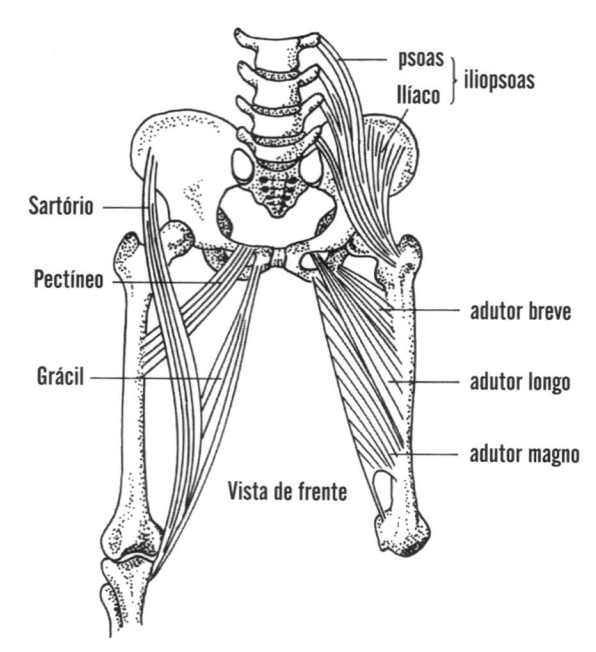

Figura 2.7 – Músculos da coxa. O complexo iliopsoas levanta a perna para dar um passo. O músculo da virilha (adutor) não somente puxa a perna para dentro, mas também faz a rotação. Observe que o final dos músculos grácil e sartório estão inseridos (isto é, ligados ao osso) abaixo do joelho e só contribuem para o movimento daquela articulação.

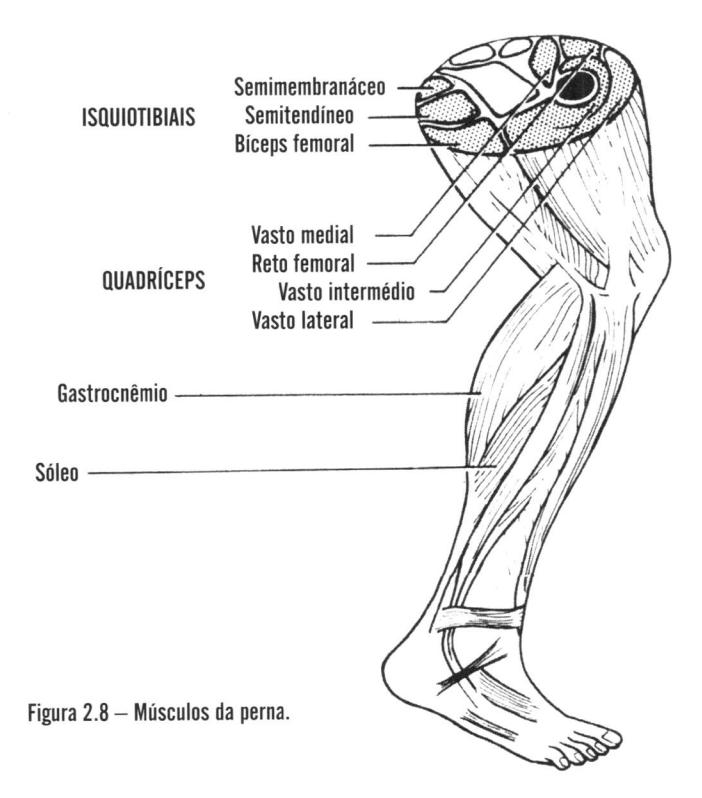

ISQUIOTIBIAIS
Semimembranáceo
Semitendíneo
Bíceps femoral

QUADRÍCEPS
Vasto medial
Reto femoral
Vasto intermédio
Vasto lateral

Gastrocnêmio

Sóleo

Figura 2.8 – Músculos da perna.

o quadríceps é composto de quatro cabeças separadas. Estes três músculos vastos estão inseridos próximos à cabeça do fêmur e ao reto femoral, na pelve. Todos eles estão inseridos, por meio de tendões, na cápsula do joelho, a qual está conectada à tíbia pelo ligamento patelar. Quando o quadríceps contrai, a perna é estendida.

É necessário, ainda, explicar como o tornozelo se move. Essa é outra articulação do tipo dobradiça, estendida pela contração dos músculos sóleos e gastrocnêmio, que formam a panturrilha. Uma vez que o gastrocnêmio está inserido ao fêmur, também flexiona o joelho. Ambos os músculos da panturrilha estão inseridos no osso do calcanhar pelo tendão do Calcâneo – o tendão mais longo do corpo. O antagonismo destes músculos da panturrilha é parcialmente fornecido pela gravidade, puxando o peso do corpo para baixo, mas uma série de músculos na parte superior do pé também serve como flexores para o tornozelo. O pé também exerce um importante papel na corrida (discutido mais à frente, juntamente com as lesões do pé, na Seção E).

A maior parte da energia gasta durante a corrida, em ritmo constante e superfície plana, envolve estes músculos principais, mas um grande número de músculos adicionais exercem importante papel na suavização dos movimentos do corredor e ampliação do repertório de movimentos da perna. À medida que o corredor exausto realiza o *sprint* final para a linha de chegada, estes músculos menores contribuem, provavelmente, com uma grande proporção da energia gasta. Então, seu treinamento, por meio de exercícios variados, tais como corrida de velocidade, *Fartlek* (correndo em diferentes velocidades e intervalos de tempo, de acordo com a motivação mais do que com o treinador ou o cronômetro), corrida na grama, corrida em ladeira e treinamento de circuito, é importante para o atleta.

Ainda que um músculo seja, acima de tudo, um tecido contrátil, isto é, que se encurta em resposta ao gasto de energia química, ele nem sempre se comporta desta forma. Tente empurrar uma parede. Ela não se move e, muito menos, os músculos do seu braço, apesar de seu óbvio gasto de energia. Seus músculos estão contraindo isometricamente (ou estaticamente). A força desenvolvida por unidade de energia gasta é, de fato, maior para estas contrações isométricas. Tanto que os músculos trabalham mais eficientemente quando sofrem pequenas mudanças de comprimento, isto é, quando encurtam muito pouco ou nada. Há entretanto, um custo. Contrações isométricas comprimem arteríolas dentro do músculo, reduzindo assim o suprimento sanguíneo. Isso aumenta a dependência do metabolismo anaeróbio, mas, ao mesmo tempo, diminui a taxa de remoção dos produtos finais deletérios, o que se justifica pelo fato das contrações isométricas serem desconfortáveis e não poderem sustentar-se. Um problema adicional é que o exercício estático

estimula o músculo cardíaco mais eficientemente do que o dinâmico (provavelmente como uma conseqüência da circulação impedida) e pode aumentar a pressão arterial dramaticamente. Algo que deve ser lembrado por aqueles empurrando veículos que falharam em ligar.

Contrações isométricas ocorrem quando a força de contração equivale exatamente à força que se opõe ao movimento. Em alguns casos, esta última é, na verdade, maior, tanto que o músculo é estendido apesar do gasto de energia química. Tais contrações são denominadas excêntricas (em oposição às contrações concêntricas normais). Durante a corrida, contrações excêntricas ocorrem no quadríceps, na aterrissagem, uma vez que o músculo não é forte o suficiente para se opor à força gerada pela queda de massa corporal. O efeito é grandemente ampliado quando se corre ladeira abaixo, podendo causar danos musculares e subseqüente dor e inchaço. Na verdade, está bem estabelecido que tais contrações excêntricas causam mais dano do que contrações usuais.

CONTROLANDO AS CONTRAÇÕES

Com tantos músculos envolvidos no ato aparentemente simples de correr (e o resumo apresentado anteriormente está bastante simplificado), sua coordenação é essencial. Os músculos devem ser instruídos a não apenas quando contrair, mas também a quanto contrair e, o mais importante, a quando não contrair (Figura 2.9). Um pequeno erro no tempo de contração nos músculos ísquiotibiais de um corredor pode resultar em sua ruptura por seus poderosos antagonistas – o quadríceps –, forçando o corredor a cuidar dos ísquio-tibiais com repouso durante semanas.

Figura 2.9 – Este soldado, ferido em 1809, na batalha de Corunha, durante a Guerra da Península na Espanha, está sofrendo uma contração simultânea de todos os seus músculos. Este ferimento foi infectado com a bactéria do tétano, que produz uma toxina que libera a inibição dos músculos antagonistas para que eles também contraiam (De Bell, C. The Anatomy and Philosophy of Expression. John Murray, London, 1824).

QUADRO 2.1 QUANDO OS MÚSCULOS NÃO RECEBEM A MENSAGEM.

Franklin D. Roosevelt, presidente dos Estados Unidos de 1936 a 1945, tinha de usar uma cadeira de rodas, pois ficou paralisado do quadril para baixo. Não que houvesse alguma coisa errada com os músculos de suas pernas, mas em 1921 ele contraiu poliomielite, e o vírus responsável pela doença lesionou seus nervos motores, que não podiam mais transportar impulsos. Quando os músculos são privados de estimulação, não podem contrair e, em vez disso, sofrem um tipo de treinamento ao contrário – eles diminuem. A perda de massa, entretanto, ocorre apenas nos músculos que não recebem estimulação elétrica (Figura 2.10).

A paralisia também pode ocorrer quando tanto o nervo quanto o músculo estão trabalhando adequadamente, mas não estão se comunicando. O ponto de "contato" entre nervos e músculos na junção neuromuscular há muito tempo é explorada pelos índios sul-americanos. Quando um impulso é liberado, uma quantidade mínima de uma substância química chamada acetilcolina é liberada. Com o atraso de apenas alguns milisegundos, ou próximo disso, esta acetilcolina faz que a membrana da fibra muscular dispare um outro impulso elétrico, que se espalha pela fibra e estimula a contração. Os caçadores indígenas aplicam a seiva da árvore *Wurali* (*Chondrodendron tomentosum* e outras espécies) em seus dardos de sarabatana. Esta seiva conhecida como *curare*, contém d-tubocurarina, que bloqueia de modo muito intenso a estimulação da fibra nervosa pela acetilcolina. Quando o dardo atinge o animal alvo, a droga passa rapidamente para a corrente sanguínea e, então, para as junções neuromusculares, causando paralisia. Se o animal está numa arvore, ele cai. A paralisia dos músculos respiratórios resulta na morte do animal, mas ele permanece adequado ao consumo humano, pois o cozimento destrói a d-tubocurarina. Durante um período, a d-tubocurarina foi utilizada clinicamente como relaxante muscular, mas seu uso foi superado pelas drogas sintéticas que, contudo, atuam de forma similar.

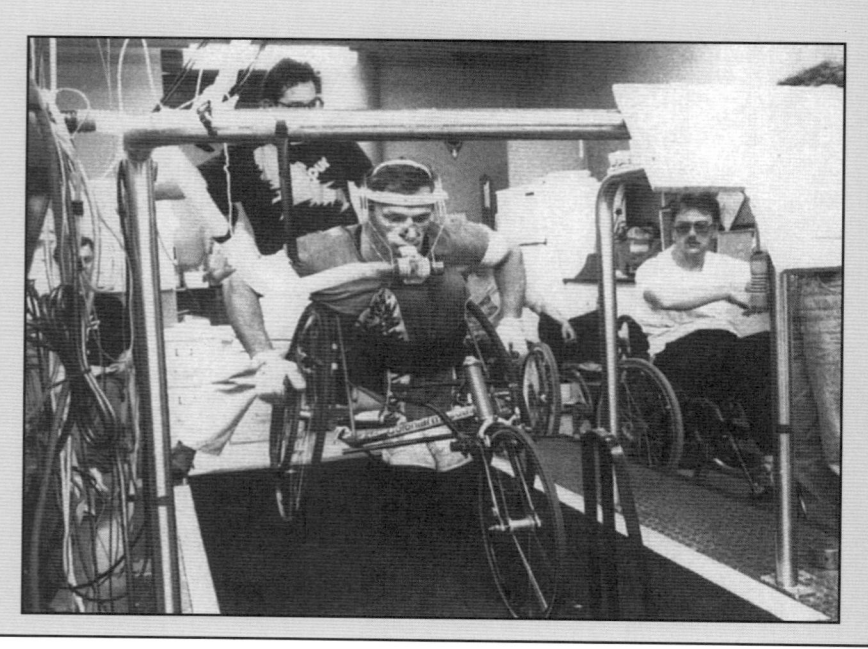

Figura 2.10 – Um atleta de cadeira de rodas realizando um teste de desempenho sobre esteira rolante, no centro de pesquisa em reabilitação Cumberland College of Health Sciences, NSW, Austrália (fotografia gentilmente cedida pelo professor associado Gregory Gass).

O encéfalo e a medula espinal constituem, juntos, o sistema nervoso central, sendo responsáveis pela coordenação, comunicando-se com os músculos por meio de nervos periféricos. Cada um destes nervos é um conjunto de fibras nervosas ou neurônios, dentre os quais, os motoneurônios carregam sinais do sistema nervoso central para os músculos, enquanto outros, os neurônios sensitivos, trazem as informações. O sistema nervoso central integra e coordena, enviando respostas para as informações recebidas do ambiente e do próprio corpo (Figura 2.11). Mas o encéfalo não é meramente uma central telefônica biológica: os 6.000.000.000 de neurônios que o constituem participam de funções complexas, tais como memória, julgamento, inteligência e consciência.

Os sinais transmitidos pelos neurônios consistem em impulsos elétricos,

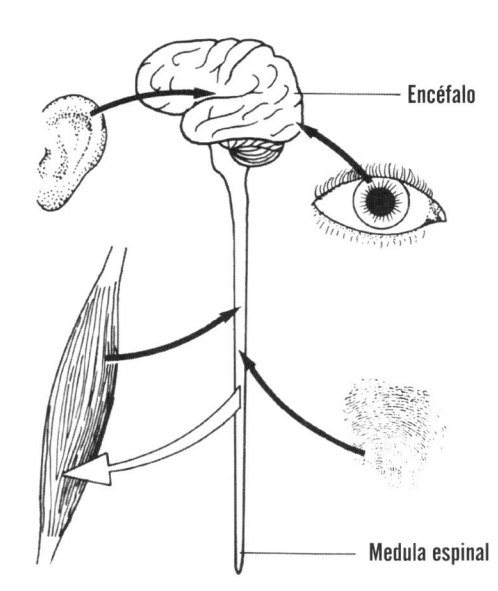

Figura 2.11 – Em conjunto, o encéfalo e a medula espinal formam o sistema nervoso central, que recebe informações, internas e externas ao corpo, de todos os receptores. Como resultado, sinais são enviados para músculos e glândulas, a fim de iniciar uma resposta adequada.

mudanças mínimas no potencial elétrico que atravessam as fibras com velocidades superiores a 100m/s – mais rápido do que qualquer velocista. Desde que todos os impulsos sejam idênticos (uma mudança potencial de, aproximadamente, um décimo de volt, com duração de menos de 1/200s), é a freqüência – o número de impulsos por segundo – que transmite a informação.

O movimento dos membros são iniciados na parte do lobo anterior, conhecida como córtex motor, onde diferentes regiões correspondem, geralmen-

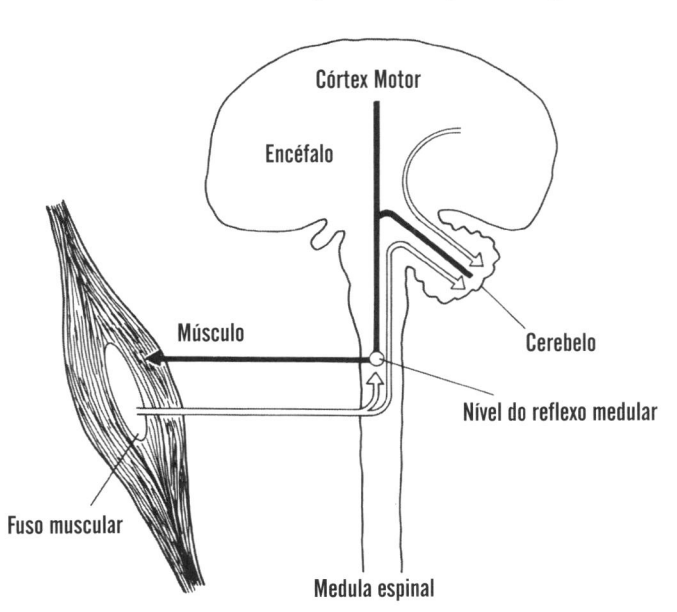

Figura 2.12 – Um esquema do controle nervoso da contração muscular. A seta escura representa a via motora, e a seta clara, a via sensitiva.

te, a diferentes partes do corpo. A partir dele, sinais elétricos atravessam a medula espinal (exceto aqueles que partem do encéfalo, por meio dos nervos cranianos, para os músculos faciais) e, por meio dos motoneurônios, também os nervos periféricos apropriados, até alcançar os músculos (Figura 2.12). Um simples impulso causaria no músculo um "abalo", isto é, ele sofreria uma contração pequena e simples – não muito útil para a corrida. À medida que a freqüência de impulsos aumenta, no entanto, as fibras no músculo começam a sustentar uma contração contínua, ou tétano, muito mais usual (Figura 2.13). Além disso, acima de uma faixa limitada de freqüência, digamos de 20 a 45 impulsos por segundo, a tensão produzida varia com a freqüência.

Mudanças de freqüência são um dos meios pelos quais a tensão muscular pode ser variada. Mas um meio mais importante é variação no acionamento de unidades motoras. Uma vez que há muito menos motoneurônios do que fibras musculares num músculo, cada neurônio deve inervar muitas fibras musculares, que irão contrair todas ao mesmo tempo. Tal conjunto de fibras e o neurônio que as controla formam uma unidade motora (Figura 2.14). Em músculos em que o controle fino da tensão é importante, as unidades motoras têm poucas fibras – apenas 10, ou próximo disso; por exemplo, no músculo reto que move o globo ocular em sua cavidade. Unidades motoras no gastrocnêmio, pelo contrário, contêm um conjunto de milhares de fibras. Considere seu bíceps à medi-

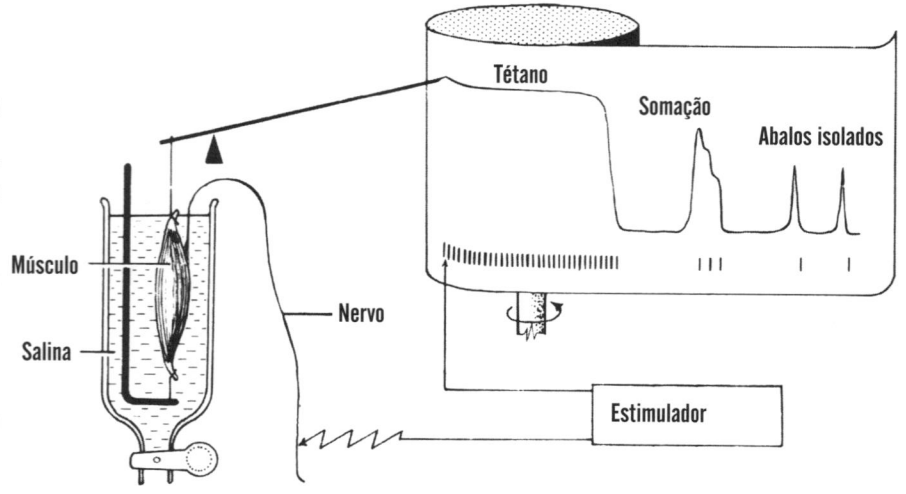

Figura 2.13 – Sobre condições apropriadas, os músculos são capazes de se contrair mesmo após serem removidos de um animal. Aqui, o nervo de um músculo isolado é estimulado via motoneurônio em diferentes freqüências e as contrações resultantes são registradas em um quadro em movimento.

Músculo

Salina

Nervo

Tétano

Somação

Abalos isolados

Estimulador

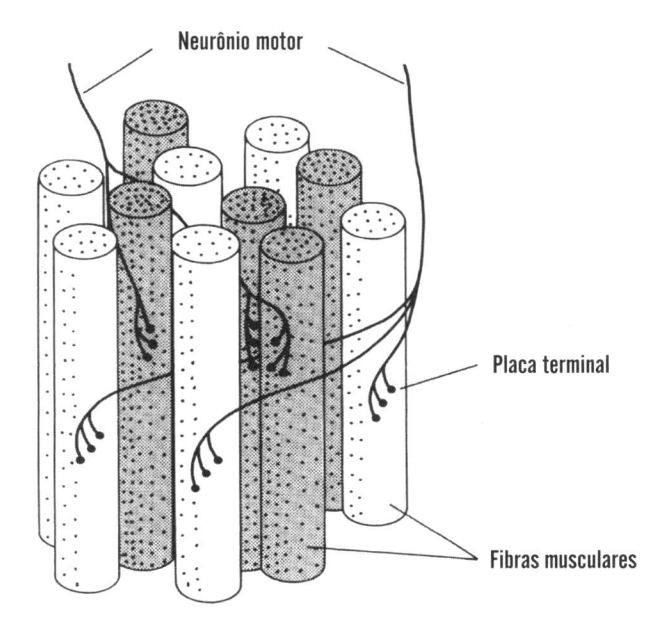

Figura 2.14 — Parte de duas unidades motoras. Na realidade, as fibras são mais próximas umas as outras.

Neurônio motor

Placa terminal

Fibras musculares

da que levanta uma caneta da mesa; a força suficiente é gerada por poucas unidades motoras. Unidades motoras sobrepõem-se, de modo que fibras adjacentes possam ser inervadas por diferentes neurônios. Adicionalmente, as propriedades contráteis (por exemplo, velocidade de contração, força máxima, resistência à fadiga) das unidades motoras variam, de forma que, pelo controle do padrão de disparo dos motoneurônios, diferentes tensões e taxas de movimento, possam ser facilmente obtidos.

Você vai apanhar sua maleta de mão e pensa que ela está cheia, quando, na verdade, ela está vazia. Por causa do fato do encéfalo ter uma "memória" do peso dos objetos, baseado em experiências prévias, mais unidades motoras do que as necessárias são estimuladas, tanto que a maleta é erguida. Porém, muito rapidamente, o encéfalo reavalia a situação, e o vigor do movimento é moderado. Isso implica que o encéfalo seja informado sobre a carga nos músculos relevantes e suas taxas de contração. Na verdade, ele recebe esta informação por meio dos nervos sensitivos, que vão de todos os músculos para o sistema nervoso central.

A maioria dos *feedbacks* de controle do movimento é manipulada em nível de medula espinal, onde as conexões corretas entre neurônios garantem que a resposta apropriada ocorra. Tais ações reflexas não necessitam de intervenção consciente e são executadas muito rapidamente, tornando-se particularmente adequadas para o controle dos padrões básicos de movimento. Um destes elementos é o reflexo de estiramento, que serve para manter um músculo a um comprimento constante, apesar das mudanças na tensão. Encaixadas entre as fibras musculares, estão estruturas sensitivas conhecidas como fusos, tanto que, se um músculo é estendido, o fuso também é, e responde com emissão de impulsos de volta para a medula espinal, via neurônios sensitivos (Figura 2.12). Isso resulta na estimulação dos neurônios, tanto que a tensão aumenta e o comprimento do músculo é restaurado. Este *feedback* negativo é particularmente importante nos músculo posturais. Sem isso, cairíamos no chão toda vez que tentássemos levantar. Isso também é a base da demonstração clássica da ação reflexa, o reflexo patelar; ou seja, quando um golpe leve logo abaixo da linha do joelho resulta na extensão involuntária do membro inferior. Batendo no ligamento patelar repentinamente estende-se o músculo quadríceps, e o pequeno aumento em comprimento resultante é detectado no interior dos fusos, que transmitem para o sistema nervoso central. A resposta é um sinal para a contração do quadríceps. O significado funcional disso ainda não está claro, mas pode ser que um "tropeço" produza uma extensão similar, que seria corrigida pela contração. Numa ação reflexa, um determinado estímulo sempre desencadeia a mesma resposta. Ambos, ponto forte e fraco de uma ação reflexa, desempenham papéis de controladores da locomoção.

Outra propriedade dos fusos musculares merece ser comentada. Para manter a sensibilidade ótima do fuso sobre uma grande gama de comprimentos musculares, a tensão dentro dele, e portanto sinal de "repouso", pode ser ajustada pela contração das fibras musculares dentro do mesmo. Assim, o fuso se torna independente do estado de contração do músculo do qual ele faz parte, respondendo apenas a mudanças em comprimento.

Os reflexos espinais também atuam para garantir que pares de músculos antagonistas nunca contraiam-se simultaneamente. Mas sinais que passam acima e abaixo dos tratos nervosos na medula espinal mantêm o encéfalo "informado" e permitem que esse influencie os eventos. O cerebelo – região do rombencéfalo – é de particular importância para o "ajuste fino" de nossos movimentos. Ele ajusta a sensibilidade dos reflexos e controla os níveis de tensão para produzir os movimentos coordenados de dezenas de músculos envolvidos na realização de um simples passo. O cerebelo recebe sinais não apenas dos fusos musculares, mas também dos centros visual, auditivo e do equilíbrio. Por meio desta ação, o tônus muscular é estabelecido e afetado pelo estado emocional.

Acima de toda esta complexidade está a segurança. Situado nos tendões (e também presente nos ligamentos), os órgãos tendíneos de Golgi respondem a mudanças na tensão criadas como resultado do encurtamento muscular ou devido a forças externas impostas repentinamente. Se estas forças apresentarem magnitudes próximas àquelas capazes de causar lesões, conexões são feitas na medula, o que resulta no relaxamento do músculo apropriado e na redução da tensão para níveis seguros. E este fator de segurança não é redundante, uma vez que os músculos são suficientemente potentes que, se os mesmos contraírem de forma errada, os tendões e ligamentos podem ser lesados e os ossos quebrados.

LEVANDO UM MICROSCÓPIO PARA O MÚSCULO

Se a carne cozida é desfiada, sua natureza fibrosa torna-se evidente. As fibras e um músculo variam, em comprimento, de 1 a 60mm e, em espessura, de 10 a 100μm (isto é, de 0,01 a 0,1mm). Para comparação, o cabelo humano tem, aproximadamente, 50μm de espessura.

Cada músculo é composto de muitas fibras – células longas e delgadas, "empacotadas" em grupos de cerca de mil cada para formar um fascículo (Figura 2.15). Cada fascículo é circundado por tecido conjuntivo, ao qual cada fibra está atada, que, por sua vez, também liga os fascículos. O arranjo destes fascículos varia de músculo para músculo. Em músculos em forma de tira, como o iliopsoas, os fascículos correm paralelamente ao eixo longo do músculo – um arranjo que permite um rápido e extensivo encurtamento. Outros músculos, como os glúteos e, na verdade, a maioria dos músculos dos membros de humanos, apresentam um arranjo penado dos fascículos, no qual as fibras são encurtadas e orientadas em um ângulo para o eixo contrátil (Figura 2.16). Tais músculos penados são mais potentes numa relação peso a peso, pois mais fibras estão contraindo

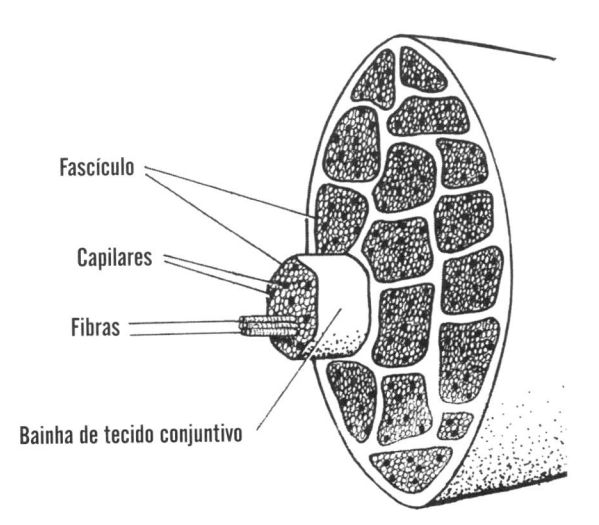

Figura 2.15 – Organização de fibras e capilares dentro do músculo.

Fascículo

Capilares

Fibras

Bainha de tecido conjuntivo

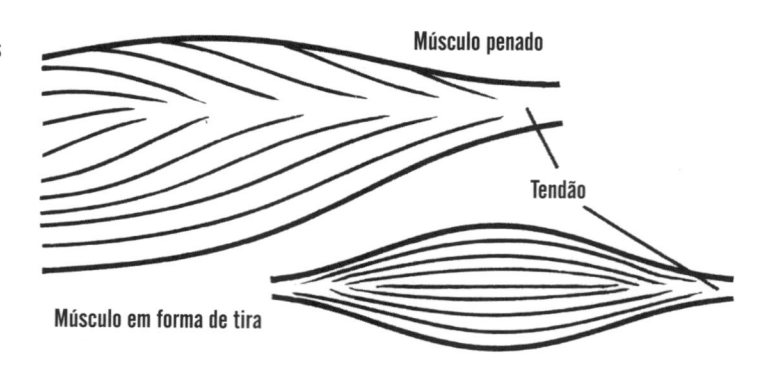

Figura 2.16 – Orientação das fibras no músculo.

Músculo penado

Tendão

Músculo em forma de tira

em paralelo, mas as fibras são mais curtas e contraem numa curta distância e mais lentamente. Uma vez que mais trabalho é obtido a partir de uma dada quantidade de energia química, quando a porcentagem de alteração no comprimento muscular é mínima, músculos penados são inerentemente mais eficientes.

Um músculo em forma de tira tem pouco tecido conjuntivo dentro da massa muscular, estando a maioria dele concentrada nos tendões ao final do músculo. Tais músculos produzem a carne mais macia. O filé mignon é o músculo psoas da vaca. Músculos penados contêm mais tecido conjuntivo e constituem a carne mais barata no açougue.

Para ver qualquer detalhe útil dentro da fibra, é necessário visualizar um pedaço muitíssimo delgado de músculo num microscópio eletrônico. Cada fibra está contida numa membrana de moléculas similares a lipídios e proteínas, a qual isola os conteúdos celulares do exterior. Dentro da célula, o aspecto mais proeminente é o aparato de contração – maquinária responsável pela contração muscular –, que ocupa cerca de 60 a 70% do volume total e consiste de miofibrilas. Um sistema molecular telescópico permite que estas miofibrilas encurtem, e também a contração de todas as fibras e, por sua vez, de todo o músculo.

QUADRO 2.2 MOVENDO MOLÉCULAS

Assim como uma máquina de combustão interna, o trabalho da maquinária muscular é maravilhosamente simples, em princípio. A complexidade vem com a necessidade de manter o fornecimento de substrato, remover os produtos de degradação e regular a potência produzida. As unidades fundamentais da contração são as miofibrilas similares à hastes que ocorrem no comprimento de cada fibra. Dentro destas miofibrilas estão conjuntos de filamentos espessos e finos sobrepostos (Figura 2.17), arranjados de tal maneira que conjuntos adjacentes de filamentos deslizem uns sobre os outros. Quando isso acontece, a miofibrila (e, portanto, a fibra e o músculo) encurta. E o que causa este deslizamento? Os filamentos são ligados por pontes cruzadas, sendo, cada uma, conexão flexível entre as moléculas de proteína que formam o filamento. Estas pontes cruzadas não são estáticas, mas constantemente feitas e desfeitas. A energia química na forma de ATP (ver p.68), tornada disponível pela oxidação de substratos, faz que as pontes cruzadas mudem a forma para, então, ligarem-se novamente por toda extensão do filamento. Desta forma, os filamentos finos são puxados sobre os espessos. Oito remadores impulsionam o barco sobre a água da mesma forma (Figura 2.18). Pense no barco como o filamento espesso e na água como o filamento fino: os remos formam as pontes cruzadas e a tripulação fornece a energia. À medida que os remos afundam na água e se acoplam, sua forma muda e o barco é empurrado. Os remos, então, são levantados da água

Micrografia eletrônica de parte da secção longitudinal de uma miofibrila.

Cada fibra contém muitas miofibrilas em paralelo.

1μm

Interpretação por diagrama, demonstrando os filamentos individualmente. No estado relaxado.

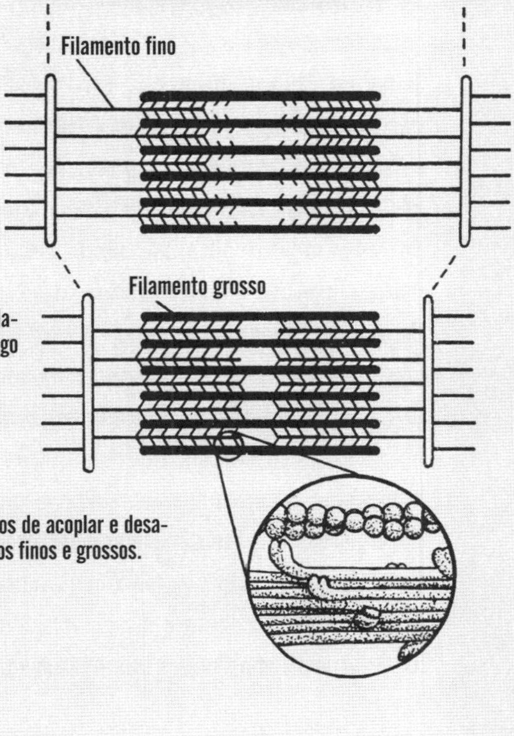

Filamento fino

Filamento grosso

A contração é causada pela sobreposição do filamento fino e do grosso em cada secção ao longo da fibra.

Figura 2.17 – Mecanismo de deslizamento do filamento da contração muscular (micrografia eletrônica gentilmente cedida pelo professor D. S. Smith, Oxford University).

O deslizamento dos filamentos é causado por ciclos de acoplar e desacoplar das pontes cruzadas que ligam os filamentos finos e grossos.

Figura 2.18 – Barco de oito remadores. O acoplar e desacoplar das pontes cruzadas conduz os filamentos uns aos outros, produzindo movimento de maneira similar ao remo do barco com tripulação, no qual a alternância do contato com a água empurra a embarcação. Nessa fotografia, um barco está com os remos em contato com a água (acoplado), enquanto o outro está com os remos fora da água (desacoplado) (fotografia gentilmente cedida por Eadden Lilly Fotografia, Cambridge).

(desacoplagem) e o processo é repetido. Qualquer remador diz que o processo necessita de energia quando, na verdade, necessita da sua contraparte molecular.

Dentro da fibra, mas fora das miofibrilas, existem outras estruturas que tornam a contração possível (Figura 2.19). As mitocôndrias fornecem a energia necessária para a contração, por meio da organização das reações químicas entre os nutrientes armazenados e o oxigênio. Algumas mitocôndrias estão logo abaixo da membrana plasmática, onde têm acesso imediato ao oxigênio que está entrando na célula. Estas mitocôndrias apresentam forma de salsicha e têm apenas alguns poucos micrômetros de comprimento. Mas mitocôndrias próximas às miofibrilas podem constituir redes tubulares ramificadas, ao invés de existirem como componentes isolados. Reações anaeróbias produtoras de energia, que não envolvem oxigênio, ocorrem nos espaços entre as miofibrilas e são especialmente importantes em músculos que produzem elevadas taxas de trabalho em curtos intervalos de tempo.

A maior parte remanescente da fibra é preenchida com um sistema de membranas internas pregueadas, conhecidas como retículo sarcoplasmático. Este sistema ocupa um espaço dentro da fibra, espaço no qual a concentração do íon cálcio é 10.000 vezes maior do que fora. Este cálcio é de vital importância, pois fornece a ligação química entre o nervo e a maquinária contrátil. Quando um impulso nervoso chega à fibra muscular, causa a liberação deste cálcio nas proximidades da miofibrila e fornece o sinal químico que causa a contração da miofibrila. Enquanto o impulso chegar ao músculo com determinada freqüência, o cálcio permanece ao redor das miofibrilas e a contração é mantida. Uma queda na freqüência resulta no bombeamento do cálcio de volta ao retículo sarcoplasmático mais rapidamente do que o íon é liberado. Então, a concentração de cálcio ao redor das miofibrilas cai e a contração é interrompida (figura 2.20).

Figura 2.19 – Diagramação tridimensional de uma vista de uma única fibra muscular. Um microscópio eletrônico é necessário para observar cada detalhe.

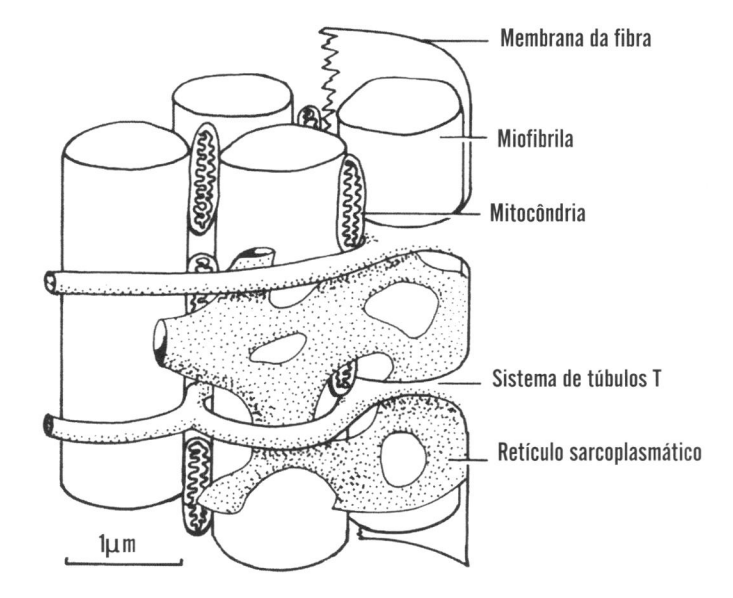

Membrana da fibra

Miofibrila

Mitocôndria

Sistema de túbulos T

Retículo sarcoplasmático

1μm

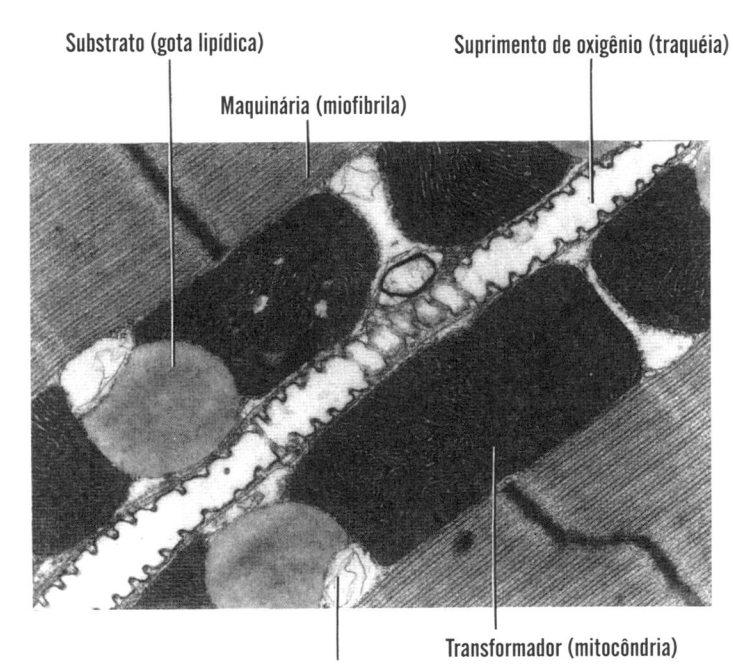

Substrato (gota lipídica)

Maquinária (miofibrila)

Suprimento de oxigênio (traquéia)

Transformador (mitocôndria)

Sistema de controle (retículo sarcoplasmático)

Figura 2.20 – Microscopia eletrônica de um músculo de um inseto voador, que demonstra a relação entre a estrutura e a função (microscopia eletrônica gentilmente cedida por Barbara Luke, Oxford University).

FORÇA, VELOCIDADE E *ENDURANCE*

Quanto mais espesso o músculo, mais miofibrilas ele contém, e mais forte ele é. Em outras palavras, a força que o músculo pode desenvolver é proporcional à área da sua secção transversal. Velocistas, saltadores, arremessadores de disco e martelo sabem disso. E apreciam a importância do tipo de treinamento que "contrai" os músculos, isto é, aumenta o número de miofi-

brilas. Contrariamente, o desempenho em corredores de longa distância é limitado pelo suprimento de oxigênio, o acúmulo de metabólitos ou, em alguns casos, a disponibilidade de substratos energéticos. Para estes atletas, força muscular e, portanto, tamanho, é muito menos importante (Figura 2.21).

Os músculos de velocistas e corredores de longa distância diferem não apenas no tamanho, mas na cor. Uma vez que há pouquíssimas oportunidades para o exame

Figura 2.21 – Contraste físico de (A) velocista André Cason, vencedor dos 100m do campeonato Mundial Indoor, Servilha, 1991 (fotografia © ALLSPORT/Gray Mortimore) e (B) a corredora de ultra-distância Lyn Fitzgerald, que correu 80.450m com o melhor tempo do mundo (6:34.47), em outubro de 1982, 160.900m (15:44.20) em julho de 1983 e a melhor distância do mundo em 24 horas de corrida (214.851m) em maio de 1982.

direto dos músculos humanos, estas diferenças são melhor observadas em velocistas e atletas de longa distância do mundo animal. Um laboratório de biologia não é necessário. Toda evidência pode ser vista na cozinha: compare o músculo do peito de uma galinha com o de um pato ou pombo. A galinha é uma velocista, usando suas asas apenas para escapar de predadores e o músculo do peito (ou músculo peitoral) para controlar as asas, o que é muito evidente. Em contraste, o pombo ou o pato pode voar longas distâncias, sendo seu músculo do peito vermelho escuro. Os termos *músculo branco* e *músculo vermelho* são utilizados para descrever os dois tipos diferentes de músculo esquelético exemplificados por estes pássaros, nos quais a diferença na cor é uma conseqüência da diversidade nos mecanismos de geração anaeróbia e aeróbia de energia. Para mecanismos de fuga, tais como corridas em velocidade, grande quantidade de energia tem que ser gerada muito rapidamente, mas apenas por um curto período de tempo. Isso é melhor realizado anaerobiamente. Ao contrário, para o exercício sustentado, menos energia é necessária, mas ela precisa ser gerada continuamente por um longo período de tempo. Como veremos no Capítulo 4, isso é melhor obtido pela oxidação de substratos – um processo que envolve substâncias chamadas citocromos, responsáveis pela cor vermelha escura.

Diferentes músculos, num mesmo animal, tem funções diversas. Por isso, eles freqüentemente também têm cores diferentes. A carne mais escura da perna da galinha indica que é mais um músculo de resistência (galinhas caminham quase que o dia inteiro) do que um músculo de velocidade. A diferença é ainda mais evidente em muitos peixes. Na próxima vez que você tiver uma truta para o jantar, observe que, enquanto o conjunto de músculo é claro, uma tira muito mais escura percorre cada flanco, logo abaixo da pele (Figura 2.22). Experimentos en-

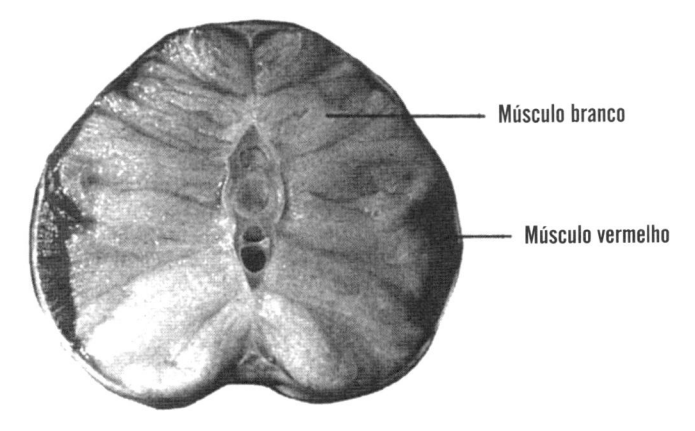

Músculo branco

Músculo vermelho

Figura 2.22 – Secção transversal de um peixe-cão mostrando uma contagem grande de músculo branco (anaeróbio) e uma pequena quantidade de músculo vermelho (aeróbio) ao longo do flanco do peixe.

genhosos revelaram que apenas este músculo escuro (ou vermelho) é usado durante o nado normal. O músculo branco, ainda que represente mais de 90% do total, é usado apenas quando o peixe corre para capturar a presa, escapa de um predador ou é capturado em um anzol. No último caso, o anzol é submetido não apenas à potência da musculatura branca, mas também à suscetibilidade à fadiga da mesma, permitindo que o peixe possa ser içado com facilidade. Esta fadiga tem a mesma causa daquela presente no campeão olímpico de 400m, e é discutida no Capítulo 6.

QUADRO 2.3 O TIPO DE FIBRA

A composição das fibras musculares não apenas varia de músculo para músculo, como também de indivíduo para indivíduo. Essa é uma das razões pelas quais alguns de nós são melhores velocistas e outros, melhores atletas de *endurance*.

Apenas um pequeno pedaço de músculo é necessário para determinar a porcentagem de diferentes tipos de fibras. E esse é obtido com uma biopsia de agulha (Figura 2.23). A pele acima do músculo é anestesiada, sendo feita uma pequena in-

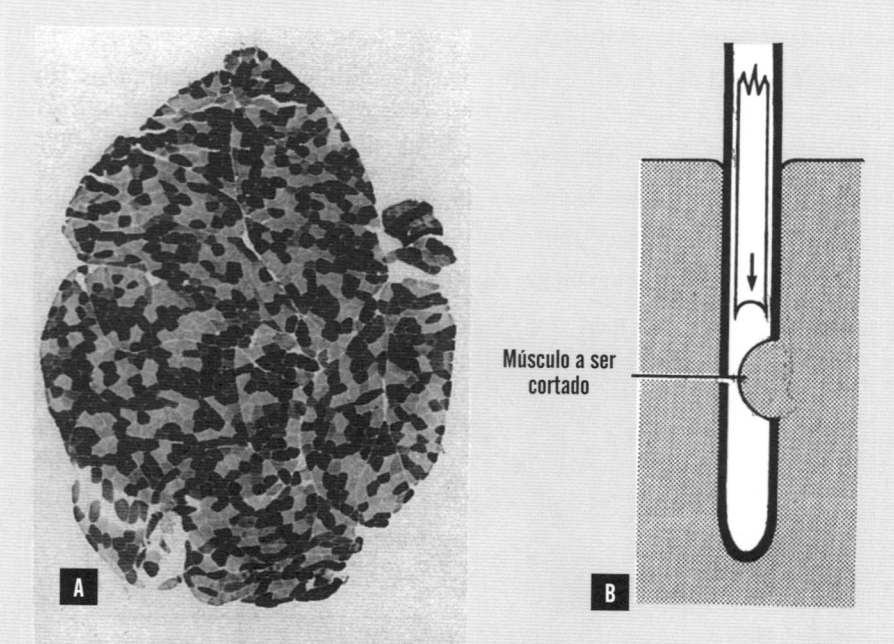

Músculo a ser cortado

Figura 2.23 – O mosaico (A) é uma magnífica secção transversal do músculo quadríceps humano, corado para revelar os diferentes tipos de fibras. Fibras glicolíticas rápidas estão coradas mais fortemente e as fibras lentas são as mais claras. Para estudos de tipificação de fibras e outras investigações, pequenas amostras de músculos podem ser removidas de voluntários humanos que usem a técnica de biopsia (B). A agulha é introduzida completamente num pequeno corte na pele (usando anestésico local) e dentro do músculo (micrografia gentilmente cedida pelo Dr. C. A. Maunder-Sewry e pelo professor Dubowitz, University of London).

cisão. Por meio dessa, e dentro do músculo, é inserida a agulha de biopsia – uma agulha oca, com uma pequena "janela" em um dos lados. À medida que a agulha é inserida, o músculo entra nesta "janela" e é cortado por uma lâmina. Após a retirada, a amostra é cortada em pedaços finos, tratada com uma série de substâncias químicas que coram as fibras, e os pedaços finos são vistos em corte transversal. As fibras se coram de modo diferente conforme o seu tipo, podendo ser cortados diferentes tipos de fibras e calculada a proporção de cada uma. Ainda que o procedimento seja relativamente indolor, atletas de elite são compreensivelmente relutantes em ter seus músculos avaliados desta forma. Contudo, os dados disponíveis demonstram grandes diferenças entre os atletas (Tabela 2.1).

TABELA 2.1 COMPOSIÇÃO PERCENTUAL DAS FIBRAS DO MÚSCULO GASTROCNÊNIOS EM ATLETAS DE ELITE (VALORES MÉDIOS SÃO CONHECIDOS; A VARIAÇÃO INDIVIDUAL É GRANDE)

ATLETAS	PORCENTAGEM DE FIBRAS	
	FIBRA LENTA	FIBRA RÁPIDA
VELOCISTA	24	76
CORREDOR DE MEIA DISTÂNCIA	52	48
MARATONISTA	79	21
ESQUIADOR DE *CROSS-COUNTRY*	80	20

Dados de Costill, Daniels, Evans et al., 1976.

O que os atletas precisam saber é quanto as porcentagens apresentadas nesta tabela podem ser modificadas pelo treinamento. A resposta é um qualificado sim: em primeiro lugar, as fibras rápidas glicolíticas e as oxidativas podem intercambiar entre si pelo treinamento. O treinamento de *endurance* converte as primeiras nas últimas,

TABELA 2.2 PORCENTAGEM DE DIFERENTES FIBRAS NO MÚSCULO (VASTO LATERAL) DE CORREDORES DE DISTÂNCIA, DE *ENDURANCE* COM TREINAMENTO INTENSO OU VELOCISTA TREINADO

CONDIÇÃO DO ATLETA	PORCENTAGEM		
	FIBRAS DE CONTRAÇÃO LENTA	FIBRAS DE CONTRAÇÃO RÁPIDA OXIDATIVA	FIBRAS DE CONTRAÇÃO RÁPIDA GLICOLÍTICA
CORREDORES DE DISTÂNCIA, TREINADOS INTENSAMENTE EM *ENDURANCE* POR 18 SEMANAS	69	20	11
VELOCISTA TREINADO NA MESMA DISTÂNCIA POR 11 SEMANAS	52	8	40[a]

[a] Está incluída uma pequena porcentagem de um novo tipo de fibra que pode estar "no meio" da fibra rápida oxidativa e da rápida glicolítica.
Dados de Janson, Sjodine Tesch, 1978.

e o de força faz o contrário. Isso explica porque a porcentagem de fibras glicolíticas de contração rápida é muito pequena nos fundistas. Existem algumas evidências de que pequenas proporções de fibras de contração lenta possam ser convertidas em fibras rápidas, pelo treinamento de velocidade (Tabela 2.2), e uma pequena proporção de fibras rápidas possam ser convertidas em lentas, pelo treinamento de *endurance*. Estes resultados sugerem que, para o maratonista, o treinamento de velocidade (intervalo com menos de 100m e treinamento de potência) não deve ser feito e, em particular, os velocistas nunca devem se envolver em exercício de *endurance*. A ausência total de atividade pode resultar em uma diminuição no número de fibras de contração lenta, provavelmente porque eles mudam para fibras rápidas – um problema para atletas quando um membro tem que ser imobilizado devido, por exemplo, a fratura de um osso.

Músculos humanos variam da mesma forma, mas a distinção é menos aparente, uma vez que todos os músculos contêm fibras "vermelhas" e "brancas". Na realidade, distingue-se pelo menos três tipos de fibra na musculatura de mamíferos: fibras de contração lenta, fibras de contração rápida oxidativas e fibras rápidas glicolíticas (Tabela 2.3). Fibras lentas são mais abundantes em músculos vermelhos; elas geram sua força aerobiamente, apresentam contração relativamente lenta e são resistentes à fadiga. Fibras rápidas glicolíticas são mais abundantes em músculos brancos, onde geram força por meio anaeróbio, contraem rapidamente, mas facilmente experimentam a fadiga. Fibras rápidas oxidativas têm características intermediárias; elas contraem rapidamente, mas tem capacidade aeróbia e anaeróbia. Dentro de uma única unidade motora, todas as fibras são do mesmo tipo.

TABELA 2.3 CARACTERÍSTICAS DOS TIPOS DE FIBRAS MUSCULARES HUMANAS			
CARACTERÍSTICAS	FIBRAS DE CONTRAÇÃO LENTA	FIBRAS DE CONTRAÇÃO RÁPIDA OXIDATIVA	FIBRAS DE CONTRAÇÃO RÁPIDA GLICOLÍTICA
SUPLEMENTAÇÃO DE SANGUE	BOM	BOM/MODERADO	REDUZIDO
FADIGA EM CURTO PRAZO	RESISTENTE	RESISTENTE	SUSCETÍVEL
CAPACIDADE ANAERÓBIA	MODERADA	MODERADA	BOM
PRINCIPAIS SUBSTRATOS UTILIZADOS	GLICOGÊNIO E GORDURA	GLICOGÊNIO E ALGUMAS GORDURAS	GLICOGÊNIO
VELOCIDADE DA CONTRAÇÃO	BAIXA	RÁPIDA	RÁPIDA
DIÂMETRO DA FIBRA	PEQUENA	INTERMEDIÁRIA	GRANDE
TAMANHO DA UNIDADE MOTORA	PEQUENA	INTERMEDIÁRIA	GRANDE
TAMANHO DA FIBRA MOTORA	PEQUENA	INTERMEDIÁRIA	GRANDE

Dados de Saltin, Henriksson, Nygaard et al., 1977.

Assim como todos nós variamos em características, como a cor dos olhos, altura e forma do nariz, também variamos na proporção dos diferentes tipos de fibras em nossos músculos (Quadro 2.3). Se você tem preponderância de fibras glicolíticas de contração rápida, não há chances de ganhar uma medalha olímpica de ouro na maratona, e você também não será um velocista de alto nível se for bem provido de fibras oxidativas de contração lenta (Tabela 2.1). E, como para outras características, como a cor dos olhos, a composição das fibras é amplamente hereditária. Atletas de ponta devem estar gratos por ter a sorte de ter os pais adequados. Há alguma evidência de que o treinamento pode fazer uma pequena diferença na proporção dos tipos de fibra (Tabela 2.2), mas seu maior efeito é o que acontece dentro e fora das fibras.

DIFERENTES MÚSCULOS PARA DIFERENTES TAREFAS

O tipo de músculo é de grande interesse para atletas, sendo que ele se refere exclusivamente à musculatura esquelética. Como o nome sugere, esse é o músculo inserido nos ossos, que causa seus movimentos. A musculatura esquelética tem fibras longas que, num microscópio comum, aparecem estriadas transversalmente (Figura 2.24). De modo geral, tais músculos apresentam grande potência e podem contrair

rapidamente, mas nem todas as tarefas necessitam deste tipo de músculo.

Outro tipo de músculo, literalmente de vital importância para todos nós, é totalmente diferente. Ainda que suas fibras sejam estriadas, eles são curtos e ramificados (Figura 2.24), sendo sua contração mais suave do que a dos músculos esqueléticos. Este músculo contrai continuamente e relaxa ritmicamente, mesmo quando desprovido de toda sua inervação. Ele é, claro, o músculo cardíaco, com o qual o coração é formado. É um músculo de *endurance* por excelência, contraindo e relaxando sem parar, aproximadamente, 2.500.000.000 vezes durante toda a vida.

Nós somos muito menos conscientes, ainda que igualmente dependente, de nossos músculos lisos. Esses são compostos mais por células alongadas do que por fibras, e não apresentam sinais de estriamentos (Figure 2.24). A potência dos músculos lisos é menor do que a dos músculos esqueléticos e cardíacos, mas os lisos são responsáveis pelos movimentos normalmente suaves e involuntários, a respeito dos quais pouco percebemos, a não ser que eles estejam com problemas. Os movimentos incluem a condução dos alimentos ao longo do intestino, mudando o diâmetro de sua luz, em resposta às variações de pequena intensidade e, de particular importância para atletas, o controle do sangue por meio das pequenas artérias e veias.

Figura 2.24 – Tipos de músculos.

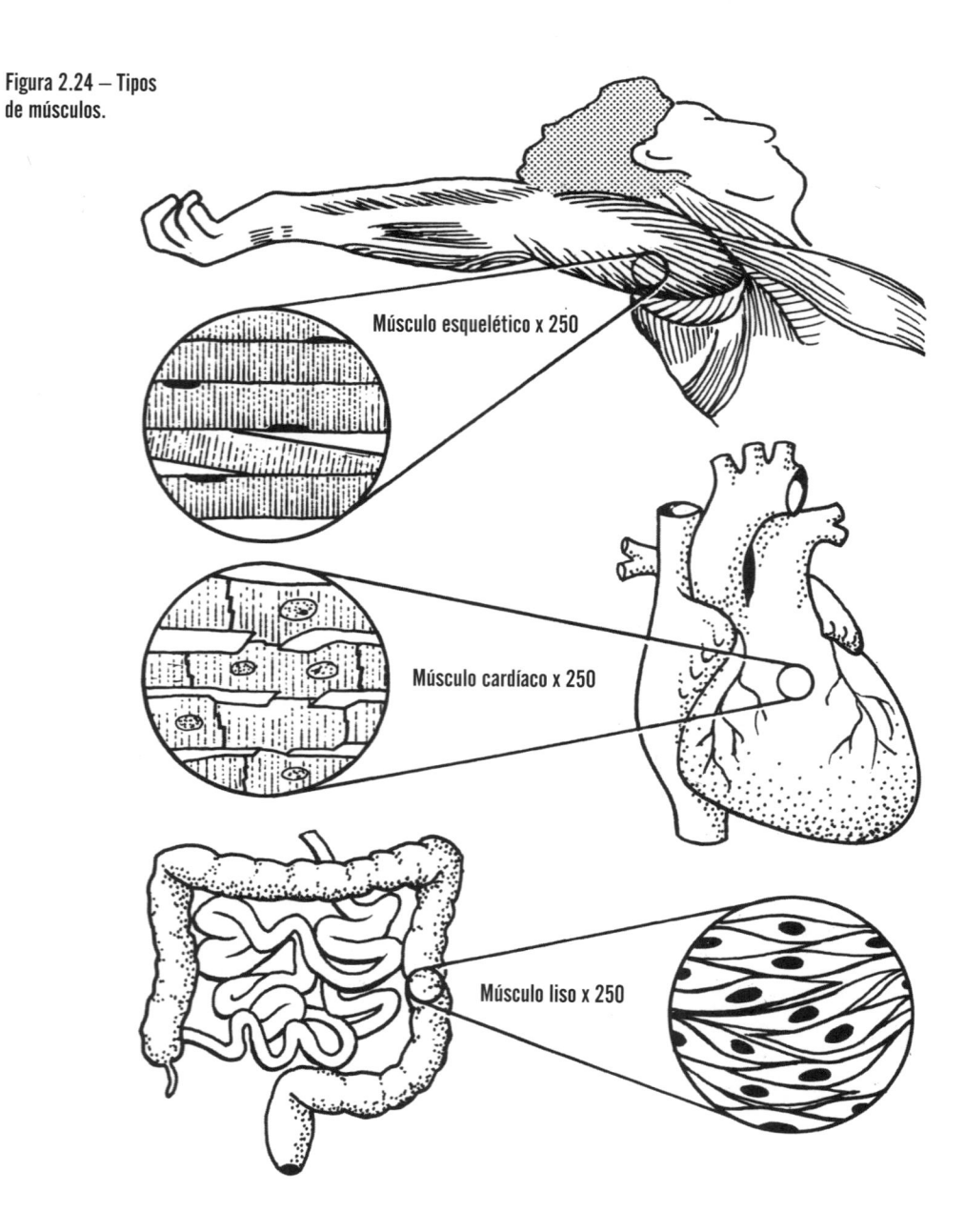

Músculo esquelético x 250

Músculo cardíaco x 250

Músculo liso x 250

3
ENERGIA DA MATÉRIA

Um maratonista está completamente exausto após correr 42km em cerca de 2h30, assim como um velocista, após correr 400m em 45s (Figura 3.1). Embora o velocista seja capaz de repetir a prova quase tão bem logo após uma hora de intervalo, o maratonista normalmente necessita de vários dias de recuperação antes que outra corrida possa ser realizada. Ambos os atletas poderiam alegar que estão sem energia. Mas não estão. Para que seus corações continuem a bater e seus músculos respiratórios continuem trabalhando, assim como suas funções cerebrais, eles ainda dispõe de muita energia.

A confusão surge porque o uso cotidiano do termo *energia* significa diferentes coisas para diferentes pessoas. Quando dizemos que "não temos energia" significa que, na realidade, temos muita energia (armazenada na forma química, como substratos energético), mas falta a capacidade (ou vontade) para utilizá-la rápido o bastante para manter o nível desejado de atividade. A taxa de utilização de energia consiste na essência do esporte. Mas, para que se tenha qualquer noção disso, em primeiro lugar, é importante dominar o conceito de energia.

Energia é, na verdade, um termo irritavelmente difícil de se definir de modo usual. Físicos vão direto ao ponto, definindo energia como a capacidade de realizar trabalho útil; o que é ótimo se você entende precisamente o que significa trabalho útil. Para um atleta, trabalho útil significa superar, rápida e efetivamen-te, as forças que se contrapõem ao movimento, incluindo a gravidade, a resistência do ar e o atrito.

QUANTO DE ENERGIA?

Não é sempre fácil medir a energia de forma precisa. Mas, se alguns preceitos são aceitos, não é tão difícil. Se você está lendo este livro em um lugar confortável, pode tentar neste instante. Primeiro, é necessário saber a massa (peso) de seu corpo, pelo menos aproximadamente. Agora suba alguns degraus na escada e estime a altura total que você subiu. Você também deve cronometrar sua subida, pois esta informação será usada mais tarde. Se vive em uma casa térrea, suba e desça de uma cadeira 20 vezes e use a "altura" total que você subiu, isto é, 20 vezes a altura da cadeira. Agora ponha seus dados dentro da equação da Figura 3.2 para encontrar quanta energia você usou ao mover-se contra a força da gravidade. Tenha em mente que o valor que encontrou não será a energia real gasta, mas um valor menor, pois alguma energia adicional foi usada para superar o atrito interno no seu corpo, que não é fácil de ser medida. A energia é medida em "joules" (J), atualmente a unidade mais usada para todas as formas de energia. Inicialmente, a energia foi medida em calorias, com uma caloria equivalendo a 4,18J.

É óbvio que se você tivesse subido a escada correndo, em vez de caminhar, mais esforço seria necessário, ainda que a energia total usada fosse exatamente a mesma. O tempo deve ser considerado para o cálculo e a taxa na qual você gastou energia (isto é, a quantidade num período específico de tempo). Essa é a sua potência. A importância da potência fica evidente pelo fato de que todos nós temos energia suficiente para correr uma maratona, mas somente uns poucos selecionados têm potência suficiente em seus músculos da perna para, durante um período de tempo, realizar uma maratona em 2h10! Divida o número de joules que você usou subindo as escadas pelo número de segundos gastos para alcançar o topo para obter sua potência em watts (W).

Figura 3.1 – Corredor exausto. Um corredor japonês após completar os 10.000m nos Jogos Olímpicos de Barcelona. Fotografia © ALLSPORT/Mike Powell.

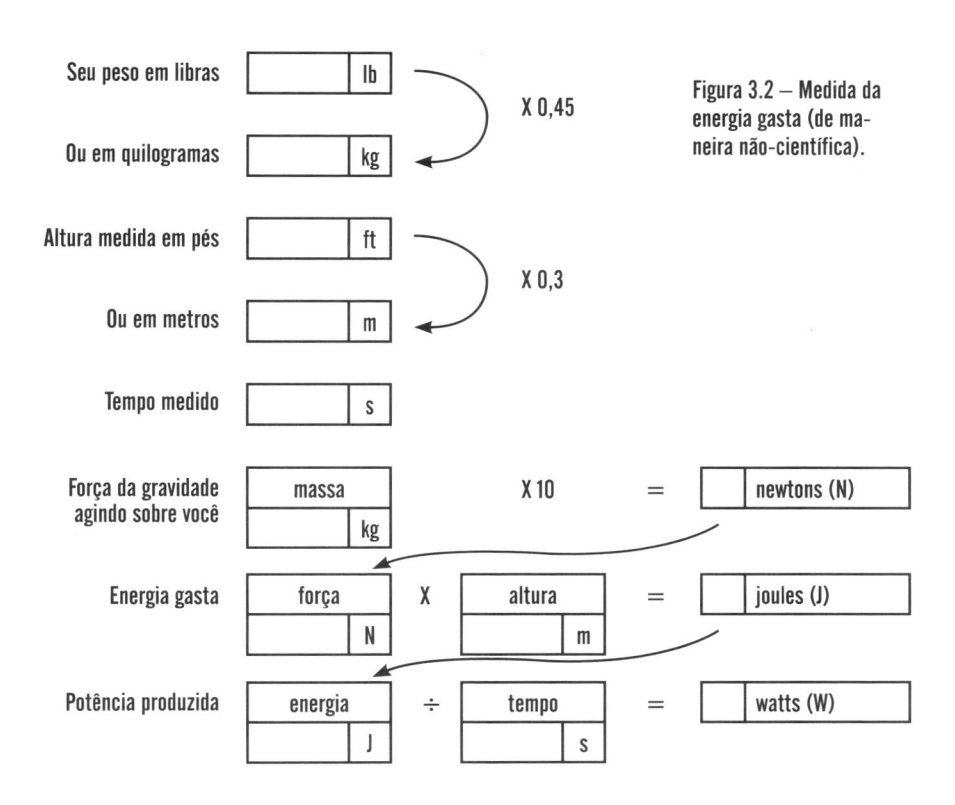

Figura 3.2 – Medida da energia gasta (de maneira não-científica).

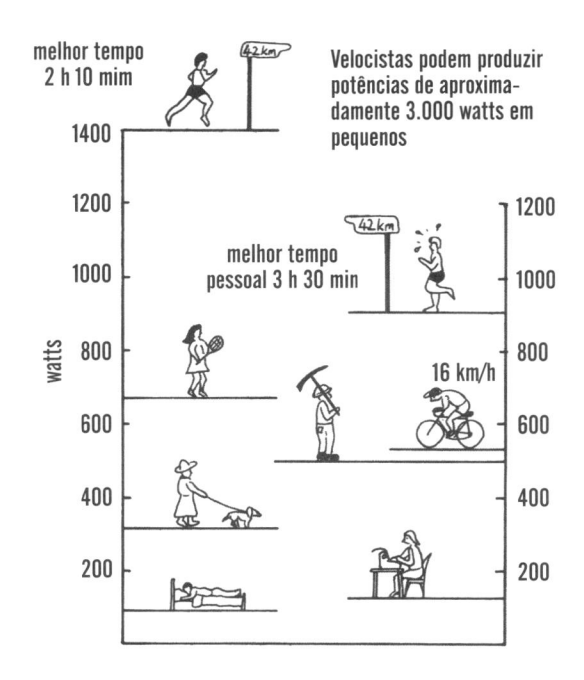

Figura 3.3 – Potência produzida durante várias atividades. Potência é uma taxa de quanta energia é despendida ou quanto trabalho é realizado. Um watt é um joule por segundo.

Um maratonista que não seja de elite (digamos, que tenha 3h30 como melhor tempo) terá uma potência de cerca de 900W durante a corrida – quase a mesma de um pequeno aquecedor elétrico (Figura 3.3). Um maratonista de elite gastará cerca de 1.400W, e um velocista de alto nível gastará energia a uma taxa aproximada de 3.000W.

ENERGIA EM TODAS AS SUAS FORMAS

Uma conseqüência da corrida é que nos sentimos quentes. O calor é outra forma de energia – não usada pelo atleta, mas produzida durante todas as formas do exercício. Na realidade, algumas vezes é produzido tanto calor que esse pode interferir no desempenho e, em casos extremos, resultar em morte. É claro que, num dia frio, este calor é usado para manter a temperatura corporal: sentimos-nos frios no início da corrida, mas, uma vez em atividade, logo nos aquecemos e podemos ter que tirar algumas roupas para evitar o superaquecimento, apesar da baixa temperatura do ambiente. De onde vem todo este calor? A resposta é: da energia *química* obtida nos alimentos. O alimento é uma mistura complexa de componentes químicos – carboidratos, gorduras e proteínas – que liberam sua energia quando hidrolisados em moléculas menores. Uma variedade de reações produtoras de energia ocorre no músculo, e uma das mais importantes é aquela entre a glicose e o oxigênio. Os produtos desta reação – dióxido de carbono e água – contêm menos energia do que os reagentes. Desta forma, então, alguma energia é perdida. As equações são as anotações dos químicos para descreverem o que acontece numa reação química, com os reagentes (materiais que reagem) na esquerda e os produtos na direita.

$$glicose + oxigênio \longrightarrow dióxido\ de\ carbono + água$$

Independentemente desta reação ocorrer pela queima em uma chama ou de uma maneira mais controlada no músculo, a quantidade de energia liberada por uma determinada quantidade de glicose é sempre a mesma (16.000J por grama de glicose). A diferença é que, no fogo, toda a energia é liberada com o calor (exceto, talvez, por uma menor quantidade de luz). Mas, no músculo, alguma energia é convertida em movimento, isto é, energia cinética.

Com esta informação, pode-se deduzir quanto carboidrato consumir para se repor a energia gasta subindo aquelas escadas. Simplesmente divide-se a energia utilizada por 16.000 e se obterá a resposta em gramas. Você pode se surpreender com quão pequeno será o resultado. Se você tiver usado menos do que um grama, não se recompense com uma barra de chocolate inteira. Para repor a energia usada correndo uma maratona, você teria que comer um filão e um quarto de pão (Tabela 3.1).

TABELA 3.1 QUANTIDADE APROXIMADA DE ENERGIA GASTA EM ALGUMAS ATIVIDADES FÍSICAS		
ATIVIDADE	ENERGIA USADA (kJ)	NÚMERO DE FATIAS LARGAS DE PÃO PARA SE OBTER ESSA ENERGIA
JOGO DE FUTEBOL (90min)	6.000-8.000	1
MARATONA (42,2km)	12.000	1¼
SEIS MESES DE TREINAMENTO PARA A MARATONA	400.000	52

Note que Kilojoules (kJ) equivale ao uso de 1.000J.
Dados de Ekblom, 1992.

Cálculos deste tipo têm que ser realizados por quem estiver empenhado em "controlar o peso", pois toda energia química, isto é, comida consumida, em excesso, será armazenada como reserva, principalmente como gordura. Portanto, para manter o peso corporal é importante que a ingestão não exceda a demanda. Medir sua ingestão é fácil, embora tedioso, com a ajuda de tabelas de composição de alimentos, mas a medição da energia gasta é muito mais difícil.

O método "faça você mesmo", descrito na Figura 3.2, não é amplamente aplicável. Então, fisiologistas do exercício têm usado o princípio da calorimetria. Na chamada calorimetria direta, a produção de calor é medida pelo acondicionamento do indivíduo, junto aos equipamentos para o exercício, em uma câmara extremamente bem isolada. A energia despendida é calculada a partir da capacidade térmica dos conteúdos da câmara (incluindo o sujeito) e o aumento na temperatura, que, provavelmente, será pequeno ao extremo. Pouquíssimos laboratórios no mundo estão equipados com calorímetros próprios para humanos.

Mais amplamente usado é o princípio da calorimetria indireta – indireta pelo fato do calor não ser realmente medido. O que é medido é a captação de oxigênio e a produção de CO_2 (dióxido de carbono). Fazendo certas suposições, é possível determinar qual o substrato (gordura ou carboidrato) e o quanto está sendo usado em um exercício específico. Um litro de oxigênio é equivalente a 21kJ de energia, quando a glicose é oxidada (se você estiver utilizando o oxigênio a uma taxa de 4,1l/min, um valor médio para maratonista de elite, estará gastando energia a uma taxa de 1.435W). Uma vantagem deste método é que o indivíduo avaliado não precisa ser totalmente encarcerado para que os gases respiratórios possam ser coletados. Entretanto, deve ser dito que usar uma máscara ou Bolsa de Douglas preso às suas costas enquanto se corre uma maratona, provavelmente, não contribui para melhorar a sua melhor marca (Figura 3.4).

O método mais moderno para a avaliação de quanto substrato é utilizado, numa determinada situação, envolve o uso de isótopos pesados e alguns cálculos mais complexos (Quadro 3.1).

Figura 3.4 – C. G. Douglas, o inventor da bolsa de Douglas, a qual possibilitou a mensuração do oxigênio durante o exercício. O professor Douglas está exercitando-se numa estação de pesquisa em alta altitude (Pike Peak, Colorado). J. S. Haldane está marcando o tempo, sob a observação de E. C. Schneider (fotografia gentilmente cedida pelo University Laboratory of Physiology, Oxford University).

Para propósitos práticos, a energia utilizada não é medida, mas estimada. Acredita-se que um homem típico gaste por volta de 10.500kJ/dia e uma mulher típica, cerca de 10% menos, devido a sua menor massa magra (principalmente músculo). Observe que a energia humana utilizada é normalmente expressa em quilojoules (kJ), equivalente a 1000J. A energia despendida também depende do tamanho corporal: uma pessoa maior gasta mais. A principal causa da diferença na energia gasta entre os indivíduos é a quantidade de exercício que eles fazem: um ciclista, na "Volta da França", pode gastar 9.523kcal, em um dia árduo no selim de uma bicicleta.

QUADRO 3.1 ISÓTOPOS PESADOS – A QUÍMICA PRECISA

As propriedades químicas de um elemento (carbono, oxigênio ou ferro) dependem dos elétrons que rodeiam o núcleo de cada átomo. Para alguns elementos, as variações na estrutura destes núcleos podem ocorrer na formação de isótopos, alguns dos quais ocorrem naturalmente, outros são formados na reação nuclear. Embora os isótopos do mesmo elemento sejam quimicamente idênticos, suas propriedades físicas podem variar. E, com isso, é possível usar isótopos para localizar de fato os átomos no organismo e as reações bioquímicas. Um isótopo não natural é introduzido, e suas propriedades físicas são usados para encontrar, no organismo, onde ou em que complexo químico ele termina. Os isótopos que emitem radiação (radioisótopos) são particularmente proveitosos, por ser esta radioatividade muito fácil de se detectar e medir. Por outro lado, isótopos pesados não são radioativos, mas sua enorme massa atômica pode ser detectada e medida, com um pouco mais de dificuldade, usando um espectrômetro de massa. O oxigênio não tem um radioisótopo conveniente, mas seu isótopo pesado, ^{18}O, tem uma massa atômica de 18, maior do a normal, 16. Similarmente, no hidrogênio pesado (^2H, Deutério), os átomos possuem uma massa de 2, comparados com o hidrogênio normal, com uma massa atômica de 1.

Para se utilizar tudo isso na medida da energia total gasta, são necessários um copo de $^2H_2{}^{18}O$ (completamente inofensivo), um espectrômetro de massa (muito dispendioso) e alguns raciocínios engenhosos. O $^2H_2{}^{18}O$ consumido se misturará com todas as outras águas no copo e, então, aparecerá lentamente na urina. Amostras da urina podem ser coletadas e o montante de ^2H e ^{18}O na água medido. Alguma respiração que ocorra formará H_2O normal (de substratos energéticos armazenados e oxigênio inalado) e o lento e baixo aparecimento de ^2H e ^{18}O na urina. Mas CO_2 também é produzido pelo processo oxidativo no corpo e, então, haverá uma maior diluição de ^{18}O na H_2O, se comparada à diluição de ^2H. Esta diferença entre diluição de ^{18}O e ^2H é, conseqüentemente, uma medida da taxa de formação de CO_2, isto é, oxidação. Deste modo, a diferença entre as taxas de excreção de ^2H e ^{18}O na urina em um período de dias pode ser relatado precisamente para a taxa de oxidação de substratos energéticos, isto é, a energia gasta. Desde que estas medidas exijam somente a coleta de amostras de urina (ou seja, uma amostra por dia), elas não afetam o desempenho em nenhuma forma, e têm sido usadas, por exemplo, para estudar a energia gasta durante a Volta da França de ciclismo e por mulheres durante a gravidez.

Mas porque chamá-los de química precisa? É notoriamente difícil medir exatamente a quantidade de comida energética consumida por seres humanos. Se a voluntários pede-se que mantenham um diário de tudo o que comeram a cada dia, eles tendem a diminuir no relatório a quantidade consumida. Se a medida é feita por um observador independente, a quantidade de comida consumida pode ser menor do que a normal – o efeito observador. Contudo, se o peso do corpo não se altera, a quantidade de comida e energia consumida deve equivaler à quantidade gasta, e é medida exatamente por este método isotópico. Sobre um período de vários dias, ele conta a quantidade comida e de energia que foi consumida.

O problema deste método, para o atleta, treinador ou fisiologista, é que ele não é correto sobre períodos curtos e deveria ser usado somente para medir a energia gasta ao menos em três dias. Ele não estima a energia gasta nos 800m ou em toda a maratona, mas é proveitoso (muito proveitoso, desde que o equipamento não precise ser usado pelo atleta) para eventos demorados, como a volta da França. Pode ser usado, também, para medir a energia gasta durante vários dias de treinamento. Num estudo sobre corredoras fundistas de elite, foi calculado que, correndo 16km por dia, aumentou-se diariamente a energia gasta para 4.200kJ.

Estes cálculos energéticos só são possíveis porque a energia não pode ser nem criada nem destruída. O que desaparece numa forma deve aparecer em outra – um fato válido universalmente, que tem sido dignificado com o título de *Primeira Lei da Termodinâmica* (Figura 3.5). Agora podemos observar melhor a energia liberada a partir da oxidação de um substrato, como a glicose, à medida em que você, no início do capítulo, subiu aquelas escadas. A energia não pode ser destruída. Então, para onde ela vai? Parte é convertida em energia cinética – seu movimento – e então em energia potencial – a energia, devido a sua posição mais afastada do centro da Terra, à medida em que você subiu as escadas. Foi esta energia potencial que você calculou de verdade. A cada conversão – química para cinética ou cinética para potencial –, uma porção da energia é inevitavelmente liberada na forma de calor que, após aquecê-lo, é passado para o ambiente. Finalmente, quando você desce uma escada, sua energia potencial foi transformada em calor. Então, em última instância, virtualmente, toda energia química que consumimos termina como calor – justamente como acontece quando a glicose é queimada no fogo. A diferença é que temos feito uso de alguma energia química, ao subir e descer as escadas.

Agora nós temos que encontrar energia em quatro destas formas: química, calor, cinética e potencial. Duas outras, luz e eletricidade, são importantes para a vida dos organismos. A luz é a única fonte de energia para plantas verdes, que a converte em energia química, por meio do processo chamado fotossíntese. Uns poucos organismos, como o vaga-lume, podem produzir luz de verdade, convertendo energia química diretamente em energia luminosa. As diferenças na energia elétrica e potencial, agora geradas pela expansão de energia química, são usadas para conduzir informações ao longo dos nervos. Muitos potenciais de ação poderosos podem ser gerados por alguns peixes que utilizam choques, acima de 200V, para atordoar a vítima e deter predadores.

Um fator importante na energética de corredores é a energia armazenada elasticamente, como aquela num estiramento de uma fita de borracha. A maioria do custo da energia de corredores de superfície é gasta contra a energia da gravidade, desde cada degrau que o corpo levantou. Nem toda esta energia, contudo, é perdida. Assim como um saltador transforma energia potencial em cinética para o próximo salto (Figura 3.6), os componentes elásticos da perna concedem que parte da energia seja utilizada para reaver o centro da gravidade corporal, a ser usada no próximo passo (Quadro 3.2).

De todas as várias formas de energia, a química tem um papel especialmente importante, pela facilidade com que pode ser armazenada, independentemente da comida estar no freezer, no tanque de óleo ou na forma de glicogênio (um polímero, veja p.72-3) armazenado nos nossos músculos. Quando uma reação adequada toma

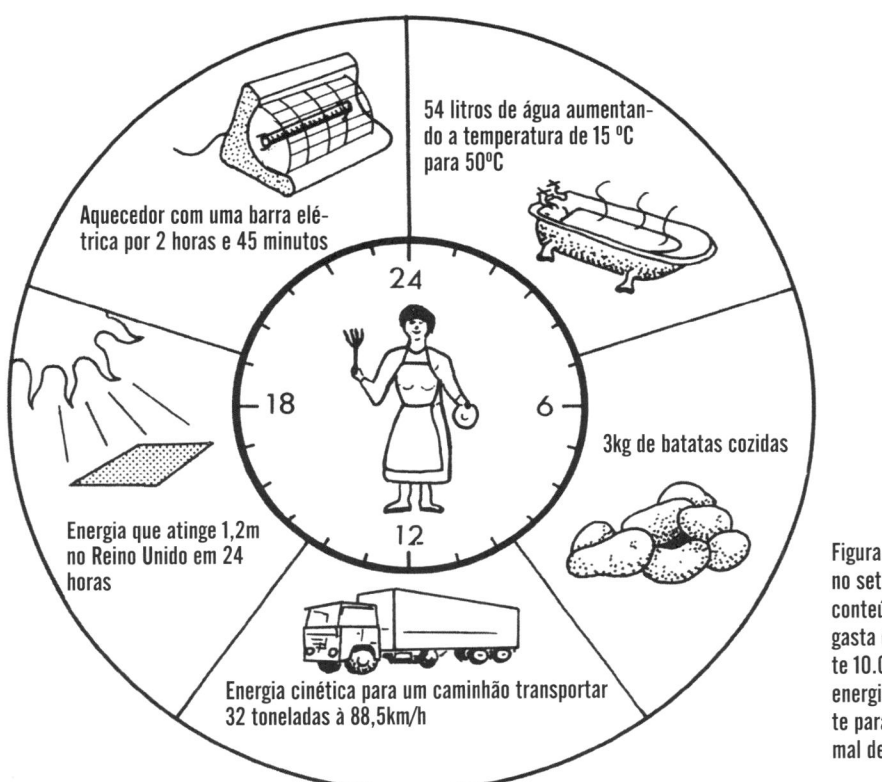

54 litros de água aumentando a temperatura de 15 °C para 50°C

Aquecedor com uma barra elétrica por 2 horas e 45 minutos

Energia que atinge 1,2m no Reino Unido em 24 horas

3kg de batatas cozidas

Energia cinética para um caminhão transportar 32 toneladas à 88,5km/h

Figura 3.5 – Cada item no setor demonstra o conteúdo ou a energia gasta de aproximadamente 10.000kJ, a média de energia gasta diariamente para a atividade normal de uma mulher.

Figura 3.6 – Saltador. A corrida utiliza o princípio do saltador, que pode ser particularmente importante em atletas de elite de pista. É justamente a força e a tensão necessárias na mola do saltador que são importantes para uma ótima propulsão, e também para o atleta. A musculatura é obrigada a manter força e tensão correta para absorver e liberar a maior quantidade de energia possível no recuo elástico. De fato, é bem demonstrado que uma certa quantidade de músculo das coxas, presumivelmente para manter a força do tendão, é importante para um eficiente gasto de energia de um homem durante a corrida (Gleim, G. W.; Stacherfeld, N. S.; Nicholas, J. A. 1990. The influence of flexibility on the economy of walking and jogging. J. Orthop. Res., 8, 814-823).

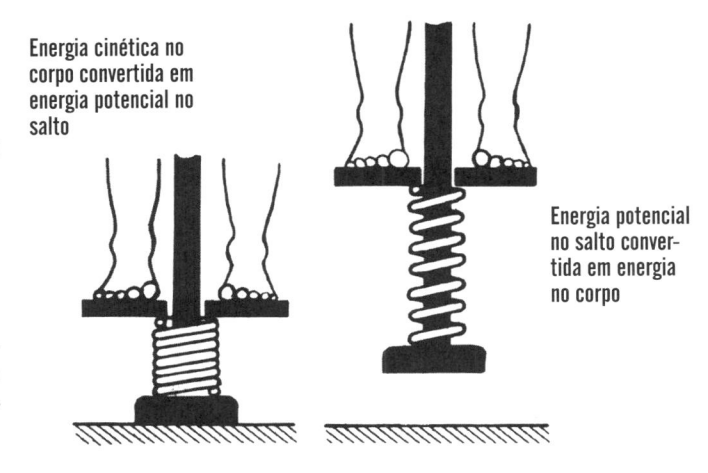

Energia cinética no corpo convertida em energia potencial no salto

Energia potencial no salto convertida em energia no corpo

QUADRO 3.2 CANGURUS O TEM

Uma análise simples dos mecanismos de corridas revela um estranho meio de locomoção. Em cada passo, uma perna acelera enquanto não carrega um peso e, então, desacelera, assim como golpeia o chão para carregar o peso. Este mecanismo seria equivalente, enquanto se dirige, a colocar os pés de modo alternado no acelerador para então frear – mas o corredor é mais parecido com uma bola pulando, na qual a energia cinética é retida numa tira elástica da bola e liberado de novo no recuo.

O tendão do Calcâneo (Figura 3.7) é a mola principal, aumentando cerca de 6% de seu comprimento (1,5cm) e retornando 90% de sua energia armazenada para o próximo passo. A pressão exercida no arco plantar durante o contato com o solo também retorna como energia, mas de forma menos eficiente.

Os cangurus realmente têm feito do salto o principal trabalho deles (Figura 3.8). E parece que os atletas de elite são muito mais cangurus do que a população média. Tem sido calculado que a elasticidade do tendão eleva a eficiência de conversão de energia química dentro da energia mecânica de 25 a 40% ou mais. A boa notícia é que a elasticidade do tendão pode ser melhorada pelo treinamento; mas a má é que, com a idade, esta energia, reciclando a propriedade dos músculos e tendões, é progressivamente perdida. E então os passos ficam lentos.

Uma corrida econômica é um fator maior na determinação do desempenho atlético para níveis mais altos. Dados 10 corredores com valores de VO_2máx. entre, por exemplo, 78 e 85ml de oxigênio por quilograma do peso do corpo por minuto, não seria possível dizer de antemão, nestes testes, o vencedor numa corrida de 10km. Uma vez que os atletas são de alto nível, a economia das passadas na corrida ou uma marcha econômica aliada a bons, muito bons, saltos são exatamente tão importantes quanto o valor preciso de seus VO_2máx.

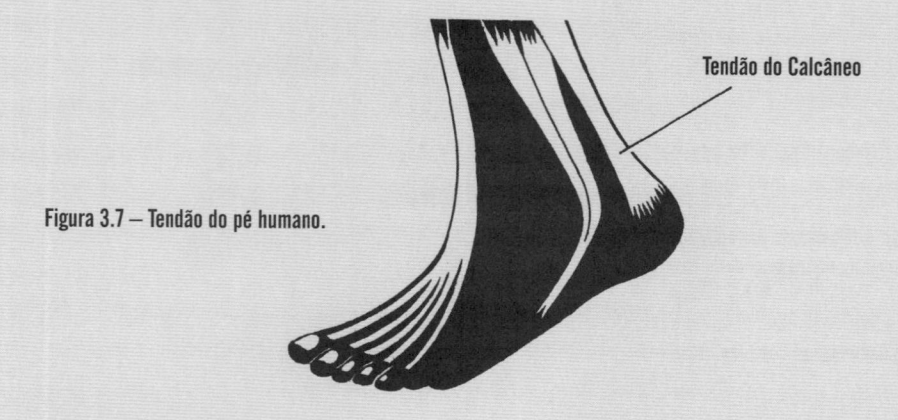

Tendão do Calcâneo

Figura 3.7 – Tendão do pé humano.

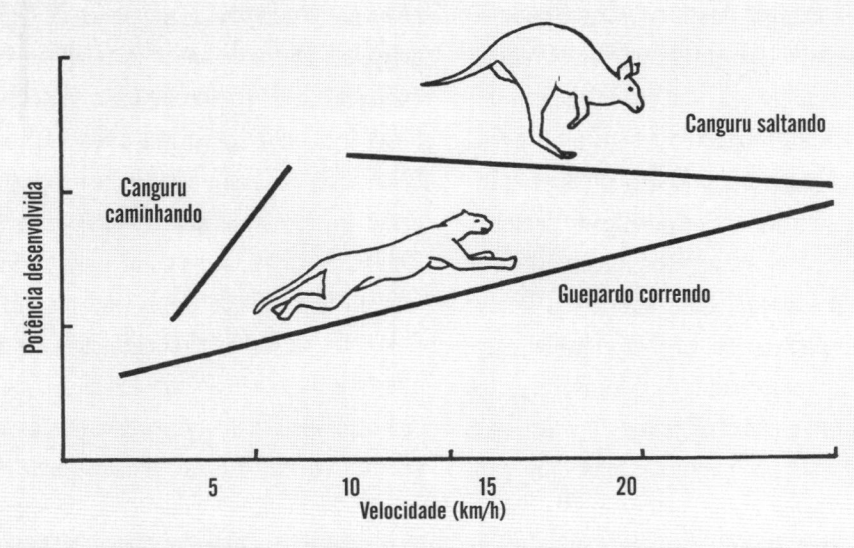

Figura 3.8 – No salto do canguru, a combinação do alongamento do tendão do Calcâneo e a força do quadríceps é um meio de se locomover rapidamente, mas não gastar muita energia! Nos cangurus, o tendão é alongado e a contração do músculo acontece de forma isométrica (ou equilíbrado excentricamente), sendo mais eficiente. Observe que o Guepardo é mais econômico que o canguru, possivelmente por causa de suas costas flexíveis e força dos passos largos (Goldspink, 1977). O custo energético da corrida é determinado principalmente pelo custo de suportar o peso corporal e pelo tempo que os pés são colocados sobre o chão (o qual administra o curso do tempo e da força aplicada) (Kram e Taylor, 1990).

Bem, se os saltos são importantes, o que nossos músculos fazem? A contração dos músculos da perna contrairá os movimentos dos membros, manterá o ótimo alongamento do tendão do Calcâneo, para absorver a maior quantidade de energia possível no estiramento elástico, e estabilizar as articulações, para que não ocorra perda de energia causada por uma marcha ruim. Contudo, saltos somente são efetivos sobre uma superfície firme. Uma bola não salta muito bem num campo enlameado, assim como atletas de trilha de elite. Tendões superelásticos oferecem pouco benefício em competições de corrida *cross-country,* debaixo de umidade e condições barrentas. Steve Ovett ilustrou este ponto memoravelmente em sua autobiografia, quando ele descreveu seu desempenho como um garoto de escola no campeonato Inglês de *cross-country,* em Blackburn, em 1970.

A competição foi um desastre. Chuva torrencial o dia todo e, pelo mau tempo, o evento começou e o percurso foi realizado dentro de uma trilha e num ponto considerado como um rio. Sou um corredor instável, e esse era um percurso muito difícil. Foi desesperadamente árduo. E quando eu voltei para o vestiário da escola lá estavam meu pai, Pop, e meu tio, olhando-me como personagens do *The Graps of Wrath*, encharcados e penosamente desapontados... Acho que cheguei em 27º!!!

lugar, a energia deste substrato pode ficar disponível em outras formas. A reação mais comum é a oxidação – processo no qual se utiliza oxigênio e se produz dióxido de carbono e água. Na combustão interna de um motor, a oxidação do combustível converte a energia química primeiro em calor e, então, via expansão de gases, em energia cinética. Organismos vivos, ao contrário, convertem seus substratos diretamente em energia cinética, elétrica e mesmo energia luminosa, mas uma parte da energia química é sempre perdida como calor. O que faz tudo isto possível é a evolução de uma substância relativamente simples, mas extraordinariamente importante, chamada trifosfato de adenosina, ou ATP, para resumir.

ATP: A ENERGIA BIOLÓGICA INTERMEDIÁRIA

O trifosfato de adenosina pode sofrer uma reação química com água, onde ele é dividido para formar uma molécula de difosfato de adenosina (ADP) e uma de fosfato. Ainda que as células contenham muita água, esta reação não acontece de modo espontâneo. Ela necessita de um catalisador – algo que acelere uma reação química, sem sofrer modificação. Nas células, as enzimas exercem esta função e tem a vantagem de que sua atividade catalítica poder ser regulada. Mas, num laboratório de química, é mais provável que ácidos simples ou bases sejam mais usados como catalisadores. Se um pouco de ATP é borrifado dentro de um tubo de ensaio que contenha ácido diluído ou base, a mistura torna-se quente, e a energia é liberada como calor. Nada disso é fora do comum. Químicos estão conscientes de que muitos tipos de moléculas liberam energia como calor quando reagem com água (isto é, sofrem hidrólise). O notável é que, nas circunstâncias certas, a energia liberada não aparece com o calor, mas com o movimento. As circunstâncias certas ocorrem numa fibra muscular, onde, em um minuto, a grande quantidade de energia liberada em uma única molécula de ATP hidrolisada é suficiente para dobrar uma ponte cruzada, ligando os filamentos grossos e finos dentro da miofibrila do músculo (ver Quadro 2.2). Se um número suficiente de pontes cruzadas dobra, os filamentos deslizam sobre o outro e, se suficientes filamentos deslizarem, o músculo contrai. No momento em que um corredor de curta distância dá um passo, algo como 10.000.000.000.000.000.000 de moléculas de ATP são convertidas em ADP, com a transferência de energia para a ponte cruzada. Sobre uma base mais palpável, isso significaria que um corredor de maratona gastaria cerca de 75kg de ATP durante uma competição. É claro que o corredor de maratona possivelmente não pode carregar esta quantidade de ATP – a maioria dos corredores pesam menos do que isto. De fato, ATP não está armazenado e tão pouco 100g podem estar presentes no total do corpo do atleta. Este paradoxo é resolvido quando se percebe que ATP nenhum é utilizado, mais ADP e fosfato são produzidas. Esta síntese precisa de energia, gerada pela separação dos substratos energéticos (ver Capítulo 4). Pense em ATP como uma bola no topo de uma rampa: como ela rola para baixo, pode trabalhar, mas, trabalhando, começa a mudar para ADP – a bola no fundo da rampa. Por mais trabalhoso que possa ser carregá-la para fora, a bola deve ser levada de volta para o topo da rampa – requerendo uma energia. Em outras palavras, a energia química dos substratos energéticos deve ser utilizada, mas, primeiramente, convertida em energia química na forma de ATP. Esta conversão, envolvendo a oxidação de substratos energéticos, tais como glicose e gordura, é conhecida como respiração celular, e ocorre em todos os organismos vivos, desde a bactéria até seres humanos.

A vantagem deste arranjo é simples. Um grande número de diferentes energias –

produzindo reações – gera a mesma energia intermediária, denominada ATP. Além disso, os músculos, do músculo usado para um salto do filhote de bezerro ao do homem, utilizam as mesmas reações químicas. De fato, então, todos os outros processos requerem energia nos organismos vivos, incluindo o transporte de moléculas através da membrana celular, a geração de eletricidade nas células nervosas, a produção de luz em organismos bioluminescentes e a síntese do complexo molecular em todas as células. O ATP é a energia universal intermediária na Biologia. Sua produção simultânea na energia produzida nas reações e a utilização nos processos que requerem energia constituem o que é chamado de ciclo ADP/ATP (Figura 3.9). A importância central deste ciclo para o atleta tem sido bem reconhecida pelo comitê Internacional de Bioquímica do Exercício, que tem adotado como o seu logotipo (Figura 3.10).

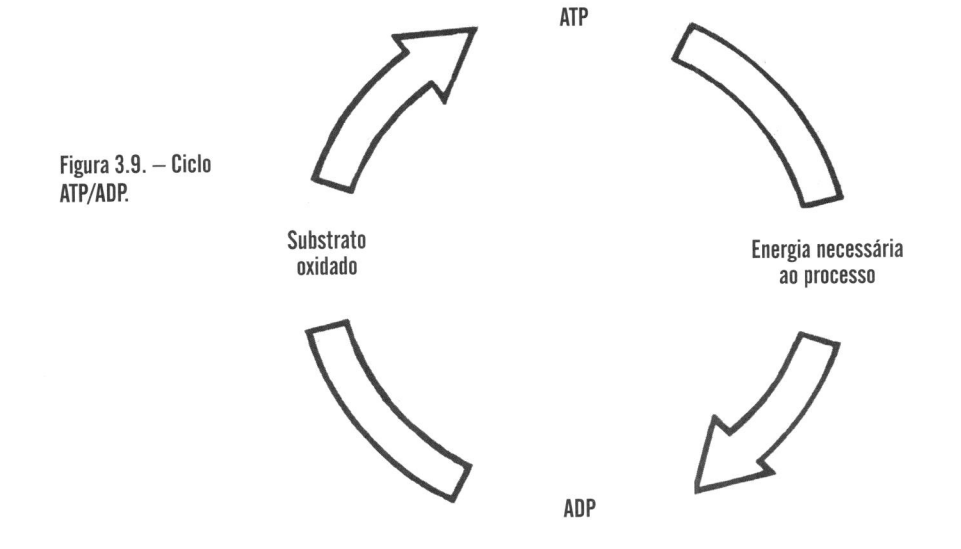

Figura 3.9. – Ciclo ATP/ADP.

ATP

Energia necessária ao processo

ADP

Substrato oxidado

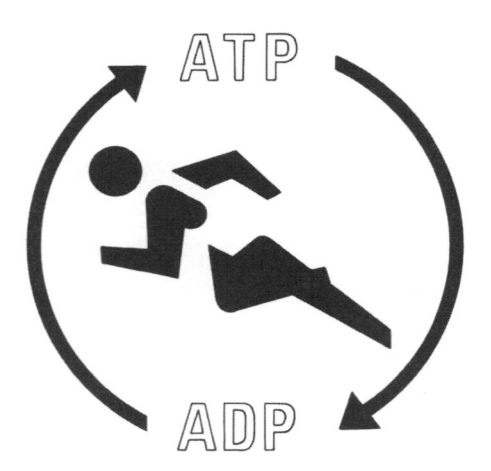

Figura 3.10 – Logotipo do Comitê Internacional de Bioquímica do Exercício.

Mas o que é ATP? Se você for um químico, a resposta pode ser "um nucleotídeo no qual a adenina está ligada, via ribose, a um grupo trifosfato". Se você não é um químico, a descrição pode ser "um pó branco que está em solução nos tecidos biológicos, mas pode ser prontamente produzido pelos químicos em laboratório" (Figura 3.11). Para o atleta, o que o ATP é não tem importância, mas o que ele faz é de importância vital. O mesmo pode ser dito sobre o dinheiro. As notas de dólar ou bancárias são meramente pedaços de papel, impressos com determinados modelos e símbolos. Um membro de uma sociedade humana primitiva não encontraria valor em uma nota de 5 libras, ou de dólar, salvo o fato de queimá-la para fornecer calor. Nós, entretanto, podemos fazer bom uso de notas bancárias.

Traçar paralelos entre o nosso uso de dinheiro e o uso de ATP pelo corpo ajuda a explicar a bioquímica (Figura 3.12). Antes da moeda ser inventada, o comércio era realizado diretamente, pelo câmbio de bens e serviços. Esse não é um sistema flexível. O "vendedor" pode não necessitar dos bens ou serviços oferecidos pelo "comprador". O dinheiro supera esta dificuldade. O vendedor troca seus bens ou serviços por dinheiro, que pode, então, ser utilizado para comprar quaisquer bens e/ou serviços necessários. De modo similar, ATP pode ser produzido em uma variedade de reações e utilizado para mover qualquer processo celular dependente de energia. Ele liga a produção de energia à sua utilização, assim como a moeda liga trabalho com o consumo (Figura 3.13). O ATP pode ser melhor ligado a "dinheiro no bolso" – uma quantidade relativamente pequena, mas prontamente reposta pelos estoques corporais de energia, assim como dinheiro retirado do banco.

Claro que existem diferenças entre as transações financeiras e a forma pela qual a quantidade de energia celular é gerenciada. O corpo é "da moda antiga", não permitindo crédito. Se um atleta não come e não obtém os substratos para gerar ATP, o de-

Figura 3.11 – Essa quantidade de ATP (10g) é usada rapidamente (isto é, fabricada e oxidada a cada segundo por um atleta correndo uma maratona. Imagine o tamanho de uma pessoa que estocasse somente energia na forma de ATP. A quantidade total de ATP no músculo de uma pessoal normal está em torno de 60g).

sempenho irá piorar. Uma segunda diferença entre o ATP e a moeda é que dinheiro pode ser transportado, enquanto o ATP deve ser utilizado na célula na qual é produzido. Portanto, todas as células devem ser capazes de gerar ATP a partir de substratos.

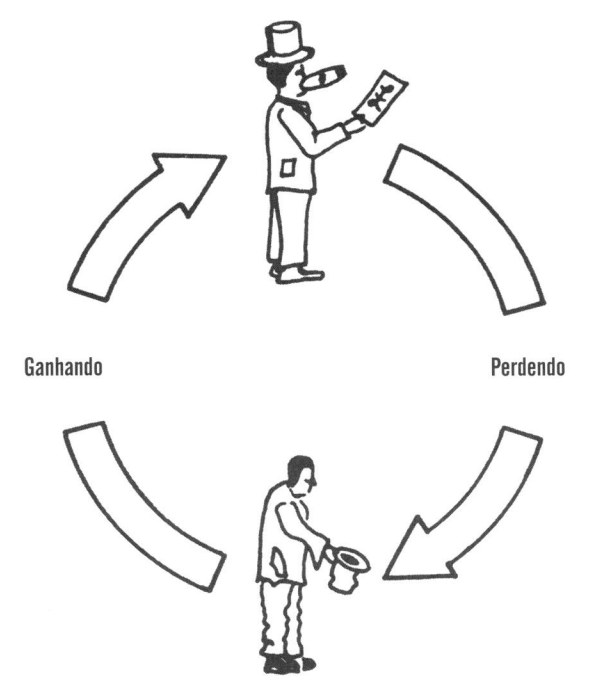

Ganhando

Perdendo

Figura 3.12 – O "fluxo" de energia humana é análogo ao ciclo do ATP/ADP.

Um último ponto surge nesta analogia. Nos últimos anos, os executivos e seus conselhos financeiros tem começado a apreciar a necessidade de bom entendimento em economia. Infelizmente, a maioria dos atletas e seus conselheiros caçam medalhas de ouro, sem o entendimento da economia de energia.

Ainda que o ATP seja o ponto intermediário central nas conversões biológicas de energia, uma importante fonte de energia para o movimento está armazenada nos substratos – gordura e carboidrato – obtidos a partir dos alimentos. E é por isso que no Capítulo 4 voltaremos nossa atenção para estes substratos. As quantidades de substrato armazenadas e as taxas na qual eles são mobilizados impõem limitações na maioria, se não em todos, dos empreendimentos esportivos. Portanto, por implicação, qualquer efeito que o treinamento possua sobre estes procedimentos irá influenciar o desempenho.

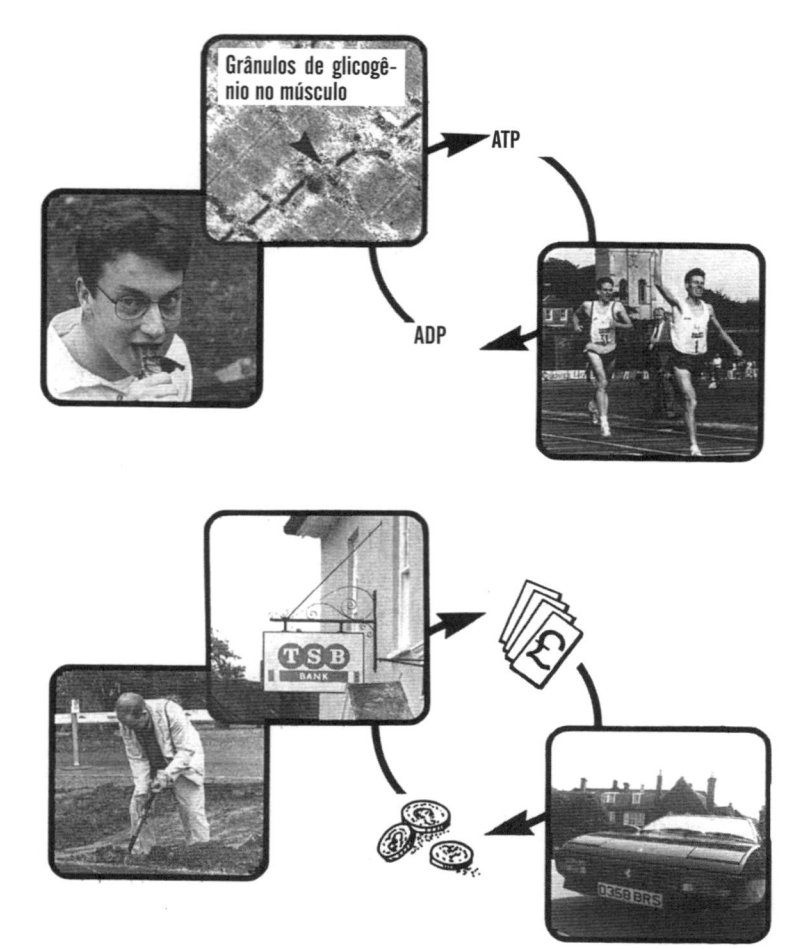

Figura 3.13 – Uma extensão de um fluxo de energia análogo ao humano.

4
ENCHENDO OS ESTOQUES DE ENERGIA

Leva menos de uma hora para um jumbo receber combustível suficiente para um vôo transatlântico. Uma vez a bordo, o combustível é simplesmente armazenado até o momento em que for necessário, uma vez que o elaborado processamento exigido para transformar o óleo bruto em combustível de avião já havia sido realizado numa refinaria de óleo. Assim como o combustível para um avião, os alimentos fornecem aos atletas a energia necessária para o movimento. Mas, ao contrário do combustível do avião, algum refinamento deve ocorrer a bordo do organismo.

O processamento do alimento "a bordo" é, como a química envolvida na refinaria de óleo, um processo complicado. Ele começa com a ingestão do alimento em si. E o atleta que visa a obter o melhor substrato energético para o desempenho deve escolher cuidadosamente sua alimentação. As conexões entre a qualidade nutricional do alimento e a dos produtos refinados serão exploradas no Capítulo 11. Uma vez que grande parte de nossos alimentos consiste de substratos energéticos armazenados por outros organismos, a estratégia mais simples pode parecer estocá-los sem modificação. Mas isso não é possível, uma vez que apenas pequenas moléculas podem ser absorvidas pelos intestinos, sendo enviadas ao sangue. Uma vez que moléculas de substratos energéticos são grandes, elas devem ser quebradas em formas mais simples pela digestão, antes de poderem entrar nos tecidos corporais (Figura 4.1). Armazenamento de substratos energéticos no corpo envolve o rearranjo de moléculas pequenas para formar moléculas maiores, com as modificações químicas necessárias para adequá-los na melhor forma de estoque para o organismo humano.

O SUBSTRATO ENERGÉTICO PERFEITO PARA O ARMAZENAMENTO

O substrato energético perfeito para o armazenamento deve apresentar as seguintes características:

- Um alto conteúdo de energia química, de modo que muita energia possa ser armazenada a bordo sem aumentar significativamente o peso corporal.
- Estabilidade química, de modo que não se quebre antes que seja necessário.
- Poder ser rapidamente mobilizado, para que se torne disponível para o músculo na velocidade exigida por esse.

- Capacidade de produzir ATP sem a produção de subprodutos tóxicos.
- Apresentar alto peso molecular ou insolubilidade em água para evitar complicações osmóticas (isto é, o movimento de água para dentro ou fora da célula, em resposta a mudanças na concentração de materiais dissolvidos nela).

Por esta perspectiva, o armazenamento perfeito de substrato energético não existe. Nenhuma substância isolada consegue suprir de forma eficiente todos os critérios.

A solução, portanto, é armazenar mais de um tipo de substrato e mudar de um para o outro, conforme ditam as circunstâncias. Cada um destes três importantes estoques de substrato – glicogênio (carboidratos), triglicerídios (gordura) e creatina fosfato (fosfagênio) – possui seu próprio papel especial na necessidade energética do atleta. Se algum aconselhamento significativo, cientificamente baseado, tiver de ser dado ao atleta, o conhecimento sobre os papéis especiais que estas reservas de substrato energético exercem em diferentes eventos esportivos é essencial.

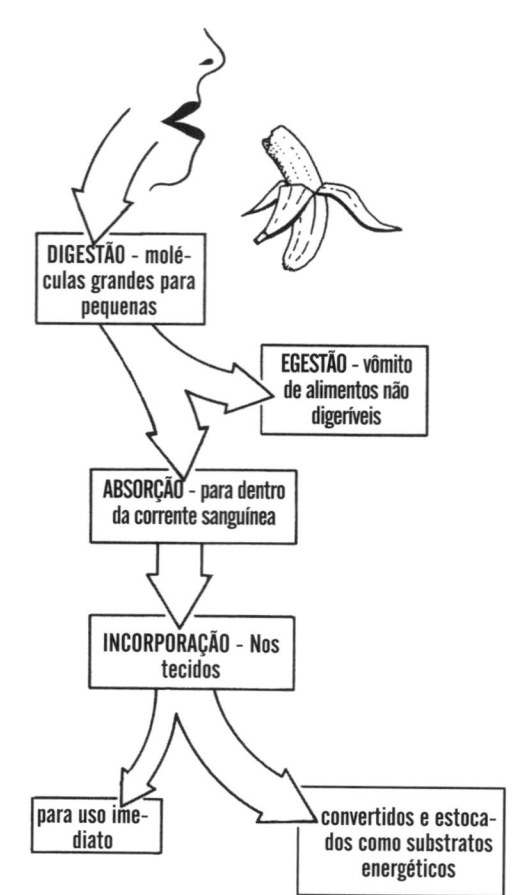

Figura 4.1 – Processando o alimento.

GLICOGÊNIO: GLICOSE EMPACOTADA

O glicogênio é um carboidrato composto de muitos milhares de unidades de glicose, polimerizadas em uma molécula gigante, ramificada como os galhos de uma árvore (Figura 4.2). A importância desta estrutura similar a uma árvore é que grandes quantidades de glicose podem ser rapidamente liberadas a partir das terminações de sua ramificação – como as folhas de uma árvore que podem cair rapidamente quando a temperatura diminui, no outono. A maioria da glicose utilizada para a síntese de glicogênio vem do amido – o principal e mais abundante carboidrato na dieta humana –, por exemplo, em pães, batatas, massa, arroz e cereais. Este amido é digerido nos intestinos, liberando a glicose absorvida na corrente sanguínea. A partir da corrente sanguínea, a glicose é captada pelos tecidos, tais como os músculos e o fígado, onde é armazenada como glicogênio.

A glicose por si só não é um substrato ideal. Ainda que esteja presente no sangue, onde ela fornece energia para muitos tecidos, a quantidade real é bastante limitada. Mal há o suficiente para manter um maratonista de elite por apenas um minuto. Uma das razões pelas quais a glicose não é armazenada é que sua energia é quimicamente reativa e, pelo menos nas concentrações normalmente encontradas no sangue, pode reagir com certas proteínas, mudando a função dessas e reduzindo a sua função. Na molécula de glicogênio, os grupos reativos estão disfarçados, de forma que não podem reagir com as proteínas. Outra desvantagem da glicose é que, se um substrato armazenado fosse formado de pequenas moléculas, o número delas poderia mudar rapidamente quando o substrato fosse utilizado, causando severos problemas osmóticos. A molécula de glicogênio similar a uma árvore é uma solução bem-sucedida para ambos os problemas.

Apesar do glicogênio ser uma solução bem-sucedida para estes problemas, ele não é o substrato perfeito. Em primeiro lugar, seu conteúdo energético, 16kJ/g, é apenas modesto – menos da metade encontrado na gordura. Segundo, esse é um valor para o glicogênio puro, seco; mas isso não ocorre em células onde acontece sua associação com proteínas e água para formar grânulos de glicogênio. A quantidade de água adicional é grande o suficiente para deixar sua marca na balança do banheiro, uma vez que uma "carga" completa de 500g de glicogênio é acompanhada por um adicional de 1500g de água. O significado biológico é aparente pelo fato de, se um homem médio armazenar todas as suas reservas como glicogênio ao invés de gordura, iria pesar o dobro! Conseqüentemente, a maioria das reservas corporais consistem de gordura, e não de glicogênio.

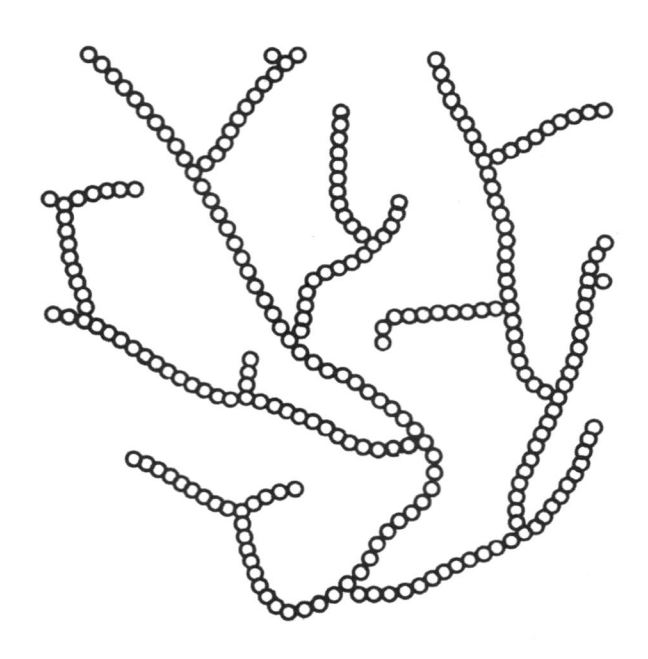

Figura 4.2 — Parte de uma molécula de glicogênio. Cada círculo representa uma unidade de glicose, que pode ser superior a um milhão em uma molécula simples de glicogênio. Dentro da fibra muscular, a associação de glicogênio e enzimas envolve a sua síntese e oxidação na forma de partículas de glicogênio, visíveis em um microscópio eletrônico.

De fato, 600g de glicogênio, no máximo, são armazenados nos músculos de um atleta do sexo masculino; e cerca de 500g desse total está nos músculos utilizados na corrida. Embora provavelmente o glicogênio seja o substrato mais importante para eventos de meia e longa distância de pista, esta quantidade é insuficiente para fornecer toda a energia necessária para uma maratona inteira. Um cálculo baseado na taxa de consumo de oxigênio durante uma maratona simulada em laboratório indica que maratonistas de elite consomem cerca de 5g de glicogênio por minuto, de modo que o substrato que eles possuem mal pode mantê-los na atividade por 100 minutos. Ainda que repouso, juntamente com dieta rica em carboidratos antes do evento, possa elevar os estoques de glicogênio, outros substratos devem ser utilizados para completar a corrida.

Uma quantidade adicional de 100g está armazenada no fígado, e sua principal função é manter uma concentração adequada de glicose no sangue entre as refeições. Esta glicose não é primariamente usada pelos músculos e, ainda que indubitavelmente seja utilizada durante a maratona e eventos de ultramaratona, a maior parte deve ser conservada para o uso nos tecidos incapazes de utilizar outros substratos. Entre eles, o cérebro é soberano, utilizando cerca de 5g de glicose por hora. Durante o jejum, à noite, uma proporção significativa do glicogênio do fígado é mobilizada como glicose para ser utilizada pelo cérebro, e um café da manhã rico em glicose, bem cedo, ajuda a restaurar este estoque.

TRIGLICERÍDIOS: ENERGIA CONCENTRADA

Os químicos se referem às gorduras (e óleos) como triglicerídios, pois cada molécula consiste de uma unidade de glicerol e três de ácido graxo (Figura 4.3). São estes ácidos graxos que contêm a maioria da energia química. Na realidade, sua estrutura é muito similar àquela dos hidrocarbonetos em combustíveis, tais como o petróleo (na gasolina). Normalmente, eles contêm entre 16 e 22 átomos de carbono, e se todos eles (exceto aqueles nas terminações) estiverem ligados a dois átomos de hidrogênio, diz-se que o ácido graxo é saturado (isto é, com hidrogênio). Se um par de carbonos adjacentes estiver ligados por uma dupla ligação (com a eliminação de dois átomos de hidrogênio), diz-se que o ácido graxo é insaturado. A estrutura química é explicada na Figura 11.3 (p.227), mas isso é mais do que um detalhe químico, pois os triglicerídios compostos de ácidos insaturados tendem a ser líquidos em temperaturas ambientes; isto é, são óleos, ao invés de gorduras. É de grande importância o fato de certos ácidos graxos polinsaturados – aqueles com mais de uma dupla ligação –, além de serem necessários para a formação das membranas celulares e outros constituintes da célula, não poderem ser sintetizados pelos humanos a partir de ácidos graxos saturados. Conseqüentemente, eles devem estar presentes na dieta e são conhecidos como ácidos graxos essenciais (ver p.227-29).

Os triglicerídios armazenados no corpo contêm uma mistura de ácidos graxos saturados e insaturados e um conteúdo energético de, aproximadamente, 35kJ/g – mais de duas vezes a energia do glicogênio. Além disso, os triglicerídios estão armazenados "a seco", de modo que são, de longe, a forma mais eficiente de substrato energético. Isso é particularmente benéfico para o corredor de ultramaratona, que não pode armazenar a quantidade suficiente de glicogênio para estes eventos. É, entretanto, o elevado conteúdo energético da gordura que faz que a redução do peso durante períodos de "regime" seja muito difícil. Mesmo uma restrição severa da ingestão energética produz apenas uma pequena perda de gordura corporal. O melhor resultado que se pode atingir com segurança é cerca de 1kg por semana.

A gordura é armazenada principalmente em células especiais, chamadas adipócitos, cada uma das quais contém uma gotícula de triglicerídio que ocupa quase a célula inteira (Figura 4.4). Um homem adulto contém 100.000.000.000 destas células, que se agrupam para formar o tecido adiposo, cuja função principal é armazenar energia química. O tecido adiposo não forma um órgão discreto, como os rins, fígado ou pulmões, mas está amplamente distribuído pelo corpo. É encontrado abaixo da pele, em torno de órgãos importantes,

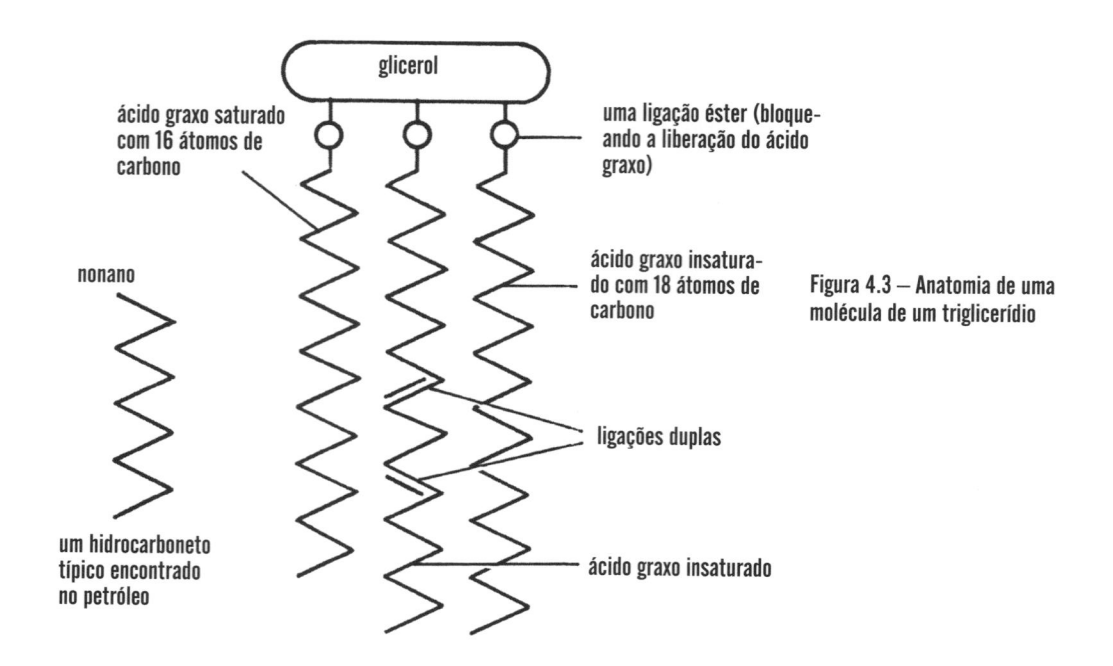

ácido graxo saturado com 16 átomos de carbono

uma ligação éster (bloqueando a liberação do ácido graxo)

glicerol

nonano

ácido graxo insaturado com 18 átomos de carbono

Figura 4.3 – Anatomia de uma molécula de um triglicerídio

ligações duplas

um hidrocarboneto típico encontrado no petróleo

ácido graxo insaturado

como coração e rins, na cavidade abdominal e entre os músculos. Uma certa quantidade de gordura é armazenada em certos músculos, mas, em comparação ao tecido adiposo, a quantidade é muito pequena.

Quando comparadas ao glicogênio, as quantidades de gorduras armazenadas são grandes, e podem ser embaraçantes. Normalmente, um homem médio, de 70kg, armazenará 8kg de gordura; e uma mulher média, de 60kg, cerca de duas vezes mais. Esta gordura adicional na mulher é armazenada na parte superior das coxas, glúteos, quadril, seios e parte posterior dos braços. A grande capacidade de armazenar gordura, associada ao seu maior conteúdo energético, significa que um homem médio armazena gordura suficiente para viver 6 ou mais semanas em jejum ou correr sem parar

por 3 dias e noites no mesmo ritmo de uma maratonista de elite (Figura 4.6). Mas, na prática, ninguém pode fazê-lo. Mesmo uma ultramaratona de 24h (aproximadamente 120km) tem que ser corrida num ritmo de, aproximadamente, 60% do passo do melhor maratonista. O problema é que os substratos à base de gordura não podem ser utilizados pelos músculos de maneira rápida o suficiente para sustentar a elevada produção de potência necessária para manter o ritmo normal da maratona (80 a 85% do VO_2máx.). A razão para o uso lento da gordura é que este substrato não é solúvel em água. Assim, para que possam ser transportados no sangue, eles devem ser combinados com proteínas – uma associação que, provavelmente, reduz a velocidade de sua captação pelo músculo.

Figura 4.4 – O melhor lugar para ver o tecido adiposo é nas compras no açougue (fotografia de células do tecido adiposo gentilmente cedida pela Dra. Caroline Pond, da Open University, Milton Keynes).

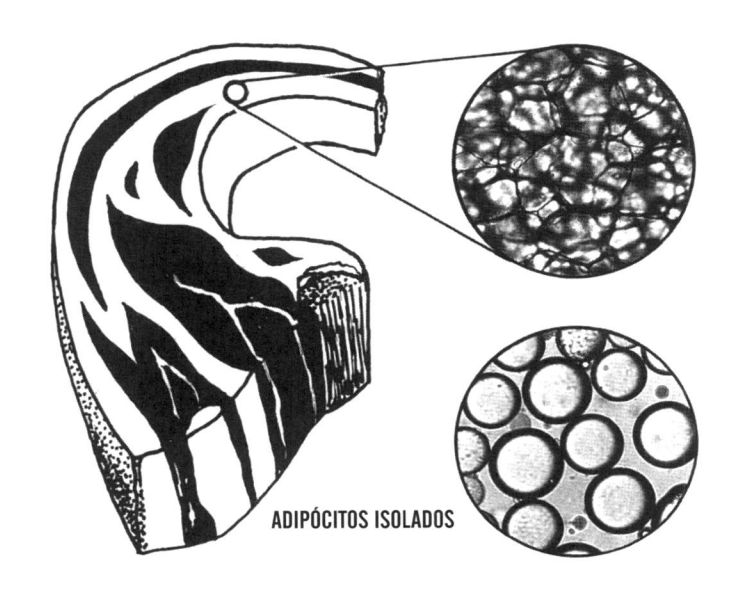

ADIPÓCITOS ISOLADOS

QUADRO 4.1 MAÇÃS OU PÊRAS?

Nenhum fisiologista do exercício, ou mesmo bioquímico, afirmaria que todos os músculos são similares. Cada um parece ter se desenvolvido exclusivamente para seu papel particular no corpo do animal. Por que o tecido adiposo deveria ser diferente? Nós, atualmente, sabemos que não é.

O tecido adiposo não está presente em todos os lugares, mas em um número específico de locais, incluindo seios, região superior dos membros, panturrilha, parte traseira do pescoço, em cada lado da base da coluna vertebral (nádegas) e em um número de locais bem definidos no abdômen. Estas localizações são comuns a todos os mamíferos, mas a proporção de gordura varia em cada espécie – nos humanos, por exemplo, os homens têm, de longe, as maiores barrigas. Na verdade, a evidente diferença na distribuição de tecido adiposo entre os sexos é quase única dos humanos, ainda que seu significado não esteja claro. Além destes locais anatômicos, entre 4 e 15% da gordura dissecável em humanos é encontrada dentro dos músculos.

Há uma evidência crescente de que cada um destes estoques de gordura possui uma função diferente. O tecido adiposo dentro dos músculos, por exemplo, é mais metabolicamente ativo e prontamente remove triglicerídios do sangue para armazenamento. Ele é particularmente sensível à ação dos hormônios do "exercício" – adrenalina, noradrenalina e insulina –, de modo que este depósito forneçe a maioria dos ácidos graxos para os músculos dos atletas que treinam intensamente.

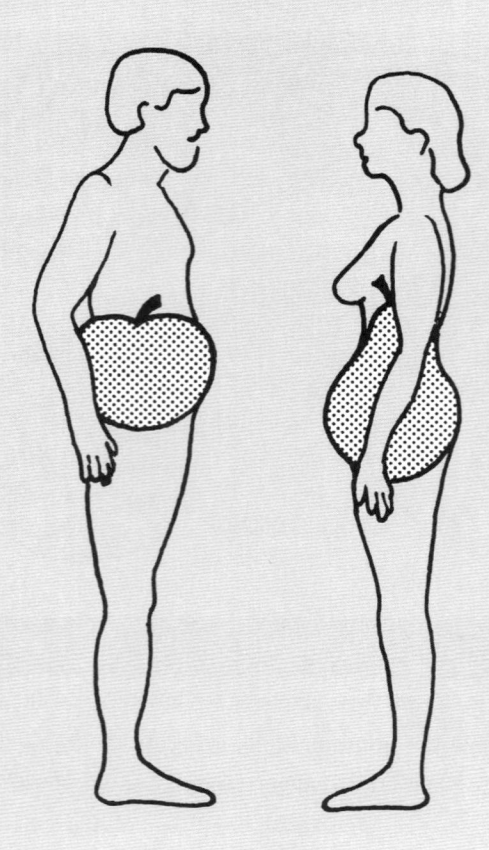

Figura 4.5 — Diferença comum na distribuição de tecido adiposo de homens e mulheres. O tecido adiposo no homem normalmente aumenta em torno da cintura, apresentando a forma de "maçã", enquanto na mulher, usualmente, aumenta na região do quadril, tomando a forma de "pêra" (uma diferença facilmente observada em uma praia).

Ao contrário, o tecido adiposo no abdômen inferior é menos ativo metabolicamente, mas tem considerável potencial de crescimento, como muitos homens de meia idade descobrem, para seu espanto. Uma correlação intrigante foi encontrada entre sua forma de "maçã" característica (Figura 4.5) e a suscetibilidade a problemas coronarianos e diabetes. A explicação parece residir no fato da gordura abdominal ser prontamente mobilizada sob estresse e dos ácidos graxos liberados aumentarem a deposição de gordura nas artérias.

As mulheres são diferentes. Uma proporção muito maior de seu tecido adiposo está na virilha e região do quadril, tornando-as normalmente mais parecidas com "pêras". Esta reserva apresenta menor probabilidade de ser mobilizada durante situações de estresse, mas é muito mais suscetível aos hormônios femininos que liberam ácidos graxos quando a gravidez e a lactação fazem suas exigências. Pessoas com forma de pêra, homens e mulheres, parecem menos suscetíveis às conseqüências prejudiciais da obesidade moderada.

Assim, o atleta tem dois tanques de substrato energético: um pequeno, nos músculos, que contém glicogênio e pode gerar ATP rapidamente, e um muito maior, contendo gordura, que pode ser consumida gradativamente, mas que fornece ATP numa taxa correspondente à apenas a metade do número máximo de carboidratos (Figura 4.7).

O armazenamento de energia é possível sempre que o conteúdo de energia química dos alimentos ingeridos exceder a atual demanda. Ainda que ambos os "tanques" de substrato energético possam ser enchidos a partir de alimentos contendo carboidratos, o "tanque" de carboidratos não pode ser enchido a partir da gordura dos alimentos, uma vez que o corpo humano não tem meios de converter a gordura em carboidra-

tos. Conseqüentemente, é importante que corredores, especialmente de média e longa distância, comam alimentos apropriados, em horas apropriadas, para manter seus "tanques" de glicogênio o mais cheio possível.

Durante o período imediatamente posterior ao exercício, a necessidade de ATP é, sem dúvida, muito menor do que durante o exercício, mas ainda acima nível de repouso, provavelmente por causa da energia despendida no reparo de danos causados pelo exercício para converter glicose em glicogênio no músculo e reajustar o metabolismo corporal no nível de repouso. Tais taxas moderadas de geração de ATP são facilmente satisfeitas pela oxidação de gordura, de modo que qualquer glicose disponível, especialmente aquela derivada dos car-

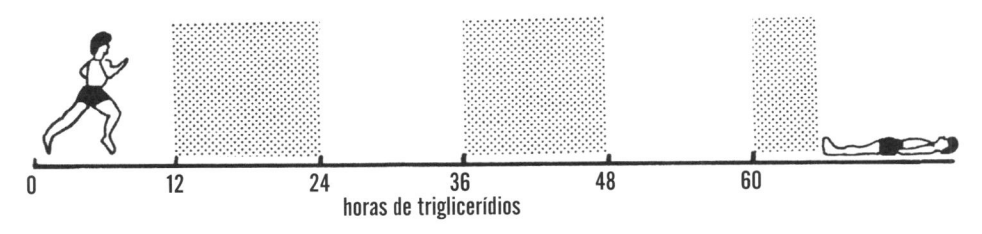

horas de triglicerídios

horas de glicogênio

Figura 4.6 – Os estoques de triglicerídios são muitos maiores do que os de glicogênio.

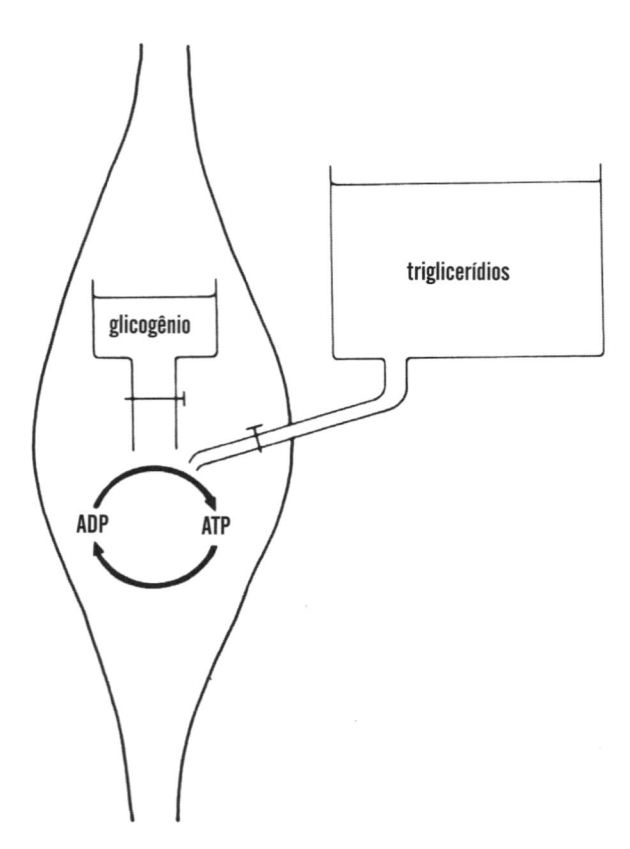

Figura 4.7 – Substratos alternativos. Observe que em alguns músculos uma pequena quantidade de triglicerídios é estocada em gotículas na fibra muscular, assim como no tecido adiposo.

boidratos nos alimentos, possa ser convertida em glicogênio para repor os tanques desta reserva. Mas esta alta taxa de oxidação de gordura ocorre, apenas, durante um curto período de tempo (de 2 a 3 horas) após o término do exercício. Esse é o tempo, portanto, de consumir o máximo de carboidratos possível para que eles se convertam em glicogênio durante o exercício. Sugestões para lanches e refeições ricas em carboidratos adequados para o consumo após uma corrida ou sessão de treinamento encontram-se na Parte II (D).

TORNANDO OS SUBSTRATOS ENERGÉTICOS DISPONÍVEIS

O combustível nos tanques de um avião ou carro tem apenas que ser bombeado dentro de máquinas para que a combustão forneça energia. Mas, nos humanos, as coisas são mais complicadas: os substratos devem ser mobilizados. Isso envolve a degradação de grandes componentes armazenados em componentes menores que possam ser oxidados para gerar ATP. O glicogênio é clivado a glicose (ou fosfatos de gli-

cose) e a gordura é degradada em ácidos graxos. Uma vez que a maioria da
gordura (triglicerídios) é armazenada em

células longe do músculo, ela deve ser
transportada para o sangue antes que
possa ser utilizada.

QUADRO 4.2 UMA DE NOSSAS ENZIMAS ESTÁ FALTANDO

É bem sabido que nós não apreciamos algo que temos até perdê-lo. Temos nosso metabolismo orquestrado por vários milhares de enzimas, cada uma acelerando uma ligação química diferente, possuindo muitas funções. Mas pacientes observados pelo Dr. B. McArdle, há cerca de 40 anos, estavam tendo problemas. Após uns poucos minutos de exercício bastante estável, eles desenvolviam dores severas e cãibras em seus músculos, tendo que parar. Entretanto, se eles começassem a se exercitar de modo muito estável, após alguns minutos podiam aumentar sua potência a um nível bem acima daquele que tinha causado desconforto prévio, e manter seu ritmo por período considerável de tempo.

O médico descobriu que estes pacientes não tinham a enzima glicogênio fosforilase em seus músculos – a primeira enzima envolvida na degradação do glicogênio muscular –, de modo que eram incapazes de usar seu glicogênio como fonte de energia. Após alguns minutos, o pequeno estoque de glicose e creatina fosfato (p.91-2) nos músculos seria exaurido e as concentrações de ATP iriam diminuir. Incapazes de gerar mais ATP de modo anaeróbio, o paciente poderia sofrer um desconforto severo. Entretanto, se eles aceitassem o desconforto e continuassem a se exercitar em baixa intensidade, isso estimularia o suprimento de sangue para os músculos necessários, liberando oxigênios e substratos alternativos, tais como a glicose e os ácidos graxos. Uma vez que glicose, ácidos graxos e oxigênio estavam disponíveis a partir de fora do músculo, o exercício continuava de modo aeróbio por um período prolongado, ainda que num ritmo estável.

Os químicos são muito habilidosos em manipular reações químicas para produzire o que eles desejam, mas a tarefa de organizar milhares de reações, simultaneamente, em um pequeno tubo de ensaio, numa temperatura constante, estaria bem além das capacidades até mesmo do mais habilidoso deles – ainda que seja precisamente isso que cada um de nós esteja fazendo neste exato momento em nossos músculos: quebrando moléculas grandes, montando outras e gerando ATP a partir dos substratos armazenados. E nós somos capazes de fazê-lo porque possuímos enzimas.

As reações só podem ocorrer se os produtos possuírem menos energia que os reagentes. Mas, se esse fosse o único critério, todas as reações possíveis iriam ocorrer simultaneamente. E nós iríamos, literalmente, virar fumaça. Na realidade, cada reação possui uma barreira de energia, sobre a qual os reagentes têm de ser "lançados" antes que a reação possa ocorrer. Os químicos superam a barreira pelo fornecimento de energia usualmente na forma de calor ou utilizando sua engenhosidade para inventar reagentes que estejam disponíveis à temperatura ambiente. Os organismos usam as enzimas, seus catalisadores naturais, que aceleram as reações químicas, diminuindo a energia de ativação necessária (Figura 4.8). A barreira da energia de ativação para uma reação é análoga a uma montanha separando dois vales. Fornecendo energia suficiente, é possível ir de um vale ao outro subindo a montanha. Mas isso toma tempo, e apenas algumas pessoas podem fazê-lo. Entretanto, desde que um túnel seja construído através da montanha, mesmo uma avó poderia realizar a jornada. De uma maneira similar, uma enzima fornece um "túnel" entre os substratos e produtos.

As enzimas possuem duas propriedades biologicamente importantes: elas são específicas, catalisando apenas uma reação ou um pequeno grupo de reações relacionadas. E frágeis. Ambas as propriedades surgem do fato das enzimas serem proteínas. Sua fragilidade significa que elas irão trabalhar apenas sob certas condições e são inativadas por altas temperaturas, extremos de acidez ou alcalinidade e muitas substâncias químicas. Algumas destas substâncias químicas são más notícias, pois seu efeito é irreversível e elas podem envenenar um organismo pelo bloqueio de enzimas críticas. O cianeto,

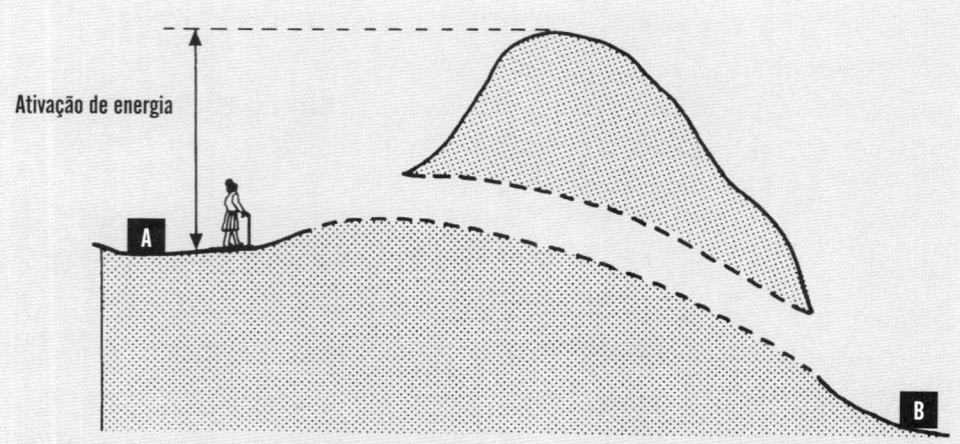

Ativação de energia

A

B

Figura 4.8 — Uma enzima aumenta a reação da via com a redução da energia de ativação. Mas, para a reação ocorrer, todos os produtos de B são obrigados a ter níveis mais baixos de energia livre do que os reagentes em A.

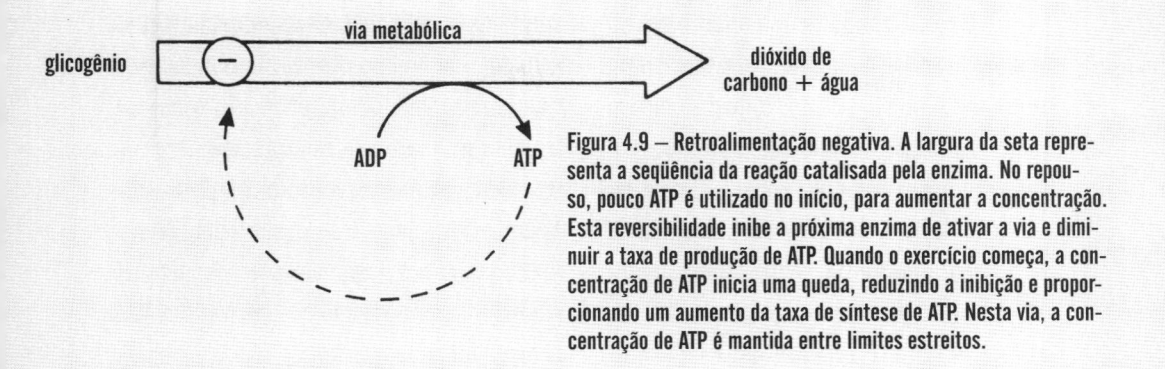

Figura 4.9 – Retroalimentação negativa. A largura da seta representa a seqüência da reação catalisada pela enzima. No repouso, pouco ATP é utilizado no início, para aumentar a concentração. Esta reversibilidade inibe a próxima enzima de ativar a via e diminuir a taxa de produção de ATP. Quando o exercício começa, a concentração de ATP inicia uma queda, reduzindo a inibição e proporcionando um aumento da taxa de síntese de ATP. Nesta via, a concentração de ATP é mantida entre limites estreitos.

por exemplo, bloqueia a enzima que reage com o oxigênio (Figura 4.11). Outras substâncias que diminuem a atividade das enzimas de modo reversível servem como reguladores da química corporal. Por meio da ação de tais reguladores, a atividade de uma enzima, e portanto de toda uma via metabólica, pode ser ajustada de acordo com a taxa dos processos que ocorrem na célula (Figura 4.9).

A modificação das concentrações de enzimas chaves nas fibras musculares e outras células do corpo é uma das formas pela qual o organismo se adapta à maior demanda de energia. Tais mudanças, estimuladas pelo treinamento, permitem que o substrato energético necessário para o tipo de corrida realizada esteja presente de maneira rápida e eficiente.

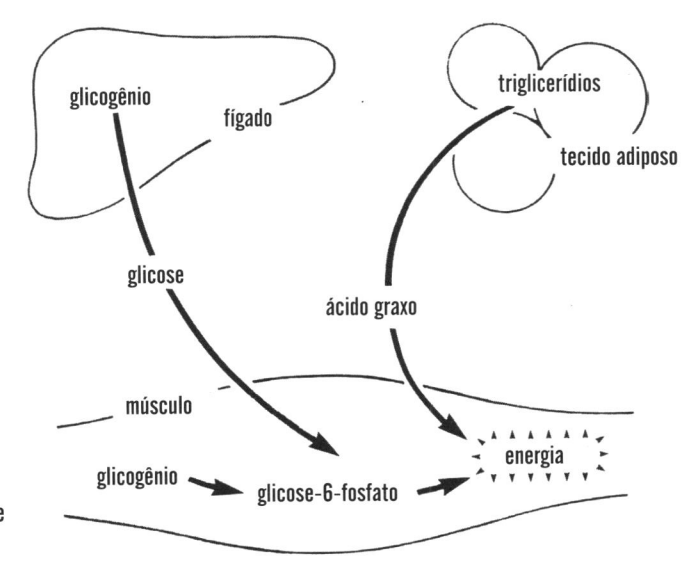

Figura 4.10 – Mobilização de substratos.

A mobilização do glicogênio envolve a separação de unidades de glicose na forma de glicose fosfato, o que é comum como resultado da reação química com fosfato catalisada pela enzima fosforilase. No músculo, este fosfato de glicose entra diretamente na seqüência de geração ATP, conhecida como glicólise, que fornece ATP diretamente para as miofibrilas (Figura 4.10). O fato do glicogênio estar dentro da célula muscular significa que ele se encontra disponível imediatamente para fornecer ATP sempre que a contração ocorrer – um dos fatores que tornam o glicogênio muscular o substrato energético mais importante para atletas de pista.

A gordura também é hidrolisada. Cada molécula de triglicerídio pode reagir com três moléculas de água em uma reação catalisada pela enzima lipase, produzindo glicerol e três moléculas de ácido graxo. Ainda que o último possa passar do adipócito para a corrente sanguínea, ao contrário da glicose, é insolúvel em água e não pode ser simplesmente transportado no plasma sanguíneo – o meio líquido entre as células sanguíneas. O problema é resolvido pela presença da proteína albumina no sangue, que absorve as moléculas de ácido graxo em sua superfície. A albumina transporta ácidos graxos da mesma forma que a hemoglobina transporta o oxigênio (ver p.144-45), capturando-os no tecido adiposo, onde sua concentração é alta, e liberando-os no músculo, onde a concentração é baixa. Os ácidos graxos, então, entram nas fibras musculares, onde são oxidados e a energia liberada é subordinada para formar ATP. A mobilização da gordura para fornecer ácidos graxos para utilização pelos músculos é especialmente importante em eventos prolongados de *endurance*, tais como a ultramaratona.

Para o atleta, a questão é: como estes estoques restritos de substrato limitam o desempenho e quanto uma dieta ou treinamento podem reduzir esta limitação? A resposta motivadora é sim, para entender como nós precisamos de mais informação sobre como o todo poderoso ATP é gerado a partir destes estoques de substrato energético.

GERANDO ATP

Se você tem dúvida quanto à quantidade de energia química que contém a glicose, tente colocar um fósforo em uma pequena pilha. Você pode achar mais fácil realizar seu experimento com sacarose (por exemplo, tabletes de açúcar), que é quimicamente muito similar à glicose. A reação que ocorre entre a glicose (ou sacarose) e o oxigênio fornece energia térmica suficiente para manter a chama acesa e, em um curto período de tempo, todo o açúcar terá sido convertido em água e dióxido de carbono, ambos eliminados como gases. Precisamente, a mesma reação geral ocorre quando a glicose é oxidada no músculo que se exercita: os mesmos produtos são formados e a mesma quantidade de energia é liberada. Mas há, claro, diferenças. No corpo, não há nada equivalente ao fósforo, que aumente a temperatura da glicose e inicie a reação, de modo que ele dependa de catalisadores especiais – as enzimas –, que aceleram as reações nas células vivas, tanto que elas possam ocorrer na temperatura corporal normal. Estas reações são conhecidas coletivamente como metabolismo.

As enzimas podem ser utilizadas novamente várias vezes para a mesma reação, mas cada tipo catalisa apenas uma reação em particular. Assim, um número muito grande de enzimas encontra-se presentes em cada célula. O produto da reação catalisada por uma enzima se torna o material inicial para a próxima, e assim por diante, formando uma cadeia de reações, conhecida como via metabólica. Estas vias metabólicas, operando em seqüência, servem para quebrar a glicose em dióxido de carbono e água. Os aspectos salientes de cada via estão listados abaixo, e a Figura 4.11 demonstra como elas são acopladas:

Glicólise:
- Moléculas de glicose são quebradas em duas moléculas de piruvato.
- Uma pequena quantidade de ATP é formada.

Ciclo de Krebs (ciclo do ácido carboxílico):
- O piruvato é oxidado a dióxido de carbono.
- Muitos átomos de hidrogênio (representados pelo H na Figura 4.11) são clivados.

Transferência de elétrons e fosforilação oxidativa:
- Os átomos de hidrogênio, em combinação com moléculas transportadoras, são oxidados pelo oxigênio para produzir água.
- A energia liberada é utilizada para sintetizar um grande número de moléculas de ATP.

De um modo geral, isso pode ser representado por duas equações:

$$\text{Glicose} + \text{oxigênio} \rightarrow \text{dióxido de carbono} + \text{água}$$
$$\text{Fosfato} + \text{ADP} \rightarrow \text{ATP} + \text{água}$$

Para cada unidade de glicose oriunda do glicogênio oxidada desta forma, são formadas 37 moléculas de ATP.

Uma via adicional, a beta-oxidação, quebra os ácidos graxos (oriundos dos triglicerídios) e alimenta os produtos no ciclo de Krebs, de modo que sua oxidação também possa gerar ATP. Cada uma destas vias consiste de muitas enzimas, e um dos benefícios do treinamento é aumentar as quantidades destas enzimas nas fibras musculares.

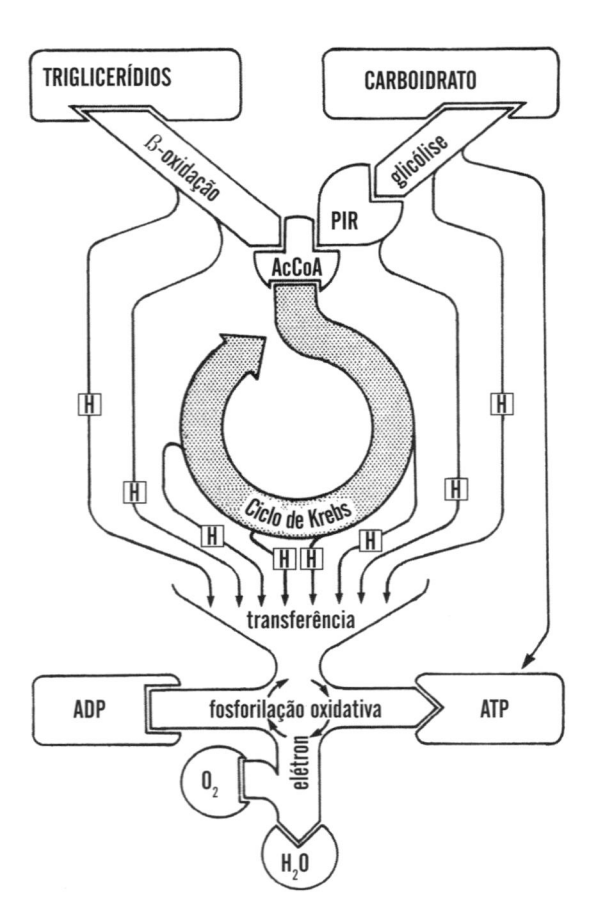

Figura 4.11 – Vias metabólicas. Cada uma das setas estreitas representa uma seqüência de reações catalisadas por enzimas. Abreviação: PIR, piruvato; AcCoA, acetil co-enzima A.

Ainda que a bioquímica detalhada possa parecer imprópria para um atleta ou treinador, os capítulos subseqüentes irão mostrar como ela pode ajudar a explicar a fadiga – a limitação na quantidade de treinamento – que pode acontecer em qualquer tempo, e o papel chave da dieta no desempenho do atleta.

UMA MATÉRIA DE CONTROLE

Na perna de um homem há ATP suficiente para manter apenas um segundo de corrida a toda velocidade, e uma mosca doméstica pode permanecer por um mero décimo de segundo com este ATP. Uma vez que uma queda de mais de 50 a 60% no conteúdo de ATP de uma célula é provavelmente suficiente para causar sua morte, isso implica que a síntese de ATP deve manter-se no ritmo de seu consumo. Isso significa que, nos músculos da perna de um velocista de elite, a taxa de síntese de ATP deve aumentar vários milhares de vezes em apenas dois ou três segundos. Um fator que controla esta mudança é a própria concentração de ATP. A queda ligeira na concentração de

ATP, que ocorre no início do exercício, coloca em movimento uma seqüência de eventos que resulta num aumento na taxa das vias metabólicas que produzem o ATP. Contrariamente, quando o exercício cessa, a concentração de ATP aumenta e isso resulta em uma diminuição em sua taxa de produção (Figura 4.9). Tal sistema de retroalimentação negativa mantém a concentração celular de ATP bastante constante, de modo bastante similar a um termostato que mantém a temperatura de uma sala constante. Um aumento na eficiência dos mecanismos que regulam tais processos é uma outra área na qual o treinamento irá ajudar (ver p.95-6).

ADMINISTRANDO SEM OXIGÊNIO

Ainda que detalhes das mudanças químicas que ocorrem nas vias metabólicas possam ser de pouca significância para o corredor, ocultar uma visão geral do metabolismo (Figura 4.11) é um aspecto de considerável conseqüência para todos os atletas e suprema importância para os velocistas. O oxigênio é utilizado apenas nos estágios finais do processo. Ele atrai os elétrons dos transportadores de hidrogênio, simbolizado pelo [H], o que resulta numa quantidade suficiente de energia disponível para adicionar um fosfato ao ADP, para então produzir ATP. Sem este papel essencial do oxigênio, quase nenhuma energia liberada na quebra de vários passos das gorduras ou carboidratos pode-

ria ser utilizada para gerar ATP. Quase nenhuma? Observe cuidadosamente o lado direito da Figura 4.11. Uma seta única parte da glicólise para o ATP, demonstrando que algum ATP pode ser feito sem oxigênio, isto é, de modo anaeróbio. Ainda que o fluxo de sangue para os músculos durante o exercício seja aumentado de forma dramática, é logisticamente impossível obter oxigênio suficiente nos músculos para a oxidação de substratos e fornecer ATP suficiente, satisfazendo a potência máxima. Energia adicional pode, então, ser obtida pelo aumento da taxa do chamado processo anaeróbio. A significância é enorme quando se observa que o suprimento de oxigênio pode ser um importante fator limitador da performance dos atletas de meia e longa distância.

O velocista de 100m obtém quase toda a energia necessária para este evento a partir do metabolismo anaeróbio e, surpreendentemente, mesmo os corredores treinados de *endurance* possuem uma maior capacidade de gerar ATP de modo anaeróbio (Tabela 4.1). Se uma quantidade suficiente de glicogênio for deixada no músculo ao final da corrida, um maratonista ainda pode acelerar (*sprint*) até a fita. Mas há um preço a pagar – na verdade, vários – por esta produção anaeróbia de ATP. Na verdade, são as trocas entre o metabolismo aeróbio e anaeróbio que tornam a corrida de meia distância uma atividade tão especializada.

Observe novamente a Figura 4.11. O primeiro problema é que apenas o glicogê-

TABELA 4.1 TAXAS MÁXIMAS CALCULADAS DA FORMAÇÃO DE ATP EM MÚSCULOS HUMANOS, BASEADAS NA ATIVIDADE MÁXIMA DE ENZIMAS CHAVES EM CONDIÇÕES AERÓBIAS E ANAERÓBIAS			
	TAXA MÁXIMA CALCULADA DA FORMAÇÃO DE ATP A PARTIR DE GLICOSE OU GLICOGÊNIO (μMOL/min POR GRAMA DE PESO FRESCO)		
GRUPO	SEXO	GLICÓLISE ANAERÓBIA	OXIDAÇÃO VIA CICLO DE KREBS
NÃO-TREINADO	HOMEM	208	26
	MULHER	174	32
MEDIAMENTE TREINADO	HOMEM	182	42
	MULHER	178	38
BEM TREINADO	HOMEM	144	52
	MULHER	122	58

Taxas máximas de formação de ATP são calculadas pelo fluxo: para glicólise anaeróbia, a atividade da 6-fosfofrutoquinase é multiplicada por 3; para oxidação pelo ciclo de Krebs, a atividade da oxoglutarato desidrogenase é multiplicada por 18. Está bem estabelecido que a capacidade para glicólise anaeróbia é diminuída pelo treinamento de *endurance*, mas a significância e valores não são demonstrados (Blomstrand, Ekblom e Newsholme, 1986).

nio pode aumentar o ATP de modo anaeróbio. Mas os estoques de glicogênio são pequenos. A gordura, embora abundante, pode ser quebrada apenas se o oxigênio estiver presente. O segundo problema é que o metabolismo anaeróbio libera apenas uma pequena fração da energia disponível – suficiente para formar apenas três moléculas de ATP por unidade de glicose oriunda do glicogênio, em comparação com os 37 da oxidação completa. Então, uma dependência sobre o metabolismo anaeróbio irá depletar os estoques de glicogênio muito rapidamente. Ainda que a conversão de glicogênio em lactato forneça apenas 3% do ATP produzido em uma corrida de 10.000m, ele consome quase que um terço dos estoques de glicogênio (Tabela 4.2). Se a contribuição do processo anaeróbio aumentar apenas ligeiramente, para 4%, provavelmente haveria glicogênio insuficiente para completar a corrida, o ritmo cairia e o corredor teria que se retirar. Portanto, altas taxas de metabolismo anaeróbio são possíveis apenas em eventos de velocidade.

O terceiro problema com o metabolismo anaeróbio, na realidade um importante prejuízo que previne os velocistas de correrem durante mais tempo, é o acúmulo de subprodutos. O metabolismo anaeróbio produz apenas água e dióxido de carbono, que não causam problema. O dióxido de carbono passa dos músculos para a circulação sanguínea, e então é ventilado do corpo pelos pulmões. A água também é perdida pelos pulmões, mas pode ser retida para ajudar a evitar a desidratação. Em contraste, os produtos imediatos do metabolismo anaeróbio são o piruvato e os transportadores de hidrogênio reduzidos que, na ausência de oxigênio, não podem ser oxidados para gerar ATP. Sob condições anaeróbias, e na presença das enzimas apropriadas, eles reagem um com o outro para formar ácido láctico e regenerar os transportadores de hidrogênio reduzidos necessários para a continuação da glicólise (Figura 4.12). O acúmulo de ácido láctico em um músculo rapidamente diminui seu pH (uma mensuração da acidez; quanto mais bai-

DISTÂNCIA DO EVENTO (m)	PORCENTAGEM DA CONTRIBUIÇÃO DA FORMAÇÃO DE ATP PELO METABOLISMO AERÓBIO	QUANTIDADE DE GLICOGÊNIO USADA (g/kg DE MÚSCULO)	PORCENTAGEM DE GLICOGÊNIO USADA POR:	
			METABOLISMO AERÓBIO	METABOLISMO ANAERÓBIO
800	50	7,7	7	93
1.500	65	8,3	20	80
5.000	87	17,6	36	64
10.000	97	19,3	72	28
MARATONA	100	20	100	0

TABELA 4.2 ESTIMATIVA DA CONTRIBUIÇÃO DO GLICOGÊNIO NO METABOLISMO AERÓBIO E ANAERÓBIO PARA FORNECER ENERGIA EM DIFERENTES EVENTOS DE PISTA

A quantidade total de glicogênio presente no músculo humano é de, aproximadamente, 20g/kg de músculo. O método para calcular é oferecido na Tabela 4 do trabalho de Newsholme, Blomstrand e Ekblom (1992).

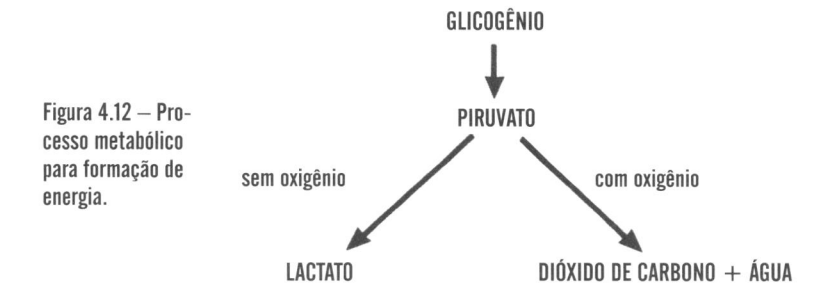

Figura 4.12 – Processo metabólico para formação de energia.

xo, mais ácido) para um ponto onde todas suas enzimas parariam de trabalhar e as células morreriam. Tal acúmulo é prevenido pelo desenvolvimento da fadiga – um mecanismo de segurança que diminui o ritmo, a necessidade de ATP e, portanto, a taxa do processo anaeróbio que gera a acidose. Isso é discutido em maior detalhe no Capítulo 6.

CREATINA FOSFATO: O AUXÍLIO EM CURTO PRAZO

Há situações em que a produção de energia tem que ser máxima: a explosão do velocista de seu bloco, o *sprint* do corredor de meia distância até a fita de chegada, a aceleração da chita em até 72km/h em 2 segundos, a disputa pela bola para marcar o gol da vitória, a corrida atrás do último trem. Mas a glicólise, sozinha, não pode tomar lugar rápido o suficiente para fornecer ATP para suportar tais atividades explosivas. O fato delas poderem ocorrer, no máximo, é devido a existência de uma reserva de fosfato de alta energia, chamada creatina fosfato, presente nos músculos envolvidos. Isso pode ser chamado de refosforilar o ADP muito rapidamente e assim manter concentrações adequadas de ATP, apesar das demandas excepcionais. Em *sprints* curtos, o uso simultâneo de creatina fosfato e glicogênio permite à potência de pico exceder 3.000W.

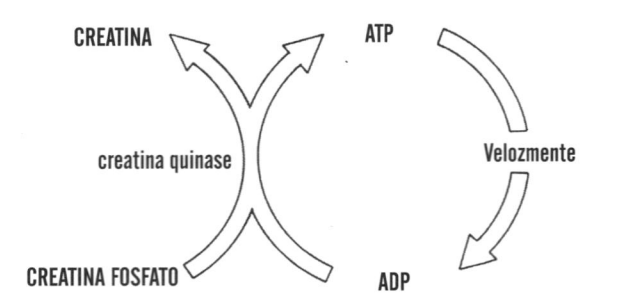

Figura 4.13 – Regeneração do ATP usando creatina fosfato.

QUADRO 4.3 A LAGOSTA VELOCISTA

Da próxima vez que você visitar um aquário, preste atenção nas lagostas. Elas se movem para trás de modo surpreendentemente rápido, por meio de "chicotada" de seu abdômen. Esta "chicotada" é causada pela contração dos músculos abdominais e, para a lagosta, isso representa um mecanismo de escape. O substrato utilizado para fornecer o ATP é a arginina fosfato, servindo na lagosta da mesma maneira que a creatina fosfato nos homens. Os músculos abdominais da lagosta, tão bons para se comer, possuem uma capacidade de glicólise anaeróbia muito baixa, mas uma enorme atividade da enzima arginina quinase e, pelo menos, quatro vezes mais arginina fosfato do que a creatina fosfato no músculo humano. Na realidade, a lagosta é totalmente dependente deste substrato energético para a sua reação de fuga. Os estoques de arginina fosfato (e de creatina fosfato) podem gerar ATP mais rápido do que a glicólise, mas a quantidade que pode ser armazenada é estritamente limitada. Seria interessante saber se atletas muito "acima da marca" possuem uma atividade particularmente elevada da creatina quinase para esta explosão supercarregada. Será que a "velocidade acima da marca" ocorre por causa de uma geração de energia "similar à da lagosta"?

Figura – 4.14

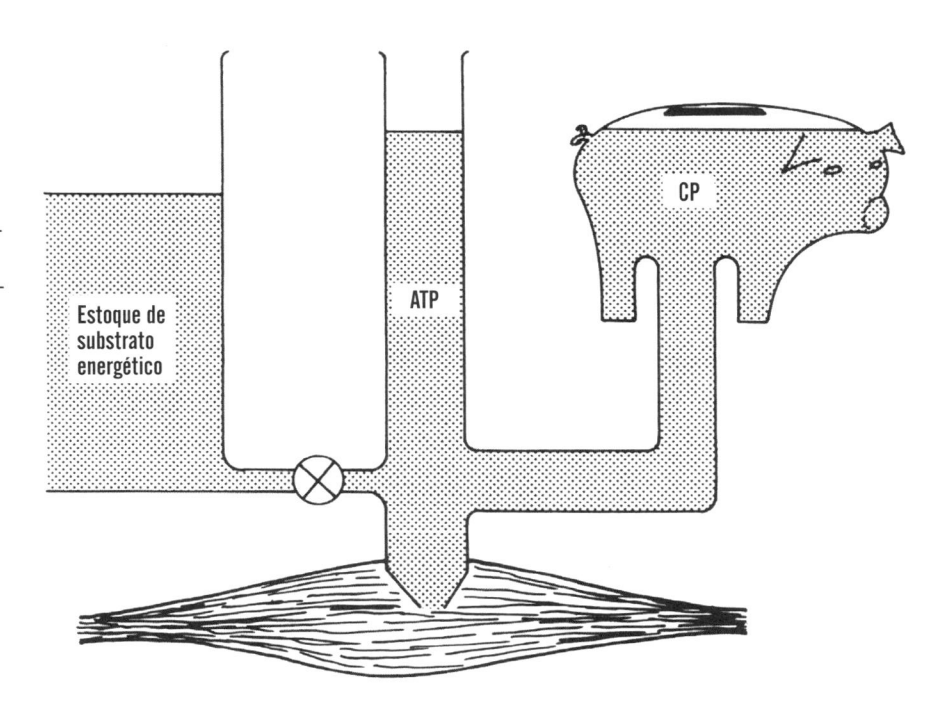

Figura 4.15 — O investimento de creatina fosfato — uma pequena reserva que pode rapidamente regenerar o ATP.

Gerar ATP a partir da creatina fosfato e ADP exige apenas uma reação, catalisada pela enzima creatina quinase (Figura 4.13). Como outras enzimas, a creatina quinase não é exigente quanto à direção na qual trabalha, de modo que, durante a recuperação do *sprint*, ela catalisa a reformulação da creatina fosfato a partir do ATP e da creatina. Em invertebrados, a arginina fosfato realiza o mesmo trabalho da creatina fosfato, sendo ambas conhecidas como fosfogênios.

A importância da creatina para o atleta é que, ao contrário do ATP, ela pode ser armazenada no músculo, pronta e disponível para refosforilar ADP em um instante. As quantidades são pequenas (suficiente nos músculos da perna para, talvez, 5s de *sprint*), mas ela pode ser utilizada muito rapidamente em corridas de velocidade, no *sprint* para a linha de chegada, em corridas mais longas e nas subidas, nas maratonas e ultramaratonas. Se o ATP fosse similar ao dinheiro em mãos, e os substratos armazenados a uma conta bancária, a creatina fosfato seria o cofrinho na forma de porco no lugar da caixa d'água — ele é lentamente enchido, um centavo por vez, mas pode ser gasto em uma única saída (Figura 4.15). Entretanto, a única saída pode ser a diferença entre uma medalha de ouro e a derrota.

QUADRO 4.4 O DOPING LEGAL

Os atletas sonham em ser capazes de aumentar seu desempenho com um suplemento alimentar – parte habitual da dieta, não podendo ser banidos. Claro que ainda há o risco de que, consumidos em grandes quantidades, causem efeitos colaterais indesejados. Mas muitos desejam correr este risco. A maioria dos suplementos alimentares foi pesquisada nos anos 70, mas um – a creatina – tem emplacado nas manchetes mais recentemente e pode ser amplamente utilizada.

A creatina fosfato – a forma fosforilada de creatina – fornece o meio para gerar pequenas quantidades de ATP de modo extremamente rápido, auxiliando assim atividades de curta duração (ver p.95-6). A descoberta do professor Dr. Eric Hultman, em Estocolmo, de que a depleção de creatina fosfato causava fadiga nos velocistas, levou à possibilidade de que, elevando a concentração de creatina no músculo, eleva-se a concentração de creatina fosfato e leva-se a um aumento no desempenho de *sprint*. A creatina é tanto feita no corpo (a partir dos aminoácidos arginina, glicina e metionina) como obtida da dieta; os não-vegetarianos obtêm cerca de 2g por dia a partir da carne que consomem. A questão é: consumir mais creatina aumentaria a quantidade no músculo? O conteúdo total de creatina (creatina e creatina fosfato) dos músculos varia entre 25 e 40mol/g, com as concentrações mais elevadas correlacionadas com o consumo de uma dieta muito rica em carne, contendo de 12 a 15g de creatina por dia. Mas o consumo de uma quantidade tão grande de carne criaria outros problemas nutricionais para o atleta. Desta forma, esforço tem sido feito para fornecer creatina na forma pura. Doses de 5g de hidrato de creatina, tomadas de cinco a seis vezes ao dia, por 2 ou mais dias, elevam as concentrações totais de creatina para a parte mais elevada da faixa normal. Um aumento ainda maior é observado se o exercício for realizado imediatamente após o consumo de creatina, e a elevação é mantida de forma mais efetiva se pequenas doses forem consumidas ao longo de um período prolongado.

Estudos preliminares indicaram que os aumentos observados no conteúdo de creatina muscular aumentaram a potência em cerca de 5 a 7%, presumivelmente devido ao aumento das concentrações de creatina fosfato. O quanto isso beneficiaria eventos mais prolongados, tais como os 800 e 1500m, nos quais a creatina fosfato desempenha um papel pequeno, mas importante, ainda não foi estabelecido.

5

GERENCIAMENTO DAS FONTES DE ENERGIA

Se a corrida de New Jersey fosse uma maratona para a mente, Gompers poderia afirmar uma incontestável marca para a equipe. Mas é possível intelectualizar demais o simples ato de correr? Antes de tudo, a centopéia cometeu um erro quando forçou a concentração na sua biomecânica. E o nosso Yogi Berra[1] pensou apenas no bastão, ficando paralisado enquanto os três batedores passaram velozmente pela base. Os africanos e outros corredores de países do terceiro mundo já não tinham provado que os atletas podem ser os melhores sem conhecer o pH sanguíneo?[2]

"Sim, é claro", disse o Dr. Newsholme, parando para se comunicar de maneira muito lenta. "Bem, eu perguntaria se os africanos seriam realmente melhores se tivessem um grande conhecimento científico. Mas neste ponto eu perguntaria se todos os corredores ganham mais prazer e apreço pela sua modalidade esportiva quando entendem mais a modalidade como um todo."

Você entra num posto de gasolina e tem que escolher com qual bomba irá abastecer seu carro: gasolina de alta octanagem, baixa octanagem, aditivada, não aditivada, ou mesmo diesel. Diferentes veículos andam melhor com diferentes combustíveis. Analogamente, o corpo humano é um veículo para todos os propósitos, capaz de muitas atividades diferentes, cada uma, como apontado no capítulo anterior, necessitando de um combustível ou combinação de combustíveis diferentes. Ainda que não seja necessário ao atleta abastecer-se de combustíveis altamente específicos, o tipo de alimento consumido apresenta grande efeito sobre a correta reposição de fontes de energia para o treinamento e competição (ver Capítulo 11). A escolha dos alimentos é importante, mas a variação só é possível se tivermos capacidade de processamento de combustível "a bordo". Podemos quebrar o alimento apropriado em seus componentes essenciais e, então, montar os estoques de energia necessários.

Com os estoques de energia apropriadamente cheios, o treinamento pode ajudar o atleta a utilizar os combustíveis nas combinações corretas para determinada atividade realizada, na taxa que ofere-

---

[1] Yogi Berra foi um lendário jogador do beisebol americano.
[2] Andy Barfoot entrevistando um dos autores sobre a carreira de Paul Gompers, um competidor da equipe americana de corredores de Maratona dos Jogos Olímpicos de 1988, na Runners World, abril de 1988, p. 73-7.

ce melhor desempenho. Se a manipulação melhorada das fontes de energia resultar na vantagem de até mesmo 1%, ela irá fornecer uma vantagem competitiva sobre os rivais.

Neste capítulo, examinaremos em detalhes de como cada substrato contribui para a geração em diferentes eventos, começando pelo resumo das opções para a geração de ATP:

- A partir da creatina fosfato.
- A partir do glicogênio, de modo anaeróbio.
- A partir do glicogênio, de modo aeróbio.
- A partir da glicose sanguínea.
- A partir de ácidos graxos.

Cada uma destas "opções de substrato" possui vantagens e desvantagens em relação à taxa de produção de ATP, à duração da atividade física que eles podem suportar e ao acúmulo de subprodutos. É impossível encontrar um simples evento de corrida onde apenas um substrato é utilizado; uma combinação é invariavelmente necessária. Isso deposita ênfase particular sobre os mecanismos de controle que permitem mudanças suaves de um substrato para o outro ou o uso de vários substratos combinados em combinação. É provável que seja tão importante treinar estes mecanismos de controle quanto a capacidade aeróbia. Nós simplesmente conhecemos menos sobre como fazê-lo.

100 METROS

Dos eventos padrões de pista, a corrida de 100m é a única a ser executada quase que inteiramente sem oxigênio (Tabela 5.1). Existe creatina fosfato suficiente nos músculos das pernas para fornecer cerca de metade do ATP necessário, e tem-se assumido durante muitos anos que esta creatina fosfato seria utilizada primeiro em todos os *sprints*. Entretanto, evidências recentes têm demonstrado que o desempenho máximo de *sprint* pode ocorrer apenas quando a creatina fosfafo e o glicogênio são utilizados simultaneamente, cada um contribuindo com cerca da metade da energia necessária (Figura 5.1). É provável que, em todos os eventos, a creatina fosfato contribua mais para a formação do ATP nos primeiros 1 ou 2 segundos do que para o aumento da taxa de degradação do glicogênio e glicólise. Mas, depois disso, nos *sprints*, ambos os substratos são utilizados. Deve-se observar que, nos *sprints*, a taxa de glicólise deve aumentar por um fator de pelo menos 1.000 – um aumento que irá levar pelo menos um ou dois segundos para se estabelecer.

Por que os *sprints* de 100m devem ser percorridos quase que inteiramente de modo anaeróbio – um tipo de metabolismo que resulta em menos de 10% do ATP disponível a partir da oxidação? A essência na realização do *sprint* é a velocidade. A execução do *sprint* envolve não apenas conquistar medalhas de ouro, mas salvar a vida: quanto mais rápido alguém corre, maior a chance

TABELA 5.1 PROPORÇÃO DO ATP DERIVADO DO METABOLISMO AERÓBIO EM VÁRIOS EVENTOS	
EVENTO (m)	PORCENTAGEM DE ATP DERIVADO DO METABOLISMO AERÓBIO
100	<5
200	10
400	25
800	50
1.500	65
5.000	87
10.000	97
MARATONA	100

Deve-se notar que estes valores são estimados com base em informações bioquímicas disponíveis, variando indiscutivelmente de atleta para atleta (adaptado de Bangsbo, Gollnick, Graham et al., 1990 e Newsholme, Blomstrand e Ekblom, 1992).

de escapar de animais predadores! A velocidade depende, principalmente, da potência muscular, que, por sua vez, depende do número de fibras que pode ser recrutado no músculo. Se estas fibras tivessem que trabalhar de modo aeróbio, iriam precisar de um suprimento de sangue que liberaria oxigênio para cada fibra, e isso não significaria apenas o aumento do diâmetro das artérias e veias, mas também o aumento do número de capilares. Tudo isso diminuiria o espaço disponível para a maquinária contrátil, da qual a potência produzida depende. A glicólise anaeróbia e a enzima creatina quinase não dependem do suprimento de sangue, exigindo muito menos

espaço. Elas fornecem ATP suficiente para o velocista, ainda que apenas por um curto período de tempo. Apesar da pouca "economia" de energia, em longo prazo, do processo anaeróbio, ele fornece ótima solução potencial para escapar – e, portanto, vencer corridas de velocidade.

Ainda que pouco oxigênio seja respirado durante os 10 segundos, quase o tempo que se demora para correr 100m, o velocista permanece com a respiração descompassada por algum tempo após a corrida. A maioria desta respiração aumentada serve para eliminar o dióxido de carbono, reduzindo a acidez do sangue (ver Capítulo 6). Esta taxa de ven-

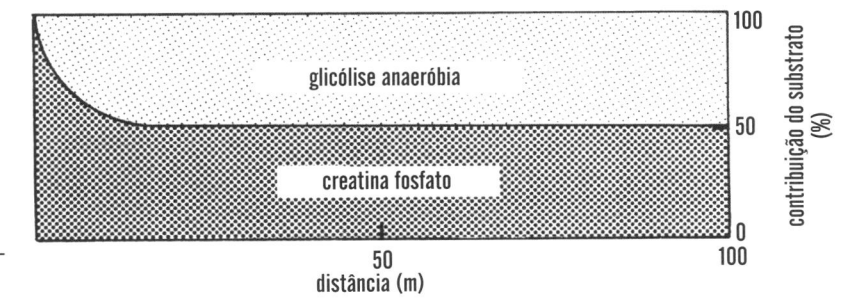

Figura 5.1 – Substrato utilizado nos 100 metros.[3]

[3] Este diagrama e o quadro sobre utilização de substrato, ainda neste capítulo, são baseados na melhor expectativa bioquímica de evidências experimentais.

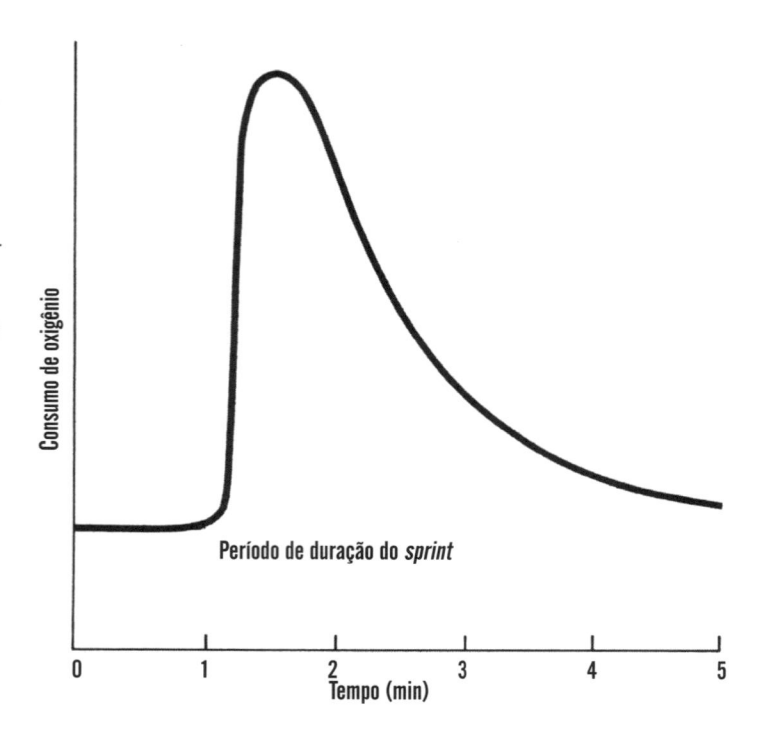

Figura 5.2 – O aumento da captação de oxigênio persiste após atividade em velocidade. Após exercício intenso e prolongado, entretanto, a captação de oxigênio aumenta, muito insistentemente, por um tempo muito longo — talvez por até 12 horas (Maehlum, Grandmontagne e Newsholme et al., 1986)

tilação aumentada é estimulada não apenas pela maior carga de ácido, mas também pelo movimento realizado pelos membros. Mesmo o exercício muito leve, levando-se em consideração que os membros são plenamente movimentados, resulta em uma taxa de ventilação posterior ao exercício consideravelmente aumentada. Parece que sinais oriundos de receptores dentro dos músculos estimulam o centro respiratório dentro do cérebro.

Após o exercício, a taxa de ventilação e o próprio consumo de oxigênio se elevam (Figura 5.2). Por que mais oxigênio deveria ser consumido após um evento de 100m do que durante o mesmo? A captação aumentada de oxigênio tem sido descrita como pagamento do débito do mesmo, implicando que ele foi, de alguma forma, utilizado de um estoque durante a corrida, devendo ser subseqüentemente reposto. Isso, entretanto, é apenas uma parte menor da resposta. Uma melhor descrição deste oxigênio é "oxigênio de recuperação", devido ao fato da maioria dele ser utilizado para diminuir o conteúdo de ácido láctico no sangue, aumentado em conseqüência da atividade anaeróbia. Uma alta proporção deste ácido láctico é convertida em glicose no fígado, em um processo que necessita de ATP, conhecido como gliconeogênese. Grande parte deste ATP é fornecida pelo metabolismo aeróbio adicional do fígado (Figura 5.3), o que explica parte do oxigênio de recuperação. A glicose reciclada retorna ao músculo pela circulação, onde é convertida em glicogênio, o que também necessita de ATP e explica um pouco mais do oxigênio de recuperação. Esta captação extra de oxigênio ocorre após todos os eventos, mas é mais óbvia logo após episódios de exercícios explosivos de curta duração, como os *sprints*. Após eventos mais prolongados, a recuperação da captação de oxigênio é menos intensa, mas continua por muitas horas, permitindo ao metabolismo retornar lenta e gradualmente ao normal e garantindo a repleção dos estoques de glicogênio no músculo.

200 METROS

Como no *sprint* de 100m, tanto a creatina fosfato quanto o glicogênio (anaerobiamente) são utilizados simultaneamente (Figura 5.4). Se, entretanto, após cerca de 150m, o estoque de creatina fosfato for exaurido, o ritmo deve diminuir em cerca de 10%. O metabolismo aeróbio realizará alguma contribuição para a formação de ATP neste evento, mas é provavelmente menor (10 a 20%). O conhecimento recente de que a creatina fosfato também é importante no *sprint* originou a questão das possíveis formas de aumentar as concentrações de creatina fosfato no múscu-

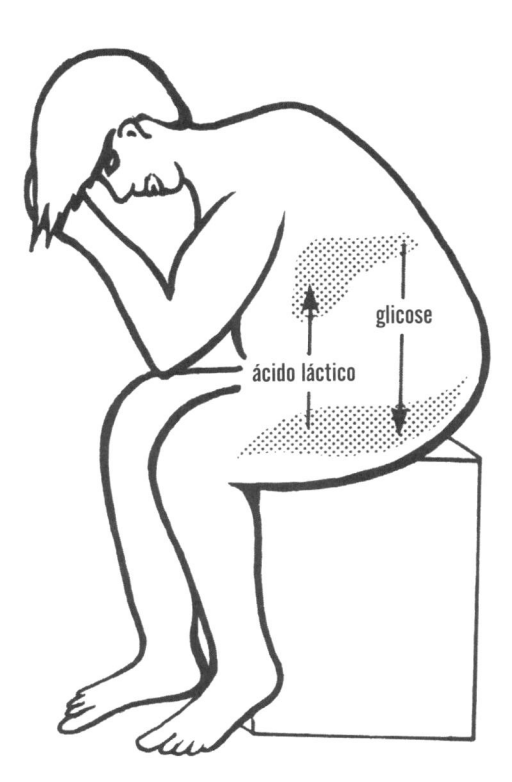

glicose

ácido láctico

Figura 5.3 — Imediatamente após o exercício intenso, o ácido láctico é levado para o fígado, onde é convertido em glicose. A maior parte desta glicose retorna ao músculo, onde é convertida em glicogênio para ser estocada.

lo. A pesquisa na Suécia forneceu evidências de que consumir altas quantidades de creatina pode, na realidade, aumentar as concentrações de creatina fosfato no músculo de atletas (Quadro 4.4).

400 METROS

Os 400m são um evento especializado. Poucos atletas de elite dos 400m competem em outras distâncias (Tabela 5.2). A razão pode ser bioquímica, uma vez que é provável que três formas de geração de ATP façam contribuições significativas para a energia necessária neste evento (Figura 5.5).

Um pouco mais de 10% da energia vem da creatina fosfato e, idealmente, após seu uso (um ou dois segundos), o restante deve ser obtido para suplementar as outras fontes de ATP, à medida que a corrida continua. A incapacidade de armazenar creatina fosfato suficiente para uma maior contribuição para prover energia é um fator que contribui para a fadiga neste evento. Mas uma limitação mais importante é a acumu-

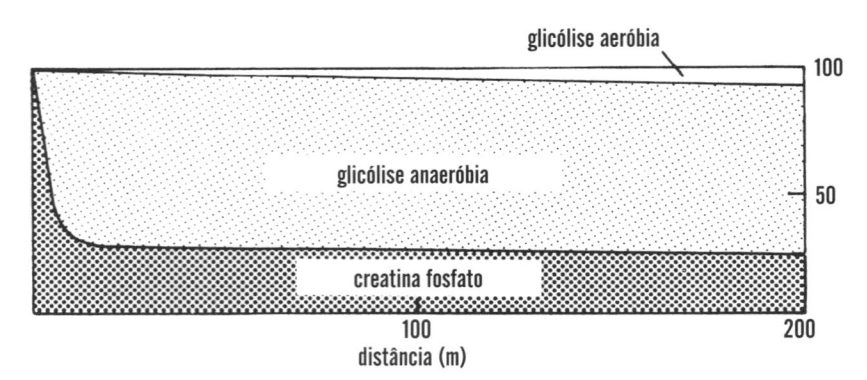

Figura 5.4 – Substrato usado nos 200m.

ANO DOS JOGOS OLÍMPICOS	VENCEDORES PARA DOIS EVENTOS			
	100+200m	100+400m	200+400m	400+800m
1896	–	BURKE	–	–
1904	HAHN	–	–	–
1906*	–	–	–	PILGRIM
1908	CRAIG	–	–	–
1912	–	–	–	–
1928	WILLIANS	–	–	–
1932	TOLAN	–	–	–
1936	OWENS	–	–	–
1956	MORROW	–	–	–
1976	–	–	–	JUANTORENA
1984	LEWIS	–	–	–

TABELA 5.2 NOMES DE ATLETAS QUE GANHARAM MEDALHAS DE OURO EM DOIS *SPRINTS* EM ALGUNS JOGOS OLÍMPICOS

* Os Jogos de 1906 são considerados Jogos Olímpicos intermediários.

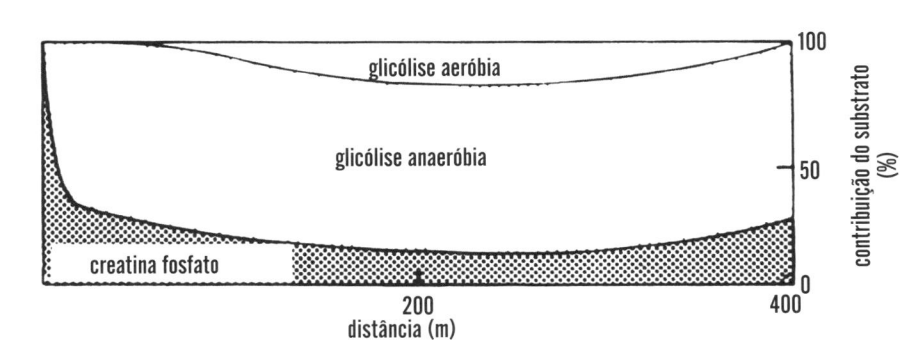

Figura 5.5 — Substrato usado nos 400m.

lação de ácido láctico, discutido com mais detalhes no próximo capítulo. Para reduzir este problema, estima-se que cerca de 25% da necessidade de ATP nos 400m seja gerada aerobiamente, a partir da oxidação do glicogênio. O que surge desta análise é que os regimes de treinamento para os 400m devem ser elaborados para melhorar os mecanismos de controle relevantes para a integração destes processos, bem como treinar cada um deles ao máximo.

CORRIDAS DE MEIA DISTÂNCIA: 800 E 1.500 METROS

Para o evento de 800 e 1.500m, a creatina fosfato e o metabolismo anaeróbio do glicogênio realizam contribuições para a geração de ATP (Figuras 5.6 e 5.7), mas o metabolismo aeróbio se torna agora cada vez mais importante, fornecendo cerca de 50% da energia exigida para os 800m e cerca de 65% nos 1.500m (Tabela 5.1).

A principal vantagem do metabolismo aeróbio é que muito menos glicogênio é utilizado para a mesma quantidade de ATP produzido. Na realidade, se o glicogênio muscular fosse totalmente utilizado de modo anaeróbio, ele duraria (no ritmo do velocista) não mais do que cerca de 1.000m! Uma vez que o metabolismo aeróbio necessita de oxigênio, os músculos dos atletas de meia distância são dotados de um bom suprimento sanguíneo. Isso tem a vantagem adicional de que o ácido láctico formado a partir do metabolismo anaeróbio pode, agora, escapar do músculo para o sangue, onde a acidez pode ser eliminada pelos tampões, que são muito mais eficientes do que aqueles no músculo. Isso significa que alguma conversão anaeróbia de glicogênio a ácido láctico pode ocorrer sem o risco de surgimento de fadiga devido a acidose. Os corredores de meia distância possuem menos músculos do que os velocistas, mas possuem uma maior proporção de fibras musculares de contração lenta em seus músculos (ver p.52) para suportar esta maior dependência do metabolismo aeróbio. Entretanto, eles pagam um pre-

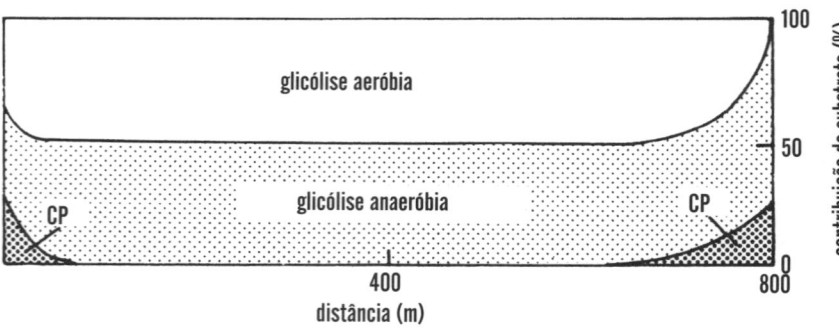

Figura 5.6 – Substrato usado nos 800m.

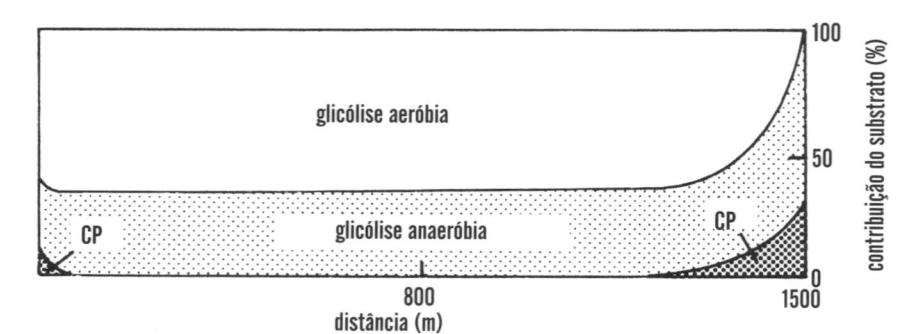

Figura 5.7 – Substrato usado nos 1.500m.

ço em termos de velocidade. Estas fibras se contraem menos rapidamente do que as rápidas oxidativas.

Com a maior dependência do metabolismo aeróbio nestes eventos, uma possibilidade metabólica adicional se abre – o uso dos ácidos graxos como fonte de energia. Ainda que os ácidos graxos não possam ser utilizados rápido o suficiente para satisfazer inteiramente a capacidade aeróbia de um músculo, não existe nenhuma razão, à primeira vista, pela qual eles não devam ser utilizados tão bem como o glicogênio. Uma consideração adicional, entretanto, torna esta possibilidade menos atraente. Um importante fator limitante nos corredores de meia distância é o suprimento de oxigênio

para os músculos, mas a oxidação de ácidos graxos exige quase 10% a mais de oxigênio para produzir a mesma quantidade de ATP, quando comparada à oxidação de glicogênio (Figura 5.8). Portanto, se os ácidos graxos são utilizados para prover algum ATP, o consumo de oxigênio tem que aumentar. Se este consumo já for máximo, isto é, o consumo de oxigênio for um limitador do desempenho, menos glicogênio será oxidado, a taxa de produção de ATP cairá, tendo que o ritmo ser diminuído. Portanto, os ácidos graxos não devem ser utilizados pelos corredores de longa distância. Uma vez que esse é um fato bioquímico que independe da disponibilidade de ácidos graxos no sangue, eles serão oxidados primeiro, em preferência ao glicogênio, sendo importante que os corredores de meia distância não façam nada para aumentar a mobilização de ácidos graxos, seja durante ou antes de uma corrida. Isso pode ser prevenido pela alimentação adequada. Por exemplo, um pequeno lanche rico em carboidratos, consumido cerca de 90 a 120 minutos antes do exercício, irá diminuir a mobilização de ácidos graxos por causa da glicose do lanche, causando liberação de insulina, que previne a mobilização de ácidos graxos a partir do tecido adiposo. Entretanto, o período para a ingestão deste lanche rico em carboidratos tem que ser preciso, uma vez que a insulina não apenas suprime a mobilização de ácidos graxos, mas também diminui a quebra de glicogênio no músculo e a concentração de glicose no sangue (hipoglicemia reativa). Uma vez que o glicogênio é a principal fonte de energia para o atleta neste evento, e que a hipoglicemia severa pode causar fadiga, o lanche não deve ser consumido muito próximo ao evento.

O melhor conselho que podemos dar para o atleta é fazer a experiência. Você apresenta um desempenho melhor quando o lanche é consumido 60, 90 ou 120 minutos antes do exercício? Um aconselhamento mais detalhado sobre o tipo e a quantidade de alimento a serem consumidos antes ou depois do treinamento ou competição é dado na Seção D, Parte II.

Observe que, apesar do fato do sangue conter quase 1g de glicose por litro, pouco desta substância é verdadeiramente utilizada pelos músculos, sendo o glicogênio principal substrato. Segue-se, portanto, que apesar do conselho dado em algumas revistas, consumir glicose imediatamente antes ou durante os eventos de corrida de meia distância em pista não será de nenhum valor, uma vez que não haverá tempo suficiente para que esta glicose seja assimilada a glicogênio. Ela deve ser consumida muito antes e, de preferência, na forma de um lanche rico em carboidratos.

Figura 5.8 – A liberação de energia a partir de gorduras necessita de mais oxigênio do que a liberação de alguma quantidade de energia do carboidrato.

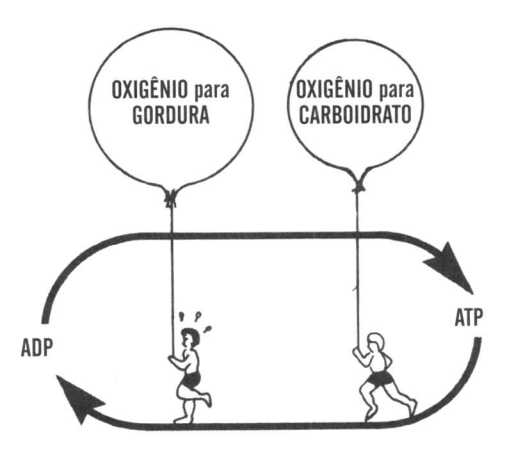

TABELA 5.3 ESTIMATIVA DA PORCENTAGEM DA CONTRIBUIÇÃO DE DIFERENTES SUBSTRATOS PARA A REGENERAÇÃO DE ATP EM DIFERENTES EVENTOS

EVENTOS (m)	PORCENTAGEM DE CONTRIBUIÇÃO PARA REGENERAÇÃO DE ATP				
	CREATINA FOSFATO	GLICOGÊNIO		GLICOSE SANGUÍNEA (GLICOGÊNIO HEPÁTICO)	TRIGLICERÍDIOS (ÁCIDOS GRAXOS)
		ANAERÓBIO	AERÓBIO		
100	50	50	–	–	–
200	25	65	10	–	–
400	12,5	62,5	25	–	–
800	6	50	44	–	–
1.500	[a]	25	75	–	–
5.000	[a]	12,5	87,5	–	–
10.000	[a]	3	97	–	–
MARATONA	–	–	75	5	20
ULTRAMARATONA (80km)	–	–	35	5	60
24 HORAS DE CORRIDA	–	–	10	2	88
JOGO DE FUTEBOL	10	70	20	–	–

[a] Nestes eventos, a creatina fosfato será usada nos primeiros segundos e, se for bem ressintetizada, durante a corrida, no *sprint* final (Newsholme, Blomstrand.e Ekblom, 1992).

EVENTOS DE LONGA DISTÂNCIA EM PISTA: 3 A 10 QUILÔMETROS

O glicogênio é o único substrato de significância nestes eventos (Figura 5.9), e a maioria da energia é obtida a partir do metabolismo aeróbio – estimamos 87,5% para 5km e 97% para 10km. Apesar disso, a contribuição do metabolismo anaeróbio ainda é importante, e pode fazer diferença entre vencer ou perder. A perda do ritmo que deve se seguir à adaptação dos músculos ao metabolismo aeróbio é notável. Se um atleta pudesse correr aerobiamente sem sacrificar suas fibras musculares dos vasos sanguíneos e se as fibras de contração lenta pudessem ser persuadidas a contrair tão rapidamente e com tanta potência das fibras oxidativas de contração rápida, a corrida de 10km poderia ser vencida em cerca de 17 minutos. Nenhum esquema de treinamento, drogas ou engenharia genética realizará este sonho bioquímico!

Seria ingênuo assumir que um músculo capaz de tornar a energia disponível, tanto de modo aeróbio quanto anaeróbio, alcançaria sua total capacidade aeróbia antes da ocorrência de qualquer metabolismo anaeróbio – o mecanismo de controle não é tão bom. Na realidade, o metabolismo anaeróbio se torna cada vez mais importante à medida que o limite da capacidade aeróbia é alcançado. A Figura 5.10 apresenta esta resposta, também demonstrando que o aumento no lactato é lento até uma certa intensidade de trabalho (isto é, velocidade de corrida) ser alcançada. Acima desta intensidade, a qual tem sido chamada de

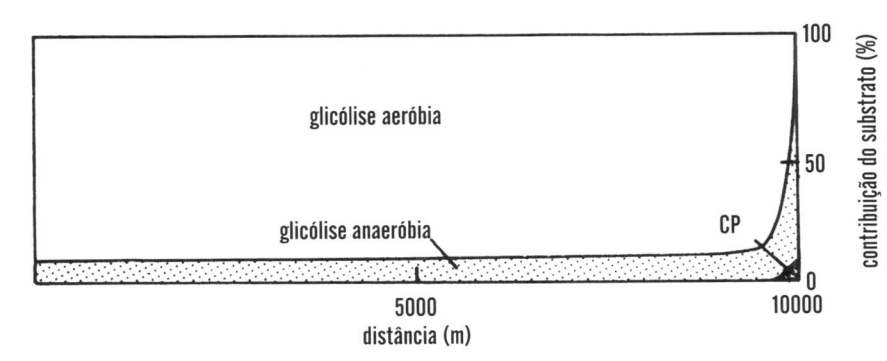

Figura 5.9 — Substrato usado nos 10.000m.

"limiar anaeróbio" ou "ponto de virada do ácido láctico", as concentrações de lactato, tanto no músculo quanto no sangue, aumentam drasticamente. Abaixo deste ritmo, o metabolismo anaeróbio ainda ocorre, mas não numa taxa suficientemente baixa que os processos para a remoção do ácido láctico do músculo não possam lidar com ela. Parte do ácido láctico produzido nesta taxa mais baixa será captada por outras fibras musculares que não estão totalmente ativas, e aquele que escapa para circulação será removido por outros órgãos, incluindo o fígado.

Correr num ritmo logo abaixo deste limiar previne um grande acúmulo de ácido láctico nos músculos ativos, de modo que o desempenho não seja reduzido – uma consideração a ser levada em conta, não apenas na competição, mas também no treinamento.

Em alguns estudos, o nível arbitrário de 4mM de lactato no sangue tem sido utilizado para definir a ocorrência significativa do metabolismo anaeróbio. Isso, algumas vezes, é conhecido como OALS (ocorrência do acúmulo de lactato sanguíneo), mas pode não ser um bom prognóstico do

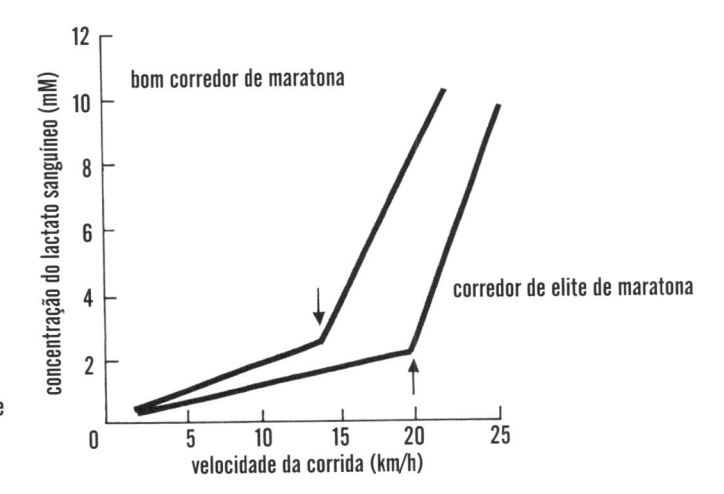

Figura 5.10 — A seta indica o limiar anaeróbio ou o ponto de inflexão do limiar de lactato (Noakes, 1992).

desempenho de *endurance* como ponto de virada do ácido láctico. O ponto de virada do ácido láctico é expresso como a porcentagem da capacidade aeróbia máxima que pode ser alcançada antes das concentrações de ácido láctico aumentarem marcadamente. Isso pode ser muito baixo para um atleta não-treinado, mas é aumentado pelo treinamento, particularmente o de ponta, e pode alcançar valores entre 75% e 90% do VO_2máx.

A maior parte da creatina fosfato inicialmente presente no músculo será utilizada nos primeiros segundos da corrida. Porém, em eventos de longa duração, tais como esses, uma pequena proporção do ATP formada durante eles não pode ser utilizada diretamente para manter a contração, mas para ressintetizar a creatina fosfato. Desta forma, a energia é colocada de novo no "cofrinho na forma de porco", sendo retirada para ser gasta no *sprint* para cruzar a fita. O treinamento pode aumentar bem tanto os estoques de creatina fosfato quanto a capacidade de repor este estoque durante uma corrida.

MARATONA E ULTRAMARATONA

Pelas razões que já ficaram claras, estes eventos devem ser executados inteiramente de modo aeróbio. Uma maratona completa necessita de cerca de 700g de carboidratos, mais do que o armazenado, mesmo depois da sobrecarga de carboidratos (ver p.233-4), em todos os músculos do corpo.

QUADRO 5.1 NASCIMENTO DA MARATONA

Feidípedes foi um dos *hemerodromoi* – mensageiro entre cidades da Grécia Antiga. Homens podem viajar mais rápido do que cavalos sobre o terreno acidentado. Por isso, os corredores eram parte importante do sistema de comunicação da Grécia Antiga. Em 490 a.C., quando a invasão de Atenas pelos persas era iminente, Feidipedes foi despachado de Maratona para Esparta, com a mensagem de solicitar ajuda (Figura 5.11). Foi registrado que ele chegou em Esparta (cerca de 80,5 quilômetros de distância) um dia depois de sair. Sua missão foi em vão, mas os atenienses conseguiram expulsar os persas de Maratona mesmo sem a ajuda dos espartanos. Feidípedes foi chamado mais uma vez para enviar uma mensagem, desta vez para Atenas, cerca de 42 quilômetros distante, para prevenir os atenienses de se renderem às forças persas. Foi para comemorar este último feito que o Barão de Coubertin incluiu a corrida de Maratona até o estádio Olímpico, em Atenas, nos primeiros Jogos Olímpicos modernos, em 1896. Os milhares

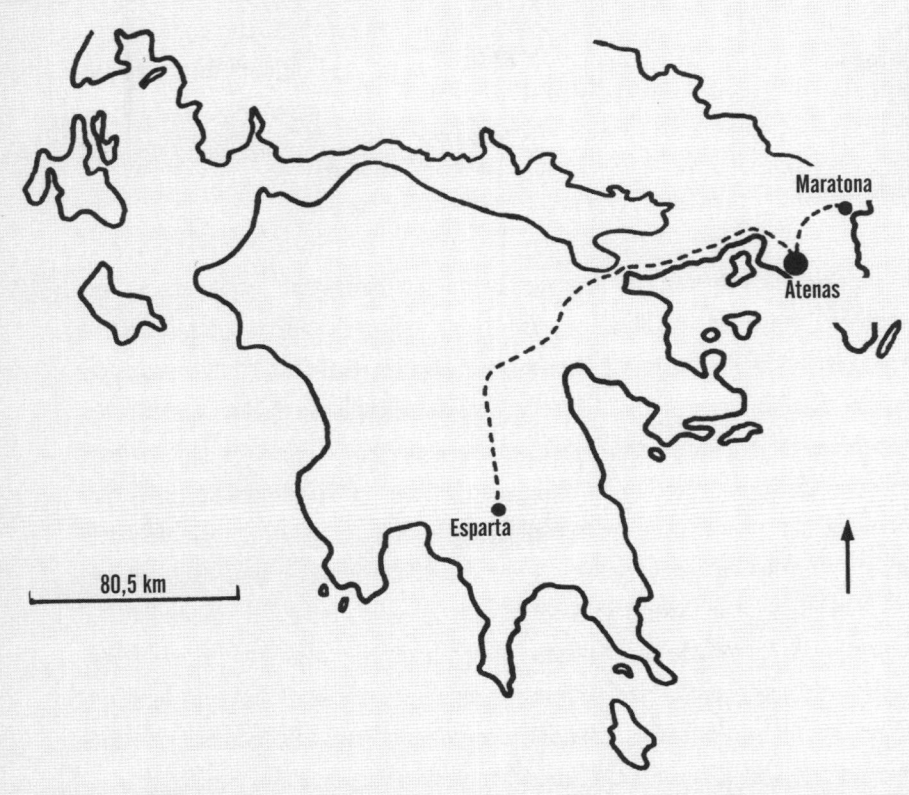

Figura 5.11 — Mapa da Grécia que mostra o percurso de Feidípedes.

de atletas que competem nas populares corridas de maratona hoje, ao redor do mundo, devem ser gratos por seu evento ser baseado no segundo feito de corrida de Feidípedes, e não no primeiro! É possível, entretanto, comemorar a corrida de Feidípedes de Atenas para Esparta no Spartathlon anual de 246km, que tem que ser completado em 36 horas.

Um aspecto incômodo do registro de Feidípedes é que, após entregar sua mensagem aos atenienses, ele caiu morto por seu esforço. É duro o destino de um corredor profissional experiente! Na realidade, a justificativa histórica, dada aos eventos por Heródoto, não faz menção à morte de Feidípedes. Herótodo escreveu apenas uma geração após a corrida, parecendo improvável que ele tenha falhado ao não registrar um evento tão dramático. Foi deixado a Luciano, após seis séculos, usar de licença poética e embelezar a história da morte de Feidípedes. O poeta Britânico Robert Browning, compreensivelmente, incorporou esta conclusão dramática em seu tributo poético a Feidípedes e se tornou responsável pela aceitação geral desta versão de sua morte. O poema de Browning termina:

Então Feidípedes está feliz para sempre – o nobre homem forte,
Que podia correr como um Deus, possuir a face de um Deus, que era tão amado por um Deus.
Ele viu salva a terra que tinha ajudado, e sofrido para contar
Tais novidades, ainda que nunca declinem, mas gloriosamente como ele começou,
Então gloriosamente terminou – uma vez para gritar, após estar mudo:
"Atenas está salva!" – Feidipedes morreu gritando por sua recompensa.

A primeira corrida de maratona foi vencida por um carteiro grego, Spiridon Louis, que correu de Maratona até o estádio Olímpico, em Atenas, quase 25 milhas, num tempo de 2h58min50, equivalente a 3h10 para a atual distância. Dos 25 que iniciaram (homens), apenas 9 terminaram; oito dos quais gregos. Mas seu lugar nas Olimpíadas modernas estava assegurado. As corridas tomaram lugar nos Estados Unidos logo após os Primeiros Jogos Olímpicos: em Nova York, em 20 de Setembro de 1896, e em Boston, em 19 de Abril de 1897, com a última se tornando um evento anual desde aquela época. Surpreendentemente, a distância não era precisamente determinada, variava em torno das 40 quilômetros. Nas Olimpíadas de Londres de 1908, a distância do Castelo de Windsor até a Caixa Real, no estádio White City, foi de 42 quilômetros, mas, por solicitação da rainha Alexandra, o início foi movido para *The Edge Rough Lawn,* de modo que a Família Real pudesse ter uma vista melhor. A distância total era, então, de 42 quilômetros e 195 metros. Essa foi considerada a distância internacionalmente aceita para a maratona apenas em 1924. A primeira maratona para mulheres nos Jogos Olímpicos foi em Setembro de 1984, nas Olimpíadas de Los Angeles (ver Capítulo 8).

Além disso, parte deste estoque de glicogênio está em músculos que não são solicitados a trabalharem ao máximo durante a maratona. Ainda que exista um estoque adicional de cerca de 100 g de glicogênio no fígado, parte desse será necessário para o cérebro. Assim, corredores de maratona parecem possuir um problema de substrato. A solução é utilizar ácidos graxos para suplementar o carboidrato (Figuras 5.12 e 5.13). Entre 10 e 50% da energia necessária para correr a maratona é provavelmente obtida a partir da oxidação dos ácidos graxos, com a proporção variando notavelmente entre diferentes atletas. A menor contribuição irá ocorrer nos músculos de um corredor de elite, que aumentou sua concentração de glicogênio muscular o mais alto possível, pela redução da intensidade do treinamento por, no mínimo, uma semana, descansando completamente por 3 ou 4 dias antes da corrida e pelo consumo de uma dieta adequada.

Não há falta de gordura em um ser humano médio: de 12 a 15% da massa corporal no homem médio, e duas vezes isso na mulher média, é constituída de gordura. Corredores de elite de longa distância po-

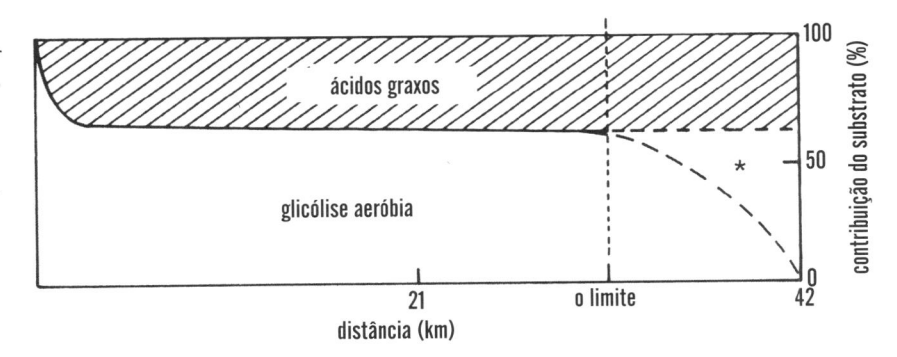

Figura 5.12 – Substrato usado na Maratona. * Indica que a contribuição de ácidos graxos aumenta quando os estoques de glicogênio foram consumidos.

dem não ser a média, possuindo os homens uma porcentagem de gordura baixa de até 5% da sua massa corporal como tecido adiposo, e a mulher com cerca de 10%. Mas mesmo isso é suficiente para a maratona, que poderia ser realizada com apenas 300g de gordura, caso essa fosse a única fonte de energia. Ainda que a gordura possua um alto conteúdo energético, ela não é o combustível ideal, devido à taxa relativamente baixa, na qual os ácidos graxos podem ser captados e oxidados dentro dos músculos. Alguma idéia desta limitação pode ser obtida a partir do exame dos desempenhos de *ultra-endurance*. A gordura é virtualmente o único substrato disponível para os últimos períodos de tais corridas de longa duração, quando o ritmo cai em torno de 50% da capacidade aeróbia do atleta (Figura 5.14). Como um corredor de maratona de elite corre num ritmo equivalente a cerca de 85% do VO_2máx., muito deste oxigênio

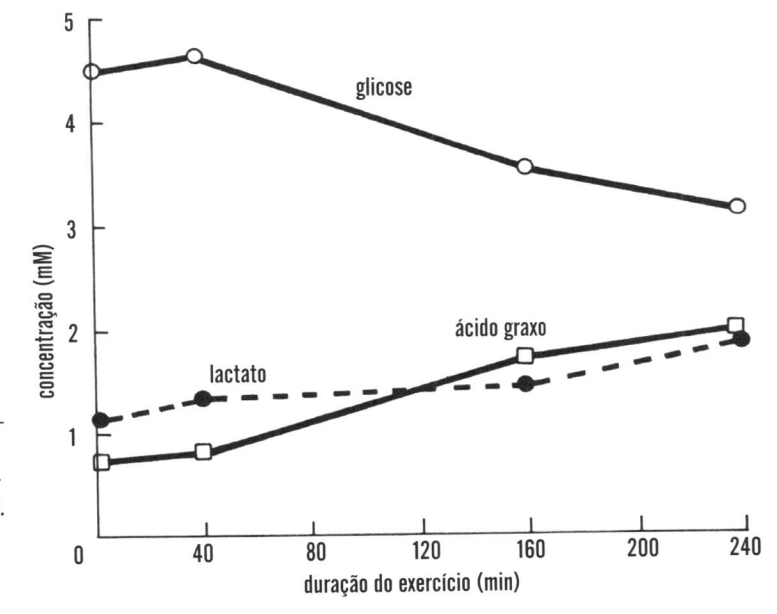

Figura 5.13 – Mudanças na concentração de glicose, ácidos graxos e lactato no sangue durante a manutenção do exercício. Observe que a concentração depende do balanço entre as taxas de mobilização e utilização. A maioria da energia vem do glicogênio estocado dentro do músculo (cf. Newsholme e Leech, 1983).

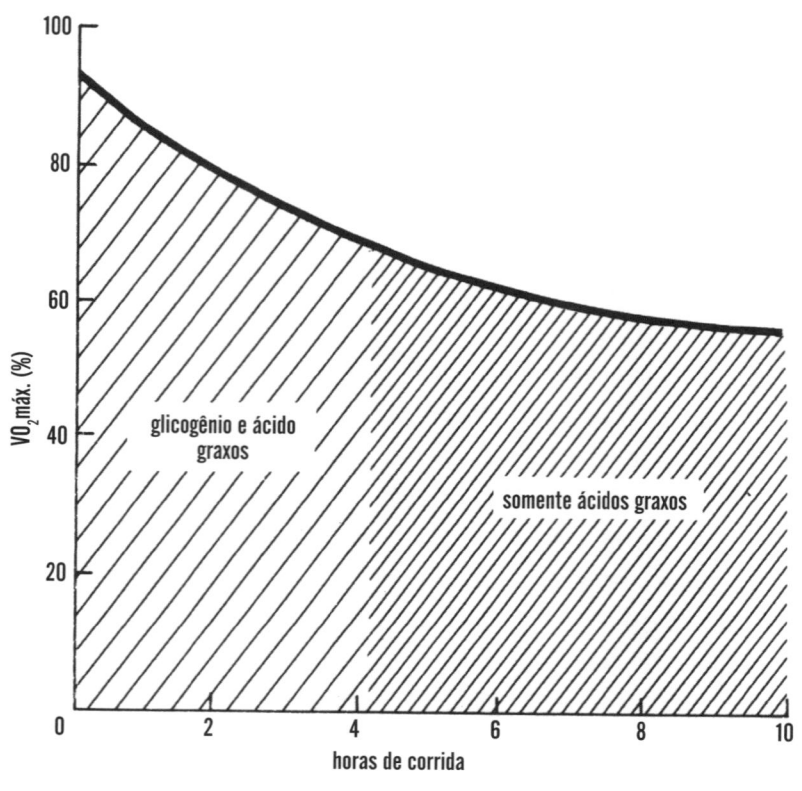

Figura 5.14 – Substrato usado na ultra-maratona (adaptado de Davies e Thompson, 1979).

irá ser consumido pela oxidação da glicose do glicogênio. Mas a oxidação de ácidos graxos desempenha um papel significativo. Uma vez que tanto o glicogênio quanto a gordura devem ser utilizados, a manutenção do balanço correto é de vital importância para cada corredor (Figura 5.15). Uma concentração muito alta de ácidos graxos na corrente sanguínea irá aumentar a taxa de oxidação de ácidos graxos e consumir muito mais oxigênio, o que poderia resultar em uma diminuição do ritmo. Mas esse não

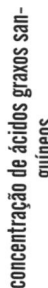

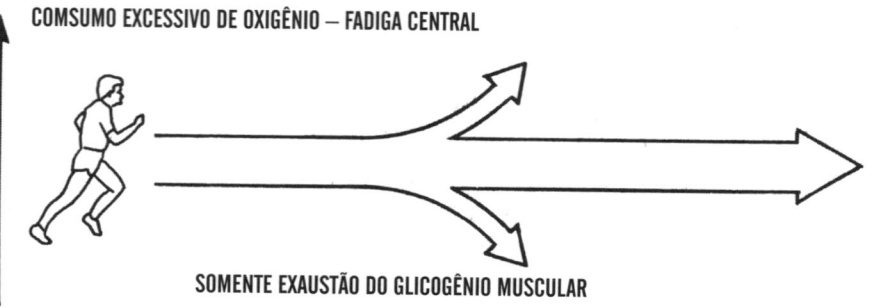

Figura 5.15 – Correndo na corda bamba. Os problemas aumentam se muito ou pouco ácido graxo é mobilizado.

é o único problema com as concentrações elevadas de ácido graxo: elas também podem resultar em fadiga central, conforme descrito no Capítulo 6.

É provável que treinos com corridas muito prolongadas, de 32km ou mais, ajudem a estabelecer a taxa correta de mobilização de cada corredor de maratona e evitar a fadiga precoce (ver p.186-7).

6
QUANDO A CORRIDA TEM QUE PARAR

Em 1954, Roger Bannister se tornou o primeiro homem a correr uma milha em menos de 4 minutos. Ainda que fosse um dos favoritos para a corrida de 1.500m, nos Jogos Olímpicos de 1952, Bannister não obteve medalhas. Pouco antes dos Jogos, foi anunciado que haveria a semifinal para a corrida. Bannister não tinha se preparado para três corridas intensas em três dias. Ele descreveu sua fadiga nos últimos metros:

> Minhas pernas estavam doendo e eu não tinha mais força para tentar ir mais rápido. Eu ficava com uma sensação de mal-estar, exaustão e impotência, à medida que Barthel me ultrapassava, seguido por McMillen.

A maratona de Comrades, via de Pietermaritzburg a Durban (ou vice-versa), na África do Sul, apresentava uma distância de 90km (54 milhas). Tim Noakes descreveu sua experiência neste evento:

> Minhas pernas, detectando os primeiros sinais de fadiga, começaram o seu próprio motim, sua tática cuidadosamente preparada. Elas me informaram que esta distância já era o suficiente. Geograficamente, elas questionaram os dois terços já percorridos. E perguntaram: por que devemos continuar a correr, sabendo que a partir daqui cada passo se tornará cada vez mais doloroso, mais difícil? Depois de tudo, existe sempre o próximo ano. Sobre o impedimento de desenvolver a fadiga, comecei a apreciar a lógica ao redor destas questões, a sentir atração pelo repouso ao lado da rodovia, a felicidade de não ter que dar nenhum passo por Durban. Ao redor de mim, sei que cada corredor está envolvido na mesma batalha. No sofrimento em comum, estamos sozinhos para encontrar as nossas soluções individualmente.

Assim, para o atleta, a fadiga é uma necessidade premente de reduzir o ritmo. Os fisiologistas a definem mais objetivamente como a incapacidade de manter uma determinada potência. Ou seja, a quantidade de energia gasta por segundo tende a diminuir.

Ainda que a fadiga possa soar como um castigo do esporte, ela é, literalmente, uma salva-vida. É um dispositivo de segurança que desliga a energia quando nossa mente consciente rejeitou as pistas gentis ou severas do destino impedido. Ao fazê-lo, a fadiga previne que nossas próprias atividades metabólicas causem um dano reversível aos nossos corpos. Atletas experientes analisam a corrida, concluindo-a dentro dos limites ajustados por sua própria susceptibilidade à fadiga. O treinamento amplia estes limites ao modificar o músculo, pela manipulação do metabolismo e pelas mudanças das abordagens mentais, mas nunca pode aboli-los. Como atletas iniciantes sofrem lesões por treinarem muito intensamente, não se sabe. Há exemplos, porém, de atletas que, após vencerem um importante evento ou quebrarem um recorde mundial, nunca mais repetem tal desempenho. Isso pode acontecer devido à extensão do dano causado, pelo atleta não ter aceitado os sinais citados, ou sinais de fadiga.

A idéia de que a fadiga ocorre simplesmente devido a "estar sem energia" é muito ingênua para ter algum valor. Na verdade, seria surpreendente se a fadiga em eventos tão diversos, quanto a prova de 200m e a maratona, tivesse uma causa comum. Entretanto, freqüentemente, a explicação envolve a mobilização e utilização de substrato energético. E pelo menos cinco causas bioquímicas foram identificadas, ainda que seja pouco provável que mesmo esta lista esteja completa:

- Depleção de creatina fosfato no músculo.
- Acúmulo de prótons (ácido) no músculo.
- Depleção de glicogênio no músculo.
- Hipoglicemia (uma redução marcante da concentração de glicose no sangue).
- Mudanças nas concentrações de aminoácidos importantes no sangue.

Existem, evidentemente, muitas outras razões para a incapacidade de correr – um músculo lesado, um tornozelo dolorido, um pé machucado, hipertermia, uma infecção viral –, mas elas são patológicas, não fisiológicas. Limitações psicológicas no desempenho serão discutidas no Capítulo 10, mas é provável que tais limitações possam exercer parte de seu efeito via uma ou mais causas bioquímicas listadas acima. Ainda que as três primeiras causas de fadiga estejam relacionadas diretamente aos músculos, as últimas envolvem o cérebro. O cérebro parece capaz de detectar mudanças nas concentrações dos constituintes normais do sangue e responde, aumentando a sensibilidade do corredor à fadiga, de modo que ele desista mais fácil do que normalmente faria.

FADIGA E CREATINA FOSFATO

Pelo menos uma forma de fadiga ataca muito cedo nos *sprints*. Ela reduz a potência produzida quase a partir dos blocos de saída. Mas, ao contrário de outras formas, não causa desconforto capaz de ser percebido.

O exame dos tempos dos recordes mundiais para corridas de velocidade esclarece o problema (Tabela 6.1). É óbvio que você não pode "predizer" o melhor tempo para a corrida de 200m simplesmente dobrando aquele da corrida de 100m, uma vez que os 100m incluem uma fase de aceleração que não ocorre na segunda metade

TABELA 6.1 TEMPO DOS RECORDES MUNDIAIS PARA VELOCIDADE. A "SAÍDA LANÇADA" DOS 100m FOI MEDIDA NOS 100m DE UM REVEZAMENTO	
EVENTO	TEMPO (s)
100m (CARL LEWIS)	9,86
100m ("SAÍDA LANÇADA" – CARL LEWIS)	8,91
200m (PIETRO MINNEA)	19,72
MELHOR POSSIBILIDADE NOS 200m	18,77

da corrida de 200m. O que precisamos é de um tempo para o melhor "100m lançado", para adicionar ao recorde dos 100m. A façanha de Carl Lewis, nos Jogos Olímpicos de Los Angeles, em 1984, fornece o dado necessário, uma vez que ele marcou 8,91s nos 100m do revezamento, já tendo acelerado para a troca. Adicionando este recorde mundial ao outro de 100m, tem-se o "melhor tempo prognosticado", de 18s77, para os 200m – quase um segundo mais rápido do que o atual recorde. Isso significa que os corredores de 200m não estão fazendo sua parte? Claro que não. Apenas demonstra que a fadiga ocorre mesmo durante uma corrida tão curta, como os 200m, ainda que parte desta diferença seja causada pela curva da pista nos 200m. E isso é a verdadeira fadiga, conforme definido acima: a incapacidade de manter o ritmo dos 100m nos 200m. Tal fato indica uma diminuição da potência de, aproximadamente, 5%, que pode não parecer dramática, mas faz que um vencedor em potencial termine em último na corrida de 200m.

Assim, analisamos o fator que opera nos primeiros segundos de um *sprint*, e o candidato óbvio é a depleção de creatina fosfato. Experimentos em laboratório, com os músculos quadríceps femural estimulados eletricamente, de modo que a fadiga oriunda do cérebro não tivesse efeito, confirmam que a concentração de creatina fosfato cai rapidamente quando o fluxo sanguíneo é restrito (Figura 6.1). Tal conhecimento bioquímico nos permite sugerir a seguinte "manipulação" para se obter o desempenho máximo no *sprint*:

- Mantenha, e se possível aumente, o estoque de creatina fosfato no músculo. Isso é alcançado mais efetivamente pelo treinamento de força e ingestão de creatina antes da competição (Quadro 4.4).

- Descanse a perna completamente por alguns minutos antes da corrida, para encorajar a reposição dos estoques de creatina fosfato, uma vez que ele pode ter sido utilizado no aquecimento.

- Quanto mais rápida for a taxa de glicólise nos primeiros segundos do *sprint*, menos as reservas de creatina fosfato irão ser depletadas, e por mais tempo elas irão permanecer disponíveis para manter seus efeitos de "sobrecarga". A tensão nervosa controlada antes da corrida irá ajudar a estimular a glicólise e a elevar sua taxa em direção

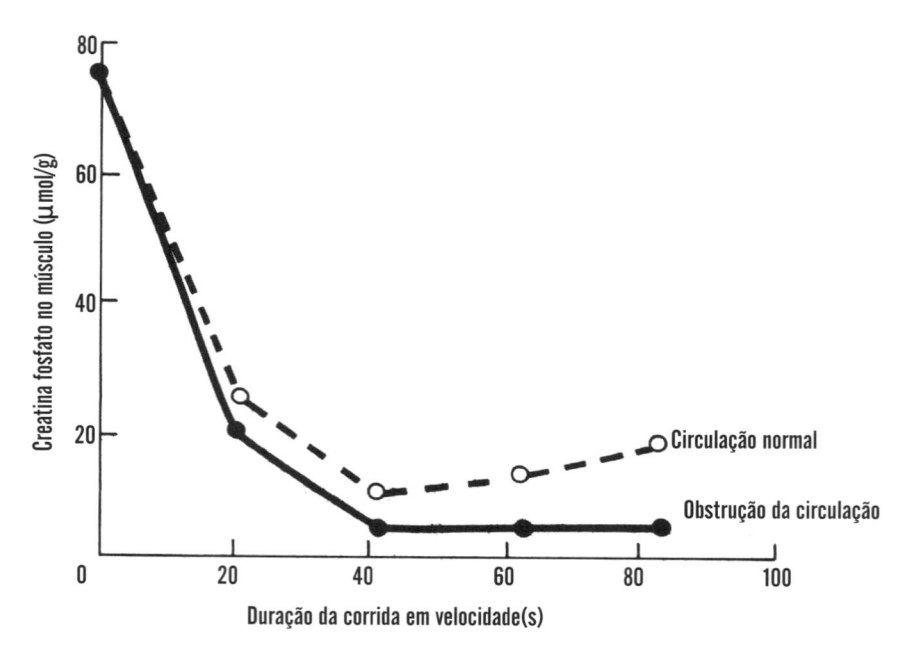

Figura 6.1 – Concentração de creatina fosfato muscular em um *sprint* "científico". O músculo foi estimulado a 70% durante a contração tetânica máxima intermitente, em intervalos de 1,6 segundo. Uma grande queda na concentração de creatina fosfato sugere que, num primeiro momento, isso pode ser responsável pela diminuição observada da potência produzida (Hultman e Spriet, 1986).

ao máximo da sua capacidade, o mais rápido possível após o começo da corrida.

A manutenção ou restauração das concentrações de creatina fosfato provavelmente também é importante no fornecimento de energia para o *sprint* final em corridas mais longas, de 800m em diante.

EVITANDO UM BANHO DE ÁCIDO

O ácido láctico é assim chamado por ser formado pela ação de bactérias sobre a lactose, ou açúcar do leite, responsável pelo sabor do leite azedado.

As bactérias produzem seu ácido láctico exatamente da mesma forma que nós, e pela mesma razão: gerar ATP na ausência de oxigênio (Figura 6.2).

O ácido láctico causa problemas precisamente porque é um ácido, definido pelos químicos como um componente que libera o íon hidrogênio (também conhecido como um próton) na água. Esta dissociação pode ser representada pela equação:

$$\text{ácido} \longrightarrow H^+ + \text{base}^-,$$

onde H^+ é o íon hidrogênio (ou próton), com o sinal de + significando a perda de um elétron, agora recebido pela base. No caso do ácido láctico, esta dissociação produz íons lactato:

$$\text{ácido láctico} \longrightarrow H^+ + \text{lactato}^-.$$

Quando o comentarista esportivo descreve o *sprint* até a linha de chegada, dizendo

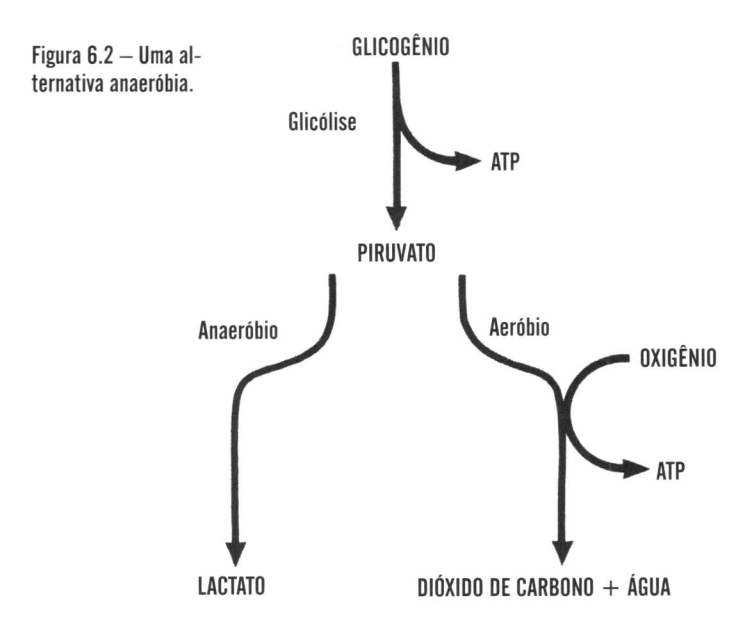

Figura 6.2 – Uma alternativa anaeróbia.

que o atleta terminou em "um mar de ácido láctico", isso não é estritamente assim, devido ao fato do ácido láctico dissociar-se e de seus serem os prótons os causadores da fadiga. Na realidade, os prótons e os íons lactato são produzidos em estágios diferentes da glicólise. Mas seria muito pedante insistir que o velocista terminou em "um mar de íons lactato mais prótons". Pelo resto deste livro, nós iremos nos referir ao ácido láctico.

O problema com os prótons é que eles podem associar-se com outras bases para a

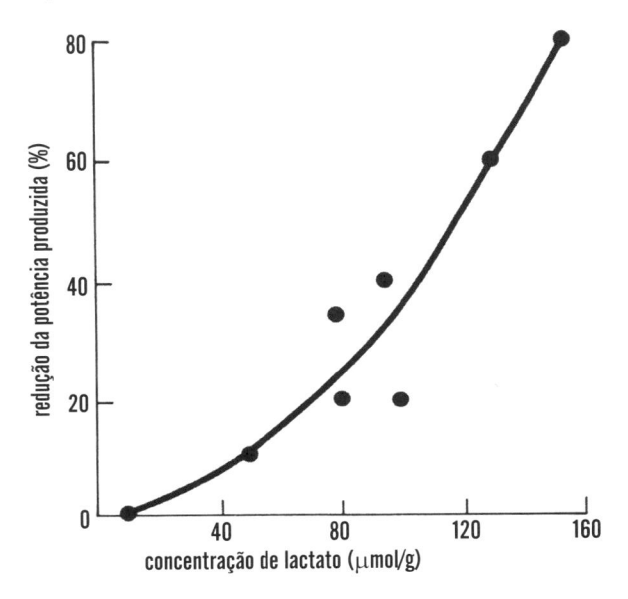

Figura 6.3 – Acúmulo de ácido láctico no músculo após queda na produção de potência (Hultman e Spriet, 1986).

produção de ácidos. E converter uma base em um ácido pode ter algumas conseqüências sérias, especialmente quando a base é uma proteína (Figura 6.4). As proteínas possuem muitos grupos básicos (assim como ácidos também) em sua superfície, e a distribuição desses exerce um importante papel na determinação das funções da proteína, sendo a enzima uma catalisadora de uma reação crítica na geração de energia no músculo ou uma componente da miofibrila envolvida na formação das pontes cruzadas (Figura 6.5). Se o número de prótons ligados a uma proteína é modificado, ela, provavelmente, não irá trabalhar tão bem (Figura 6.5). Nós não sabemos precisamente quais proteínas são mais sensíveis a esta interferência ou como o seu mal funcionamento é percebido como fadiga. Mas o importante para o corredor é saber como superar o aumento na acidose muscular; ou, mais realisticamente, como atrasá-la.

Uma das respostas para o problema dos prótons repousa sobre os tampões. Esses são as bases que "varrem" os prótons ao se combinar com eles:

$$\text{Tampão}^- + \text{H}^+ \longrightarrow \text{tampão–H}$$

Após o término do *sprint*, o tampão irá liberar os prótons em uma reação reversa a essa, e outros processos irão removê-los, reciclando o tampão, que fica pronto para aceitar mais prótons, quando necessário. Para o atleta, o problema reside na insuficiente capacidade de tamponamento dentro do músculo. Há o suficiente apenas para absorver prótons por cerca de apenas 10 a 15 segundos da glicólise máxima a partir do glicogênio, mesmo em velocistas de elite. O treinamento de velocidade aumenta a capacidade de tamponamento dentro do músculo, mas apenas em pequenas proporções. E essa pode ser uma im-

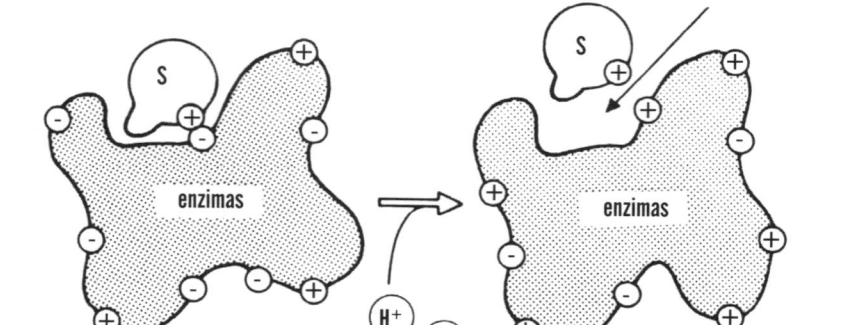

Substrato não encaixa no sítio ativo, devido a repulsão das cargas

Figura 6.4 – Adição de prótons (ou seja, queda no pH) removerá alguns grupos carregados negativamente e produzirá um aumento em grupos carregados positivamente sobre as proteínas. Aumentando-se o pH, estas mudanças serão revertidas.

Poucas enzimas foram mudadas, devido a poucos grupos carregados negativamente

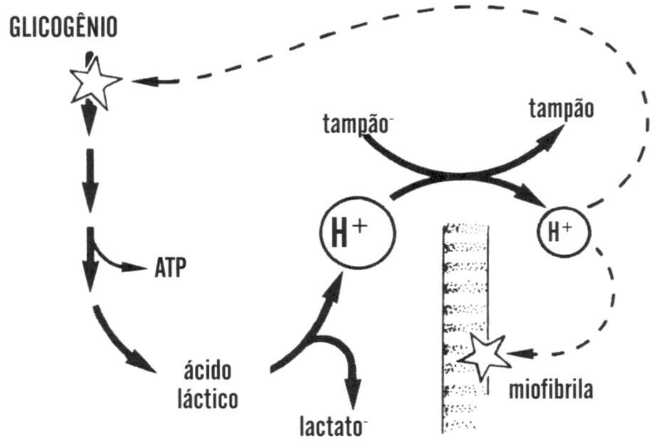

Figura 6.5 – O efeito da fadiga produzindo um aumento dos prótons pela glicólise.

portante característica bioquímica adicional do corredor de 400m; ou seja, sua não usual capacidade elevada de tamponamento dentro dos músculos.

Se a densidade capilar nos músculos é alta, como nos atletas de meia distância, os prótons irão deixar o músculo e entrar na corrente sanguínea, onde encontram um sistema de tamponamento muito mais amplo, baseado em íons bicarbonato (carbonato de hidrogênio). Este tampão absorve os prótons conforme a equação:

$$HCO^{3-} + H^+ \longrightarrow H_2CO_3$$
Carbonato   Ácido carbônico de hidrogênio

O mesmo acontece quando você toma Alka-Seltzer (sódio carbonato de hidrogênio, formalmente conhecido como bicarbonato de sódio) para reduzir a acidez no estômago, após comer em excesso. A vantagem do tampão de carbonato de hidrogênio é que o ácido carbônico produzido decompõe-se prontamente em água e dióxido de carbono:

$$H_2CO_3 \longrightarrow H_2O + CO_2$$
Ácido carbônico   água + dióxido de carbono

Este dióxido de carbono é perdido pelo corpo a partir dos pulmões (ou do estômago, ao se arrotar, se o antiácido foi tomado por via oral). Isso permite a formação de mais ácido carbônico e, desta forma, ampliação da capacidade de tampão. Mas o sistema é muito mais súbito do que isso, devido ao fato de um aumento na acidez do sangue ou da concentração de dióxido de carbono estimularem, na realidade, a respiração, de modo que mais dióxido de carbono seja perdido pelo corpo por meio dos pulmões. As principais fontes de íons de carbonato de hidrogênio no sangue são o fígado e os rins, de modo que estes órgãos e os pulmões operem entre o sistema de empurra-puxa, para livrar o corpo do excesso de prótons (Figura 6.6).

O efeito dos prótons (ou dióxido de carbono) sobre a taxa respiratória pode ser utilizado pelo atleta de *endurance* para detectar quando o ácido começar a acumular-se, ou seja, quando o limiar anaeróbio for alcançado. Isso é conhecido como ponto de virada ventilatório, e pode ser visto como a posição onde a curva muda subitamente quando se faz um gráfico da taxa respiratória (Figura 6.7).

O que qualquer velocista precisa saber é se a capacidade de tampão pode ser aumentada. A resposta é um qualificado sim! O treinamento de força aumenta a capacidade de tampão. E o bicarbonato pode ser consumido por via oral, antes da corrida, ainda que, em alguns experimentos onde tentaram aumentar o desempenho, isso foi acompanhado de vômito – um efeito colateral indesejado.

Para os corredores de meia distância, a resposta para o problema do aumento da acidose é a melhoria do suprimento sanguíneo nos músculos, pois é o sangue que remove o ácido láctico dos músculos para ser neutralizado pelos tampões na corrente sanguínea. A vascularização melhorada, isto é, um aumento no número de vasos sanguíneos no músculo, é um dos benefícios do treinamento aeróbio.

Para o corredor de 400m, os benefícios são menos evidentes. Por um lado, qualquer coisa que diminua o aumento de prótons no músculo deveria atrasar a fadiga. Mas, se as miofibrilas e o conjunto muscular for perdido por causa do maior espaço ocupado pelas mitocôndrias e vasos sanguíneos, a velocidade será prejudicada. Isso serve para reforçar o ponto de

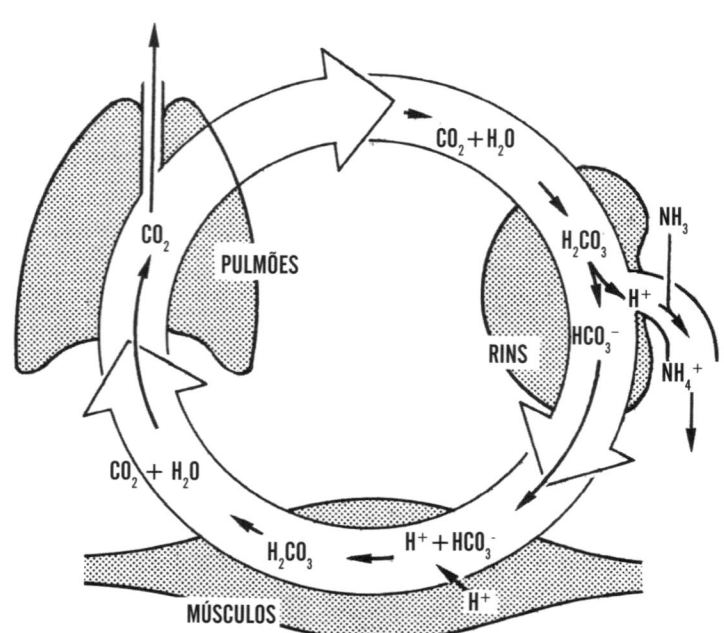

Figura 6.6 – A maioria dos ácidos carbônicos (HCO_3^-) é enviada ao fígado e combinada com prótons do músculo para formar dióxido de carbono, excretado pelos pulmões. As enzimas garantem que as reações envolvendo dióxido de carbono, água e ácidos carbônicos ocorram rapidamente. No fígado, os prótons liberados combinam com a amônia para formar íons amônia (NH_4^+), excretados pela urina. A amônia aumenta no fígado e alcança os rins pelo sangue (quimicamente combinados em uma forma não tóxica).

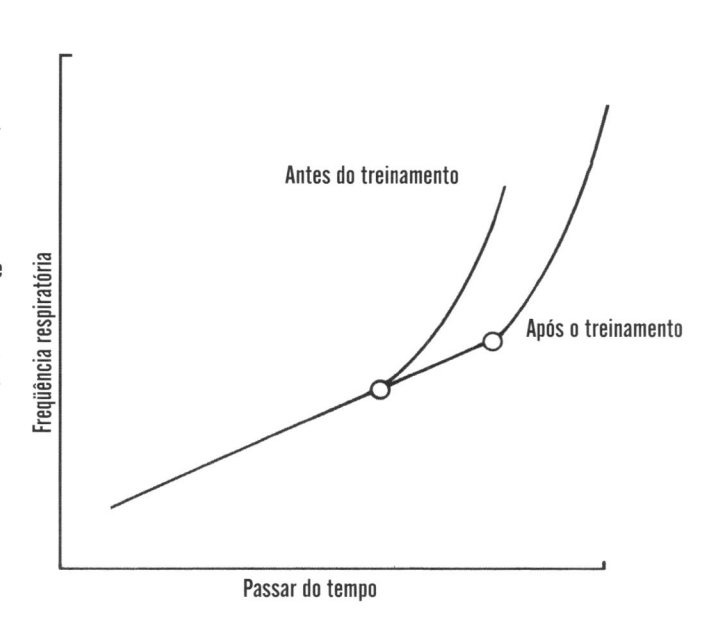

Figura 6.7 — Ponto do aumento respiratório. A freqüência respiratória aumenta linearmente com o passar do tempo, até que o ponto de aumento seja alcançado. Quando a freqüência aumenta muito rapidamente, este aumento acontece pela liberação de ácido láctico pelo músculo. Isso é equivalente ao linear anaeróbio, entretanto, ocorre principalmente em função do alto menosprezo, à medida que o lactato sanguíneo é mensurado (ver p. 105-6).

que, mesmo falando em termos bioquímicos, a corrida de 400m é um evento muito difícil.

O ATO DE EQUILÍBRIO DA MEIA DISTÂNCIA

Nos eventos de meia distância, o metabolismo anaeróbio gera ATP, em adição ao produzido a partir do metabolismo aeróbio, de modo que a estratégia ideal para o corredor de meia distância parece ser correr próximo do limiar anaeróbio (p.106). A maior parte do ATP deve ser produzido de modo aeróbio, com a contribuição do metabolismo anaeróbio ficando abaixo da taxa na qual o ácido láctico pode ser removida dos músculos. O acúmulo de ácido é tolerado em corridas mais curtas apenas porque nelas menos ácido é formado em relação aos eventos mais longos.

Entretanto, à medida que a distância aumenta, outro fator deve ser levado em consideração: a quantidade de glicogênio armazenada nos músculos. Mais uma vez, um cálculo simples evidencia a questão. O glicogênio armazenado nos músculos manteria o corredor no ritmo médio da maratona por cerca de 30.000m antes de parar, assumindo que o metabolismo fosse totalmente aeróbio. A mesma quantidade de glicogênio iria durar apenas por cerca de 2.000m, se totalmente utilizada no metabolismo anaeróbio no ritmo da maratona, e menos se o ritmo fosse aumentado, enfatizando a ineficiência da glicólise anaeróbia em termos de produção de ATP. O que isso significa na prática é que, na corrida de 10.000m, a depleção do glicogênio pode ser um fator limitante se mais do que cerca de 3% do ATP for gerado de modo anaeróbio (Tabela 5.1).

Reduzir o treinamento, repouso considerável por alguns dias antes do evento e uma alimentação apropriada (p. 216-19) irão garantir que os estoques de glicogênio estejam totalmente cheios antes da competição. Isso é importante tanto para os corredores de meia e longa distância em pista quanto para os maratonistas!

A MARATONA

> Após 30km, as sensações de exaustão eram diferentes de qualquer coisa que eu já tinha experimentado. Eu não podia correr, caminhar ou ficar em pé. E mesmo ficar sentado era muito extenuante

assim escreveu David Costill[1] após sua primeira maratona.

Corredores inexperientes de maratona freqüentemente sofrem fadiga severa algum tempo depois de 30km. Tão forte é o impulso para parar de correr que este fenômeno tem sido chamado de "romper a parede". Sua explicação é relativamente simples: neste ponto, as reservas de glicogênio muscular estão totalmente depletadas. O outro único substrato disponível é o ácido graxo no sangue, mas esse apenas pode ser utilizado numa taxa que forneça cerca de metade da energia por minuto, em comparação à taxa fornecida pelo glicogênio. O resultado é que o ritmo deve diminuir para cerca de 50% do que vinha sendo para muitos corredores de maratona que não são de elite (isto é, os que fazem um km a cada 6 minutos), é cerca de 1km em 10 minutos – não mais do que o passo da caminhada!

Isso enfatiza a importância dos mecanismos para aumentar o conteúdo de glicogênio muscular antes do evento. Esses incluem uma dieta adequada nos dias que precedem a maratona, uma redução no tempo e intensidade de treinamento e um aquecimento satisfatório, para evitar o metabolismo anaeróbio no início da corrida, mantendo, se possível, um ritmo constante e o consumo de bebidas que contenham carboidratos durante o evento.

---

[1] Fisiologista e nadador de alto nível veterano. Realizou muitos trabalhos na área de Ciências do Esporte, tendo publicado vários livros (ver Referências Bibliográficas).

QUADRO 6.1 TUDO DEPENDE DE GLICOGÊNIO

Imagine-se sentando em um cicloergômetro – um equipamento que garante que seu trabalho intenso seja precisamente quantificado – e, pedalando como um louco, durante uma hora e meia, fica totalmente exausto. Em favor da causa científica, isso é o que, precisamente, um grupo de voluntários de Estocolmo foi persuadidos a fazer. Para tornar as coisas piores para os indivíduos, em intervalos regulares, amostras de sangue eram retiradas e biópsias musculares realizadas (ver Capítulo 2). Entretanto, eles tinham satisfação em saber o que seus corpos estariam fornecendo pela primeira vez, um quadro claro dos substratos que estavam sendo utilizados durante o exercício sustentado

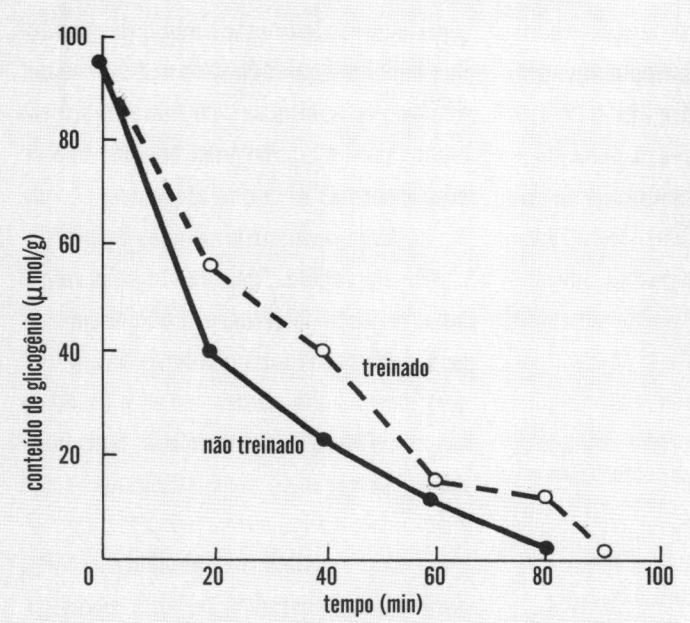

Figura 6.8 – Bombeiros de Estocolmo voluntários pedalaram até a exaustão, até que seu glicogênio muscular tendesse a zero. Os indivíduos treinados apresentaram uma disponibilidade de usar o seu glicogênio de forma mais econômica, provavelmente por causa da pequena conversão do glicogênio em ácido láctico (Hermansen, Hultman e Saltin, 1967).

e boas evidências científicas em relação ao que causa a fadiga. As amostras de biopsia muscular demonstraram que não apenas o conteúdo de glicogênio muscular caiu de modo estável durante o exercício, mas também que a exaustão ocorria quando quase todo ele tinha sido utilizado (Figura 6.8).

Essa foi a primeira evidência científica que demonstrou, de modo conclusivo, que as concentrações de glicogênio no músculo são importantes para a fadiga. A partir disso, aumentou nossa apreciação sobre o papel do glicogênio como um substrato fundamentalmente importante para longos eventos de pista e corridas de *endurance*.

FADIGA E GLICOSE SANGUÍNEA

Os corredores de ultramaratona apresentam uma interessante questão em relação à fadiga. Estes corredores são capazes de correr continuamente por muitas horas, tempo em que o consumo de oxigênio cai gradualmente para 50% de sua capacidade máxima, correspondendo a uma depen-

dência muito grande, se não completa, dos ácidos graxos como fonte de energia, uma vez que suas reservas de glicogênio estão exauridas. Neste cenário, torna-se importante que a glicose sanguínea seja rigorosamente conservada para o cérebro, que não pode usar outro substrato sob estas circunstâncias. Uma importante característica dos corredores de ultramaratona, e presumivelmente uma que é aumentada pelo treinamento, é a sua capacidade de restringir a taxa de utilização da glicose pelo músculo para a taxa que pode ser produzida dentro do corpo, pois, se não o fizesse, seus músculos iriam diminuir a concentração de glicose sanguínea a zero! Contudo, a hipoglicemia – uma concentração de glicose sanguínea muito baixa – permanece como um grande risco. Para evitá-lo, é vantajoso para o corredor de ultramaratona consumir glicose ou outras bebidas contendo carboidratos durante a corrida.

Estudos recentes demonstraram que a suplementação de glicose é benéfica para períodos prolongados de exercício em bicicleta, e pode manter uma prolongada taxa deste exercício, apesar das baixas concentrações de glicogênio muscular. Pode ser que a manutenção da concentração normal de glicose seja capaz de evitar a fadiga por um período de tempo após a deple-ção do glicogênio. Estes estudos sugerem que bebidas contendo glicose também poderiam ser vantajosas na maratona, pelo menos para os corredores que não são de elite e para os de ultramaratona.

Uma das conseqüências da hipoglicemia é a fadiga. Mas, neste caso, ela é uma resposta do cérebro, e não do músculo. E por essa razão é conhecida como *fadiga central*. Ela parece surgir na medida em que o cérebro interpreta a diminuição da concentração de glicose sanguínea como um sinal de perigo e toma medidas para diminuir a intensidade do trabalho. O esforço para manter a potência se torna progressivamente maior, de modo que apenas a persistência mental possa manter o indivíduo no esforço. Nos estágios finais da corrida, a hipoglicemia irá reduzir o ritmo e a orientação, podendo até mesmo causar perda de consciência.

QUADRO 6.2 O ALMOÇO EXECUTIVO

O que os executivos de vida ocupada e os maratonistas, ou ultramaratonistas, de elite possuem em comum? Não muito (felizmente), mas ambos podem incorrer (literalmente, no caso do atleta) no problema da hipoglicemia – pouquíssima glicose no sangue. A glicose é praticamente o único substrato utilizado pelo cérebro e, se sua concentração sanguínea cair muito abaixo da metade de seu valor normal, o cérebro é afetado. Os sinais e sintomas incluem sudorese, fraqueza, distúrbio visual, anuviamento da consciência e coma. Na melhor das hipóteses, ela é desagradável; na pior, é muito perigosa.

Dois mecanismos previnem a hipoglicemia na vida cotidiana para a maioria de nós. Primeiro, o glicogênio do fígado atua como reserva para manter as concentrações de glicose sanguínea dentro dos limites normais. Quando a glicose sanguínea cai, mais glicogênio é degradado para produzir glicose no sangue, e este é liberado para o sangue (as reservas de glicogênio do fígado são reformadas após uma refeição). Hormônios, particularmente a insulina, desempenham um papel na regulação destes processos. Os diabéticos que acidentalmente injetam mais insulina do que precisam também correm o risco de coma por hipoglicemia. A segunda fonte de glicose, também do fígado, surge da gliconeogênese – processo no qual a glicose é produzida a partir de fontes que não são carboidratos, tais como lactato e alguns aminoácidos presentes na circulação.

O problema do corredor de maratona, e particularmente do de ultramaratona, é que a demanda prolongada pela glicose exaure as reservas de glicogênio e tende a direcionar toda a glicose produzida pelo fígado para os músculos, e não para o cérebro. Felizmente, na maioria das situações, os mecanismos de controle intervêm para prevenir esta ocorrência. É algo surpreendente como nas corridas de maratona tem havido pouquíssimos casos de hipoglicemia severa. No entanto, na maratona de Boston, em 1982, Alberto Salazar e Dick Beardsley brigaram durante os últimos 16km, e Salazar venceu com um tempo recorde de 2h8min5, apenas 5 segundos à frente de Beardsley. Após o fim da prova, Salazar entrou em hipoglicemia, mas após receber uma infusão intravenosa de uma solução de glicose recuperou-se rapidamente. E na primeira maratona Olímpica feminina, realizada nos Jogos Olímpicos de Los Angeles, Gabriela Anderson-Scheiss completou as últimas centenas de metros no estádio em um estado de consciência nublado, não devido à hipertermia, mas à hipoglicemia. Ela respondeu rapidamente a glicose intravenosa.

Então, por que o executivo deve sofrer? Para começar, com sua pressa para chegar a tempo no escritório, o café da manhã é perdido. Apesar de seu estilo de vida sedentário, este longo jejum pode fazer que os estoques de glicogênio sejam depletados na hora do almoço. Mas isso não deveria ser um problema, uma vez que o fígado irá produzir glicose a partir de outros componentes, que não os carboidratos presentes no sangue, e esta "nova" glicose deve sustentar o executivo, mesmo se o almoço for perdido. Infelizmente, o último insulto ao corpo é consumir uma dose de gim e tônica ao invés de almoçar antes, sem perceber que o álcool é um potente inibidor da gliconeogênese – o processo no fígado que produz glicose. Assim, sem glicogênio restante no fígado, sem glicose sendo produzida neste mesmo órgão e sem almoço, mas uma demanda contínua por glicose no cérebro, músculo e outros órgãos, as concentrações de glicose sanguínea caem. O executivo fica fraco, sem coordenação, toma decisões erradas e sofre um colapso, entrando em coma. Felizmente, como acontece com os maratonistas, as concentrações de glicose sanguínea podem ser rapidamente restauradas com um injeção intravenosa, fornecida pela assistência médica que estiver a mão. Entretanto, se ocorrer o estado de perda da consciência em um escritório isolado, ou enquanto se cruza uma rua movimentada, isso pode ser fatal. Talvez por causa do estresse de viajar de avião,existem vários relatos de tais incidentes hipoglicêmicos em vôos prolongados. Portanto, o conhecimento da bioquímica é importante não apenas para o atleta, técnico e médico esportivo; mas para todos!

FADIGA E AMINOÁCIDOS

De todos os componentes químicos que constituem nosso corpo, as proteínas são, de longe, os mais versáteis, pois nos dão a capacidade de se movimentar, catalisam processos dentro das células, defendem-nos contra doenças, servem como mensageiros internos e, literalmente, mantém nossos corpos unidos. Por estas funções diversas, milhares de proteínas diferentes devem ser produzidas: cada polímero de aminoácidos ligados em uma ordem diferente, porém precisa (Figura 11.5). Estes aminoácidos são o produto da digestão das proteínas no alimento que comemos, e um suprimento adequado é particularmente importante durante o crescimento, conforme implica a advertência paterna "carne (meat) antes do doce (sweet)". Mesmo após a maturidade, os aminoácidos continuam a ser exigidos para repor aqueles que foram perdidos pela conversão metabólica no processo cíclico contínuo de degradação e ressíntese das proteínas que mantêm os componentes corporais renovados.

É fato que os adultos de países desenvolvidos consomem mais proteína do que necessitam. Este excesso de proteína não pode ser armazenado como aminoácidos; mas, quando produzidos a partir destas proteínas, podem ser utilizados pelo fígado para gerar ATP. Outra circunstância na qual os aminoácidos são utilizados como fonte de energia é durante o jejum prolongado, quando eles surgem da quebra das proteínas estruturais do corpo – uma condição em que se espera que não afete o atleta. A maioria dos aminoácidos destinados para o uso como substrato energético é inicialmente convertida, no fígado, em glicose, que pode ou ser utilizada imediatamente ou armazenada como glicogênio. Corredores de distâncias muito longas podem mesmo conseguir glicose extra para seus músculos durante suas corridas desta forma, mas o principal propósito deste processo produtor de glicose (gliconeogênese) é manter a concentração dela, de modo que aqueles tecidos que não podem utilizar outro substrato, especialmente o cérebro, sobrevivam.

Dos 20 diferentes tipos de aminoácidos que podem constituir as proteínas, três – valina, leucina e isoleucina – apresentam um papel mais direto como fornecedores de energia para o músculo. Esses são os aminoácidos de cadeia ramificada (BCAA, em inglês), oxidados na musculatura ao invés de no fígado (Figura 6.9). Ainda que a oxidação destes aminoácidos forneça algum ATP, a quantidade é insignificante na escala de valores do corredor. O impacto dos BCAAs sobre o corredor é mais súbito, e aparentemente envolve fatores não relacionados: outro aminácido, o cérebro e um pouco de bioquímica, que primeiro é removida pela casa de força dos músculos do corredor.

O aminoácido é o triptofano, utilizado pelo cérebro não como fonte de energia, nem meramente como um bloco construtor para a síntese de proteínas, mas como o ponto inicial para a síntese da 5-hidroxitriptamina, ou 5-HT, como é mais consistentemente conhecida. Esse é um dos neurotransmissores de uma lista crescente, agora numerados em 40 ou 50 substâncias, cuja função é enviar mensagens para dentro do cérebro pela "condução" de informações por meio das junções entre células nervosas (ver Capítulo 12). Variações nas concentrações de um neurotransmissor nos neurônios podem causar problemas: uma quantidade muito pequena de mensagem e a conexão falha; um excesso de mensagem e a conexão persiste por mui-

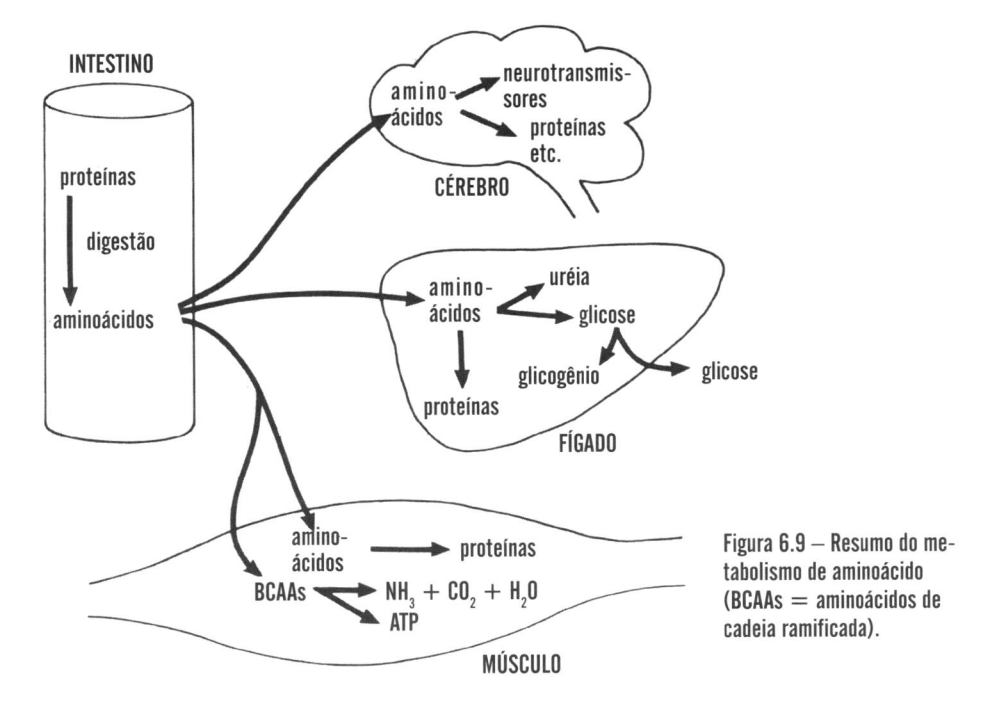

Figura 6.9 – Resumo do metabolismo de aminoácido (BCAAs = aminoácidos de cadeia ramificada).

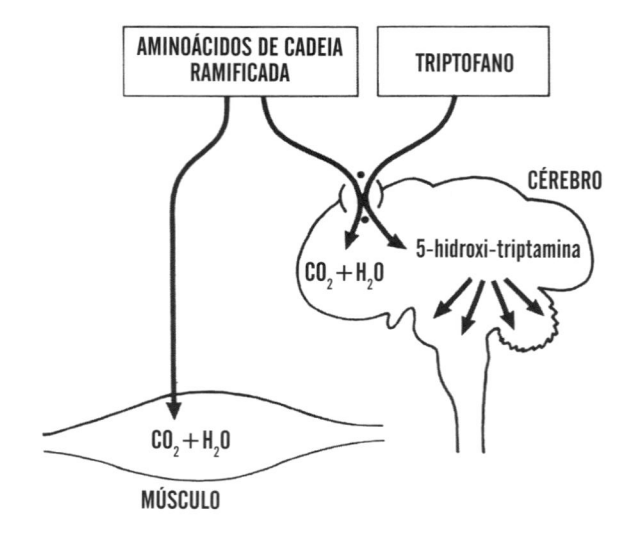

Figura 6.10 – Existe uma competição entre os aminoácidos de cadeia ramificada e o triptofano para entrar no cérebro. A maioria dos aminoácidos de cadeia ramificada é usada pelos músculos, e mais triptofano entra no cérebro.

to tempo. Tais distúrbios na transferência de informação no cérebro podem causar mudanças, algumas vezes dramáticas, no comportamento. Um aumento na concentração de 5-HT no cérebro é percebido por causar cansaço, melhorar a qualidade do sono e a motivação, bem como causar uma diminuição na agressividade.

Então, como os BCAAs entram na história? A conexão é que tanto o triptofano como os BCAAs entram no cérebro por meio do mesmo sistema transportador. E, deste modo, competem entre si (Figura 6.10). Se a concentração de BCAA aumenta no sangue, menos triptofano irá entrar no cérebro, de modo que a concentração de 5-HT cai, resultando em menos cansaço e aumento na agressividade. Entretanto, no exercício prolongado, a concentração de BCAA no sangue diminui, uma vez que eles são captados pelos músculos como fonte de energia. Conseqüen-

temente, mais triptofano entra no cérebro e o mesmo argumento é válido: mais 5-HT será produzido. Isso poderia explicar bem o fato de que exercício faça que você se sinta cansado e melhore a qualidade do sono. Entretanto, este "relaxamento" mental também poderia aumentar o esforço mental necessário para manter o ritmo da atividade esportiva. Tal fadiga central pode afetar qualquer um que participe em ciclismo, futebol, futebol americano, rugbi, basebol, tênis, *squash*, boxe – de fato, todos que realizem exercício prolongado. Ela pode até mesmo ter parte na explicação de concentração excessiva dos atletas antes da competição, diminuindo o desempenho (p.198-99).

Se assim for, a solução está nas suas mãos – manipulação alimentar. O consumo de bebidas ricas em BCAA deveria restaurar o vigor do atleta, cujo desempenho está diminuindo em função do excesso de

5-HT no cérebro. Na realidade, a pesquisa tem fornecido evidências de que os BCA-As beneficiam o desempenho, e novas bebidas esportivas que contenham estes aminoácidos estão atualmente disponíveis (ver Quadro 11.4). Qual poderia ser uma melhor justificativa para o entendimento de tudo o que fosse possível em relação ao metabolismo do atleta?

7

MANTENDO AS LINHAS DE FORNECIMENTO

Winston Churchill, no volume XI do seu livro *A Segunda Guerra Mundial*, escreveu sobre o avanço das tropas aliadas pela Europa em 1944: "o número de divisões que poderia ser sustentado, e a velocidade de seus avanços, dependia, contudo, inteiramente dos portos, transporte e suprimentos... mas comida, e sobretudo todo o petróleo, governava cada movimento".

Assim como um exército depende da força de suas linhas de fornecimento, também os músculos dependem de seu fornecimento de substratos e oxigênio. Esses são distribuídos pelo sangue – o meio de transporte corporal para propósitos gerais –, que também carrega subprodutos de degradação, tais como dióxido de carbono e ácido láctico, para longe dos músculos.

A fisiologia dos pulmões e sistema circulatório e sua forma de funcionamento têm formado o foco da maioria dos livros sobre ciência do esporte, por razões que não são difíceis de evidenciar. No decorrer da história, o trabalho do coração e dos pulmões foi entendido, pelo menos em termos gerais, muito antes da química do fornecimento de energia ser elucidada. Também não há dúvida de que aspectos fisiológicos são muito mais fáceis de se explicar para os que não são cientistas – um atleta pode sentir o aumento na freqüência cardíaca ou a profundidade em sua respiração, mas não tem "sensação" para a quebra de glicogênio ou mudança na taxa de *turnover* do ATP. No desempenho esportivo, entretanto, eventos fisiológicos e bioquímicos também são importantes, ambos com igual relevância. Os dois envolvem processos que poderiam limitar a taxa na qual a energia se encontra disponível para os músculos e, tendo descrito algumas das limitações bioquímicas nos capítulos prévios, agora nos voltaremos para os aspectos fisiológicos.

O CORAÇÃO DO SISTEMA

Para mover qualquer fluido por um circuito de tubos, uma bomba é necessária. O corpo humano possui duas, empacotadas em conjunto, de forma justa, no coração. Cada bomba consiste de duas câmaras musculares: um átrio de parede fina e um ventrículo de parede muito mais espessa (Figura 7.1). Enquanto o músculo cardíaco relaxa entre os batimentos, o sangue flui simultaneamente da veia cava para o átrio direito e, a partir das veias pulmonares, para dentro do átrio esquerdo. À medida que esses se enchem, parte do sangue passa para os ventrículos adjacentes. Subitamente, os dois átrios contraem-se, enviando o sangue contido para dentro dos ventrículos. Logo em seguida, as paredes musculares espessas dos ventrículos também começam a contrair. O aumento marcante na pressão do sangue dentro dos ventrículos faz que as válvulas entre os átrios e ventrículos batam com força e o sangue seja enviado para dentro das artérias. À medida que a pressão nos ventrículos diminui, o coração relaxa, fazendo o sangue fluir novamente para dentro do átrio, para então começar o ciclo mais uma vez. Enquanto o coração está relaxado, o refluxo do sangue para os ventrículos é prevenido pelas válvulas semilunares.

Cada vez que o coração contrai, o sangue do lado direito é expelido pelas artérias pulmonares para os pulmões, onde é novamente oxigenado – essa é a ação de uma bomba. Em seu retorno, por meio da veia pulmonar, este sangue é direcionado para o lado esquerdo do coração, pronto para a próxima contração, sendo expelido ao longo da aorta para distribuição no sistema ramificado de artérias em todas as partes do corpo – essa é a segunda bomba. O próprio músculo cardíaco obtém sua parte de sangue oxigenado por meio da artéria coronária, que se ramifica da aorta, próxima de sua origem. Qualquer restrição do fluxo sanguíneo pela artéria coronária possui sérias conseqüências e se uma ramificação ficar bloqueada por um coágulo sanguíneo,

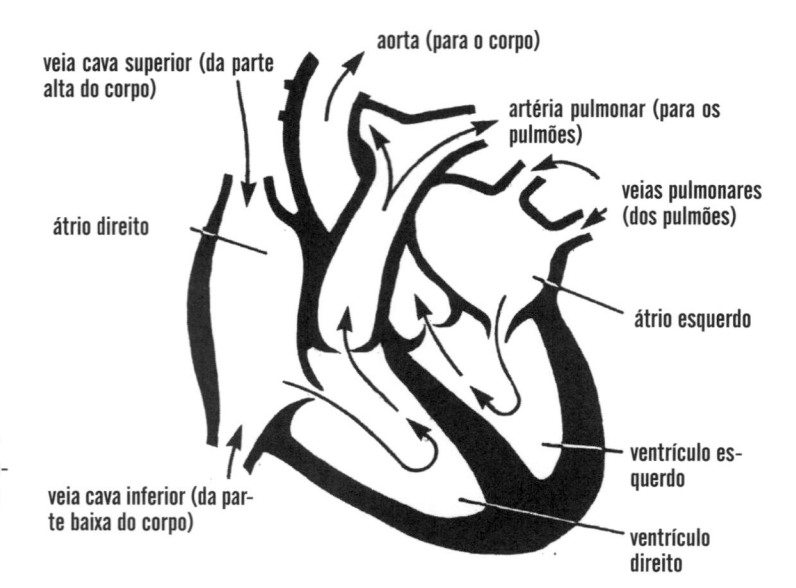

Figura 7.1 – Diagrama de uma seção completa do coração mostrando o caminho utilizado pelo sangue.

os músculos, depois do bloqueio, cessarão as contrações. Se um importante ramo da artéria coronária for obstruído, o coração pode parar de bater. E, se ele falhar em reiniciar seu batimento, o ataque cardíaco terá sido fatal (Quadro 7.1).

QUADRO 7.1 O COÁGULO FATAL

O coração é um órgão aeróbio, como qualquer outro no corpo. Se o suprimento de sangue para qualquer uma de suas partes falhar, o músculo afetado não pode mais produzir ATP para se manter trabalhando, de modo que o ritmo se altera e o mecanismo de bombeamento pode falhar, ou o coração pode parar de bater. A causa imediata de um ataque cardíaco é, usualmente, a deposição de um coágulo sanguíneo em uma artéria coronariana estreita, mas ele é antecipado pelas mudanças que ocorrem ao longo de toda uma vida (Figura 7.2).

O estreitamento acontece porque a deposição de gordura ocorre dentro das paredes das artérias: a aterosclerose. O evento primário é provavelmente o dano da fina camada de células endoteliais que constituem a artéria. Fatores que se acredita serem os causadores disso incluem a hipertensão, o tabagismo, as viroses ou a concentração elevada de colesterol no sangue. Esta lesão atrai células brancas do sangue para esta área e, no espaço confinado entre a parede arterial, elas captam partículas contendo colesterol e morrem. A morte destas células libera fatores que atraem mais células brancas e promovem a multiplicação das fibras musculares lisas na parede da artéria.

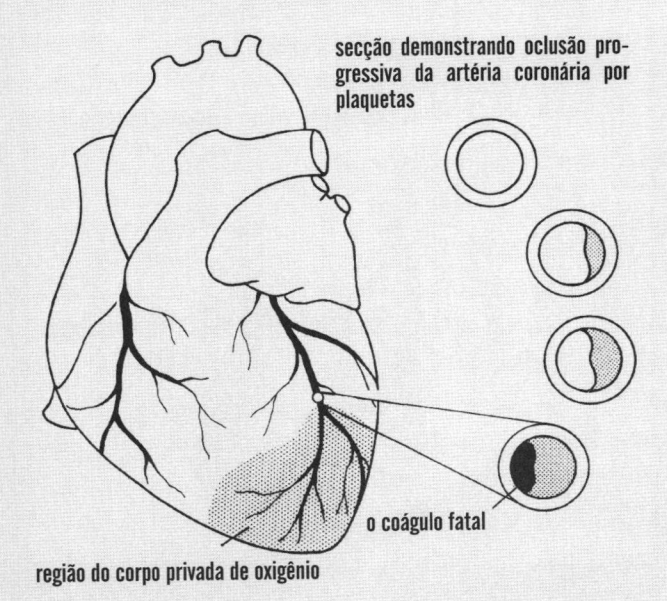

secção demonstrando oclusão progressiva da artéria coronária por plaquetas

o coágulo fatal

região do corpo privada de oxigênio

Figura 7.2 – Ataque cardíaco causado pela oclusão da artéria coronária.

Como resultado desta lesão, a camada de músculo torna-se mais grossa e fibrosa, freqüentemente reduzindo o diâmetro do vaso a uma pequena fração de sua dimensão original. Agora, o cenário está pronto para o coágulo fatal. A coagulação do sangue é normalmente iniciada pelas plaquetas – pequenos corpos derivados de células, mas muito menores do que as células vermelhas. Quando as plaquetas entram em contado com tecidos lesionados, elas explodem, liberando substâncias químicas que fazem que o sangue se coagule em movimento. Há mecanismos no sangue para dispersar tais coágulos, mas eles devem ocluir uma artéria antes que isso ocorra. A dispersão pode ocorre muito tarde.

Felizmente, há um número de coisas que você pode fazer para prevenir que esta seqüência fatal ocorra no coração. Primeiro, não fume. Os componentes do tabaco não apenas causam dano às artérias, mas a nicotina inalada e absorvida estimula o coração, aumentando ligeiramente sua freqüência de batimentos. Além disso, o monóxido de carbono produzido entra no sangue, onde combina-se com a hemoglobina para prevenir sua ligação com o oxigênio. Cerca de 8% das hemoglobinas de um indivíduo que fuma os 30 dias do mês está "permanentemente" fora de ação por este motivo. A segunda precaução é reduzir a quantidade de gordura animal que você come. Isso está associado com concentrações mais elevadas de colesterol, particularmente da forma ruim do colesterol, conhecida como lipoproteína de baixa densidade (LDL, no inglês), associada com um risco mais elevado de aterosclerose e doença arterial coronariana. Terceiro, se sua pressão arterial é cronicamente alta, tome medidas para reduzi-la. Isso pode ser obtido por meio de mudanças na dieta e no estilo de vida ou pelo uso de drogas hipotensivas adequadas. O conselho final é realizar exercícios razoavelmente intenso, tais como corrida, *jogging*, caminhada rápida, andar de bicicleta, remar ou nadar; todos os quais, se realizados por 20 a 40 minutos, serão aeróbios e, portanto, beneficiarão o coração.

Para captar ou liberar materiais, tais como oxigênio, o sangue deve passar através dos capilares. O exame da Figura 7.3 demonstra que, para a maioria dos órgãos, o sangue passa através apenas de uma série de capilares em cada jornada de ida e volta ao coração (uma exceção é a veia porta-hepática, que drena sangue dos intestinos diretamente para o fígado). A importância deste arranjo é dupla. Primeiro, cada tecido leva sua parte de sangue fresco oxigenado; e, segundo, a pressão, que cai consideravelmente à medida que o sangue supera a alta resistência de um leito capilar em um tecido, pode ser aumentada novamente pelo coração, antes que sofra uma queda adicional em outro leito capilar.

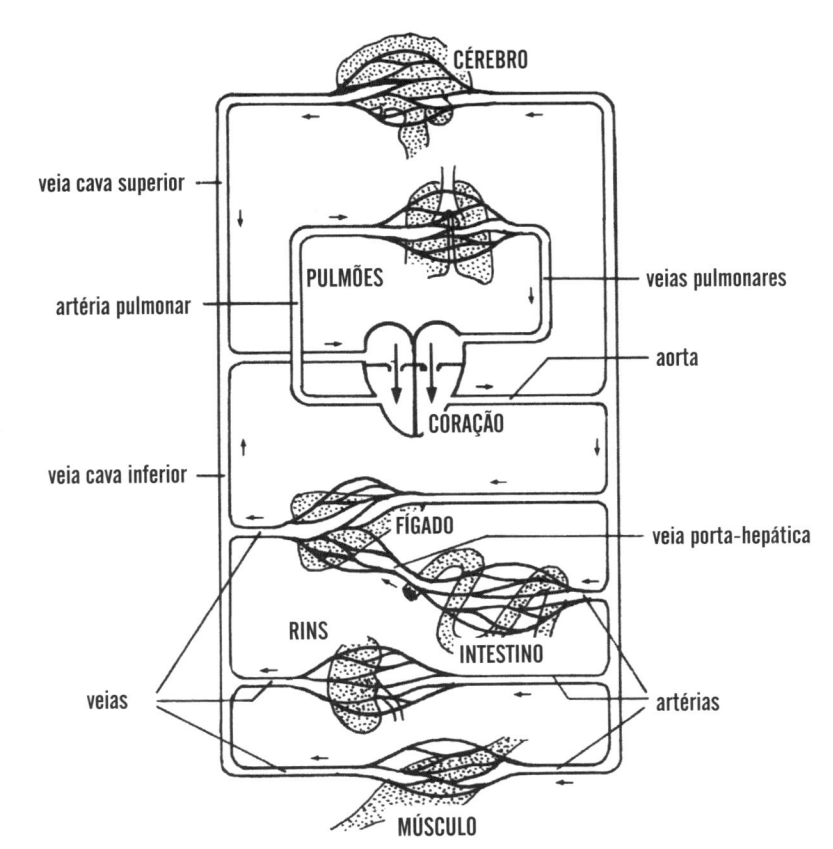

Figura 7.3 — Plano geral da circulação.

AÇÃO CAPILAR

Em certo sentido, os elementos mais importantes do sistema cardiovascular são os menores: os capilares. Um único capilar é um tubo muito fino, não mais do que um centésimo de milímetro de diâmetro, e largo o suficiente para uma célula vermelha se espremer através dele. Mas os capilares não vêm sozinhos. Eles vêm em redes ramificadas e convergentes ou em leitos capilares, cada um alimentado por um ramo de uma artéria, conhecida como arteríola e drenado por uma vênula (Figura 7.4). Uma

vez que a área transversal total do leito é grande, o sangue lentamente extravasa à medida que passa pelo capilar. Um segundo e meio que o sangue gasta num capilar médio fornece a oportunidade para a troca eficiente de materiais entre o sangue e a fibra muscular. A célula excepcionalmente fina que forma as paredes do capilar também acelera este processo.

Da mesma forma que a água sempre flui para baixo, também as moléculas se difundem de uma concentração mais elevada para onde ela é mais baixa. Isso significa que, por exemplo, nos

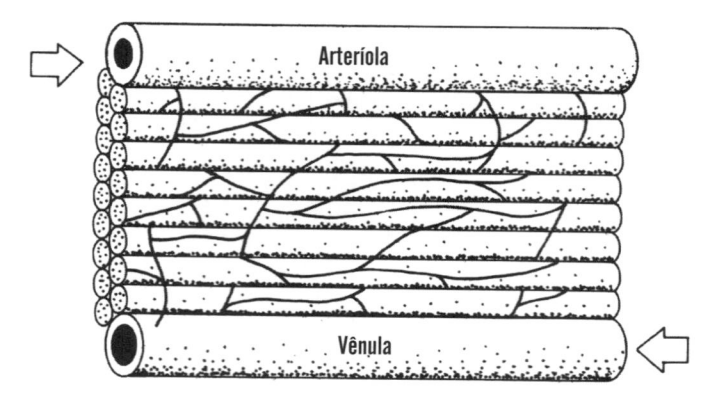

Figura 7.4 – Diagrama representando o leito de um capilar no músculo.

músculos, as moléculas de oxigênio se movem do capilar para dentro das fibras, enquanto as moléculas de dióxido de carbono se movem na direção oposta (Figura 7.5). A difusão é um processo lento e, portanto, eficiente apenas em distâncias curtas. Mas cada fibra muscular é suprida com, pelo menos, um capilar; as fibras de contração lenta podem possuir vários (Figura 7.6). Um dos benefícios do treinamento (exceto o treinamento de *sprint*) é que ele aumenta o número de capilares de cada fibra muscular, aumentando assim a densidade capilar, reduzindo a distância que uma molécula de oxigênio tem para se difundir. Isso aumenta a taxa de liberação de oxigênio para o músculo e portanto as taxas de geração de ATP a partir do sistema aeróbio.

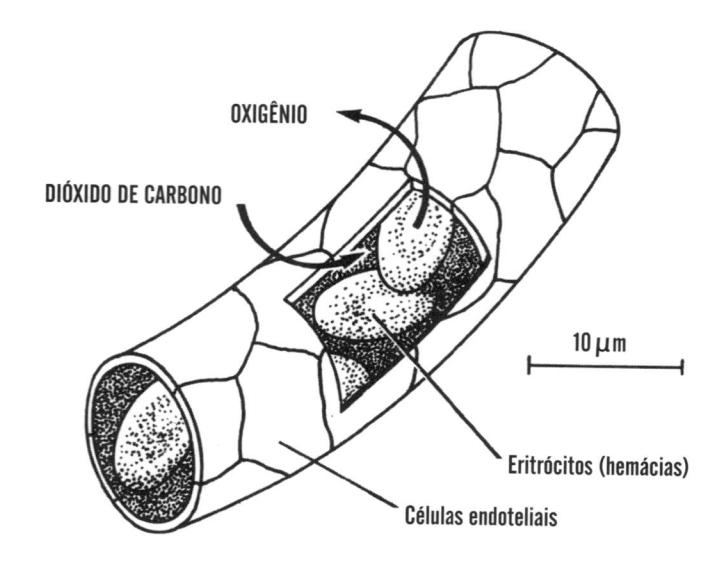

OXIGÊNIO

DIÓXIDO DE CARBONO

10 μm

Eritrócitos (hemácias)

Células endoteliais

Figura 7.5 – Troca gasosa no capilar.

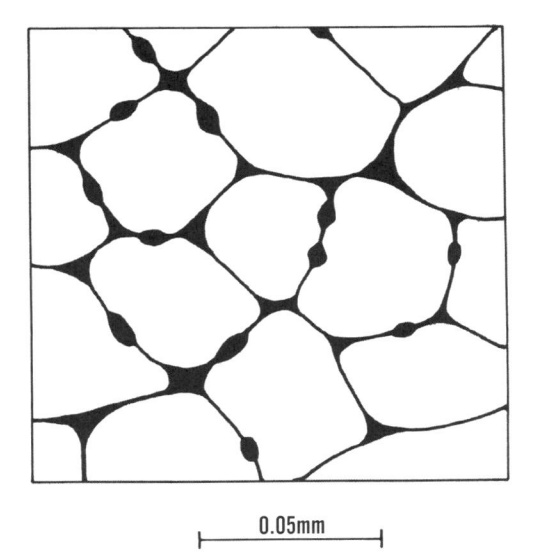

Figura 7.6 — Diagrama básico sobre a secção transversal do músculo gastocnêmio humano demonstrando a distribuição dos capilares entre as fibras.

0.05mm

DISTRIBUINDO O SANGUE

As artérias são mais grossas e elásticas e possuem paredes mais musculosas do que as veias. Sua espessura lhes confere a força para a pressão alta do sangue, à medida que elas o distribuem a partir do coração para os órgãos. E sua elasticidade é importante em suavizar o fluxo de sangue a partir de um coração pulsante. A expulsão do sangue pelo coração causa uma onda de pressão que viaja ao longo das principais artérias pelo menos 10 vezes mais rápido do que o fluxo de sangue dentro delas. Isso é o pulso que pode ser sentido toda vez que uma artéria principal passa próxima da superfície corporal, notadamente nos punhos, têmpora e pescoço. A freqüência de pulso equivale àquela do batimento cardía-co, mas é freqüentemente mais fácil de mensurar.

Com o exercício, vem a demanda muscular por mais oxigênio, o que significa mais sangue. As arteríolas, que suprem cada leito capilar no músculo, contêm, em sua parede interna, fibras musculares em forma circular. Quando estes músculos lisos relaxam, a pressão do sangue os dilata e permite um fluxo sanguíneo mais rápido para os músculos, de modo que, durante o exercício, não apenas o débito cardíaco aumente (ver abaixo), mas os músculos recebam uma maior parte do sangue. Na realidade, mesmo o fluxo através dos capilares individuais é regulado pelos esfíncteres pré-capilares, de modo que a distribuição de sangue pode ser precisamente controlada em um único músculo. Devido ao fato da taxa de fluxo ser inversamente proporcional à área da secção transversal, mudanças bem pequenas no diâmetro levam a grandes mudanças no fluxo. No músculo em repouso, apenas cerca de um capilar entre 30 ou 40 está aberto, o que torna enorme o potencial para aumentar o fluxo sanguíneo. Entretanto, o sangue não pode estar em dois lugares ao mesmo tempo e, se mais está fluindo através dos músculos, menos estará disponível para outros tecidos. A mesma consideração se aplica quando você está enchendo uma banheira e outra pessoa na casa abre outra torneira. Sua banheira enche mais lentamente. Em nosso organismo, o cérebro é o órgão menos tolerante a uma redução do suprimento sanguíneo. E para proteger este fluxo de sangue deve ocorrer uma vasoconstrição compensatória. Essa é a redução do fluxo sanguíneo para órgãos, tais como intestinos, rins e fígado, obtida pela constrição dos esfíncteres nas arteríolas e capilares destes órgãos (Figura 7.7). Vitais como os órgãos são, sua atividade metabólica pode ser temporariamente reduzida sem sérios problemas para a saúde, ainda que isso possa ser responsável pela indigestão e náusea que algumas pessoas experimentam durante e após o exercício intenso e prolongado. Um benefício do treinamento pode ser que o corpo "aprende" exatamente o quanto ele pode cortar do fluxo sanguíneo para estes órgãos sem conseqüências sérias.

O exercício não é a única situação que leva à redistribuição de sangue. Em um dia muito frio, apesar dos exercícios de aquecimento, suas mãos e face podem fi-

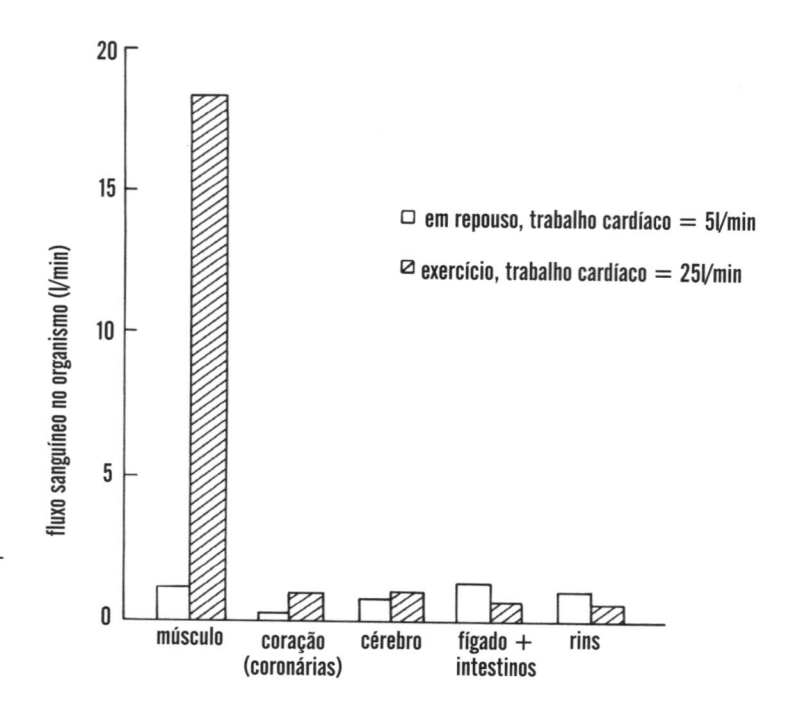

Figura 7.7 – Mudanças no fluxo sanguíneo no organismo durante exercício intenso.

car brancas e geladas ao toque. A brancura indica uma falta de sangue, ocasionada pela constrição das arteríolas que suprem os leitos capilares em sua pele enquanto, ao mesmo tempo, lançadeiras arteriovenosas se abrem para contornar os capilares. Uma vez que o sangue transporta calor do interior do corpo para a superfície, este mecanismo reduz drasticamen-te a perda de calor. Toda, ou quase toda, energia química utilizada para manter-se na pista é convertida em calor, e o corpo deve se livrar dele para prevenir o catastrófico aumento na temperatura corporal. O sangue irá fluir pela pele 100 vezes mais rápido, dando uma aparência rosada ou avermelhada, à medida que o calor é perdido para a atmosfera.

QUADRO 7.2 OS HUMANOS SÃO MAMÍFEROS MERGULHADORES?

Um exemplo extremo de vasoconstrição ocorre em focas e outros mamíferos marinhos, quando eles mergulham. Algumas espécies podem permanecer submersas por quase meia hora, ainda que, normalmente, voltem à superfície mais freqüentemente. Quando submerso, o animal esvazia seus pulmões para reduzir a flutuabilidade e o fluxo de sangue para todos os seus órgãos, exceto o cérebro. Os músculos dos mamíferos mergulhadores contêm mais mioglobina (proteína transportadora de oxigênio) do que os músculos dos seres humanos. Ainda que esta oximioglobina forneça um "estoque" de oxigênio, há, entretanto, a extensiva dependência do metabolismo anaeróbio durante o mergulho. Com a circulação restrita principalmente ao cérebro e coração, a freqüência cardíaca diminui dramaticamente (Figura 7.8) – uma condição conhecida como bradicardia.

Uma bradicardia correspondente, mas menos dramática, pode ser demonstrada em seres humanos, quando se joga água fria – e ela deve estar fria – no rosto e no pei-

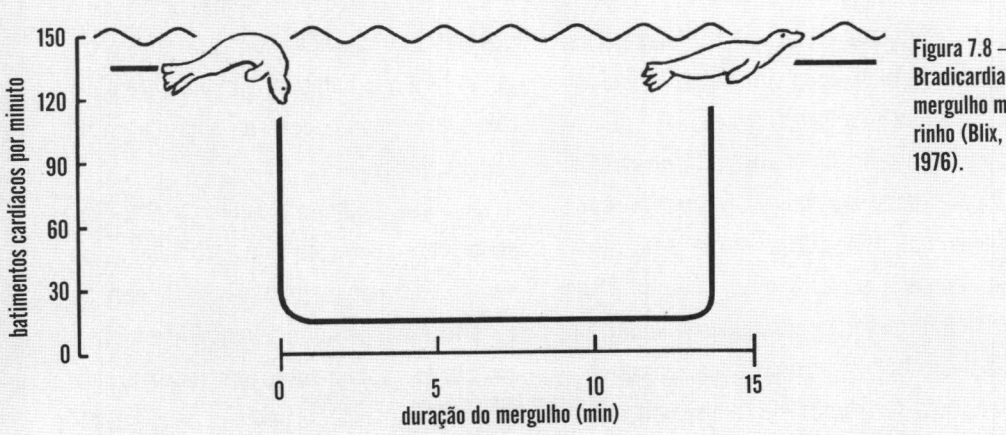

Figura 7.8 – Bradicardia em mergulho marinho (Blix, 1976).

to. Isso pode ter alguma significância adaptativa? É tentador relacioná-la a um número de incidentes, onde humanos sobreviveram de modo inesperado a longos períodos de submersão. Tome como exemplo o caso de um menino que ficou preso em um carro que caiu num fiorde norueguês. Neste caso, bem documentado, o carro ficou sob a água por 27 minutos, em circunstâncias sob as quais era extremamente improvável que ele pudesse ter qualquer acesso ao ar. Normalmente, aceita-se que o dano irreversível ao cérebro ocorra em 3 minutos de privação de oxigênio. Mas, apesar de estar inconsciente quando resgatado, seis meses depois, o único sinal da experiência era a redução na visão periférica. Teria a vasoconstrição periférica ajudado o garoto a direcionar seus mínimos suprimentos de oxigênio para o cérebro? Essa é uma forte possibilidade, devido ao episódio não ser único e de todos os casos de sobrevivência após a imersão prolongada terem envolvido água fria e pessoas jovens.

As veias também são mais do que simples tubos para o retorno do sangue ao coração. Faixas de músculo liso contornam algumas delas, e a contração destes músculos ajuda no retorno venoso para o coração. Além disso, as veias maiores possuem válvulas – pares de abas simples, similares a um bolso, permitindo que o fluxo sanguíneo vá em direção ao coração, mas impedindo que ele reflua (Figura 7.9). Durante o exercício, a parede fina das veias é continuamente comprimida pelos músculos pelos quais ela passa e, com as válvulas prevenindo o refluxo, cada compressão adiciona a força que propele o sangue em direção ao coração, auxiliando assim o retorno venoso. Um dos benefícios do "resfriamento" após o exercício pode ser promover este retorno venoso e acelerar a remoção de ácido láctico do sangue e músculos. A importância desta bomba auxiliar é mais claramente apreciada quando ela falha – e o soldado na parada desmaia. Enquanto ele está em pé, perfeitamente parado, não ocorre bombeamento venoso, menos sangue retorna ao coração e, então, menos sangue pode ser bombeado e a pressão arterial cai. Em termos médicos, ocorre a hipotensão postural. Em resposta a um suprimento inadequado de oxigênio, o cérebro do soldado pára de manter o tônus em seus músculos posturais, e ele assume uma posição horizontal. Ainda que seja embaraçante, o desmaio resolve o problema, reduzindo a pressão hidrostática, contra a qual o coração tem que bombear sangue para o cérebro, recebendo esse seu suprimento de sangue necessário.

Uma tendência similar a desmaiar pode surgir logo após uma corrida longa ou sessão de treino intensa, especialmente se você ficar em pé por um período de tempo, esperando a cerimônia de premiação ou conversando com alguém na festa após o even-

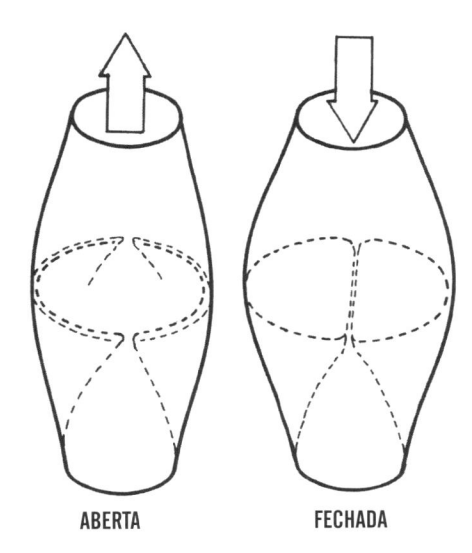

Figura 7.9 – Operação das válvulas semilunares.

ABERTA   FECHADA

to. Ao contrário do soldado, entretanto, você pode facilmente sentar, aumentando a taxa de retorno venoso ao seu coração, resolvendo o problema. Neste caso, a baixa pressão arterial pode ter sido causada pela vasodilatação muscular, que persiste bem depois do exercício ter terminado. Um efeito similar pode, algumas vezes, ser experimentado após um banho quente, quando a vasodilatação da pele reduz o volume de sangue que retorna ao coração. Desmaiar é um dispositivo de segurança, um último recurso não elegante, quando outros mecanismo de manutenção do fluxo sanguíneo para o cérebro tiverem falhado. Se essa é a causa do desmaio ou a sensação do mesmo após o exercício, ela é bastante natural e não indica nenhuma patologia subjacente no atleta. Entretanto, se o desmaio ocorrer sem uma explicação satisfatória, e mais de uma vez, seria interessante procurar aconselhamento médico.

CONTROLANDO O SISTEMA

Seu débito cardíaco em repouso é provavelmente em torno de 5l/min, seja você um atleta treinado ou não. Em um bom atleta, isso pode aumentar para 25l/min, fornecendo oxigênio extra necessário durante o exercício intenso. Mas atletas de *endurance* de alto nível podem alcançar débitos cardíacos entre 35 e 40l/min – a descarga de uma torneira de banheiro típica aberta ao máximo. Parte disso é o resultado de um aumento na freqüência cardíaca, até um máximo de 200bpm (70bpm é a freqüência "normal" de repouso de indivíduos não-treinados), e parte disso é o resultado de um grande aumento no volume de ejeção, isto é, a quantidade de sangue expelida pelo coração a cada batimento. O volume de ejeção em repouso de atletas de *endurance* treinados pode se aproximar de 200ml – mais de duas vezes daquele de seus pares não-treinados –, por um lado, por causa de seu maior volume cardíaco (hipertrofia cardíaca) e, por outro, devido ao esvaziamento mais completo. Em conseqüência, muitos atletas possuem freqüências cardíacas de repouso abaixo, às vezes bem abaixo, de 55bpm.

A importância da variação no volume de ejeção, e não apenas da freqüência cardíaca, é drasticamente demonstrada por pacientes que utilizem marca-passos implantados para estimular seus corações que, de outra forma, bateriam de modo irregular e não confiável. Uma vez que muitos marca-passos enviam seu estímulo numa freqüência constante, a freqüência cardíaca não muda, mesmo durante o exercício. Estes pacientes podem, porém, realizar exercícios moderados sem dificuldade, em razão do aumento do volume de ejeção.

Manter somente a quantidade certa de sangue circulando pelas diferentes partes do corpo sob condições variadas é um negócio complicado. A pressão arterial, por exemplo, deve ser confinada dentro de limites estreitos: se muito alta, os vasos sanguíneos são lesionados; se muito baixa, o cérebro fica privado de oxigênio. Ainda que o atleta de meia distância comece o exercício de forma anaeróbia, o consumo de oxigênio pode elevar-se mais de 40 vezes em poucos segundos. O centro cardiovascular, que coordena as respostas para estas demandas, é a parte posterior do cérebro – uma região responsável pelo controle automático de todos os processos vitais. O centro é alertado sobre o estado do sistema que controla por meio de informações dos receptores, principalmente pelos que monitoram a pressão arterial e a concentração de dióxido de carbono. Para mudar estes parâmetros, sinais iniciados no centro cardiovascular passam, via nervos motores, para os efetores; tanto o músculo cardíaco como as fibras musculares lisas nas arteríolas (Figura 7.10). Sobreposta a tudo isso, está a capacidade do coração mudar seu trabalho em resposta direta a mudanças no pH do sangue (uma diminui-

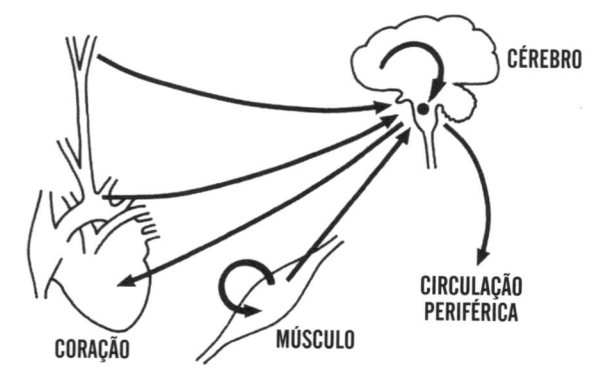

Figura 7.10 – O centro cardiovascular recebe informações de receptores arteriais, centros cerebrais superiores e do próprio músculo que está em atividade. As mudanças são coordenadas pelo trabalho produzido e pelo fluxo de sangue nos tecidos periféricos, incluindo o músculo.

ção do pH aumenta a freqüência cardíaca) e hormônios, tais como a adrenalina (que aumentam a freqüência cardíaca).

A retroalimentação negativa é o princípio pelo qual são controlados, praticamente, todos os processos fisiológicos (e, na realidade, a maioria dos não-biológicos). Um aumento em alguns valores coloca em movimento eventos que diminuem aquele valor, enquanto, contrariamente, uma queda resulta em seu aumento, com a conseqüência da quantidade permanecer virtualmente constante. Talvez o exemplo mais familiar de retroalimentação negativa seja o controle da temperatura de uma sala em uma casa moderna. Se a temperatura subir acima de um nível pré-determinado, o termostato corta o suprimento de calor e, portanto, a temperatura cai. Contrariamente, quando a temperatura cai abaixo deste nível prédeterminado, o aquecimento é ligado, aumentando a temperatura.

Os receptores mais importantes da pressão arterial são aqueles encontrados no seio carotídeo, situado no pescoço, onde a artéria carótida se divide para nutrir diferentes partes do cérebro. Estando próximos ao cérebro, estes receptores transmitem informação particularmente importante de volta para o centro cardiovascular. Em resposta à informação de que a pressão caiu, a freqüência de impulsos que passa pelo nervo vago aumenta para estimular a região do marca-passo cardíaco. Contrariamente, o aumento na pressão arterial resulta em sinais, enviados para o coração via nervo simpático para efetuar uma redução na estimulação do marca-passo cardíaco e promover uma conseqüente queda no débito cardíaco.

Então, o que acontece se é realizado o exercício físico intenso? Por meio da ação da "bomba muscular", os músculos ativos aceleram o retorno do sangue ao coração. Isso resulta em um maior enchimento e extensão dos ventrículos que respondem – e isso parece ser uma propriedade fundamental do músculo cardíaco –, contraindo de modo mais potente. O resultado é o aumento no volume de ejeção. Ao mesmo tempo, o aumento na atividade muscular aumentará as concentrações de dióxido de carbono no sangue, que ficará duas vezes maior. Isso será detectado pelo centro cardiovascular e levará a um aumento na freqüência cardíaca, tendo também efeito vasodilatador local nos próprios músculos. O aumento do fluxo sanguíneo resultante irá tender a reduzir a pressão arterial, o que também estimulará o centro cardiovascular. Adicione a tudo isso o fato de que a estimulação nervosa para o coração pode alterar a relação entre a expansão do ventrículo e a força de esvaziamento e pode ser visto que há um complexo excedente de fatores atuando em conjunto. Entretanto, o resultado não é caótico, mas sim uma resposta muito suave e apropriada do débito cardíaco às demandas modificadas.

É até mesmo possível antecipar a demanda do coração para produzir uma resposta ainda mais regulada, à medida que a noradrenalina é liberada pelas terminações dos nervos simpáticos que inervam o nervo cardíaco. Na realidade, este neurotransmissor exerce mais estimulação no coração antes de uma corrida longa do que a mais conhecida adrenalina. Este hormônio, que afeta o coração da mesma forma que a noradrenalina, é um dos favoritos dos comentaristas esportivos, liberado das glândulas adrenais em tempos de estresse e transportado pelo corpo através do sangue.

PUXANDO FERRO

Os músculos podem gerar energia até sem oxigênio, mas *sprints* curtos são os eventos que ocorrem quase que de modo anaeróbio (ver Tabela 5.1). Em todos os outros eventos, o oxigênio é crucial e suprido para os músculos ativos pelo sangue. Mas o sangue é principalmente água. E um litro de água irá dissolver cerca de apenas 3 ml de oxigênio à temperatura corporal. Com o volume de sangue em torno de 5 litros, isso mal transportaria oxigênio suficiente para manter o corpo durante 5 segundos no estado de repouso! Claramente, o atleta tem muito a agradecer à hemoglobina, uma vez que esta proteína contendo ferro liga tanto oxigênio que um litro de sangue pode conter mais oxigênio (200 ml) que um litro de ar! Este oxigênio é retido pela hemoglobina em uma combinação química fraca, de modo que, quando a concentração de oxigênio é alta, como é o caso dos pulmões, a hemoglobina recebe uma carga completa de oxigênio. Em músculos ativos, ao contrário, a concentração de oxigênio é baixa. Então, a maioria do oxigênio separa-se da hemoglobina e torna-se disponível para o músculo.

QUADRO 7.3 AGARRANDO O OXIGÊNIO

Um átomo de ferro, nas circunstâncias corretas, pode formar ligações químicas com seis outros átomos. Na hemoglobina, quatro destes átomos são fornecidos pela estrutura química que mantém o átomo de ferro em seu centro. Este complexo, conhecido como heme, está ligado por meio da quinta ligação, formada pelo átomo de ferro, à proteína hemoglobina que o envolve. A sexta e última é aquela que fornece à hemoglobina seu papel especial. Devido a ela, a hemoglobina possui uma tarefa vital de ligar uma molécula de oxigênio. Ela faz isso de modo tão eficiente que 1g de hemoglobina pode capturar 1,34ml de oxigênio. Mas ligar-se ao oxigênio é apenas parte da história. Uma parte igualmente importante é deixar o oxigênio ir. E é a parte protéica da hemoglobina que determina a qual fonte o oxigênio se liga.

A quantidade de oxigênio ligada depende da concentração deste gás em torno da hemoglobina (Figura 7.11). À medida que a concentração de oxigênio aumenta, mais ele está

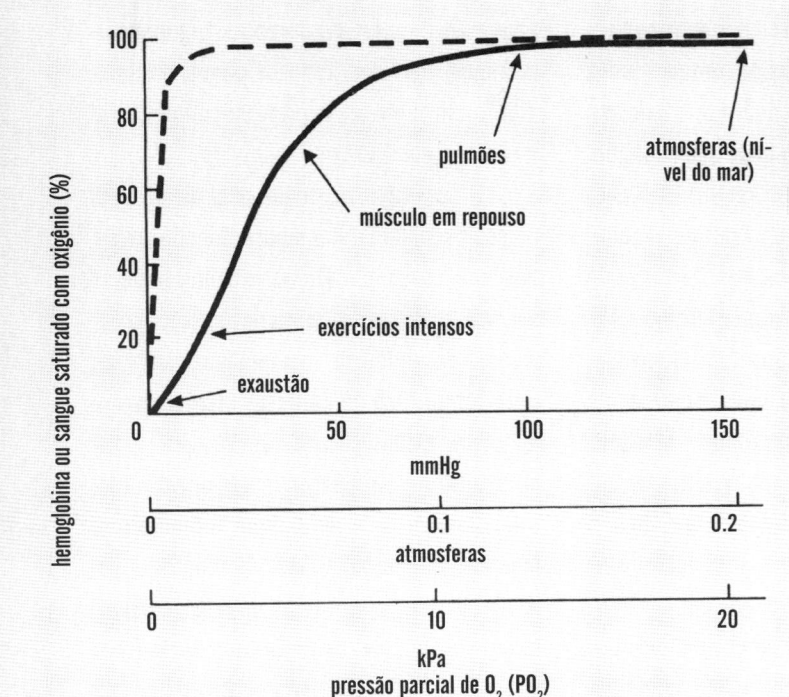

Figura 7.11 – Curva de dissociação da oxiemoglobina e do sangue oxigenado (linha quebrada), mostrando o relacionamento entre a concentração e a quantidade de oxigênio transportado.

presente nos pulmões, onde a concentração de oxigênio é mais alta, e praticamente 100% da hemoglobina está transportando oxigênio. Ela se transformou em oxiemoglobina. À medida que o sangue passa dos pulmões e entra nos tecidos, tais como os músculos, que utilizam oxigênio, a concentração desse cai e, então, a hemoglobina fica descarregada dele.

Nós podemos bombear sem ferro? Ainda que transfusões de sangue sejam uma parte essencial da medicina moderna, tem sido durante muito tempo uma meta produzir um substituto artificial para o sangue com uma vida de prateleira infinita, totalmente estéril e sem problemas de compatibilidade. Sintetizar o heme não representa um problema fundamental, mas, sem globina para controlar sua propriedades, ele seria praticamente inútil. Mesmo se a globina pudesse ser produzida em quantidades adequadas, sua presença no sangue fora das células vermelhas causaria problemas. A solução mais promissora é uma molécula artificial, em sua maioria chamada perfluorodecalina – um hidrocarbono relativamente simples, no qual todos os átomos de hidrogênio foram repostos por átomos de flúor, um elemento que muito raramente ocorre em organismos vivos. Ele é um excelente solvente para o oxigênio e bioquimicamente inerte, mas não é solúvel em água e deve ser emulsificado antes de ser injetado em humanos. Infelizmente, o agente emulsificante não é tão quimicamente inerte, sendo removido lentamente pelo fígado, que eventualmente pode ser danificado.

A hemoglobina não é encontrada livre no músculo, mas empacotada dentro das células vermelhas, das quais existem mais de 3 milhões em cada gota de sangue. Cada dia, um total de 100.000.000.000 hemácias morrem em um humano saudável, devido ao "uso e desgaste". Isso pode parecer terrível, mas é menos do que 1% do total. E tais perdas são facilmente suportadas, desde que a produção de células vermelhas (ocorrendo, de modo não esperado, na medula dos ossos dos membros) esteja trabalhando adequadamente. Se não estiver, ocorre a anemia; e a capacidade de transportar oxigênio do sangue cai, causando um aumento na dependência do metabolismo anaeróbio, o que leva a uma sensação geral de letargia e à incapacidade de lidar mesmo com o exercício de intensidade relativamente baixa – uma situação particularmente desastrosa para o atleta. Para a maioria de nós, é pouco provável que isso ocorra, a não ser que nossa dieta contenha ferro insuficiente para produzir heme suficiente – o complexo contendo ferro que se encontra no coração de cada molécula de hemoglobina. A maior parte do ferro liberado das células vermelhas mortas é retida pelo corpo e eficientemente reciclada. Mas a perda de sangue pode resultar em deficiência de ferro. Mulheres com fortes perdas de sangue menstrual, e particularmente aquelas em uma dieta vegetariana, com relativamente pouco ferro e possível falta da vitamina B_{12}, necessária para a captação de ferro no corpo, estão particularmente em risco. Em tais casos, a suplementação com ferro pode ser necessária (ver Capítulo 11).

Se o suprimento de oxigênio para os músculos puder limitar o desempenho em todos os eventos, exceto nos *sprints*, pode-se esperar que o treinamento de *endurance* aumente o conteúdo de hemoglobina no sangue. Uma forma fácil de detectar tal mudança é mensurar o hematócrito, isto é, a porcentagem total do sangue ocupado por células. Uma simples gota de sangue fornece uma amostra suficiente, se sugada num tubo capilar e centrifugada até as células sedimentarem-se (Figura 7.12). Entretanto, não é observado aumento de hematócrito em atletas treinados. Na realidade, alguns apresentam um hematócrito de 1 a 4% mais baixo após o treinamento intenso – uma condição que tem sido chamada de "anemia do esporte". De fato, tais atletas irão apresentar uma capacidade aumentada de transportar oxigênio. Outra conseqüência do treinamento de *endurance* é um aumento no volume de sangue total de até 15%.

É possível que o treinamento não aumente o hematócrito, pois isso poderia resultar em alguma desvantagem. Seja qual for esta desvantagem, ela parece não operar em curto prazo, uma vez que atletas que experimentam o "doping sanguíneo" ou a "aceleração sanguínea" demonstra melhoria no desempenho. O sucesso deste procedimento depende do fato que quando o sangue é

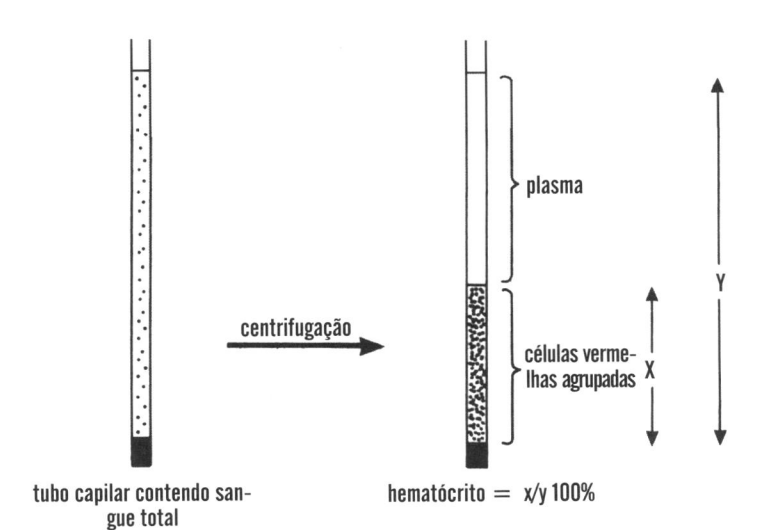

Figura 7.12 — Determinação do hematócrito. Os valores normais são 40 a 52% para homens e 36 a 48% para mulheres.

tubo capilar contendo sangue total

centrifugação

plasma

células vermelhas agrupadas

hematócrito = x/y 100%

removido do corpo, mais células vermelhas são produzidas para repor a perda. Se o sangue removido é armazenado e re-infundido depois, o conteúdo de hemoglobina pode ser aumentado em até 10%. Maiores detalhes desta manipulação ilegal, que pode aumentar por várias semanas, são apresentados no Capítulo 13. Hematócritos elevados ocorrem por longos períodos naqueles que vivem em altitudes muito altas. Mas existe um relato não comprovado de que tal hematócrito elevado pode ser prejudicial.

QUADRO 7.4 MUITO DE UMA COISA BOA?

Imagine-se na praia. Você respira e então enche seus pulmões. A quantidade de ar inspirado dependerá de sua capacidade vital – digamos que seja de 4l. Ao nível do mar, estes 4l contêm cerca de 1,1g de oxigênio (dependendo da temperatura real). Agora viaje na sua imaginação: vá ao topo do Monte Everest (8.848m acima do nível do mar). A mesma respiração profunda mal irá conter 0,5g de oxigênio. A composição do ar será a mesma, mas a pressão cairá, e com ela, proporcionalmente, a quantidade de oxigênio. O sangue que deixa os pulmões não está mais totalmente oxigenado, de modo que os tecidos podem não ser capazes de obter todo oxigênio de que precisam.

O Everest tem sido escalado sem o uso de oxigênio adicional (pela primeira vez em 8 de maio de 1978, por Peter Habeler e Reinhold Messner), mas muitas expedições têm utilizado oxigênio, apesar dos imensos problemas logísticos de transportá-lo para onde ele é necessário.

Se, na realidade, você vive na altitude elevada ao invés de visitá-la por meio da sua imaginação, mudanças reais irão ocorrer em seu sangue para compensar a menor quantidade de oxigênio. Em particular, a quantidade de hemoglobina aumenta e torna-se aparente, com um aumento no total de células vermelhas ou hematócritos. Uma variedade de acontecimentos leva a mudanças, que vão desde uma liberação em curto prazo de células adicionais do estoque no fígado e baço a ajustes genéticos ao longo de gerações. Os residentes de Aucanquilcha, nos Andes, que se encontra a 5.500m acima do nível do mar, sendo o mais alto assentamento humano permanente, no qual as pessoas possuem um conteúdo de hemoglobina de até 23g/100ml. Comparado com uma média de 15g/100ml para os residentes ao nível do mar. Sem esta adaptação, eles não poderiam trabalhar em tais altitudes. Entretanto, a maior parte dos males da montanha crônica é caracterizada pela falha do lado direito do coração. Esse é o lado que bombeia o sangue ao longo do corpo, sendo provável que o dano seja causado pela resistência aumentada do fluxo, promovida pelo seu sangue mais "espesso". Àqueles que fazem *doping* de sangue habitualmente e atletas que tomam eritropoietina (EPO, no inglês) (p.287), cuidado!

SUPERAQUECIMENTO

Durante o treinamento ou corrida, um atleta gasta uma quantidade considerável de energia química, que aparece quase toda como calor. Por exemplo, durante uma maratona, a taxa de produção de calor pode ser maior que 1kW, ou pelo menos 13 vezes maior que a de repouso. Isso seria o suficiente para aumentar a temperatura corporal interna, normalmente próxima de 37°C, a 1°C a cada 8 minutos. Em adultos saudáveis, normalmente ativos, a temperatura corporal interna raramente se eleva acima dos 38°C. Temperaturas mais altas indicam hipertermia. Mas a hipertermia moderada não é, de forma alguma, fatal. O exercício intenso pode aumentar a temperatura interna para 40°C e as temperaturas retais de até 41°C têm sido

relatadas por corredores que completaram uma corrida de 5km sem nenhum efeito aparente de problemas de saúde. Na realidade, qualquer aquecimento corporal é, provavelmente, benéfico quando tais demandas são impostas à química muscular. E as reações químicas normalmente ocorrem mais rápido à medida que a temperatura aumenta. O perigo real é que a hipertermia leva à intermação quando os mecanismos que normalmente operam para limitar o aumento na temperatura corporal falham. Uma temperatura corporal interna de 42,5°C é, geralmente, considerada fatal, a não ser se tratada dentro de minutos.

A intermação é caracterizada por irritabilidade, comportamento agressivo, desorientação, modo de andar instável e olhar vítreo. Estes sinais e sintomas não são específicos da intermação e podem, por exemplo, serem causados pela desidratação, se esta for considerada exaustão pelo calor. Na realidade, a desidratação faz parte do problema da perda de calor, uma vez que ela reduz a transpiração. Existem relatos de fatalidades, ou quase fatalidades, atribuídas à intermação. Mas o diagnóstico correto da condição é difícil. Nos Jogos do Império, no Canadá, em 1954, o corredor britânico Jim Peters sofreu um colapso nos 400m finais da maratona em um dia muito quente. Quando o ciclista britânico Tom Simpson morreu no Tour de France, em 1959, a intermação pode ter sido precipitada pelas anfetaminas (ver p.274). Alberto Salazar esteve tão próximo da morte, em agosto de 1978, após uma corrida de rua, que lhe foram administrados os últimos ritos.

Para prevenir a hipertermia, o calor produzido nos músculos deve ser expulso do corpo, e isso significa transportar o calor do interior do corpo para sua superfície – a pele. Pelo aumento do fluxo de sangue através da pele, o calor é perdido não apenas pela convecção e condução, mas também, o mais importante, como o resultado da evaporação da água. Na realidade, um litro de suor, evaporando-se totalmente, e não apenas escorrendo pelo corpo, pode remover cerca de 2.400kJ de calor, enquanto mais de 3l seriam necessários para remover todo o excesso de calor gerado na maratona. O aspecto infeliz disso é que o sangue necessário para transportar o calor para a pele e a água para as glândulas sudoríparas não serão utilizado para transportar oxigênio para os músculos. Infelizmente, o desempenho deve ser prejudicado.

É mais provável que a intermação ocorra em um dia quente e úmido, pois o ar é incapaz de acumular muito vapor de água, ocorrendo pouca evaporação. Que precauções devem ser tomadas quando o treinamento ou corrida ocorre sob tais condições? Líquidos devem ser consumidos antes e durante a corrida. Molhe o corpo com água antes da corrida, e nos eventos mais longos em cada posto de abastecimento. Molhe sua faixa de cabeça e camiseta, se você as utiliza. A evaporação destas superfícies irá carregar uma quantidade considerável de calor. Durante o treinamento intervalado, isso pode ser feito nos períodos de descanso.

O problema da hipertermia é a desidratação. Uma perda de fluido equivalente a apenas 1% da massa corporal produz uma redução perceptível na regulação da temperatura. Infelizmente, a sensação de sede no homem não é imediatamente sensível à desidratação. Não se pode, desta forma, confiar e, uma vez que ocorre desidratação, o desenrolar dos fatos pode ir de mal a pior. Portanto, o líquido deve ser consumido antes do treinamento ou competição e durante a atividade, mesmo que não se tenha sede.

Para detectar a hipertermia, é preciso sentir a pele do topo do peito: se ela começar a ficar quente e seca, o corredor deve diminuir o ritmo e obter líquido o mais rápido possível. Infelizmente, este teste não é sempre confiável. Atletas que não se sentirem bem por um período de tempo em dias quentes e úmidos devem parar de correr e procurar aconselhamento médico.

INTERFACE AMBIENTAL

21% do ar ao nosso redor é oxigênio. Mas colocá-lo dentro do corpo apresenta algumas dificuldades. Muitos organismos simples, tais como as minhocas, absorvem oxigênio pela pele. Nós não podemos utilizar este método por várias razões. Nossa demanda de oxigênio é muito maior do que a da minhoca, não apenas porque nós, e especialmente os atletas entre nós, somos mais ativos, mas também porque mantemos nossa temperatura bem acima da ambiente, o que implica em uma alta demanda de energia, mesmo em repouso; e a maioria dela é gerada por processos que utilizam oxigênio. Para obter este gás rápido o suficiente pela difusão, necessitaríamos de uma pele muito grande e fina (e, portanto, delicada). Nossa pele raramente possui $2m^2$ de área e está longe de ser delicada. Em contraste, nossos pulmões consistem de mais de $50m^2$ das membranas mais delicadas, cuidadosamente protegidas por uma caixa torácica. Além disto, esta superfície interna pode ser mantida úmida, auxiliando assim a difusão gasosa, sem perda excessiva de água pela evaporação. Os pulmões são órgãos notáveis. Sua superfície consiste de milhões de sacos finos, cada um recebendo-

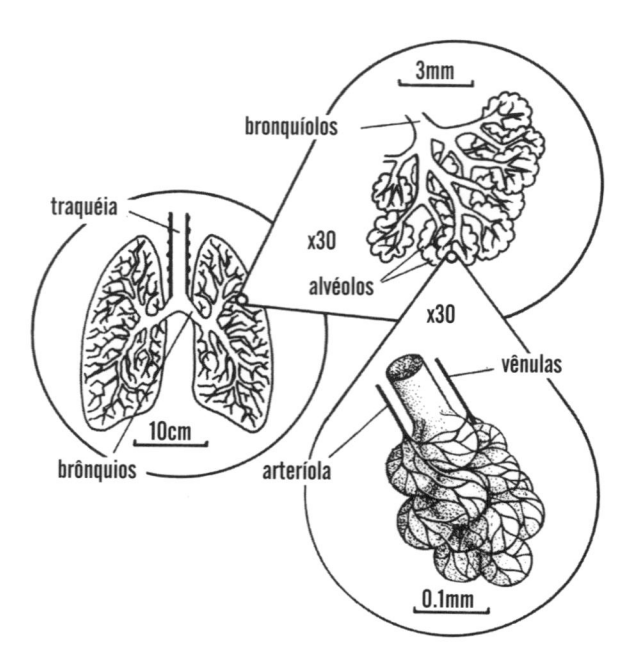

Figura 7.13 – A delicada estrutura dos pulmões.

do um ramo da principal via aérea, intimamente rodeado por um leito capilar (Figura 7.13). Mudanças no volume do tórax, em função da contração e relaxamento do músculo diafragma e dos intercostais, impulsiona o ar para dentro e para fora dos pulmões. Durante sua breve estada nos pulmões, o conteúdo de oxigênio do ar cai de 21% para cerca de 14,5%, à medida que a hemoglobina "empurra" o oxigênio para o sangue. Contrariamente, o conteúdo de dióxido de carbono de quase zero passa para 5 a 6%.

CAPACIDADE VITAL E OUTRAS

O volume máximo utilizável dos pulmões é definido como capacidade vital (Figura 7.14). Ela é medida ao se realizar a inspiração mais profunda possível e exalar completamente dentro de um aparelho para mensuração do volume gasoso. A capacidade vital depende da idade, tamanho, sexo e saúde pulmonar geral. Geralmente, ela está na faixa de 3 a 6l, e corredores de *endurance* têm probabilidade de apresentar capacidades vitais no limite superior desta faixa, parcialmente como um resultado do treinamento.

Em repouso, apenas cerca de 0,5l é inspirado e exalado numa única respiração. Isso é conhecido como volume corrente, e tipicamente ocorre cerca de 15 vezes por minuto. Este padrão rítmico de respiração parece ser gerado dentro do centro respiratório do cérebro, sendo modificado de acordo com a demanda de oxigênio como resultado da informação recebida pelos receptores nas artérias aorta e carótidas. É, de certo modo surpreendente que estes receptores sejam estimulados não por uma queda na concentração de oxigênio, mas por um aumento na concentração de dióxido de carbono, sendo este último o que causa um aumento na freqüência respiratória. Mudanças na concentração de oxigênio, por si só, têm efeito muito reduzido sobre a respiração, uma

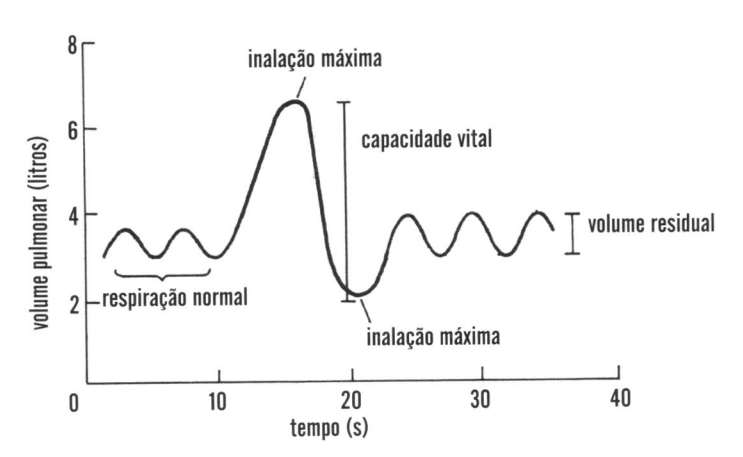

Figura 7.14 — Mudanças no volume pulmonar.

vez que uma queda na concentração sanguínea de oxigênio é normalmente associada a um aumento na concentração de dióxido de carbono. O mecanismo trabalha bem, mas pode ser tapeado. Ficar respirando o ar de um saco fechado, com a cal sodada para remover o dióxido de carbono, não estimula o centro respiratório, mesmo quando o conteúdo de oxigênio do sangue cai a níveis perigosos.

Quando o exercício assim exige, o suprimento de oxigênio é aumentado pelo aumento tanto da freqüência respiratória quanto da profundidade da respiração. O produto do volume corrente e o número de respirações por minuto fornecem o volume-minuto. O treinamento aumenta o volume-minuto máximo que pode ser obtido, de modo que volumes maiores de 120l/min podem ser alcançados por corredores de longa distância durante suas corridas. O treinamento também melhora a eficiência da troca gasosa entre o ar e o sangue por meio das membranas dos pulmões.

QUADRO 7.5 COLOCANDO UM CONTEXTO NO CONDICIONAMENTO FÍSICO

Nenhuma mensuração simples do condicionamento físico é possível, pois ele significa coisas diferentes para pessoas distintas. Para o esportista, ele significa estar em uma condição ótima para a atividade escolhida; para o executivo, sentir-se bem ao aumentar a vida ativa. Todos os testes de condicionamento físico envolvem a imposição de um estresse e avaliação da resposta. As questões deste estresse não são respondidas facilmente, mas, na prática, geralmente dependem do equipamento disponível e da confiabilidade necessária.

O condicionamento "anaeróbio" pode ser avaliado pelo registro de quanto tempo se leva para correr em velocidade máxima uma distância preestabelecida e calcular a taxa de energia gasta, como descrito na Figura 3.2 (p.59). Se um cicloergômetro encontra-se disponível, o teste de Wingate pode ser realizado, no qual o indivíduo realiza 30s de exercício supramáximo contra uma carga dependente da massa corporal (75g para cada kg de massa). A partir dos dados registrados, não apenas a potência de pico pode ser mensurada, mas também o tempo para se alcançar o pico, a potência média produzida ao longo dos 30s e a taxa de fadiga.

A avaliação do condicionamento aeróbio é de amplo interesse, pois o condicionamento está associado a benefícios de saúde. Na realidade, a avaliação do condicionamento (e sua melhoria) é atualmente um grande negócio nas academias em todo o país (Figura 7.15). O critério mais útil do condicionamento aeróbio é, sem dúvida, o VO_2máx. – a taxa máxima na qual o oxigênio pode ser utilizado. Uma vez que o ar deve ser diretamente expirado no espirômetro, que mensura a taxa de fluxo e o conteúdo de oxigênio contido nele, é essencial que o indivíduo esteja parado. À medida que a intensidade do exercício é aumentada seguindo um protocolo padrão, também o consumo de oxigênio aumenta, o que é demonstrado em um leitor digital. O objetivo é aumentar a intensidade até que não seja mais observado aumento na taxa de consumo de oxigênio – isso não é fácil com o sujeito não-treinado, para o qual o desconforto do exercício intenso freqüentemente força a retirada prematura do teste antes do VO_2máx. ter sido atingido.

Para muitos propósitos, é adequado utilizar uma forma de exercício mais acessível e predizer o VO_2máx. a partir de parâmetros prontamente mensuráveis. Um teste prévio, amplamente utilizado, é o teste do banco com suas várias formas, no qual o aumento da freqüência cardíaca é mensurado à medida que o indivíduo sobe e desce de um banco. Na versão do Queen's College, os indivíduos sobem e descem de um banco com 42cm 24 vezes por minuto (22 para as mulheres) e mensuram sua pulsação por um período de 15s entre os 5 e 20s de recuperação. Os movimentos de subida e descida são feitos em sincronia com um metronômo ajustado para 88 a 96bpm. Após multiplicar a taxa por quatro, ela é comparada com valores de uma tabela de referência (Tabela 7.1), desenvolvida a partir de estudos nos quais o desempenho de testes de banco foi comparado a meios mais vigorosos de avaliar o VO_2máx.

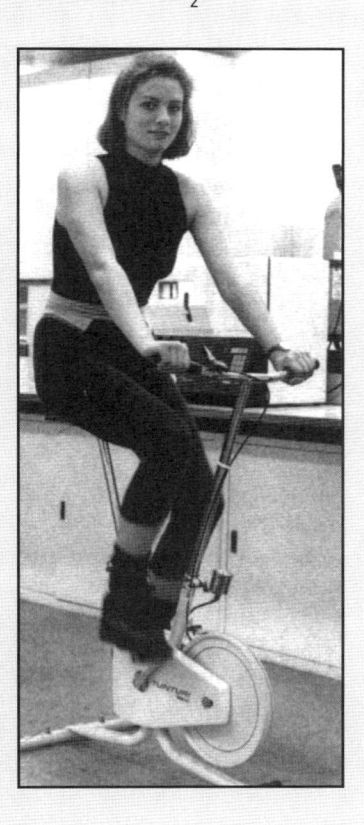

Figura 7.15

Os volumes-minuto não são difíceis de mensurar. Mas como prognosticador do potencial de *endurance* eles são limitados, pois medem quanto de oxigênio é captado pelos pulmões, ao invés de quanto é usado pelos tecidos. A maioria (cerca de 65%) do oxigênio que entra nos pulmões também o deixa no ar exalado.

O consumo máximo de oxigênio (VO_2máx) – a taxa máxima na qual o oxigênio é utilizado pelo corpo (Figura 7.16) – tem significância mais direta para os atle-tas. A capacidade aeróbia é usualmente expressada em relação à massa corporal. Um corredor de *endurance* de elite pode bem possuir uma capacidade aeróbia de cerca de 80ml/kg por minuto, enquanto um valor médio para um homem seria de cerca de 45ml/kg por minuto. Uma corredora de elite poderia apresentar um VO_2máx. de 65 a 70ml/kg por minuto. Valores excepcionalmente altos para o VO_2máx., acima de 90ml/kg por minuto, têm sido registrados para alguns esquiadores, *cross-country* e

TABELA 7.1 RELAÇÃO ENTRE A PERFORMANCE DO TESTE DO DEGRAU E VO_2máx.		
	VO_2MÁX. (ml/kg POR MINUTO)	
FREQÜÊNCIA CARDÍACA	HOMENS	MULHERES
120	60,9	–
124	59,3	–
128	57,6	42,4
132	55,9	41,4
136	54,2	40,7
140	52,5	40,0
144	50,9	39,2
148	49,2	38,5
150	48,3	38,1
152	47,5	37,7
154	46,7	37,4
156	45,8	37,0
158	45,0	36,6
160	44,1	36,3
162	43,3	35,9
164	42,5	35,5
166	41,6	35,1
168	40,8	34,8
170	39,9	34,4
172	39,1	34,0
176	37,4	33,3
180	35,7	32,6
184	34,1	31,8
188	–	31,1
192	–	30,3
196	–	29,6

Estatisticamente, existe 95% de probabilidade do VO_2máx. predito estar dentro do valor verdadeiro e de 16% (McArdle, Katch e Katch, 1991).

ciclistas de estrada. O VO_2máx. pode ser aumentado pelo treinamento, normalmente em cerca de 25%.

Os atletas e seus treinadores têm pesquisado por muito tempo um fator simples de ser mensurado, para fornecer um índice do desempenho esportivo que poderia ser utilizado para selecionar atletas de elite potenciais ou monitorar o progresso do treinamento. O melhor atleta de *endurance* não é, necessariamente aquele com o VO_2máx. mais alto, ainda que isso ajude. Um indicador um pouco melhor é fornecido pela combinação de fatores do limiar anaeróbio – a porcentagem do VO_2máx., na qual a concentração de lactato plasmático aumenta dramaticamente (p.105). Novamente, o treinamento irá elevar este valor, e um alto valor de limiar anaeróbio (por exemplo, 90%) é uma excelente notícia para o atleta de *endurance*. Combine isso com a men-

suração da elasticidade do tendão de Aquiles (p.66) – que é mais difícil de se fazer –, uma avaliação do componente psicológico (Capítulo 10) e uma capacidade de selecionar e comer uma dieta adequada (Capítulo 11), e você pode adquirir um índice potencial de desempenho esportivo!

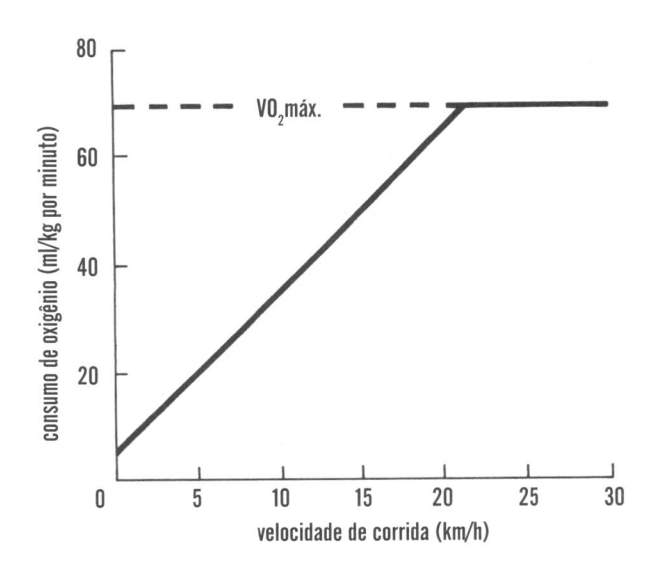

Figura 7.16 – Capacidade aeróbia.

8

A MULHER CORREDORA

Esportes para mulheres são todos contra a lei da natureza.
Pierre de Coubertain (fundador dos Jogos Olímpicos Modernos, 1902)

Tradicionalmente, o esporte tem sido a prerrogativa de homens e servido como um laboratório para a socialização de garotos dentro da sociedade do homem. Ao mesmo tempo, a conduta e demanda física do esporte extenuoso e competitivo têm sido a antítese do que a feminilidade supostamente representa. O medo real da sociedade tem sido de que a participação de mulheres em tais atividades seria a masculinização de sua conduta. A idéia geral tem sido de que as mulheres que acharam tais experiências gratificantes não são totalmente "normais", que deve haver algo de errado com suas glândulas, e que elas colocaram um "capuz" em sua feminilidade para tal participação.
Dorothy V. Harris e Susan E. Jannings (1976)

Contudo, a sociedade ainda reforça o valor da atividade física para os homens e somente tolera os esportes para mulheres. O exercício, para os homens, é supostamente bom, fazendo-os mais fortes, mais competitivos e mais másculos. Para mulheres, os médicos do final do século vêem que o esporte perde a força vital, cansando os corpos femininos e cultivando traços impróprios para "a verdadeira mulher" que ainda persiste.
Jerilyne C. Prior (1990)

A visão de que a participação feminina nos esportes, em geral, é anormal, no atletismo em particular, persiste mesmo com o fato das mulheres estarem não muito longe de satisfazer e contemplar com respeito a façanha dos homens, mas elas têm se tornado capazes, competentes e entusiásticas competidoras em suas próprias marcas. Dos 23.000 corredores que completaram a Maratona de Londres, em 1991, 3.000 eram mulheres. Embora isso ainda seja um pequeno passo de eqüidade em número, ele representa uma façanha considerável nos meros 21 anos, desde quando as mulheres, oficialmente, têm permissão para correr maratonas. A revisão de Nina Kuscsik da batalha para aceitação de mulheres em competições atléticas produziu algumas das práticas destas façanhas.

TRANSFORMANDO EM UM ATO

Os Jogos Olímpicos modernos eram planejados por homens e para homens; em 1896, nada mais teria sido tão chocante. Todavia uma mulher fez, e reivindicou: correu extra oficialmente com 25 competidores homens naquela primeira maratona. Melpômene terminou os 40km (a distância padrão é de 42.195m, mas não era fixada até 1924) em cerca de 4h30. Embora as mulheres fossem capazes de completar os eventos Olímpicos, como tênis e natação, apenas nos jogos Olímpicos de Amsterdã, em 1928, que 3 eventos de pista de 100m, 800m e revezamento de 4x100m foram abertos para mulheres, juntamente com o lançamento de disco e salto em altura. Como ocorreu, este primeiro evento Olímpico de 800m para mulheres foi impedido de continuar por muitos anos, desde que algumas das participantes daquela corrida desmoronaram. Embora o fracasso provavelmente fosse o resultado de uma preparação inadequada (elas teriam feito preparação semelhante à de atletas homens), elas inevitavelmente receberam mais publicidade que o vencedor Lina Radke, da Alemanha, que completou a prova em 2min16s8, e providenciaram suporte para a visão de que as mulheres não teriam permissão para competir de tais eventos. De fato, o evento de 800m para mulheres não foi reinstalado até os jogos Olímpicos de 1960.

Os anos 60 trouxeram um aumento questionável para as mulheres da sociedade em geral. E a realização de corridas de longa distância não prejudicou a elas, em comparação aos homens. Já que tal realização não foi aceita pelas federações oficiais, a década foi de participações "não oficiais" femininas, particularmente na maratona.

Em dezembro de 1963, duas mulheres da Califórnia, Lyn Carman e Merry Lepper, esconderam-se para o início da Maratona do Hemisfério Oeste, na Cidade de Culver, Califórnia e "pularam dentro" da corrida quando ela começou. Oficiais irados falharam ao impedi-las de completar a prova, e Lepper terminou em 3h37min7. Em 1964, uma mulher escocesa, Dale Greig, estabeleceu, não oficialmente, a melhor marca do mundo, de 3h27min45, e foi a primeira mulher a quebrar a barreira de 3h30. Durante esta prova, uma ambulância a seguiu por todo o caminho. Roberta Gibb Bingay "pulou" no início da Maratona de Boston, em 1966, e completou a prova em 3h21, à frente de dois terços dos outros corredores do sexo masculino. E isso tornou-se uma novidade através dos EUA. Os homens aparentemente prejudicados estavam nos comentários do diretor da corrida: "Roberta Gibb Bingay não correu na Maratona de Boston, ela meramente percorreu a mesma rota da corrida oficial enquanto ela estava acontecendo". Em 1967, Katheine Switzer correu na Maratona de Boston sem indicar seu sexo. Ela assumiu ser homem e fez a prova usando um capuz. Quando o capuz foi removido, revelando seu sexo, o diretor da prova correu atrás dela. Mas não foi capaz de pegá-la!

O número de participantes mulheres não-oficiais em maratonas começa a crescer dramaticamente. Finalmente, em outubro de 1970, o Clube da América "Corredores de Estrada" (CECA) organizou a primeira maratona para mulheres dos EUA: o Campeonato Nacional de Maratona para Mulheres. Seis mulheres largaram e quatro terminaram. Sara Beman foi a mais rápida. Duas mulheres completaram a Maratona de Cidade de Nova York, em setembro de 1971, em menos de 3 horas: Beth Banner, em 2h55min22, e Nina Kuscsik, em 2h56min4. Em dezembro de 1971, na cidade de Culver, Cheryl Badges baixou a melhor marca mundial para 2h49min40.

Em abril de 1972, as mulheres foram autorizadas a participar da Maratona de Boston. Em outubro de 1973, a Alemanha Ocidental fez a sua primeira maratona nacional para mulheres, e também a primeira maratona Internacional para mulheres, em Waldniel, em 22 de setembro de 1974. Em 1979, Grete Waitz quebrou a marca de 2h30 e Joan Benait, dos EUA, ganhou a primeira maratona Olímpica para mulheres em Los Angeles, em 1984, em 2h24min52. O atual melhor tempo mundial é mantido por Norway's Ingrid Kristiansen: 2h21min6, na Maratona de Londres, em 1985.

CORRIDA PARA TODOS

Enquanto nos últimos 20 anos têm-se visto o tempo das mulheres, para todos os eventos, melhorarem drasticamente, trazendo-as para bem mais próximo dos melhores tempos masculinos nas várias distâncias (Tabela 8.1). Também se viu um grande aumento no número de mulheres participando de corridas em todos os níveis. Para a maioria, o tempo pessoal era muito mais importante do que o recorde mundial. Nas muitas centenas de eventos de maratona anuais nos EUA, Inglaterra e outras partes do mundo haverá *jogging*, tanto quanto corredores de elite. Na Inglaterra, explosões de clubes para mulheres corredoras, muitas vezes altamente motivadas e treinadas, estão ajudando a aumentar o padrão das corredoras através do mundo e, em tese, corredoras de elite do futuro surgirão.

Se a velocidade, ou a falta dela, não for a maior barreira para a participação, então também não é a idade. Não é incomum observar-se vários grupos de mulheres com mais de 50 anos fazendo parte de alguma prova, e talvez um ou dois grupos de 60 ou 70 anos. À medida que o grupo de mulheres de meia-idade vai crescendo, haverá muito mais idosas participando de corridas.

Esta mudança da corrida, de um esporte elitista para um esporte de todos, aconteceu menos rapidamente na Inglater-

TABELA 8.1 RECORDES MUNDIAIS (h:min.s) DE HOMENS E MULHERES, EM EVENTOS DE PISTA E NA MARATONA, EM 1960 E 1990

EVENTOS	1960			1990		
	HOMENS	MULHERES	MULHERES COMO % DOS HOMENS	HOMENS	MULHERES	MULHERES COMO % DOS HOMENS
100m	10,0	11,3	88	9,92	10,49	95
200m	20,5	22,9	89	19,72	21,34	92
400m	44,9	53,0	85	43,29	47,60	91
800m	1:45,7	2:04,3	85	1:41,73	1:53,28	90
1.500m	3:35,6	4:25,0	81	3:29,46	3:52,47	90
3.000m[a]	7:35,2	8:46,6	86	7:29,45	8:22,62	89
5.000m[a]	13:13,0	15:48,5	84	12:58,39	14:37,33	89
10.000m[a]	27:30,80	34:01,4	81	27:08,23	30:13,74	90
MARATONA	2:15,16	3:40,22	61	2:06,50	2:21,06	88

[a]Depois de 1960 para as mulheres.

ra e Europa do que nos EUA, onde a maioria dos lugares quase iguala o número de atletas homens e mulheres.

A competição não é tudo. Muitas mulheres têm transformado a corrida e outros esportes de duração (isto é, corrida de obstáculo, ciclismo, natação, triatlo, biatlo, orientação) em uma mudança pessoal, e os benefícios da corrida incluem:

• Melhoramento do ânimo (disposição).
• Sensação de bem-estar.
• Melhor capacidade de controlar o peso do corpo.

MULHERES: UM GRUPO À PARTE

Há variação entre todos os indivíduos e, por isso, podemos dizer que uma corrida de igual para igual nunca foi realizada. Al-

guns competidores iniciam com melhores capacidades inatas, alguns com melhores treinamentos, outros com melhores estoques de energia e, ainda, mais alguns com melhores tênis e roupas. Separar todas estas variáveis seria impossível. Mas, para alcançar o grau de igualdade, competidores são separados dentro de diferentes classes, de acordo com a idade, por exemplo. Então, corredores juniores correm contra juniores e veteranos contra veteranos. Igualmente, mulheres correm contra mulheres e homens contra homens.

Por causa das diferenças anatômicas e fisiológicas, mulheres não podem alcançar a mesma potência de um homem (assumindo que fatores como "capacidade natural", treinamento e dieta sejam iguais). Se mulheres conseguem alcançar o mesmo, ou melhores, tempo que os homens, elas teriam feito isso com o treinamento e trabalho mais intenso que o deles. As principais diferenças entre homens e mulheres que afetam o desempenho atlético são as fisiológicas (ver Capítulo 7) e incluem o seguinte:

- Débito cardíaco é, aproximadamente, 10% menor em uma mulher do que em um homem de mesmo peso corporal, devido a um menor volume cardíaco.
- O volume sanguíneo é, aproximadamente, 20% menor nas mulheres para o mesmo peso corporal.
- Para o mesmo volume sanguíneo, mulheres têm, aproximadamente, 10% menos de hemoglobina.
- A pélvis de uma mulher diminui a eficiência mecânica por um aumento do ângulo do osso do quadril para manter os joelhos mais próximos um do outro.
- Para um mesmo peso corporal, a média das mulheres possui 10% mais gordura do que a média masculina, que aumenta a sobrecarga a ser transportada.
- A capacidade vital (p.151) de uma mulher é, aproximadamente, 10% da de um homem.
- O tendão de Aquiles, importante na impulsão durante a corrida, é mais curto na mulher.
- O ciclo menstrual provoca estresse fisiológico e psicológico no corpo e na mente da mulher, o que pode diminuir o desempenho atlético em algumas atletas.

A sugestão de que as mulheres têm uma capacidade maior de oxidar ácidos graxos, que podem então dar a elas uma vantagem em eventos de *endurance* prolongados, não tem sido contestada. A pesquisa não indicou diferenças entre a capacidade de atletas mulheres e homens, treinados, para oxidar ácidos graxos, mas a capacidade poderia ser mais alta no músculo da mulher não-treinada que no do homens não-treinados.

Então, como as mulheres estão fazendo? Nenhum dos recordes mundiais femininos as qualificaria para competir nas corridas dos homens, nos jogos Olímpicos de 1992. Contudo, mulheres estão melhorando muito mais rápido do que os homens. Por isso, o espaço entre eles está se aproximando (Tabela 8.1). Se este índice de melhora for mantido, haverá um tempo onde a melhor mulher alcançará o melhor homem (Figura 8.1). A natureza da melhora em recordes tanto de mulheres quanto de homens tem encorajado a predição de que isso poderia ocorrer aproximadamente no ano de 2035 para a maioria dos eventos – e muito mais brevemente nas maratonas. Mas será que este índice de melhora rápida das mulheres será mantido? Devido às diferenças atuais, isso parece improvável. A melhora rápida pode ser explicada pelo fato das mulheres entrarem no mundo dos atletas competitivos relativamente tarde, por isso os benefícios do treinamento intervalado, o pico de treinamento, a preparação psicológica e a nutrição adequada terem sido colocados num curto período de tempo.

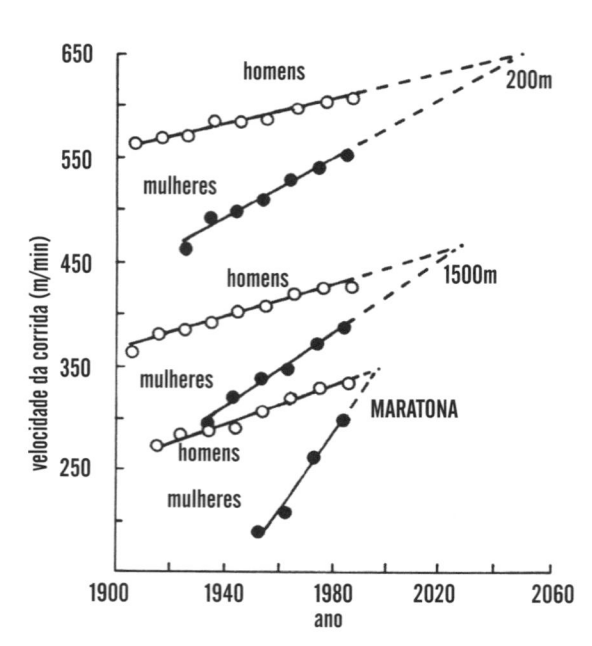

Figura 8.1 – O gráfico extrapola as mudanças dos recordes para homens e mulheres e pode ser necessário para predizer quando eles atingirão estas marcas. Estas pesquisas assumem que as mudanças lineares dos tempos recordes são dos maiores tempos da história. Notavelmente, estas marcas parecem ter sido ao acaso. (Whipp e Ward, 1992).

QUADRO 8.1 ELA É UMA MULHER?

Se a classe principal de atletas masculinos participasse de um evento feminino, eles provavelmente venceriam – o que não seria justo. Na maioria das vezes, não existe dúvida quanto ao sexo de um competidor. Mas há sempre a possibilidade de uma decepção deliberada ou um atleta em desenvolvimento sexual ambíguo.

Nos Jogos Olímpicos de 1932, em Los Angeles, Stella Walsh (Née Walasiewicz), da Polônia, ganhou a medalha de ouro no evento de 100m para mulheres. Alguns anos mais tarde, ela foi morta em uma briga de gangue, em um tiroteio, nos Estados Unidos, e a autópsia revelou que ela era, de fato, um homem. Nos Jogos Olímpicos de Berlim, em 1936, Dora Ratjen, da Alemanha, foi quarta colocada no salto em altura. Porém, mais tarde, comprovou-se que ela era homem. Testes sexuais foram, portanto, introduzidos para todas as atletas. Quem participa dos principais jogos internacionais deve apresentar um certificado confirmando o seu sexo. Talvez por volta do ano 2010 (Figura 8.1), homens corredores de maratona serão obrigados a apresentar um certificado confirmando seu sexo!

O problema do sexo em atletas foi levado em conta pelo Comitê Olímpico Internacional (COI), em 1964, em Tóquio e uma comissão médica foi instalada. Desde que as diferenças mais óbvias entre homens e mulheres fossem anatômicas, as mulheres participantes tinham inspeções no campeonato europeu, em Budapeste, em 1966. A genitália de competidoras foi inspecionada por uma equipe médica. Nos jogos da comunidade Britânica, em Kingston, Jamaica, em 1966, mulheres participantes passaram por em exame físico, feito por médicos. Não surpreendentemente, havia considerável oposição para testes deste modo, os quais foram considerados cruéis, degradante e sempre muito assustador para as competidoras. O fato é que estes testes foram exigidos durante eventos maiores, acarretando maior estresse nas participantes. A necessidade destes testes naquela época era, contudo, confirmado pelo fato de que algumas competidoras dos países do bloco leste saíram do campeonato europeu em Budapeste no último momento!

Em 1968, um teste genético, conhecido como o teste de sexo por meio de uma amostra de células da boca, foi introduzido pela comissão médica do Comitê Olímpico Internacional. Dos 46 cromossomos que contêm as informações inerentes em cada célula humana, somente duas são envolvidas na determinação do sexo. Em fêmeas, estes dois cromossomos são idênticos e conhecidos como cromossomos X. Em machos, há um cromossomo X único mais um pequeno cromossomo Y. Somente um cromossomo X é atualmente usado na célula, de modo que as fêmeas podem ser consideradas como possuidoras do cromossomo X *spare* sobressalente, que se torna reduzido em uma pequena gota de material genético, só incidindo no núcleo, onde é conhecido como o corpúsculo de Barr (Figura 8.2.). Se no exame microscópico de pedaços de células da bochecha do competidor for revelada a existência do corpúsculo de Barr, serão de mulher; caso contrário, serão de homens.

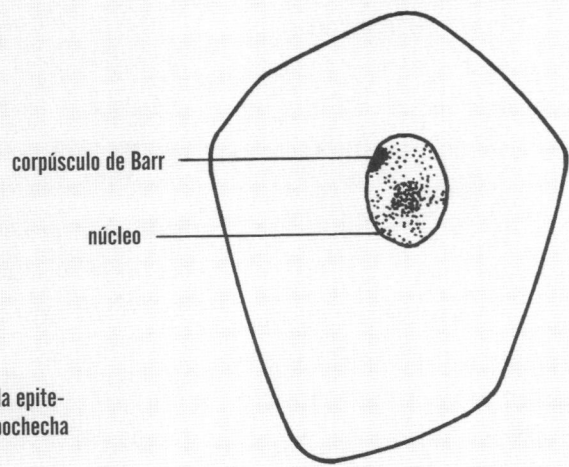

corpúsculo de Barr

núcleo

Figura 8.2 – Célula epitelial de dentro da bochecha de uma mulher.

Entre 1972 e 1984, aproximadamente, uma competidora dos 400m foi excluída de um evento internacional após um teste de mucosa bucal. Nos Jogos Olímpicos de Los Angeles, em 1984, apenas seis casos ocorreram. Não é provável que estes atletas tenham entrado fraudados na competição. A maior parte, senão todos, sofreu de alguma condição, onde o desenvolvimento sexual normal foi prejudicado, tal como a Síndrome Feminilizante Testicular. Indivíduos com estas condições são geneticamente homens (e por isso o teste de sexo falha), mas a falta de proteína codificada para o cromossomo Y previne o desenvolvimento de organismos femininos. Hoje é possível detectar em testes a presença do gene no cromossomo Y que codifica esta proteína, além de promover uma alternativa *high-tech*, que significa verificação do sexo.

Alguns especialistas acreditam que todos estes testes são incorretos e podem apresentar falso negativo. O enorme problema psicológico experimentado pelo atleta que "falha" nestes testes é tal que a maioria procura o anonimato e desaparece rapidamente do cenário atlético. Verificação sexual é, deste modo, um pesadelo que, em 1992, o conselho da Federação Internacional de Esportes Amador decidiu jogar fora todas as formas de teste de sexo para atletas. Se o COI seguirá este exemplo, aindá esta em discussão.

ENTENDENDO O CICLO MENSTRUAL

O ciclo menstrual é um aspecto central próprio da condição feminina. Seu aparecimento na menarca distingue a mulher da menina. O fato do exercício intenso poder atrasar a menarca, afetar a intensidade de um período, ou mesmo abolir o ciclo como um todo, levou prontamente à conclusão de que tal tipo de exercício é ruim para a mulher, devendo ser evitado. Uma visão mais moderna, entretanto, é que estas mudanças são temporárias, reversíveis e adaptações normais ao exercício severo, e também desaparecem assim que a intensidade do exercício diminui.

Para entender as mudanças que ocorrem durante o ciclo menstrual, e a sua relação com o exercício, é necessário conhecer alguns aspectos bioquímicos e fisiológicos do sistema reprodutor feminino. Ainda que tal conhecimento não possa prevenir as mudanças no ciclo menstrual, ele pode ajudar a fornecer confiança para que a atleta aceite que algumas mudanças são perfeitamente normais para mulheres muito ativas.

Durante o período reprodutivo, uma mulher produz um único óvulo a cada 28 dias, aproximadamente. Se o encontro sexual ocorrer nos próximos dias que se seguem, é possível que a fertilização ocorra, mas a gravidez só se seguirá se o óvulo fertilizado for implantado com sucesso no útero da mulher (Figura 8.3). Para isso, a parede uterina deve ser reposta a cada mês, garantindo que ela esteja apropriadamente receptiva no tempo adequado. Esta reposição envolve uma perda mensal de sangue – as menstruações –, seguida por uma intensa fase de reparação. O tempo é crucial. Em função da regeneração, a parede deve estar pronta para o próximo óvulo, se ele for fertilizado. Isso ocorre em função da atuação conjunta de quatro hormônios (Figura 8.4). Os hormônios são mensageiros químicos, liberados por um órgão, e transportados no sangue para um órgão alvo, ao qual afetam. Neste caso, dois hormônios – o luteinizante (LH, no inglês) e o folículo estimulante (FSH, em inglês) – são liberados pela hipófise, uma pequena glândula bem abaixo do cérebro, fortemente influenciada pelo hipotálamo, que se encontra próximo. Estes hormônios, que juntos são conhecidos como gonadotrofinas, controlam o desenvolvimento e liberam o óvulo do ovário e a secreção de dois hormônios sexuais femininos – estrógeno e progesterona – pelos mesmos. Este último

mo par de hormônios sexuais são esteróides, quimicamente similares ao hormônio sexual masculino testosterona (e os esteróides anabolizantes utilizados abusivamente pelos atletas), mas crucialmente diferente em seus efeitos (Figura 8.5). Os hormônios esteróides controlam a reposição da parede uterina e exercem efeitos de retroalimentação sobre a hipófise para controlar as secreções das gonadotrofinas e, assim, manter a ocorrência do ciclo numa freqüência apropriada de uma vez por mês.

No momento de seu nascimento, cada um dos dois ovários da mulher contém cerca de um milhão de óvulos, cada um circundado um conjunto de células que formam o folículo. No começo de cada ciclo, vários destes folículos aumentam de tamanho, formando uma cavidade cheia de fluido ao redor do óvulo (Figura 8.6). Mas, lá pelo sexto dia, um folículo começa a crescer mais rapidamente, deixando os outros murcharem. Este folículo "vencedor", normalmente produzido em ovários alternados a cada mês, desenvolve-se em um folículo

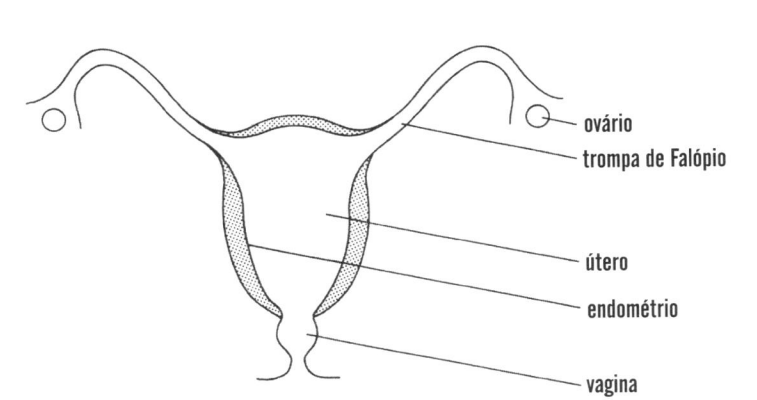

ovário

trompa de Falópio

útero

endométrio

vagina

Figura 8.3 – Sistema reprodutor feminino.

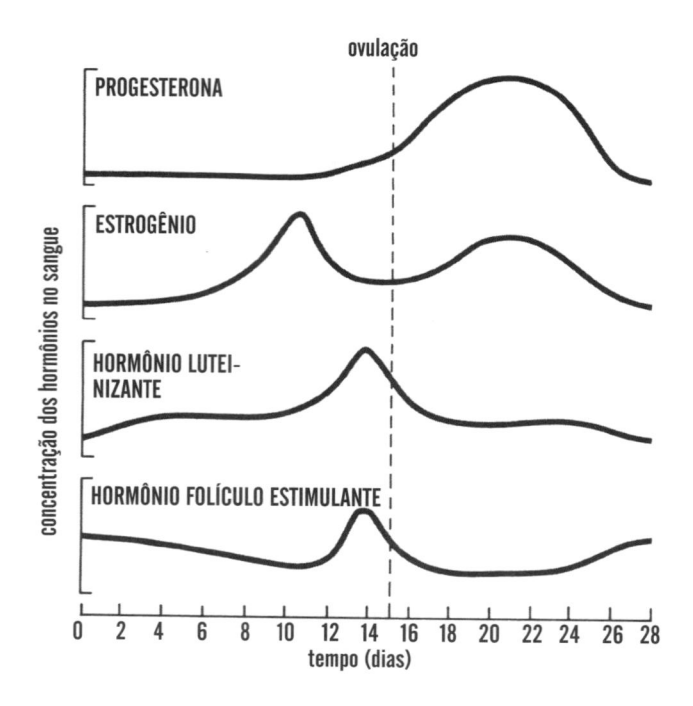

Figura 8.4 – Mudanças nas concentrações dos hormônios na corrente sanguínea durante o ciclo menstrual.

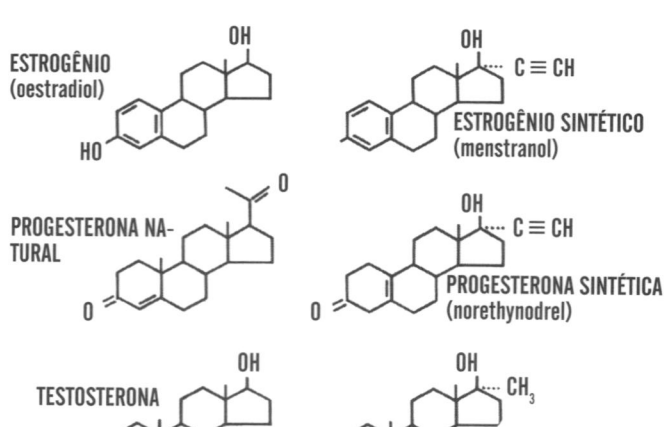

Figura 8.5 – Parte da família dos esteróides. A química usa os diagramas para mostrar as ligações dos átomos dentro das moléculas. Pequenas diferenças químicas alteram as propriedades de modo sutil. Por exemplo, os hormônios sexuais sintéticos são inativados e excretados do corpo muito mais rapidamente que seu semelhante natural.

de Graafian. O desenvolvimento deste folículo é iniciado pelo aumento do FSH durante os primeiros dias do ciclo menstrual e, à medida que o 14º se aproxima, aumentos na circulação das concentrações tanto de LH quanto de FSH resultam na ovulação – a ejeção do óvulo pelo ovário. O óvulo é apanhado pelo movimento gentil das franjas da parte final, em forma de funil, das trompas de Falópio e começa a jornada de

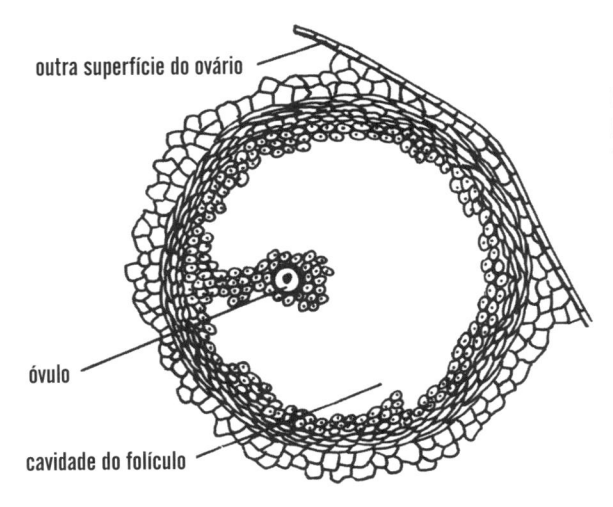

outra superfície do ovário

óvulo

cavidade do folículo

Figura 8.6 – O óvulo é liberado do ovário pelo folículo de Graafian.

uma semana em direção ao útero, impulsionado pela movimentação dos cílios na parede da trompa. É durante esta jornada que a fertilização ocorre, seguida pelas primeiras séries de divisão celular para formar o blastocisto – conjunto de células que se implanta na parede do útero para continuar seu desenvolvimento em embrião.

Durante o desenvolvimento do folículo de Graafian, suas células tem que secretar estrógeno, sendo esse o hormônio esteróide que exerce um maior papel em desencadear um aumento nas gonadotrofinas, o que resulta na ovulação. Imediatamente após a ovulação, as células deste folículo se multiplicam rapidamente e desenvolvem-se em um corpo lúteo que secreta grandes quantidades de um segundo hormônio esteróide: a progesterona. É isso que causa a redução na liberação de gonadotrofina pela hipófise (Figura 8.4). A não ser que a fertilização tenha ocorrido, o corpo lúteo começa a degenerar por volta do 24º dia do ciclo, de modo que os hormônios esteróides não sejam mais produzidos e sua taxa de secreção diminuia. A queda resultante em sua concentração no sangue provoca a menstruação, e permite que o ciclo se reinicie. Entretanto, se a fertilização ocorrer, o corpo lúteo não se degenera, mas continua a produzir e secretar progesterona e estrógeno, mantendo altas as concentrações destes hormônios no sangue e, assim, prevenindo tanto a menstruação como o início de um novo ciclo.

A parede do útero – o endométrio – possui um rico suprimento sanguíneo que permite a nutrição do bebê, se a fertilização ocorrer. Se não houver fertilização, o endométrio é reposto, e isso resulta no fluxo menstrual. A queda nas concentrações de estrógeno e progesterona no sangue, à medida que o corpo lúteo se degenera, provoca aumentos e diminuições alternados no fluxo sanguíneo pelo endométrio. Gradualmente, a diminuição predomina, as células do endométrio ficam privadas de oxigênio e morrem. Esta lesão atrai células brancas do sangue – as células caçadoras –, que liberam uma enzima para quebrar as proteínas que mantém as células juntas. O tecido se quebra e é perdido no fluxo menstrual, junto com o sangue liberado dos capilares danificados. Este sangue forma cerca de 50 a 75% do fluxo menstrual.

Durante a metade do ciclo menstrual, os estrógenos estimulam as células epiteliais a se multiplicarem, promovendo o desenvolvimento aumentado dos capilares que trazem oxigênio e nutrientes para o endométrio recentemente desenvolvido. As glândulas uterinas também se desenvolvem para secretar fluido no útero, garantindo condições ideais para a sobrevivência do esperma e a implantação do blastocisto, devido à fertilização que deve ocorrer no próximo ciclo.

O ESPORTE E O CICLO MENSTRUAL

O treinamento regular e intenso pode afetar o ciclo menstrual de várias formas, nenhuma inerentemente prejudicial, e, em alguns casos, bastante benéficas. Assim como muitos fenômenos fisiológicos, existe uma variação considerável entre os indivíduos.

- *Ocorrência tardia da menstruação*. A menarca (ocorrência da menstruação) atualmente ocorre na garota ocidental quando ela tem cerca de 12 anos de idade. E esportes onde a iniciação precoce é possível, e até mesmo encorajada, tais como ginástica olímpica e natação, e em praticantes jovens de balé, a menarca é freqüentemente atrasada. Não há evidências de que haja qualquer efeito prejudicial na vida reprodutiva subseqüente da mulher.

- *Encurtamento do ciclo*. O ciclo menstrual pode ser dividido em quatro fases (Figura 8.7): a fase da menstruação, a fase folicular, a fase ovulatória e a fase lútea. Os exercícios intensivos, incluindo as longas quilometragens e o pico de treinamento em pista, podem reduzir o comprimento da fase lútea em até 3 ou 4 dias e assim, de modo correspondente, o tempo entre os períodos. A causa deste efeito não é conhecida, mas está relacionada, provavelmente, com o padrão de secreção dos hormônios da hipófise (LH e FSH).

- *Redução da dor menstrual*. Muito do período de dor e desconforto experimentado pelas mulheres é causado pelas prostaglandinas – hormônios internos que aumentam sua concentração à medida que as concentrações de estrógeno e progesterona caem durante a fase lútea. O efeito desta diminuição nas concentrações dos hormônios sobre os níveis de prostaglandinas no útero pode ser menor após o exercício, mas o mecanismo é desconhecido.

Figura 8.7 – O ciclo menstrual. Na realidade, a duração e as fases, especialmente a fase lútea, pode ter muita variação.

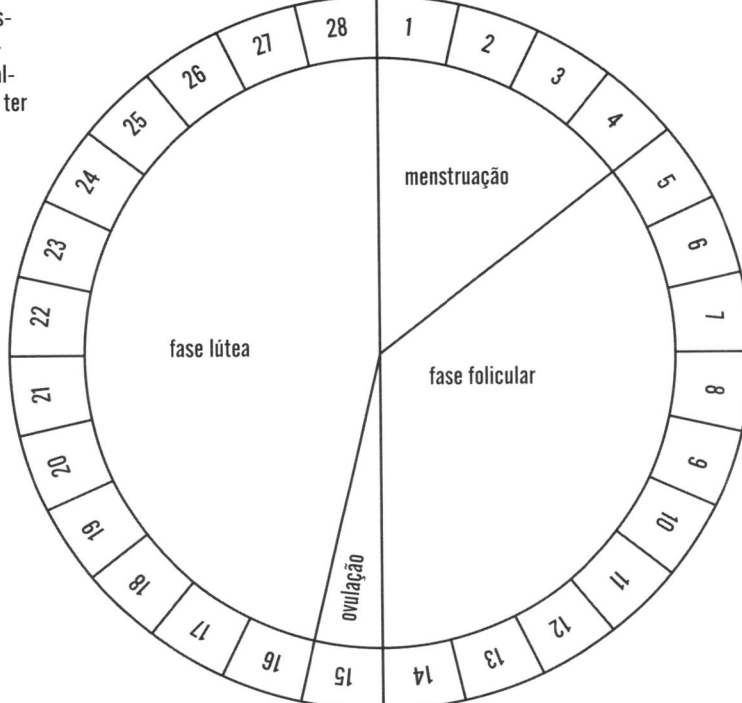

• *Redução do estresse pré-menstrual*. A queda pré-menstrual das concentrações destes hormônios esteróides também provoca, em algumas mulheres, um conjunto de respostas, incluindo irritabilidade, depressão, sensibilidade dos seios, retenção de fluido e diminuição de apetite, conhecido como estresse menstrual ou tensão pré-menstrual (TPM). É tentador especular que o aumento na concentração do hormônio sexual masculino – testosterona – que ocorre após o exercício é o responsável. A testosterona é secretada pelas glândulas adrenais na mulher, e alguns dos efeitos do treinamento podem ser devido a este hormônio. Entretanto, concentrações elevadas podem interferir em algumas ações dos hormônios sexuais femininos, possivelmente levando a distúrbios no ciclo e, neste caso, menos estresse pré-menstrual.

• *Falha em ovular*. Se os ciclos normais de mudanças nas concentrações hormonais são grandes, a ovulação pode não ocorrer. Isso por si só não é prejudicial (a não ser que a mulher esteja tentando engravidar), mas pode ser um primeiro indicativo de *supertreinamento* (ver Capítulo 12) – uma possibilidade que deve ser seriamente considerada.

• *Falha em menstruar*. Oligomenorréia (períodos não freqüentes) e amenorréia (ausência de períodos por seis meses consecutivos) são os efeitos mais dramáticos do exercício extenuante, praticado regularmente sobre o ciclo menstrual. Entre corredoras competitivas, a prevalência é elevada, chegando a até 50%. A causa precisa destas mudanças não é conhecida. Mas é improvável que o treinamento seja o único problema. Uma dieta com pouquíssimo carboidrato, o estresse emocional ou uma infecção viral são, freqüentemente, fatores contribuintes. Ainda que a amenorréia não seja, por si só, uma condição séria, a diminuição associada das concentrações de estrógeno no sangue pode reduzir a deposição de fosfato de cálcio nos ossos. Esta osteoporose enfraquece o osso e leva a um maior risco de lesão óssea – tanto estresse quanto fraturas completas são mais comuns em atletas do sexo feminino em comparação aos do sexo masculino. Na realidade, existe atualmente uma séria preocupação de que as atletas possam falhar em depositar o suficiente de fosfato de cálcio em seus ossos neste estágio crítico de seus desenvolvimentos. Uma vez que o fosfato de cálcio é perdido a partir do osso normalmente na mulher madura e, especialmente, após a menopausa, esta osteoporose pode, portanto, tornar-se um sério problema, ou durante a meia idade, se a densidade óssea já for baixa em adolescentes e no início da casa dos vinte anos. Este problema pode ser exacerbado nas corredoras que também sofrem de um distúrbio alimentar (anorexia

ou bulimia – ver abaixo). Tem sido relatado que algumas atletas na América do Norte possuem densidades ósseas em suas colunas tão baixas quanto a de mulheres nas casas dos setenta ou oitenta anos. A suplementação com cálcio, ou mesmo a reposição hormonal, como prescrito por um médico, pode ser necessária. Isso enfatiza que atletas, treinadores e médicos devem estar atentos para os problemas causados pela interferência no ciclo – qualquer que seja a causa.

Então, se os esportes afetam o ciclo menstrual, o ciclo afeta as atletas? Considerando as mudanças fisiológicas envolvidas, seria de se surpreender se esse não fosse o caso. Entretanto, os estudos científicos não fornecem uma reposta consistente, alguns indicam um desempenho melhor antes da menstruação (fase lútea), alguns após esta fase e outros não demonstram diferença. Na realidade, das 107 mulheres campeãs olímpicas, em vários esportes, entrevistadas por Ingman, em 1953, apenas 39 afirmaram que seu desempenho era afetado durante a menstruação e duas que ele era aumentado.

Nosso conhecimento das mudanças que ocorrem durante o ciclo menstrual sugere que o desempenho deve ser ideal imediatamente antes ou logo após o dia da ovulação. Durante o pico de treinamento, os ossos, músculos, tendões e articulações estão sujeitos a um estresse intenso. Mudanças nas concentrações hormonais parecem afetar estes tecidos, existindo evidência de um número aumentado de lesões nas atletas durante o período menstrual. Isso sugere que o treinamento intervalado intenso e de "qualidade" é melhor se evitado na fase de menstruação do ciclo e, se possível, no par de dias que precedem este período.

Entretanto, outra estratégia está disponível. Pelo uso de pílulas anticoncepcionais, as mulheres podem mudar seu ciclo menstrual ao invés de sua planilha de treinamento. Estas pílulas consistem de uma mistura de esteróides sintéticos que atuam como o estrógeno e a progesterona naturais. Quando tomadas por via oral, elas mimetizam as mudanças normais no padrão mensal destes hormônios, que normalmente levam à ovulação (Figura 8.5). As concentrações mais altas e constantes destes hormônios esteróides sintéticos enganam o corpo da mulher, fazendo-o acreditar que ocorreu uma gravidez, de modo que não há ovulações adicionais. Normalmente, as pílulas são tomadas diariamente, por 21 dias, seguido por um intervalo de 7 dias, durante o qual a menstruação ocorre. Para as atletas, deve ser receitada uma pílula que exija uma interrupção para a menstruação apenas após 63 dias de uso. Vários regimes têm sido desenvolvidos para reduzir as doses dos hormônios para minimizar qualquer efeito colateral, enquanto mantém a eficácia próxima dos 100% desta forma no controle da natalidade.

A pílula normalmente é receitada para mulheres que sofrem de uma tensão pré-menstrual que as incapacita ou que apresentem sangramento severo devido a períodos anormalmente intensos. As atletas podem cair nestas duas categorias. Mas, em adição, algumas podem procurar tomar a pílula para evitar o aumento no risco de lesão no período pré-menstrual. Existe evidência de que jogadoras de futebol que tomam pílulas sofrem menos lesões durante a fase pré-menstrual, mas, como muitas modificações farmacológicas da fisiologia corporal normal, os benefícios devem ser pesados contra as desvantagens e ambos podem variar entre os indivíduos. Isso torna a pesquisa muito difícil de ser conduzida.

ALIMENTAÇÃO DESORDENADA

Para a maioria de nós, o apetite regula nosso consumo de alimentos, de modo que o peso corporal normal é mantido. A falha destes mecanismos normalmente resulta na obesidade, mas em alguns indivíduos, em sua maioria mulheres, outros distúrbios alimentares podem ocorrer.

- *Anorexia nervosa*, ou fome auto-infligida, é caracterizada pelo medo mórbido de ganhar peso, o qual cai para, no mínimo, 15% abaixo do esperado para a idade e altura. Em casos extremos, a fome pode persistir até a morte.

• *Bulimia nervosa*, ou alimentação compulsiva, envolve o consumo de grandes quantidades de alimento, geralmente ricos em carboidratos, em uma única sentada. Esta comida, geralmente, é consumida na privacidade do indivíduo, seguida pela intensa sensação de culpa e, normalmente, pelo vômito auto-induzido. Isso pode levar à ocorrência de cáries dentárias, causadas pela freqüente exposição dos dentes ao conteúdo ácido do estômago. Esta condição, não pouco freqüente, é precedida por um período prolongado de anorexia nervosa, podendo representar uma resposta diferente a uma causa similar.

Homens sofrem distúrbios alimentares com menos freqüência do que mulheres. Por que isso ocorre? Possivelmente por causa do ciclo menstrual que, por si só, prejudica os padrões alimentares, exacerbados por fatores emocionais, para os quais as mulheres estão mais predispostas. A anoréxica típica é uma garota inteligente, superativa em sua adolescência, com um elemento compulsivo em seu caráter; ainda que nem todas sofram conforme o estereótipo. A cultura ocidental moderna reverencia a forma feminina esguia. Para corredoras de meia e longa distância, ginastas, bailarinas e remadoras peso leve, um corpo magro, com pouca gordura, é vantajoso em termos competitivos. Dietas para a redução de peso são utilizadas, e algumas delas levam a um total descontrole do peso corporal. A mais alta incidência de distúrbios alimentares ocorre na faixa dos 15 aos 24 anos, e estudos demonstram a incidência de distúrbios alimentares em bailarinas jovens, variando de 7 a 28%. Em um estudo com 93 corredoras de elite, 37% relataram anorexia, bulimia ou alimentação compulsiva.

Em adição ao distúrbio alimentar, o treinamento pode se tornar uma extensão masoquista do estado de "semifome" da anorexia nervosa – uma punição para o corpo, em relação ao excesso de tecido adiposo percebido. O perigo disso é o maior risco de lesão nos tecidos frouxos, fraturas por estresse dos ossos e supertreinamento – um risco que pode ser elevado pela má nutrição.

Nesta área, acima de todas as outras, o julgamento da própria atleta pode ser falho, sendo essencial que alguma pessoa informada – treinador, fisiologista ou médico – forneça à atleta, especialmente a jovem, conselhos de saúde e alimentação adequados. É importante para estes indivíduos de apoio estarem atentos aos sinais que podem indicar um distúrbio alimentar, incluindo:

• Diminuição severa de peso.
• Utilização de roupas folgadas.
• Preocupação com alimentos.
• Recusa em comer acompanhada.
• Preocupação excessiva com o peso corporal.
• Mudanças de humor.

- Visitas regulares ao banheiro após as refeições.
- Críticas freqüente sobre o próprio corpo.

A CORREDORA GRÁVIDA

Era comum acreditar que uma mulher que corra durante a gravidez poderia "sacudir o feto e perdê-lo", de modo que elas eram persuadidas a assumirem estilos de vida sedentários por 9 meses, com medo de causar danos ao bebê. Então, durante os anos 70, nos Estados Unidos, a corrida entrou em moda, mais tarde espalhando-se para a Grã-Bretanha e algumas outras partes da Europa. Muitas mulheres largaram seus estilos de vida sedentários para treinar para competições de confraternização locais, corridas competitivas e maratonas. Elas se tornaram mais condicionadas e saudáveis, e não queriam desistir deste estilo de vida durante a gravidez. Uma interrupção do treinamento por 9 meses era impensável! Os mitos e a profissão médica entendiam esta necessidade; entretanto, não iriam aceitar nenhum exercício real durante a gravidez, especialmente a corrida. Um número suficiente de mulheres, tanto atletas de elite quanto corredoras do dia a dia, estavam correndo agora durante sua gravidez sem efeitos indesejáveis nelas ou em seus bebês em gestação. Isso fez que os mitos em torno deste assunto fossem destruídos e a profissão médica fosse educada.

A necessidade por cuidado e consideração pelo feto é, sem dúvida, fundamental, uma vez que o treinamento em excesso pode levá-la ao estresse. Entretanto, para a maioria das mulheres grávidas, tais medos são infundados. Atualmente, considera-se que o exercício "sensível" e programas de treinamento não envolvem riscos para o bebê, podendo ser benéficos para a mãe grávida, tanto em termos fisiológicos como psicológicos. Para aquelas que desejam se exercitar ou continuar correndo durante sua gravidez, orientações foram elaboradas, em 1989, pelo Colégio Americano de Obstetras (American College of Obstetricians); e estão resumidas na Seção B.

Uma vez que as mulheres grávidas precisem se exercitar com cuidado, parece certo responder o quanto seria melhor se elas fossem aconselhadas a desistir de correr ou fazer outro tipo de exercício durante a gravidez. Há, na realidade, algumas razões pelas quais elas não devessem parar de correr totalmente por pelo menos 9 meses? A resposta é: há benefícios a serem obtidos a partir da corrida durante a gravidez, que incluem:

- Alívio dos problemas normalmente associados com a gravidez, tais como acúmulo de gases, constipação, mal-estar matutino e veias varicosas.
- Redução do risco de ganho de peso excessivo.
- Redução no tempo do trabalho de parto em cerca de 2 horas e meia no primeiro estágio e 20 minutos no segundo.
- Melhora do humor.

Em 1981, no estudo Melpômene, mais da metade das 195 grávidas relataram que o principal benefício de correr durante a gravidez estava relacionado à auto-imagem. Em outro estudo Melpômene, mulheres que se exercitavam tinham muito menos possibilidades de sofrer depressão pós-parto que suas contrapartes sedentárias.

Figura 8.8 – Liz Mc-Colgan, vencedora dos 5.000m do Grand Prix Mobil da IAAF, Oslo, 1992, após o aniversário de sua filha (fotografia de ALLSPORT/Mike Powell).

9
TEORIA NA PRÁTICA

No dia 6 de maio de 1954, Roger Banister tornou-se o primeiro homem a correr uma milha em menos de 4min (3min59s4). Seu treinamento consistia, principalmente, de períodos de 400m, realizados a cada dia, durante sua hora de almoço. Dois anos antes, Emil Zatopek venceu os 5.000m, 10.000m e a maratona nos Jogos Olímpicos de Helsinki; seu treinamento diário incluía 10 períodos de 200m e 50 de 400m numa corrida que totalizava 30km.

Estes extremos de treinamento são apenas dois exemplos das diversas abordagens utilizadas no passado para obter a excelência em seus próprios eventos. É um caso de quanto mais treinamento melhor ou o supertreinamento é possível? Em que extensão o treinamento deve ser baseado na distância em que a competição será realizada? Como o pico de treinamento aumenta o desempenho tão drasticamente? Estas são algumas das questões que os atletas e treinadores fazem continuamente. Será que a Ciência tem as respostas?

Deve-se levar em conta, primeiramente, o fato de que é simplesmente impossível começar com uma lista em branco e planejar um esquema de treinamento perfeito de início, isto é, com princípios científicos. Isso pode nunca ser possível ou, na realidade, necessário, uma vez que corredores experientes e seus treinadores desenvolveram excelentes planilhas há muito tempo (ver Seção A). Os detalhes diferem, mas todas elas funcionam. O que a abordagem científica pode dizer é quais os resultados de determinada planilha ao corpo, para aprimorá-las e identificar os pontos onde ligeiras melhorias podiam ser realizadas, especialmente onde elas eram intuitivas. Tomemos como exemplo os benefícios dos curtos intervalos repetitivos como parte do programa de treinamento para o atleta de *endurance*; é provável que isso tenha um importante efeito sobre a capacidade aeróbia ao invés da anaeróbia do músculo.

Em um mundo ideal, todos os benefícios propostos pelos regimes de treinamento seriam estabelecidos por experimentos. Mas experimentos satisfatórios com pessoas são difíceis de realizar e demandam muito tempo (ver Quadro 13.3). Estudos experimentais em humanos estão sendo realizados, e irão, no devido tempo, justificar (e ocasionalmente, sem dúvida, contradizer) as abordagens de treinamento estabelecidas. Outros cientistas fazem uso de experimentos de laboratório, freqüentemente em animais, não em humanos, simples de serem realizados, mas difíceis de serem aplicados à situações com seres humanos. O que todos nós podemos fazer a partir de agora é utilizar o conhecimento científico para elucidar os princípios dos métodos de treinamento honrados pelo tempo e tentar identificar os fatores limitantes, de modo que eles possam ser menos limitantes para o desempenho dos atletas.

QUADRO 9.1 NATUREZA OU EDUCAÇÃO?

Muito sangue tem sido derramando no debate sobre o quanto dos atributos humanos são herdados ou adquiridos: a inteligência pode ser aumentada pela educação, os homossexuais já nasceram assim e todos podem se tornar um atleta olímpico? A maioria dos cientistas é da opinião de que tanto a natureza quanto a educação possuem uma contribuição, e procuram formas de separar suas influências para estabelecer a importância de cada uma.

Uma questão freqüentemente investigada pelos cientistas do esporte é quanto a um determinado atributo bioquímico ou fisiológico que afeta o desempenho. Há duas abordagens experimentais para tais problemas: os cientistas podem comparar o atributo em dois grupos de sujeitos – um treinado e outro não-treinado –, ou utilizar um grupo, mensurar o atributo e, então, treiná-lo e mensurá-lo novamente. Na primeira abordagem (conhecida como estudo transversal), a natureza e a educação não estão sendo separadas; o grupo treinado poderia ter sido pré-selecionado como atletas simplesmente porque possuíam o atributo e, portanto, foram bem-sucedidos no esporte. Na segunda abordagem (conhecida como estudo longitudinal), o efeito da educação é avaliado em separado, desde que a amostra seja grande (para eliminar a variação) e selecionada aleatoriamente.

Em um estudo do primeiro tipo, amostras de biópsias foram retiradas do músculo quadríceps de 12 indivíduos sedentários e 11 treinados, todos do sexo masculino. As amostras foram examinadas microscopicamente para estabelecer a densidade capilar e o número de capilares ao redor de cada fibra (Figura 7.6). Observou-se que o grupo treinado possuía uma densidade capilar significativamente maior (Tabela 9.1). Isso sugere um maior fluxo sanguíneo através dos músculos daqueles que eram treinados em comparação aos seus pares sedentários, ainda que haja outra evidência de que a densidade capilar aumentada não leva a um fluxo sanguíneo aumentado, mas faz que o sangue despenda mais tempo no músculo e assim libere mais oxigênio e substrato energético.

Para verificar o quanto tais diferenças são o resultado do treinamento, é necessário comparar a densidade capilar antes e depois do treinamento nos mesmos indivíduos.

Uma dificuldade é persuadir os voluntários a tomarem parte com amostras de seus músculos não apenas uma, mas duas vezes! Quando tal estudo foi realizado, usando diferentes voluntários, observou-se que o treinamento aumentou a densidade capilar em cerca de 24%. Uma vez que o estudo prévio indicou uma diferença de cerca de 40%, sugere-se que tanto a natureza quanto a educação desempenham papel similar para melhorar a densidade capilar em atletas.

TABELA 9.1 NÚMERO DE CAPILARES NO MÚSCULO QUADRÍCEPS DE HOMENS TREINADOS E NÃO-TREINADOS		
CONDIÇÃO	NÚMERO DE CAPILARES (MÉDIA)	
	EM VOLTA DE CADA FIBRA	POR mm² DE MÚSCULO
SEDENTÁRIO	4,4	585
TREINADO	5,9	821

Dados de Brodal, Ingier e Hermansen, 1977.

FATORES LIMITANTES

Imagine a estrada que trabalhadores da cidade de Carchester pegam para a cidade dormitório de Vanby, cruzando a movimentada A999 e passando pelo vilarejo de Busford (Figura 9.1). O número máximo de veículos que pode chegar de Charchester a Vanby é 2.000 por hora. Se qualquer veículo a mais iniciar a viagem, apenas 2.000 por hora chegam a Vanby; o restante é atrasado na rota. Para aumentar o fluxo do tráfico, os engenheiros podem ampliar a estrada. Isso permitiria dirigir mais rápido, mas não iria aumentar o fluxo (não encurtaria, de modo significativo, o tempo da viagem) devido ao congestionamento na junção com a A999, e não à largura da estrada. Esse é o fator limitante, isto é, o passo mais lento na seqüência e, assim, aquele que determina a taxa. Pode haver apenas um passo limitante do fluxo a qualquer momento, de modo que uma ponte sobre a A999 aceleraria o tráfico até outra parte da estrada se tornar o ponto limitante – possivelmente a alta estrada em Busford.

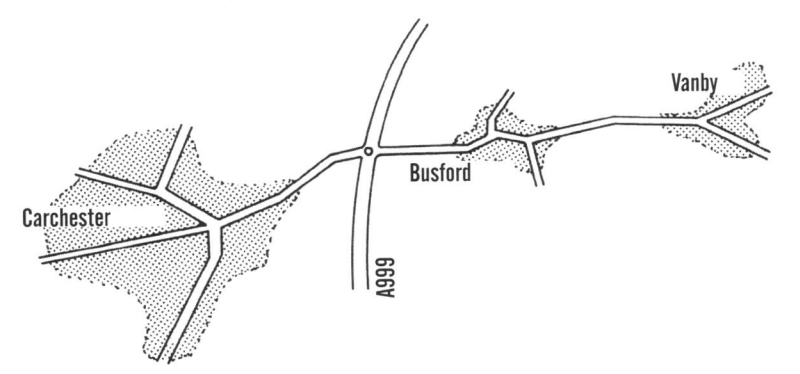

Figura 9.1 – Fatores que limitam uma viagem sobre uma rodovia (ver texto).

TABELA 9.2 ALGUNS FATORES QUE PODEM LIMITAR A PERFORMANCE ATLÉTICA SOB DIFERENTES CIRCUNSTÂNCIAS
VOLUME MINUTO
TRABALHO CARDÍACO
TRANSPORTE DE OXIGÊNIO PARA O MÚSCULO
LIMIAR ANAERÓBIO
TAMANHO DOS ESTOQUES DE SUBSTRATOS
TAXA DE MOBILIZAÇÃO DE SUBSTRATO
CAPACIDADE DE SÍNTESE DE ATP NOS MÚSCULOS
MASSA MUSCULAR
TAXA DE CAPTAÇÃO DE SUBSTRATO PELO MÚSCULO
TAXA DE REMOÇÃO DE PRODUTOS DO METABOLISMO
CONTROLE DA UTILIZAÇÃO DE SUBSTRATOS
CONSERVAÇÃO DE GLICOSE SANGUÍNEA PARA O CÉREBRO
MANUTENÇÃO DA TEMPERATURA CORPORAL

A mesma lógica se aplica ao desempenho esportivo, que depende de uma longa seqüência de processos metabólicos e fisiológicos, onde cada um deles pode ser um passo limitante (Tabela 9.2). Estes processos são tão bem coordenados que, assim que um é acelerado, outro se torna o passo limitante. É por isso que, se você for um corredor de 1.500m, é provável que ficar correndo esta distância repetidamente seja o método de treinamento menos eficiente. Isso melhoraria todos os fatores relevantes em conjunto, mas não imporia o máximo sobre cada um dos processos potencialmente limitantes para o evento.

TREINANDO PARA O DESEMPENHO ANAERÓBIO

Os fatores que afetam, e assim limitam, o desempenho dos velocistas de 100 e 200m (e numa maior extensão, também dos de 400m) se encontram amplamente dentro das fibras musculares e nas conexões, tanto motoras quanto sensoriais, entre músculo e cérebro. O principal elemento do treinamento de *sprint* são intervalos curtos (junto com o treinamento inicial) realizados na pista, treinamento de força no ginásio e treinamento de corrida em subidas.

TREINANDO NA PISTA

O intervalo mais curto deve ser o de corridas de 30 a 50m para facilitar o recrutamento máximo e simultâneo das fibras. Um problema com o recrutamento maciço de todas as fibras simultaneamente é que a força resultante pode lesar o músculo. Isso normalmente é prevenido pela "inibição central", pela qual o sistema nervoso central supera outras considerações e previne o recrutamento máximo, limitando, desta forma, a potência desenvolvida. O treinamento fornece a "confiança" de que os músculos, tendões, juntas e ligamentos podem lidar com esta quantidade de potência sem lesão, de modo que a inibição central é reduzida para fornecer uma pequena margem de segurança.

Um segundo benefício dos intervalos muito curtos é o treinamento dos sistemas de controle, que têm de aumentar a taxa de glicólise pelo menos 1000 vezes, em questão de segundos. Neste controle, precisão é essencial. Uma estimulação apenas 10% inferior do que a necessária da taxa de conversão de glicose em lactato faz que a concentração de ATP no músculo caia pela metade em 100m. Sem dúvida, o desempenho seria prejudicado e o músculo poderia ser lesionado.

Intervalos mais longos, de 100 ou 150m, irão melhorar o uso de creatina fosfato, capacitando-a para ser utilizada gradualmente durante toda a distância, e não apenas durante os primeiros segundos de esforço. Os períodos de descanso entre os intervalos de até 300m, com repousos curtos, irão aumentar as quantidades de enzimas glicolíticas, melhorar a tolerância a produtos do metabolismo anaeróbio (os prótons) e "suavizar os obstáculos" das adaptações fisiológicas e bioquímicas para esta forma extrema de exercício.

É possível argumentar que, para os velocistas dos 100 e 200 m, distâncias maiores do que 200 a 300m não devem ser percorridas no treinamento, uma vez que estas distâncias mais longas podem aumentar, ou pelo menos manter, a natureza *aeróbia* e não a *anaeróbia* das fibras. Afirma-se que as fibras aeróbias não apresentam valor para o velocista e, uma vez que elas tomam lugar de potenciais fibras anaeróbias, elas podem ser bastante prejudiciais. Por outro lado, pode-se argumentar que alguma capacidade aeróbia pode ajudar o atleta a realizar períodos prolongados de treinamento. Enfim, pesquisas são necessárias.

TREINAMENTO DE FORÇA

O treinamento de força pode ser realizado de duas formas. Uma é com a utilização de grandes cargas, com um pequeno número de repetições (conhecido como cargas pesadas); enquanto o método mais popular usa cargas mais leves, com mais repetições e, freqüentemente, apenas um curto repouso entre cada série (circuito com pesos). Os efeitos precisos destes métodos de treinamento não foram ainda totalmente explorados, mas nós temos alguma indicação de que eles podem ser obtidos.

Está bem estabelecido, por exemplo, que o treinamento com cargas elevadas aumenta a massa muscular, da qual a força depende. Isso ocorre principalmente como resultado de um aumento no tamanho das fibras musculares, devido a um aumento no número de miofibrilas. Além disso, o número das mitocôndrias diminui e seu volume é reposto por miofibrilas, dando uma ajuda adicional à força. O que é muito mais controverso é o quanto o número de fibras, bem como seu tamanho, aumentam. Alguns especialistas acreditam que este número é geneticamente determinado e imutável, enquanto outros consideram que é possível ocorrer aumento, pois as fibras podem se dividir ao meio e as resultantes crescerem em fibras musculares independentes. É provável que o treinamento de força promova a conversão de fibras de rápidas oxidativas para rápidas glicolíticas. O que é muito mais controverso é o quanto pode ocorrer da conversão de fibras de contração lenta para as de contração rápida.

O treinamento de força, particularmente o com cargas elevadas e poucas repetições, parece aumentar as concentrações de ATP, creatina fosfato e glicogênio no músculo. O aumento na creatina fosfato, em particular, é uma enorme vantagem para o velocista. Ele também aumenta a secção transversal das fibras do tipo IIb, o que não aumenta apenas a quantidade de maquinária contrátil, da

qual a potência produzida depende, mas também a capacidade de tamponamento destas fibras.

MELHORANDO A CAPACIDADE AERÓBIA

Várias distâncias são percorridas no treinamento pelos atletas de meia e longa distância. O que estas várias distâncias de treinamento estão fazendo para os processos limitantes está resumido na Figura 9.2 e explicado abaixo.

DISTÂNCIAS CURTAS (ABAIXO DE 400m)

Um importante alvo no treinamento para eventos de 400m ou mais é o aumento da capacidade aeróbia. Isso envolve um aumento no número e volume da mitocôndria, na concentração das enzimas dentro desta organela, na

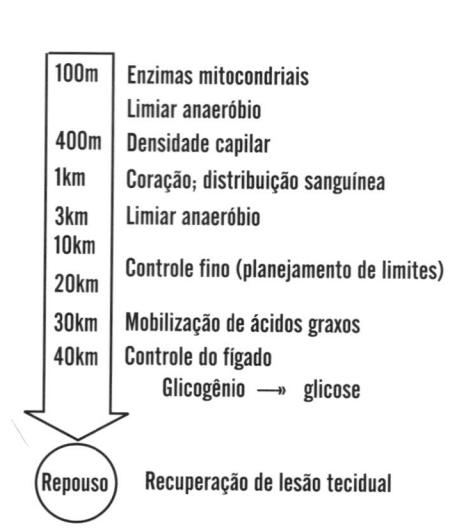

Figura 9.2 – Benefícios do treinamento em diferentes distâncias.

100m	Enzimas mitocondriais
	Limiar anaeróbio
400m	Densidade capilar
1km	Coração; distribuição sanguínea
3km	Limiar anaeróbio
10km	
20km	Controle fino (planejamento de limites)
30km	Mobilização de ácidos graxos
40km	Controle do fígado
	Glicogênio ⟶ glicose
Repouso	Recuperação de lesão tecidual

densidade dos capilares e na conversão de algumas fibras glicolíticas de contração rápida em oxidativas de contração rápida. À primeira vista, uma planilha de curtas distâncias, separadas por curtos intervalos de recuperação, pode parecer beneficiar a capacidade anaeróbia. Mas foi a abordagem que beneficiou os atletas alemães de meia distância nos anos 30.

QUADRO 9.2 TREINAMENTO INTERVALADO: A INFLUÊNCIA ALEMÃ

A primeira abordagem realmente científica para o treinamento físico foi desenvolvida na Alemanha, durante os anos 30, pelo Dr. H. Reindell, um cardiologista que usou o exercício para fortalecer os corações de alguns de seus pacientes. O objetivo era melhorar o desempenho do coração, e mensurações cuidadosas demonstraram que o método mais eficiente foi do paciente correndo repetidamente distâncias curtas, com breves períodos de descanso entre cada corrida – o que nós atualmente chamamos de treinamento intervalado. Durante a corrida, a freqüência cardíaca alcançava de 170 a 180bpm e caia para 120bpm durante os períodos de repouso. Reindel demonstrou que este treinamento aumentou tanto o tamanho do coração como o volume de sangue expelido por este órgão durante cada batimento. Ele também observou um marcado aumento na freqüência máxima na qual o oxigênio poderia ser utilizado pelo corpo em tais pacientes. Isso demonstrou que os efeitos benéficos deste programa de treinamento não estavam restritos ao coração. Na realidade, trabalhos subseqüentes demonstraram que o maior benefício para o paciente não era oriundo dos efeitos sobre o coração em si, mas da capacidade melhorada do músculo esquelético em utilizar oxigênio e substratos energéticos obtidos da corrente sanguínea.

Em vista do trabalho de Reindell, não surpreende que o técnico alemão Woldemar Gerschler ter sido o primeiro que aplicou de modo sistemático os regimes de treinamento intervalado a atletas de elite. O pupilo famoso de Gerschler foi Rudolf Harbig, que, em 1939, ultrapassou o recorde mundial para os 800m em quase 2s (do corredor britânico Sydney Wooderson; o recorde de Harbig, de 1min46s6, era tão bom que manteve-se por 16 anos; Roger Moens, da Bélgica, quebrou este recorde apenas em 1955, no estádio Bislet, em Oslo – o palco de muitos recordes mundiais). Pouco depois, ele se tornou o primeiro europeu a deter o recorde mundial dos 400m (46s), mas Harbig não sobreviveu para ver seus recordes batidos: morreu de forma trágica na Segunda Guerra Mundial. Entretanto, o treinamento intervalado sobreviveu e fez sua parte em estabelecer novos recordes nos primeiros anos pós-guerra. Um dos beneficiados foi o corredor Britânico Gordon Pirie, que foi orientado por Gerschler e deteve os recordes mundiais para os 3.000m, 5.000m e 9.600m. Outros técnicos adotaram o treinamento intervalado, entre eles o austríaco Frans Stampf e o húngaro Mihaly Igloi. Stampfl orientou Roger Bannister – o primeiro no mundo a correr a milha abaixo de quatro minutos – e Chris Chataway, que brevemente deteve o recorde mundial dos 5.000m. Durante o início dos anos 50, muitos dos recordes dos corredores de pista de meia e longa distância foram detidos pelo húngaro. Em 1955, esses incluíam os recordes mundiais para os 1.500m (Iharos, Rozsavolgyi e Tabori, conjuntamente), 1.000m e 2.000m (Rozsavolgyi), 3.000m, 5.000m e 10.000m (Iharos) e, em 1956, Rozsnyoi quebrou o recorde mundial para os 3.000m *steeplechase*. Ainda que a conquista de 1956 tenha posto um fim a esta corrida de sucessos, Igloi tinha demonstrado, sem dúvida, o valor do treinamento sistemático e intensivo e do treinamento intervalado em particular.

O fato é que a melhoria dos sistemas aeróbios ocorre mais rapida e eficientemente quando os músculos são usados na sua capacidade aeróbia máxima, ou próxima dela. Em tais níveis do metabolismo aeróbio, um grau de metabolismo anaeróbio é inevitável, de modo que o ácido láctico irá se acumular, logo causar fadiga e restringir o efeito do treinamento. É aqui que os intervalos de repouso entram, uma vez que eles permitem ao ácido láctico escapar do músculo pelo tamponamento e remoção. Para encorajar esta saída do ácido láctico, os períodos de "descanso" devem ser ativos, envolvendo, talvez, cerca de até 50% do esforço realizado durante a fase ativa. Uma vez que a saída ocorreu, a fadiga desaparece e um próximo período ativo é possível, exercendo um estresse similar sobre o sistema aeróbio. Desta forma, o sistema aeróbio é estressado durante todo o período da sessão de treinamento, que pode durar de 1 a 2 horas.

Há uma situação para intervalos ainda mais curtos no treinamento aeróbio, pelo menos no começo da sessão de treinamento. Em intervalos de cerca de 100 a 150m, a liberação de oxigênio a partir da mioglobina nas fibras irá suplementar o fornecimento deste gás, oriundo dos capilares, de modo que será menos provável que o número de capilares limite a atividade aeróbia, permitindo que o consumo de oxigênio seja muito alto para este curto período de tempo. Isso significa que o grande estresse será imposto nas vias oxidativas da fibra; como resultado, as atividades das enzimas irão aumentar nelas rapidamente. O resultado é o treinamento aeróbio dos músculos, desde que as distâncias sejam percorridas o mais rápido possível. À medida que a atividade das enzimas oxidativas aumenta, distâncias mais longas devem ser percorridas para estressar o sistema de suprimento de oxigênio. Percursos de 300 a 400m irão aumentar a densidade capilar, assim como beneficiar o sistema aeróbio dentro das fibras musculares.

QUADRO 9.3 O SURPREENDENTE FATO DE QUE INTERVALOS CURTOS BENEFICIAM CORREDORES DE LONGA DISTÂNCIA

Os cientistas tiveram uma excitação especial ao explicar os fenômenos contra-indutivos: eventos que, à primeira vista, desafiam o senso comum, mas quando melhor investigados são inteiramente explicáveis. Um caso em questão é a observação de Per-Orlof Åstrand de que o treinamento intervalado curto (períodos de 10 segundos ativos, seguidos de 20 segundos de pausa) aumenta a capacidade aeróbia dentro dos músculos mais efetivamente do que períodos ativos mais longos (1 minuto, com 2 minutos de pausa). Isso só poderia ser esperado se os períodos ativos curtos fossem corridos mais aerobiamente que os mais longos. Isso pode acontecer? Na realidade, pode, devido à presença da mioglobina no músculo, uma proteína que liga oxigênio e fornece uma pequena, mas importante, reserva deste gás. Se assumirmos que apenas uma proporção do oxigênio necessário durante os períodos ativos pode ser liberada pela circulação. Isso deixa um *deficit* que deve ser "coberto" pelo metabolismo anaeróbio, e esse último não irá treinar o sistema aeróbio. O que a mioglobina está fazendo é fornecer oxigênio extra para satisfazer esse *deficit*, de modo que o sistema aeróbio possa ser utilizado em sua capacidade completa e, portanto, eficientemente treinado. Uma vez que o estoque de oxigênio da mioglobina é limitado, este efeito sobre o sistema aeróbio irá persistir apenas por um curto período de tempo (Figura 9.3). Durante estes períodos muito curtos, portanto, quase todo o ATP será gerado a partir do uso do oxigênio – aerobiamente, de modo que o desempenho seja limitado pela atividade das enzimas mitocondriais, que, portanto, estarão mais sujeitas a terem sua atividade aumentada neste tipo de treinamento. Evidentemente, isso não significa que os períodos ativos mais longos são sem valor, uma vez que, para estes períodos, a capacidade aeróbia do músculo está limitada pela taxa na qual o oxigênio pode ser liberado. Desta forma, poderíamos esperar o aumento da densidade capilar, em resposta a este tipo de treinamento.

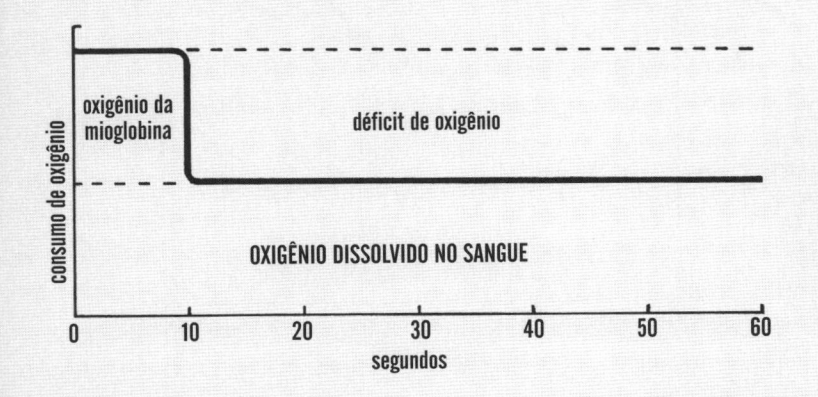

Figura 9.3 – A mioglobina fornece um pequeno estoque de oxigênio, permitindo uma grande taxa de uso do mesmo por um curto período e, conseqüentemente, um aumento das enzimas mitocondriais (Åstrand, 1992).

É possível que estas distâncias muito curtas apresentem um efeito particularmente benéfico sobre o limiar anaeróbio: quanto maior a capacidade do sistema aeróbio, melhor o organismo resistirá aos metabólitos (produtos finais) da primeira parte do metabolismo do glicogênio, incluindo o piruvato. Como resultado, mais piruvato entrará no ciclo de Krebs, de modo que menos será convertido a lactato (p.117).

Durante este treinamento, a capacidade aeróbia total do músculo deve aumentar drasticamente, como evidenciado por uma diminuição no tempo gasto para se percorrer uma determinada distância. O atleta mais afortunado pode ter facilidades para mensurar o lactato, podendo perceber a concentração desta substância no seu sangue após uma corrida com distância padrão e tempo fixo, à medida que o condicionamento aumenta (Figura 9.4). A velocidade de recuperação durante o período de descanso também é uma indicação da melhoria. Mas qual é a velocidade em que, imediatamente após o término do esforço, a freqüência cardíaca fica abaixo de 120bpm?

DISTÂNCIAS LONGAS (0,5 A 2KM)

O treinamento com distâncias longas melhora três aspectos do metabolismo aeróbio:

- Débito cardíaco.
- Controle da distribuição sangüínea.

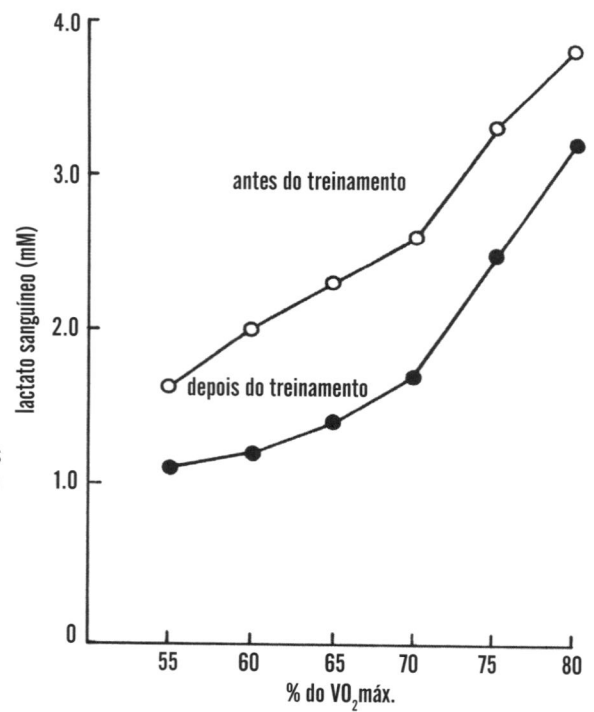

Figura 9.4 – Quando não-atletas são treinados, sua concentração de lactato sanguíneo é baixa durante o exercício. Atletas treinados para competição têm demonstrado concentrações baixas, iguais a não-atletas treinados (Åstrand, 1992).

• Controle da taxa de mobilização de glicogênio nos músculos.

O músculo cardíaco é altamente aeróbio, respondendo ao estresse das longas distâncias da mesma maneira que o músculo esquelético responde às curtas; isto é, com o aumento do número das mitocôndrias, das quantidades de enzimas dentro desta organela e da densidade capilar. Pausas são necessárias porque, quando o coração está trabalhando de modo muito intenso, ele depende um pouco mais do metabolismo anaeróbio, e os produtos deste metabolismo devem ser removido pelo sangue coronário durante os intervalos entre os períodos ativos para permitir que a alta carga possa ser sustentada. Novamente, assim como no músculo esquelético, o coração responde ao exercício com o aumento das fibras. Isso leva a uma capacidade aumentada que, junto com um esvaziamento mais completo, resulta em uma elevação do volume de ejeção. Para a mesma freqüência cardíaca, um coração treinado pode bombear de duas a três vezes a quantidade de sangue de um coração não-treinado. De modo similar ao músculo esquelético, a densidade capilar e o volume mitocondrial aumentam, garantindo que a capacidade aeróbia do coração, que já é alta, seja maior ainda.

Um aumento no fluxo sanguíneo para os músculos esqueléticos deve ser acompanhado por uma diminuição do fluxo para partes do corpo "menos vitais", incluindo intestinos e fígado. É provável que o corpo prefira ser cauteloso, uma vez que mais sangue do que é necessário irá fluir para estes órgãos – a não ser que o sistema tenha sido treinado. O treinamento fornecerá "confiança" ao mecanismo de controle, permitindo que menos sangue flua para estes órgãos (vasoconstrição) e mais dele flua para os músculos (vasodilatação). Esta confiança é algo que não pode ser facilmente mensurado – apenas avaliado pelo desempenho do atleta.

Para reduzir o suprimento de sangue para os intestinos, o treinamento (e a corrida) deve ser realizado com o estômago vazio, e a maior refeição do dia (que deve ser aquela com mais proteína) deve ser consumida algum tempo após o treinamento ter sido completado.

O fluxo de sangue para a pele dependerá da necessidade de resfriamento, controlada pela taxa de produção de calor e perda do mesmo pelo corpo. Isso, por sua vez, será dependente da temperatura do ambiente: em um dia quente, mais sangue deve fluir à pele para o resfriamento, de modo que menos sangue estará disponível para os músculos. Há pouca coisa que se pode fazer para se reduzir o fluxo sanguíneo para a pele, exceto evitar o superaquecimento durante o exercício, por meio da utilização de roupas apropriadas e da água jogada sobre a cabeça e o corpo sempre que estiver disponível.

Ainda que o treinamento de longa distância possa, na realidade, aumentar a quantidade de glicogênio que pode ser armazenada em um músculo, seu real benefício é treinar os mecanismos de controle que regulam a taxa de degradação deste substrato, de acordo com a demanda de ATP. Se a quebra de glicogênio for muito rápida, um recurso valoroso é desperdiçado. Se a degradação for muito lenta, o desempenho é limitado. Para otimizar a utilização de glicogênio, as longas distâncias devem ser percorridas quase que tão rapidamente quanto possível, sem causar a exaustão total, de modo que possam ser completadas várias repetições em uma sessão de treinamento (ver Seção A). Cada intervalo irá usar 40g ou mais de glicogênio, de modo que, ao final de uma sessão intensa de treinamento, pouco glicogênio se encontrará nos músculos que realizaram a atividade. Algum carboidrato deve ser ingerido assim que possível, após o término do exercício, e uma refeição rica em carboidratos (ou refeições) é essencial antes da próxima sessão de treinamento (ver Capítulo 11).

DISTÂNCIAS MAIS LONGAS (3 A 20KM)

Correr de 3 a 10km no ritmo correspondente ao limiar anaeróbio irá fornecer ao atleta um parâmetro de quão rápido ele pode correr sem os perigos da "fadiga anaeróbia" ou da rápida depleção dos estoques de glicogênio. Ocorrerá produção de ácido láctico, de modo que os fatores que afetam sua remoção pelo sangue sejam treinados, melhorando, assim, o limiar anaeróbio. O uso de um relógio com cronômetro mostra quão bem o corpo do atleta está respondendo a este treinamento. Distâncias mais longas (15 a 20km) deverão ser percorridas abaixo do limiar anaeróbio e melhorar a integração de todos os processos aeróbios.

DISTÂNCIAS MUITO LONGAS (30KM OU MAIS)

Uma corrida longa, de 30km ou mais, deve ser realizada em um bom ritmo, uma vez por semana, apenas por corredores de maratona e ultramaratona. Uma corrida nesta distância necessita da utilização de gordura, de modo que treina a capacidade do tecido adiposo de mobilizar ácidos graxos para a oxidação pelos músculos. Se muito ácido graxo for liberado, maior quantidade será oxidada pelos músculos que, então, irão consumir mais oxigênio, o que pode limitar a potência produzida. Adicionalmente, isso pode aumentar demais a concentração plasmática de ácido graxo e, assim, induzir a "fadiga central" (ver p.109-11). Se a quantidade de ácido graxo liberada for muito pequena, mais glicogênio será utilizado, e os estoques deste substrato serão depletados antes do fim da corrida, de modo que logo ocorrerá a fadiga. É necessário, portanto, treinar os processos bioquímicos de mobilização de ácido graxo a partir do tecido adiposo, para que estes processos não sejam nem subestimados e nem superestimados, em resposta ao ritmo de corrida.

TREINAMENTO DE LADEIRA

Assim como o treinamento de força, o treinamento de ladeira melhora o recrutamento, mas possui a vantagem de ser mais similar à corrida normal, pois os músculos "corretos" são utilizados e, portanto, treinados. Resultados similares podem ser obtidos pela corrida na areia. A intensidade do exercício pode variar pela utilização de ladeiras de diferentes inclinações. Mas a duração também é importante, uma vez que algumas fibras chegarão à fadiga no início e outras irão ser recrutadas e, portanto, treinadas. Saltar elevações também pode ser benéfico, uma vez que isto aumenta a amplitude de movimento e fortalece o corpo como um todo.

TREINAMENTO EM ALTITUDE

Viver em uma altitude elevada (ver Quadro 7.4) causa no sangue um efeito similar ao do *doping* sanguíneo (ver Capítulo 13). Ambas as manipulações aumentam o hematócrito, mas o treinamento em altitude é legal. Atletas que utilizam esta técnica, normalmente, visitam centros de treinamento numa altitude de cerca de 1500 a 2000m acima do nível do mar, onde a pressão atmosférica é 20% mais baixa, havendo menos oxigênio em cada respiração. O organismo se adapta, ao aumentar o número de células vermelhas. Assim, a capacidade do sangue de transportar oxigênio aumenta, mas esta mudança leva algum tempo para ocorrer. Muitos atletas de *endurance* tinham viajado para a Cidade do México (2000m acima do nível do mar) antes do início dos Jogos Olímpicos de 1968, na expectativa de poderem se adaptar às condições antes do evento. Entretanto, isso não é tão direto devido ao fato da capacidade máxima de realizar exercício ser ligeiramente diminuída nestas altitudes e, assim, a intensidade na qual o atleta pode treinar é reduzida. Conseqüentemente, em comparação ao grau de treinamento possível ao nível do mar, pode ocorrer algum destreinamento na altitude, contrapondo-se ao efeito do hematócrito aumentado. É provável que o período para o treinamento em altitude seja crucial, enquanto o tempo preciso é diferente de atleta para atleta. O melhor período para o treinamento em altitude seria antes da intensidade de treinamento ser aumentada durante o pico do programa de treinamento.

Viver e treinar na altitude por vários meses pode apresentar outros efeitos sobre o músculo. O diâmetro das fibras musculares diminui e a densidade capilar aumenta. O número real de capilares também pode aumentar, fazendo que a distância na qual o oxigênio se difunde a partir dos capilares até os músculos seja reduzida. Talvez, em reposta a isso, as atividades das enzimas mitocondriais e, portanto, a capacidade de gerar ATP de forma aeróbia aumentem marcadamente para elevar o limiar anaeróbio.

Um dos efeitos desvantajosos da altitude é uma pequena perda de proteína muscular, o que pode limitar a potência máxima que pode ser produzida. O *sprint* final nos eventos de 800m, 1.500m e 5.000m também pode sofrer, e o tempo de retorno para o nível do mar, em um esforço de incorporar proteína muscular, pode ser crítico para os corredores destes eventos.

NATAÇÃO E CORRIDA NA PISCINA

O treinamento de natação possui algumas vantagens, especialmente para perna e tornozelo: saltar no lugar ajuda a articulação do tornozelo. A corrida também pode ser feita em uma piscina – seja com o auxílio de uma bóia ou sobre o fundo dela. Alguns atletas realizam o treinamento intervalado na piscina.

COMPLEMENTANDO

OUTROS MÚSCULOS

Mesmo para corredores, a corrida não é única atividade de exercícios de valor. As alternativas incluem o treinamento em circuito, ciclismo, remo e esqui-*cross-country*. Máquinas para ciclismo, remo e esqui estão atualmente disponíveis, de forma que, se necessário, estas atividades possam ser realizadas no conforto do lar. Elas po-

dem ser consideradas relaxamento da corrida de pista ou rua, e possuir a vantagem de evitar o risco de lesão por "impacto" devido às batidas constantes. Outro benefício é que elas treinam músculos nem sempre utilizados em toda sua totalidade na corrida, podendo isso ser benéfico por pelo menos duas razões:

- Estes músculos podem fatigar mais rapidamente do que os "músculos principais" e, portanto, limitar o desempenho geral, particularmente durante um período da corrida, onde o ritmo é mais elevado que o do treinamento.
- Nos últimos estágios de uma corrida, quando os principais músculos estão entrando em fadiga, uma mudança no padrão de corrida pode colocar em ação outros pequenos grupos musculares para fornecer a energia para os últimos metros.

TREINAMENTO DE FLEXIBILIDADE

A importância dos tendões como estoques de energia elástica passou a ser apreciada por atletas como um resultado do trabalho de cientistas como McNeill Alexander, da Leeds University. A cada passo, a maior parte da energia absorvida, à medida que a perna da frente toca o solo e flexiona, não é perdida como calor, mas armazenada (principalmente no tendão de Aquiles e no arco do pé) para auxiliar na decolagem do pé no próximo passo (ver p.165-7). Deve-se inferir disso que atletas com tendões mais elásticos irão correr mais eficientemente, e há evidências de que é isso que realmente ocorre. Quando um grupo heterogêneo de 100 corredores foi dividido em três grupos, de acordo com 11 mensurações de sua flexibilidade, o grupo mais flexível correu de modo significativamente mais econômico em velocidades elevadas. Entretanto, mais recentemente, alguns atletas têm questionado o valor de tendões muito elásticos. Um pula-pula (Figura 3.6) com uma mola muito elástica seria menos eficiente, pois poderia armazenar menos energia. Claramente existe uma elasticidade ideal (ou *compliance*) para tendões; e alguns treinadores afirmam que excesso de flexibilidade torna os corredores mais lentos e, desta forma, não recomendam o treinamento específico de flexibilidade. O problema real é que "flexibilidade" compreende uma gama de atributos, incluindo mobilidade articular, não facilmente separada. É possível treinar a elasticidade dos tendões? Ainda que os tendões possuam apenas algumas poucas células, é provável que elas possam ser influenciadas por exercícios que imponham demandas sobre os tendões, podendo-se aumentar o componente elástico. Exercícios de *hopping* e *bounding* realizados na pista ou sobre um trampolim são considerados os mais benéficos. Comece com 20 e aumente em até 100 *bounds* por sessão. *Bounds* são melhor realizados no período pré-competitivo. Uma palavra de precaução é necessária, uma vez que estes exercícios podem causar lesões. Pare se eles causarem dor.

AJUSTANDO O TEMPO CORRETAMENTE

Para um atleta, os dias de repouso não são apenas um tempo para ficarem parados. Eles exercem uma parte positiva no esquema de treinamento. O treinamento é a "lesão controlada" dos músculos: quando os músculos são reparados, eles trabalham melhor do que antes da "lesão". Durante cada semana, pelo menos um dia deve ser dedicado ao descanso completo, sem qualquer tipo de treinamento, para permitir o reparo completo desta lesão. Este dia de descanso deve ocorrer no dia posterior à sessão de treinamento mais intensa ou no dia anterior à competição. Também faz sentido alternar os dias de treinamento pesado e leve, e variar as atividades de treinamento, para que um conjunto de músculos seja recuperado enquanto outro é treinado.

A prática de um treinamento por dia tornou-se bem comum. Ela pode ter surgido a partir de um dia de trabalho, mas os atletas atuais freqüentemente têm mais tempo disponível. Eles devem treinar forte uma vez por dia, ligeiramente menos forte duas vezes ao dia, ou mais freqüentemente? De acordo com a pouca evidência científica, há sugestões de que alguns benefícios surjam de sessões de treinamento regularmente repetidas durante cada dia. Por exemplo, experimentos nos quais os músculos das pernas de coelhos foram gentilmente estimulados continuamente por 24h produziram de longe o maior aumento relatado nas atividades das enzimas aeróbias (Quadro 9.4). É pouco claro o quanto relevante isso é para o corredor, mas isso apóia o ponto de vista de que a estimulação dos músculos muitas vezes ao dia, quando possível, irá produzir os maiores efeitos. Entretanto, os períodos de treinamento devem ser cuidadosamente ajustados, para permitir o consumo de refeições ricas em carboidratos durante os períodos de descanso, para todos os importantes estoques de glicogênio.

TEMPORADAS DE TREINAMENTO

Não seria apenas fisicamente exaustivo manter a intensidade máxima de treinamento ao longo do ano, como também contraproducente. Os maiores benefícios são oriundos do aumento estável do esforço de treinamento, alcançando o pico durante a temporada competitiva. E é sobre esta base que as planilhas recomendadas na Seção A foram elaboradas. Alguns dos principais elementos para os corredores de meia distância e *endurance* são listados abaixo.

QUADRO 9.4 OS COELHOS PODEM AJUDAR OS CORREDORES?

Experimentos têm demonstrado que, nos melhores atletas, as capacidades oxidativas de seus músculos são até três vezes maiores do que aquelas de indivíduos sedentários normais. Isso representa o benefício máximo que pode ser obtido a partir de todo aquele treinamento intenso? Na prática, a resposta pode ser sim. Mas experimentos em animais sugerem que tal capacidade pode ser bem maior, assim como o desempenho. Pela estimulação de determinados músculos do coelho para contração e relaxamento, repetida por 24 horas seguidas e durante várias semanas, utilizando um pequeno estimulador implantado, foram observados drásticos aumentos da capacidade oxidativa. Um aumento de seis vezes foi observado pela mensuração da atividade catalítica das enzimas aeróbias (Figura 9.5).

Ainda que a estimulação deste tipo de experimento dificilmente seja transportada para o treinamento de todos os músculos envolvidos na corrida em humanos, ela sugere que a duração do treinamento pode ser, pelo menos, tão importante quanto a intensidade. Um atleta, pelo menos de *endurance*, pode obter mais pela dispersão de um mesmo esforço de treinamento, digamos, quatro sessões por dia, do que condensando estas sessões em uma ou duas.

Este trabalho em animais também destaca a importância do ajuste de tempo para o pico de treinamento. A Figura 9.5 demonstra que a elevada capacidade aeróbia de enzimas catalíticas eventualmente diminui, apesar da estimulação continuada. Uma vez que poderia se esperar que o pico de desempenho coincidiria com o pico das atividades enzimáticas, poderia se esperar que o desempenho aeróbio de tal músculo declinaria após o máximo ter sido alcançado. Infelizmente, a razão para estas diminuições na atividade, apesar da estimulação contínua, não é conhecida. Se os resultados de tal experimento estão relacionados ao treinamento de atletas, eles sugerem que esses devem fazer experiências com a duração do período de pico de treinamento para obter um desempenho ideal.

Existe, porém, uma forma final, na qual este trabalho pode ajudar o corredor (pelo menos na velhice). À medida que a capacidade oxidativa do músculo aumenta, ele se torna mais parecido com o músculo cardíaco. Stanley Salmons tem obtido evidências que sugerem que é possível "treinar", desta forma, alguns músculos esqueléticos específicos, fazendo que eles se tornem similares ao músculo cardíaco, em particular, resistentes à fadiga. Se estes músculos forem próximos ao coração, o "tratamento" poderia ser valoroso para um paciente sofrendo de insuficiência cardíaca. Com uma cirurgia mínima e *plumbing,* o músculo poderia ser persuadido a atuar como uma bomba, auxiliando o fluxo sanguíneo, reduzindo a sobrecarga sobre o coração lesionado.

CONDICIONAMENTO FÍSICO

O alvo deste treinamento básico é manter o condicionamento aeróbio sem nenhum risco de lesar os músculos. Assim, a intensidade do treinamento deve ser muito menor do que durante o pico de treinamento. O atleta deve evitar o treinamento intervalado, mas realizar sessões mais longas (de 5 a 15km) num ritmo correspondente a de 20 a 25% abaixo da velocidade normal da temporada esportiva.

TREINAMENTO PRÉ-COMPETITIVO

Agora tanto a velocidade quanto a distância devem ser gradualmente aumentadas, de modo que o corredor complete corridas de 10 a 20km numa velocidade de 10 a 15% abaixo da velocidade de "pico". Intervalos mais curtos, de 150 a 300m, mais algumas distâncias mais longas de 1 a 2km, podem ser agora incluídos, mas não mais do que uma vez por semana, no início, aumentando para duas sessões por semana. O treinamento é melhor realizado duas vezes ao dia, com a corrida longa pela manhã.

TREINAMENTO COMPETITIVO (PICO DE TREINAMENTO)

O período de pico de treinamento provavelmente variará de um atleta para outro, mas é usual ocorrer de 8 a 12 semanas (tipicamente maio-julho no hemisfério norte). Os aspectos mais importantes são:

- Duas ou três sessões de treinamento a cada dia.
- Os períodos ativos devem ser realizados duas ou três vezes por semana, e serem rápidos.
- Estes intervalos devem incluir tanto corridas curtas quanto longas, bem como corrida em ladeira e o *fartlek*.

Estes períodos devem ser combinados com corridas fáceis, de 8 a 15km a cada manhã e de 1,5 a 2,5km duas vezes por semana e, então, corridas de 5, 8, 12 e 16km (a 80% da velocidade de corrida). Cada dia de sessão de treinamento intenso deve ser separado por, pelo menos, um dia fácil.

Pode levar entre 3 e 14 semanas para que um atleta alcance o pico do desempenho. Variações individuais são consideráveis. Uma vez que o atleta tenha alcançado este pico, o tempo de duração do mesmo também varia de 1 a 6 semanas. Após este curto período de tempo "no topo", o atleta pode cair do pico do desempenho para a condição de quase fisicamente incapacitado. Assim, o treinador deve avaliar o tempo de cada atleta para alcançar o pico e a duração desse. As características do pico são:

- Durante as sessões de trabalho de velocidade, "o corpo se desloca para frente como se tivesse vontade própria" – não há a necessidade de forçar.

- Na hora em que se segue a uma sessão de treinamento, atividades como subir escadas tornam-se fáceis.
- O atleta está mais sensível às sensações do dia-a-dia.
- Pode haver uma atenção maior em relação ao sexo.

Por que o pico de desempenho deve ser de curta duração? O treinamento aumenta o desempenho pela seqüência:

Treinamento →» estresse →» lesão→» reparo →» melhoria

Na realidade, o treinamento para o pico de desempenho pode promover ligeiramente um excesso de lesão. Mas, devido ao longo período de treinamento antes, o corpo pode se ajustar para lidar com isso durante um período de tempo limitado. Durante esta resposta, o desempenho aumenta drasticamente, mas, eventualmente, há um acúmulo excessivo de lesões e o corpo responde, invocando a fadiga central, para prevenir que ocorram lesões irreparáveis. Portanto, o desempenho declina, caso os sinais não sejam atendidos, e, se o atleta tentar treinar de modo mais intenso, ocorre o supertreinamento (*overtraining*) (Capítulo 12). O fenômeno do supertreinamento também tem sido demonstrado em laboratório. Quando os músculos das pernas de um coelho são estimulados continuamente, a ativi-

Figura 9.5 – Mudanças na atividade da enzima citrato sintase no músculo tibial anterior de coelhos, estimulados continuamente a 10 impulsos por segundo. Mudanças semelhantes foram observadas em outras enzimas oxidativas (Henriksson, Chi e Hintz et al., 1986).

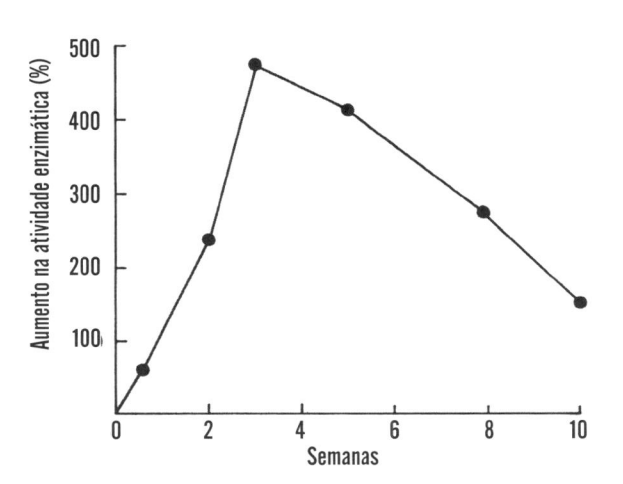

dade das enzimas-chave do metabolismo aeróbio aumentam por várias semanas. Mas então, apesar da ausência de mudança da estimulação, a atividade destas enzimas diminui (Figura 9.5). O controle do tempo para o pico de treinamento é muito importante.

O atleta tem, de modo compreensível, um ponto de vista centrado no músculo de seu corpo. Mas os músculos só

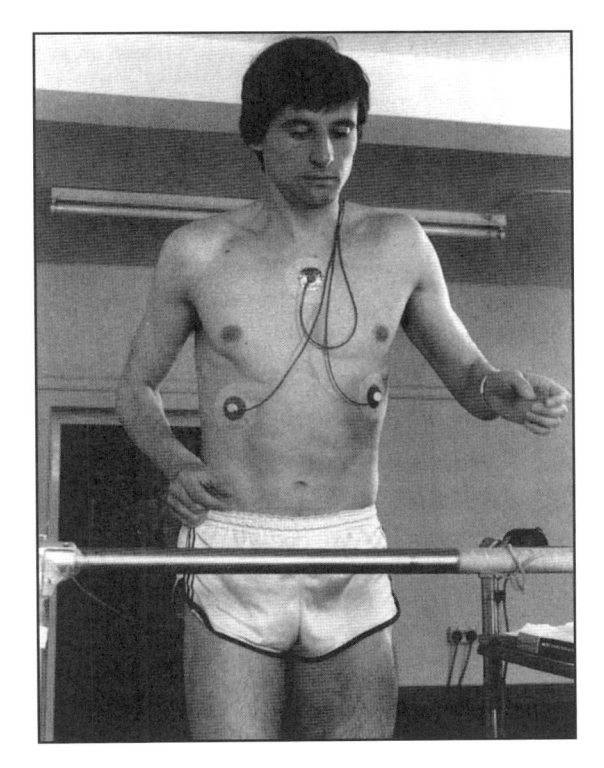

Figura 9.6 – O jovem Sebastian Coe passando por um teste científico durante o pico do treinamento, no Departamento de Ciências do Esporte, Universidade de Loughborough (fotografia reproduzida com permissão do professor Clyde Williams, da Universidade de Loughborough).

podem trabalhar eficientemente se forem supridos com energia e oxigênio e tiverem seus subprodutos de degradação removidos e adequadamente controlados. O treinamento deve melhorar o funcionamento destes processos de apoio se o potencial nos músculos deve ser alcançado. Isso é reconhecido como abordagem holística moderna do treinamento, na qual, por exemplo, aspectos nutricionais e psicológicos exercem sua parte (ver Capítulos 10 e 11). De uma certa forma, a ciência tem feito uma grande contribuição nestas áreas, como o que tem feito para o treinamento físico dos músculos.

10
A MENTE E O DESEMPENHO

Embora a fisiologia possa indicar os limites respiratórios e circulatórios do esforço muscular, fatores psicológicos e outros, além do reconhecimento do conjunto fisiológico, estabelecem o limite de corte da derrota ou vitória e determinam o quão perto um atleta se aproxima dos limites absolutos do desempenho.

Roger Banister (1956)

Mesmo que raramente tenha sido expressa de forma tão eloqüente, como por Bannister, poucos duvidam da importância da atitude mental correta em qualquer empreendimento humano levado a seus limites, ainda que apenas recentemente (pelo menos no Ocidente) a posição da psicologia do esporte tenha sido levada a sério. A situação não é muito diferente da medicina, na qual, ainda que a doença da mente tenha sido reconhecida, a importância da mente na manutenção e restauração da saúde do organismo está sendo só agora salientada. Esta abordagem holística da medicina tem seus paralelos no treinamento esportivo.

A análise de regressão múltipla indicou que a mensuração de motivação global e a ansiedade justificam 45% da variação no desempenho; os resultados deste tipo de análise confirmam que o conceito de desempenho está associado com a saúde mental positiva.
William P. Morgan e colaboradores (1988).

Quando se trata de analisar a mente, e então modificá-la, uma abordagem totalmente diferente daquela apropriada à fisiologia ou à bioquímica é necessária, pois o comportamento é muito mais difícil de dissecar em processos precisos que possam ser mensurados de forma quantitativa. Apesar disso, os fisiologistas estão trabalhando para descrever e avaliar o comportamento humano por um meio superior em termos quantitativos e de precisão. Neste capítulo, veremos como estas técnicas têm sido aplicadas para o esporte, tentando definir o que o Dr. Morgan quer dizer por "saúde mental positiva".

NOSSO COMPORTAMENTO

Em sua maior simplicidade, o comportamento pode ser analisado em termos de estímulo – mudanças em nosso ambiente externo ou interno que resultam em respostas ou ações. Apenas no caso de um verdadeiro reflexo, determinado estímulo pode, invariavelmente, produzir a mesma resposta; uma batida abaixo da rótula de uma perna inclinada causa sempre um empurrão da perna, à medida que o músculo quadríceps contrai. As ações reflexas permitem, efetivamente, ao corpo utilizar o piloto automático, reagindo ao estímulo sem a necessidade de pensar. Apesar disso, todos, exceto os reflexos mais simples, podem normalmente serem modificados quando surge a necessidade. Por exemplo, sentar numa tachinha pode provocar um salto e um grito – ambas respostas reflexas –, mas uma injeção esperada, na mesma parte de sua anatomia, resulta em uma resposta muito menos violenta do que a tachinha, dependendo de muitos fatores além do estímulo. Os psicólogos descrevem este acontecimento como um "sistema de crenças" interposto entre o estímulo e a resposta (Figura 10.1). O sistema de crenças interpreta o estímulo de acordo com o que o indivíduo acredita a respeito da situação em que se encontra. Este sistema, que reside no cérebro, envolve a combina-ção de memória e razão com informações oriundas dos sentidos. O sistema de crença é nossa "constituição psicológica", a qual é estabelecida pela hereditariedade e moldada por todas as informações de todos os sentidos. É isso que molda o que é tão importante no presente contexto, por implicar no fato do sistema de crença poder ser alterado, isto é, treinado!

Como exemplo de como o sistema de crenças de um atleta, ou constituição psicológica, pode afetar o desempenho, suponhamos que nossos atletas estejam realizando a volta final de uma corrida de 5.000m. Esse é o estímulo. Qual será a resposta? Neste estágio da corrida, os músculos dos atletas estão com pouco substrato energético, de modo que o esforço extra e a conseqüente dor teriam de ser aceitas numa "luta pela linha de chegada". O atleta pouco confiante aceita a situação, falha em correr atrás e

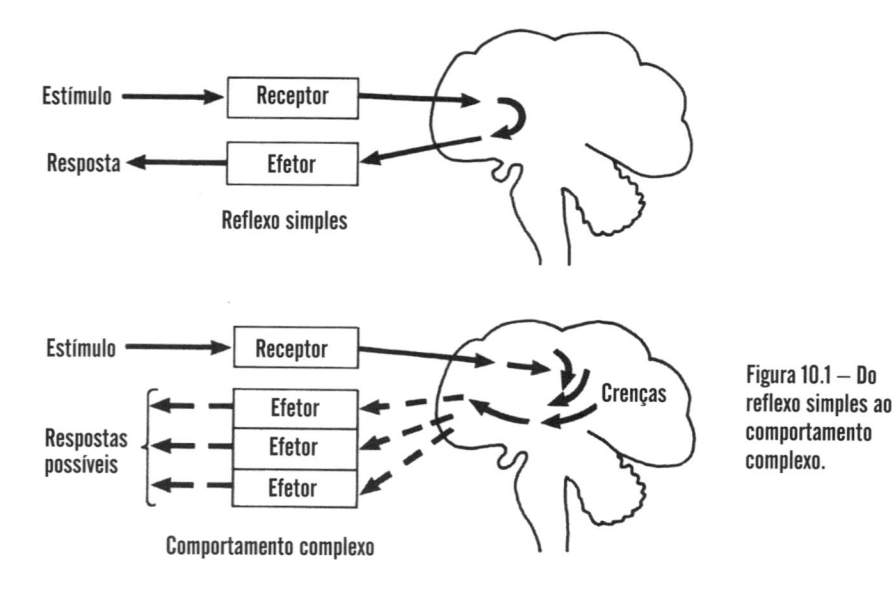

Figura 10.1 – Do reflexo simples ao comportamento complexo.

na ausência de uma resposta positiva, chegando em segundo. Mas se nosso atleta treinou sua mente para esta mesma situação, e pode usá-la mentalmente ensaiada para focar a atenção apenas na possibilidade positiva, a resposta comportamental também é positiva. Isso será auxiliado por uma abordagem fisiológica positiva: o atleta aprecia aquela preparação para que a corrida seja boa, o ritmo de corrida esteja abaixo do limiar anaeróbio, a preparação da dieta para a corrida aumente as concentrações de glicogênio e este substrato seja conservado durante a corrida.

As crenças do atleta é que um aumento no ritmo não é apenas possível, mas foi planejado. E ele vai vencer a corrida! Esta ligação funcional entre a fisiologia e a psicologia no esporte é uma área de crescente interesse em relação ao estresse da competição e promissora para o desempenho ideal.

Tentaremos neste capítulo:

- Identificar os elementos desejáveis do sistema de crença de um atleta.
- Demonstrar como um atleta pode acessar sua própria constituição psicológica.
- Indicar como isso pode, se necessário, ser modificado, ou seja, como a mente pode ser treinada.
- Relacionar fisiologia e psicologia do estresse.

Maiores detalhes práticos são dados na Seção C.

A MENTE DO ATLETA

Em outros capítulos, há muitas afirmações como: "o desempenho depende de um parâmetro fisiológico, por exemplo, o tempo para os 10.000m depende parcialmente do VO_2máx."; "o desempenho anaeróbio depende parcialmente da capacidade de tamponamento"; "o desempenho na maratona depende dos estoques de glicogênio". Estas afirmações podem ser simplificações excessivas – freqüentemente pequenas partes de um quadro complexo –, mas fornecem modelos que podem ser testados, quantificados e colocados novamente no contexto. De maneira ideal, devemos agora aplicar este tipo de abordagem aos fatores psicológicos. Isso não é fácil, e alguns podem dizer que seja até impossível, mas esta abordagem, na realidade, tem beneficiado atletas na prática. É necessário que aceitar que o modelo não é muito preciso, pois parâmetros psicológicos não podem ser dissecados e quantificados da mesma forma que fisiológicos. Uma conseqüência disso é a falta de definições adequadas de termos como estresse, ansiedade e alerta, o que permitiria a utilização deles de modo claro, preciso.

É preciso, porém, começar de algum ponto. E a hipótese do U invertido, introduzida inicialmente por Yerkes e Dodson, em 1908, parece ser a mais indicada (Figura 10.2). Decidimos nomear o eixo das coordenadas como "alerta" e iremos nos esfor-

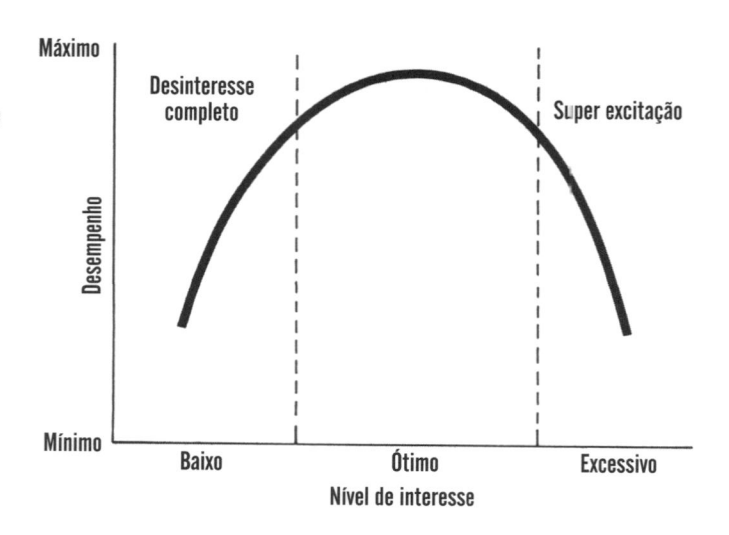

Figura 10.2 – O modelo do U invertido de relacionamento entre desempenho e nível de interesse.

çar para descrever este termo, se não defini-lo, abaixo. Outros autores utilizam os termos "estresse" ou "ansiedade", mas é importante observar o que todos solicitam do modelo: a descrição da relação, sendo uma questão totalmente equivocada afirmar que ele explica a relação em si.

Geralmente, não se tem bom desempenho em tarefas que "não incomodam", porque o nível de alerta é muito baixo. Isso produz o fenômeno "tudo ficará bem à noite", porque durante o estresse real do desempenho aumentam-se os níveis de atenção e a qualidade da ação. Também é possível, entretanto, que estresse excessivo aumente também o nível de alerta em excesso, tornando ruim o desempenho, ou até mesmo pior: "fica-se moído". Assim, existe um nível ótimo, de fácil avaliação, mas no qual suas características são de difícil definição. Em alguns indivíduos, este nível ótimo é um

ligeiro pico, a partir do qual é fácil deslizar para qualquer uma das direções enquanto, em outros, ele é amplo.

No atleta, níveis baixos de alerta resultam em perda de interesse no treinamento, e mesmo na própria competição. A causa pode ser um problema de saúde real ou possível. Por exemplo: um resfriado, um mal-estar intestinal ou, no caso de uma mulher, a tensão pré-menstrual. Outras causas do alerta baixo podem residir fora do esporte, emanando de vários tipos de ansiedade que podem não estar relacionados ao esporte.

Um perigo característico do baixo alerta é a retroalimentação positiva. O desempenho falha e, como resultado, os níveis de alerta diminuem ainda mais e, por sua vez, reduzem o desempenho novamente. Para o atleta dedicado, a resposta pode ser diferente. Ele ou ela, com dificuldade, aumenta o esforço de treinamento, mas isso, sob certas circunstâncias, pode levar ao supertreinamento – com uma diminuição adicional no desempenho, como na situação descrita acima. Um baixo nível de alerta é, na realidade, um sintoma inicial de supertreinamento. Portanto, um importante trabalho para o técnico é identificar a causa básica do problema e adotar, ou sugerir, passos para superá-lo ou removê-lo.

O alerta elevado é igualmente prejudicial para o atleta. Ele é, pode-se dizer, sinônimo de ansiedade. Ansiedade é uma preocupação irracional que interferem no comportamento normal e desempenho. Na melhor das hipóteses, elas são vistas como inteiramente negativas, mas seu caráter prejudicial dependerá da natureza e intensidade da ansiedade.

Atualmente, os psicólogos esportivos dividem a ansiedade em dois componentes: ansiedade cognitiva, gerada pela mente, e ansiedade somática, que se manifesta de formas fisiológicas, tais como freqüência cardíaca aumentada, transpiração nas mãos e "borboletas" no estômago.

MELHORANDO O U INVERTIDO

Modelos, tais como o do U invertido, são aproximações iniciais para serem modificadas à medida que o conhecimento aumenta. Deve-se, entretanto, trabalhar para obter um balanço entre sua precisão (o que freqüentemente significa complexidade) e sua utilidade.

A inadequação mais óbvia do U invertido já está clara – o fato de que o "alerta" possui um único, ou talvez muito mais números, de componentes. Isso ficou aparente desde o começo; curvas com níveis ótimos normalmente resultam da mistura da interação entre fatores positivos e negativos. Os psicólogos aceitam que a relação entre desempenho e "alerta" é multidimensional, mas tal relação não é fácil de descrever em gráficos.

Outra inadequação do U invertido é que, ainda que seja justificado pela experiência subjetiva, ele não se ajusta tão bem ao mundo real. Pegue um atleta ou qualquer outra pessoa em uma situação estressante e aumente a pressão. Pode haver um ponto em que a pessoa "chega no seu limite" e a mudança é drástica, e não gradual, como a curva prediz. Em alguns contextos, nós chamaríamos isso de pânico: nós não ficamos apenas para baixo, e sim congelamos. A partir deste ponto, a recuperação não é apenas uma questão de descansar e reverter a curva. A pressão terá que ser reduzida de um modo demorado e, durante um longo tempo antes do desempenho, retornar ao normal. O U invertido na vida real não é nem simétrico nem reversível, mas possui uma forma diferente, dependendo da direção que é atravessada – uma propriedade conhecida como histerese (Figura 10.3).

Recentemente, o psicólogo Lew Hardy trouxe estas idéias a partir da aplicação matemática da teoria da catástrofe no indivíduo. Na teoria da catástrofe, um nú-

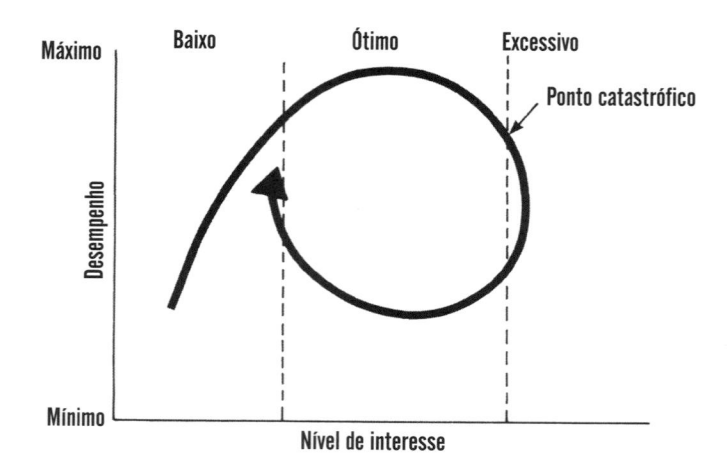

Figura 10.3 – O modelo da catástrofe após (Hardy, 1990).

mero de funções continuamente variáveis – podem ser poucas, como duas ou muitas mais – interagem para produzir descontinuidades. O comportamento histérico é uma conseqüência disso. Apesar de ser um bom modelo, ele será apreciado pelos atletas, se eles puderem fazer uso de tal modelo, predizendo, talvez, que um alto nível de ansiedade somática terá baixo efeito adverso sobre um atleta, a não ser que a ansiedade cognitiva também esteja alta. Se a ansiedade cognitiva estiver alta, pode ser desencadeada uma queda catastrófica do desempenho por um aumento da ansiedade somática, que em outra situação, seria inofensiva. Uma tarefa vital do treinador (devido ao fato do atleta estar muito próximo para "enxergar") é, portanto, identificar os indicadores de ansiedade cognitiva elevada e ajudar o atleta a lidar com eles antes que causem um problema sério. Os problemas que podem surgir para os atletas de pista incluem:

- *Distração*. A concentração diminui e o julgamento tático é prejudicado. Ocorrem erros estratégicos e corridas são perdidas.

- *Omissão*. O atleta pode estar preocupado a respeito da falha em atingir um objetivo particular de treinamento, por exemplo, um período de 400m em 60s. Assim, ele é omitido das planilhas. Mas, na realidade, o atleta não esqueceu o ocorrido, de modo que a ansiedade persiste (e aumenta). Ao invés de preocupar-se, o atleta deve, obviamente, adotar uma visão positiva e discutir o problema com o treinador em um estágio inicial.

- *Extensão*. Mesmo quando causada por um problema específico, como no exemplo acima, a ansiedade tem o hábito de aumentar rápido e, conseqüentemente, afetar todos os aspectos do treinamento.

- *Efeitos hipnóticos*. Podem acontecer quando o corredor focaliza sua atenção no problema, e não na causa. Se, por exemplo, devido à tensão nervosa, um corredor de 800m começa muito rápido e entra em fadiga precoce, ele duplica de forma consciente este hábito, podendo ser totalmente incapaz de interrompê-lo e, assim, começa toda corrida muito rápido.

Se não tratada, a ansiedade pode levar a outros problemas de saúde, tanto reais quanto imaginários, sendo esses freqüentemente mais difíceis de serem tratados do que os primeiros. O desempenho se deteriora, as planilhas de treinamento não são cumpridas e o atleta pode até mesmo desistir do esporte.

EXPLICANDO A PRONTIDÃO

Em 1955, Roger Bannister observou que os estados psicológicos são "totalmente fora dos limites do conhecimento fisiológico" (e presumivelmente da bioquímica). Isso ainda pode ser verdade em relação à ansiedade cognitiva, mas existem algumas áreas onde conexões úteis podem ser feitas. E assim podemos começar a entender como o estresse pode influenciar o desempenho. Atualmente, é possível apenas propor teorias para justificar alguns efeitos do estresse em termos bioquímicos e fisiologicos descritos nos capítulos prévios. A prontidão, por exemplo, pode influenciar o centro motor do cérebro, fazendo que, quando os níveis de prontidão estejam elevados, mais fibras sejam recrutadas. Como resul-

tado, cada fibra individual tem que trabalhar menos para realizar o esforço e obter mais energia a partir do metabolismo aeróbio. Contrariamente, com baixos níveis de prontidão, poucas fibras podem estar trabalhando. Assim, cada uma provavelmente terá que exceder seu limiar anaeróbio e depender mais do metabolismo anaeróbio, que produz fadiga. Altos níveis de prontidão estão associados com um aumento nos níveis de hormônios associados ao estresse – adrenalina no sangue e noradrenalina nos tecidos –, que ajudam a regular a taxa precisa de degradação de glicogênio muscular necessária para fornecer energia ao músculo ativo. A estimulação menor do que a necessária poderia resultar na quebra de uma quantidade insuficiente de glicogênio, aumentando, desta forma, o uso de glicose e, portanto, elevando o risco de hipoglicemia. A estimulação maior do que a necessária (excesso de prontidão) poderia resultar numa quebra excessiva de glicogênio, desperdiçando-o e produzindo excesso de ácido láctico indutor de fadiga.

Os hormônios do estresse também promovem a mobilização de gordura dos estoques no tecido adiposo, aumentando a liberação de ácido graxo e elevando a concentração desse no sangue. Desta forma, uma prontidão elevada poderia causar uma mobilização muito grande de ácidos graxos e sua conseqüente utilização, o que poderia resultar em problemas por duas razões:

- Para gerar a mesma quantidade de ATP, a oxidação dos ácidos graxos necessita de mais oxigênio do que a do glicogênio. Uma vez que o suprimento de oxigênio é quem limita o desempenho nas provas de meia distância, o ritmo tem que diminuir, ou mais energia deve ser fornecida de modo anaeróbio, resultando em fadiga precoce.

- Concentrações elevadas de ácido graxo no plasma aumentam as concentrações de triptofano livre e isso influencia a concentração de um importante mensageiro – 5-hidroxitriptamina – no cérebro, causando a fadiga central (ver *Fadiga e Aminoácidos*, no Capítulo 6). É possível que parte do efeito da ansiedade cognitiva sobre o cérebro ocorra via aumento da efetividade da 5-hidroxitriptamina. Assim haveria, então, um mecanismo pelo qual a ansiedade cognitiva e somática poderia interagir para causar um aumento muito grande da efetividade deste mensageiro dentro do cérebro, sendo o resultado uma queda marcante do desempenho.

O equilíbrio entre a estimulação insuficiente e a excessiva, para o desempenho ideal, pode ser difícil de ser julgado, especialmente porque ele pode variar de atleta para atleta, e ser bem sutil. A avaliação do perfil psicológico de um atleta pode ter parte importante na tentativa de alcançar este equilíbrio.

DESCOBRINDO SOBRE MIM MESMO

O primeiro passo para melhorar sua abordagem mental para a competição esportiva é descobrir seus pontos fortes e fracos. Num certo aspecto, a avaliação psicológica é mais simples do que a avaliação fisiológica; ela não precisa de instrumentação complexa. Este fato abre o caminho para a auto-avaliação. Uma variedade de testes encontram-se disponíveis, incluindo o POMS – Profile of Mood States (Perfil de Estados de Motivação), SCAT – Sports Competition Anxiety Test (Teste de Ansiedade da Competição Esportiva) e SERP – Sport Emotional-Reaction Profile (Perfil Emocional de Reação ao Esporte). Em cada um, as complexidades da personalidade são identificadas a partir de uma lista de características numerosas o suficiente para abordar todos os aspectos importantes, mas poucas para serem trabalhados de maneira prática. Um destes testes (SERP) é descrito em maiores detalhes abaixo, e as instruções de como determinar seu próprio SERP são apresentadas na Parte II. A vantagem deste conhecimento é que o treinamento da mente pode ser direcionado para a melhora dos traços que podem ser suficientemente anormais para influenciar o desempenho. Mas uma palavra de cautela: não há valor ideal para qualquer traço psicológico. Perfis servem apenas para indicar áreas onde um indivíduo se

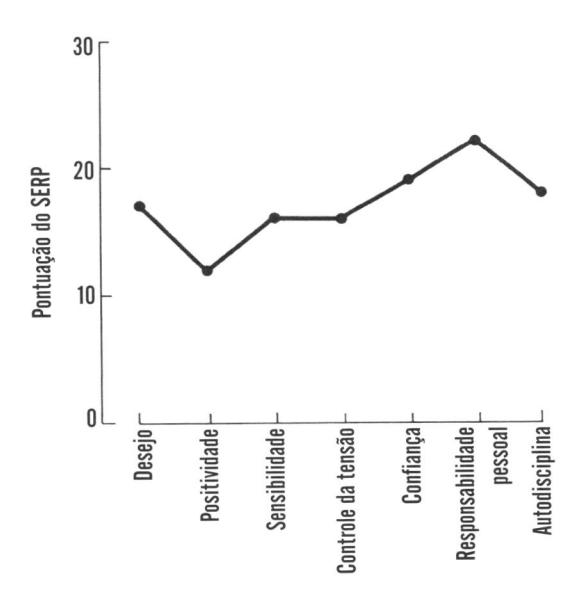

Figura 10.4 — Um exemplo de Perfil de Reação Emocional do Esporte (Tutko e Tosi,1978).

desvia significativamente daqueles atletas de sucesso em geral, onde alguma atenção pode se mostrar benéfica.

O SERP foi elaborado por Thomas Tutko e Umberto Tosi, no livro *Sport Psyching* (1978). O teste envolve a resposta (honesta) de 42 questões (reproduzidas na Tabela C.2, Seção C) com uma das respostas:

quase sempre/freqüentemente/às vezes/ raramente/quase nunca

Metade das questões são positivas, no sentido de que uma resposta "quase sempre" fornece a pontuação mais alta, e a outra metade é negativa. A análise envolve o agrupamento de questões em sete categorias representando sete características psicológicas importantes para a competi-ção. O SERP, desta forma, é a pontuação para cada uma destas sete características apresentadas graficamente (Figura 10.4). A faixa "normal" para cada traço está dentro da faixa de 10 a 25; pontuações mais altas ou baixas que essa poderiam indicar problemas, elaborados abaixo sob as legendas dos sete traços psicológicos que abarcam o SERP, na Seção C.

OS ATLETAS SÃO DIFERENTES?

Os atletas são diferentes da população normal? A resposta é um qualificado sim. Da mesma forma que uma característica psicológica e bioquímica particular é própria de atletas de elite, também os são os traços psicológicos. O uso do SERP não pode fornecer uma comparação,

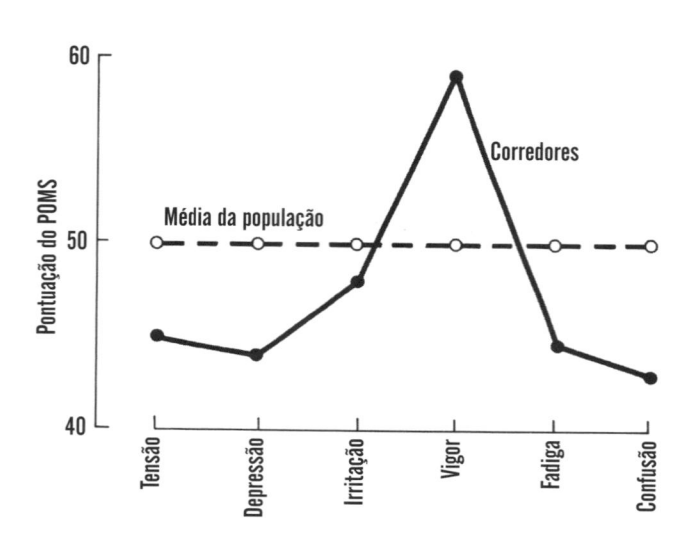

Figura 10.5 – Um perfil do Estado de Motivação de corredores de elite, demonstrando o perfil de *iceberg* característico de atletas (Morgan, 1980).

assim como não é prontamente aplicado a não-atletas. Mas o POMS é; e tem fornecido alguns resultados interessantes. Neste teste, a motivação predominante do indivíduo é pontuada sob seis categorias – tensão, depressão/prostração, raiva/hostilidade, vigor/atividade, fadiga/inércia e confusão/atordoamento – com base na resposta a uma série de palavras ou frases, que incluem infelicidade, tensão, cuidado, desatento, alegremente, incapacidade de se concentrar. Para cada uma dessas, o indivíduo expressa como se sentiu nas semanas e nos dias anteriores, no dia anterior ou no exato momento, utilizando as respostas:

nem um pouco/um pouco/
moderadamente/bastante/extremamente

O resultado interessante destes estudos, realizados pelo Dr. W. P. Morgan, da Universidade de Wisconsin, é que atletas possuem um perfil POMS distinto.

Os atletas são pontuados abaixo da média para tensão, depressão, fadiga e confusão, pontuam na média para raiva e bem acima da média para vigor. Quando apresentado graficamente, a forma característica do perfil para atletas deu origem ao termo perfil de *iceberg* (Figura 10.5). Perfis de *iceberg* são característicos não apenas de corredores, mas também de outros atletas, incluindo remadores e lutadores. Além disso, quanto mais alto o nível do atleta, mais pronunciado é o *iceberg*. É interessante que tal perfil torna-se invertido em atletas que se encontram em supertreinamento, sendo o teste POMS um dos melhores indicadores deste estado. Infelizmente, uma vez que o perfil tenha sido perturbado, é mais demorado para o atleta do que para o não-atleta restaurá-lo.

TÉCNICAS DE TREINAMENTO

A modificação do comportamento tem uma longa história, não inteiramente saborosa. Seu benefício clínico em corrigir problemas psicológicos é considerável, mas ela possui um lado negro, exemplificado pela lavagem cerebral. O fato é que ela funciona; o treinamento da mente é possível. Na realidade, aqueles envolvidos com o treinamento de atletas no antigo bloco dos países socialistas a muito reconheceram este potencial. Motivação Esportiva, como algumas vezes é conhecida, é tanto uma arte quanto uma ciência, mas seu enfoque como ciência é maior: ela envolve, certamente, muito mais do que uma conversa motivante fornecida pelo treinador, imediatamente antes do evento. Para ser benéfica, ela deve começar no início da vida de um atleta e continuar ao longo de toda sua carreira esportiva.

QUADRO 10.1 A MENTALIDADE DO SUCESSO

A forma mais direta de encontrar quais atributos mentais levam ao sucesso esportivo é perguntar aos atletas de sucesso. Isso foi precisamente o que o Dr. Brent Rushall fez, produzindo uma lista de importantes atributos mentais para os atletas de elite. Eles são elencados abaixo, acompanhados de nossos comentários.

• *A capacidade de se concentrar totalmente ao longo do período de treinamento para a competição mais importante.*

A concentração numa competição específica capacita o treinador e o atleta a alcançarem o pico de condicionamento físico e mental para um evento em particular. Pode muito bem haver um pico de condicionamento, mesmo quando o treinamento é mantido ou diminuído, de forma que a adequação do tempo é de fundamental importância, e esta adequação do tempo pode ser importante para diferentes atletas.

• *A capacidade de colocar mais esforço e intensidade na competição do que no treinamento.*

O treinamento intensivo imediatamente antes da competição é contra-produtivo. Um período de "descanso e reparo" de 2 e 4 dias (e em alguns casos ainda mais) antes do evento é necessário. Durante este período, o controle dos níveis de prontidão por técnicas de relaxamento e ensaio mental ao invés de preparação física deve capacitar o desempenho em competição para exceder aquele do treinamento.

- *Confiança para o desempenho que se espera.*
- *A capacidade de julgar adequadamente o desempenho em competição.*

A confiança vem do conhecimento de que você tem feito tudo correto – treinamento, pico, repouso, alimentação e ensaio mental – e de saber, por registros minuciosos e diários, que você não se encontra em supertreinamento. Entender o que está acontecendo com o seu corpo ajuda muito no treinamento e na competição, devendo fornecer aumento de confiança. Adotar o ritmo certo é essencial; com uma largada muito rápida, o metabolismo anaeróbio traz problemas que não podem ser resolvidos no ritmo da corrida. Apenas por meio do treinamento adequado, o corredor desenvolve um julgamento preciso do tempo e distância.

- *A estratégia competitiva detalhada é preparada e aprendida.*
- *A estratégia inclui o que fazer caso as coisas dêem errado.*
- *Antes da competição, é importante realizar quantos ensaios mentais forem possíveis do evento.*

A estratégia vence a corrida, mas ela deve ser a correta, aplicada "no calor do momento" e adaptada se as circunstâncias mudarem. A aplicação da estratégia envolve ensaios mentais extensivos antes da corrida, para evitar a ansiedade ao tomar decisões durante a corrida. Ser capaz de modificar a estratégia envolve não apenas a interpretação do comportamento de outros competidores, mas também a interpretação correta do metabolismo e de sinais fisiológicos que o atleta recebe de seu próprio corpo durante a corrida.

- *Pequenas distrações ou problemas que surgem antes da competição não incomodam o atleta.*
- *Conhecimento do que fazer e retomar a compostura se ela for perdida antes da competição.*
- *Conhecimento de como superar a excitação excessiva antes da competição.*
- *Conhecimento de como reconquistar a confiança, se essa for perdida.*
- *Arenas competitivas que não são familiares não perturbam o atleta.*
- *A capacidade de lidar com circunstâncias não comuns e distrações.*

Ser capaz de relaxar antes e durante a corrida previne que os níveis de hormônios de estresse aumentem demais e perturbem o equilíbrio entre o metabolismo de gorduras e carboidratos para prejuízo do desempenho.

● *Outros competidores não perturbem o atleta antes da competição.*

A melhor forma de ignorar os outros competidores é ter a certeza de que você está bem preparado e sabe como relaxar e ainda se concentrar no evento.

● *Alguns atletas preferem ficar sozinhos imediatamente antes da competição e aquecer sozinhos.*

O aquecimento é uma técnica que, por si só, exige um ensaio da estratégia e um mínimo de interferência. Mas se o atleta sente que a presença do técnico é importante, ele deve estar presente. Lembre-se de que um período completo de repouso (de 10 a 15 minutos) após o aquecimento e antes do evento pode ser muito importante para alguns atletas.

● *Níveis controlados de nervosismo e tensão no início da competição.*

Manter uma baixa concentração dos hormônios de estresse é importante para a maioria dos atletas, ainda que menos para o velocista.

É interessante notar que muitos destes pontos foram seguidos por Roger Bannister em sua preparação para o esforço da barreira dos quatro minutos na milha, em 1954. Ele treinou minimamente, evitando assim o supertreinamento. Teve 5 dias de descanso antes do evento; diminuiu a tensão durante o dia trabalhando e visitando amigos em Oxford; seu treinador estava presente no dia para dar confiança, e mesmo para ordenar que Bannister relaxasse durante a corrida. Em contraste, na maratona de 1952, na Olímpiada de Helsinki, Jim Peters foi vencido por Zatopek apesar do fato de Peters ter, 6 semanas antes, quebrado o recorde mundial em mais de 4,5 minutos (2h20min42) e, antes da maratona, Zatopek ter corrido nas provas de 5 e 10km, tendo-as vencido! O time Britânico teve de viajar para Helsinki não em um vôo fretado, mas em um avião de transporte. O vôo demorou 9 horas e, durante ele, o avião foi atingido por raio. Peters chegou com sensação de enjôo, mole e com dor de cabeça – dificilmente um estado para fornecer confiança ou permitir relaxamento antes de seu grande evento!

A maioria do treinamento psicológico é direcionada para o ajuste do nível de prontidão para trazê-lo até a "zona de funcionamento ideal" e, acima de tudo, prevenir que o ponto de catástrofe seja alcançado (Figura 10.3). Diferentes esportes se beneficiam de diferentes níveis de prontidão: para os esportes de potência e contato, os níveis precisam ser muito mais altos do que, por exemplo, para o tiro com carabina, onde o controle motor fino é fundamental.

Uma forma de prevenir que a prontidão alcance o ponto da catástrofe é fazer o uso do treinamento de relaxamento e concentração. Esses diminuem o efeito do estresse resultante do treinamento que o indivíduo precisa para enfrentar ou ignorar o estímulo promotor de estresse. Estas técnicas incluem treinamento de inoculação do estresse, administração do estresse psicológico e terapia de comportamento cognitivo.

Técnicas elaboradas para aumentar o relaxamento, incluindo ioga, meditação e auto-hipnose, dividem um número de elementos comuns. O primeiro é a respiração lenta e profunda controlada, que, por si só, já reduz a freqüência cardíaca e a pressão arterial. O segundo é a concentração mental, que normalmente envolve a eliminação de pensamentos externos (e normalmente perturbadores) pela concentração em uma única palavra ou parte do corpo. O terceiro elemento é aquele do isolamento físico das distrações do ambiente, obtido pela adoção de postura específica (como na ioga) e se-

parando um tempo especial, normalmente de 15 a 20 minutos, para o relaxamento. As técnicas com o maior apelo para os atletas são provavelmente aquelas desenvolvidas por Jacobsen, nas quais grupos musculares sucessivos ao longo do corpo são primeiro tensionados e depois relaxados. Maiores detalhes são dados na Seção C.

Aprender a focalizar a atenção no essencial, por meio do treinamento de concentração, também é descrito na Seção C. A capacidade de ignorar o que está acontecendo ao redor e se concentrar na tarefa em suas mãos é de enorme benefício para a maioria das empreitadas da vida, mas especialmente no esporte. Entretanto, em uma competição, isso apresenta vários problemas. Em primeiro lugar, existem distrações normais em qualquer competição. Em segundo, existem os estratagemas de falsa superioridade empregados por outros competidores, com rumores perturbadores de tempos notáveis obtidos em treinamento. Terceiro, há a ansiedade de ter um bom desempenho depois de todo o trabalho duro de treinamento e do trabalho do treinador. Como o treinamento de concentração, o atleta deve ser capaz de se desligar das distrações e se concentrar no trabalho em suas mãos. Os pensamentos do atleta são direcionados por linhas "associativas", relacionadas ao desempenho daquele instante, ao invés de linhas "dissociativas" que nada tem haver diretamente com a empreitada esportiva em progresso. Isso é efetivamente a aquisição de "cegueiras mentais" – importantes tanto durante o treinamento quanto durante a competição, para estabelecer a concentração como um hábito. É evidente que deve-se ter cautela para garantir que o foco de atenção seja amplo o suficiente para incluir todos os aspectos relevantes; a concentração do corredor da frente deve estar ciente daqueles atrás.

Outro meio de focalizar-se em aspectos essenciais é o ensaio mental – planejar antecipadamente o que deve ser feito em determinada situação. É tão importante como em outros aspectos da vida e pode aumentar a chance de sobrevivência em um acidente de avião tanto quanto de vencer o campeonato. O atleta deve, repetidamente, ir além, na sua mente, de todos os detalhes de um evento, do aquecimento ao cruzar da linha de chegada. O ensaio deve incluir não apenas os aspectos positivos, mas também a experiência com o sentimento da derrota numa corrida, escutar histórias de recordes não oficiais antes da competição e o cruzar da linha rápido – primeiro em câmera lenta, então cada vez mais rápido até que o ensaio mental ocorra na velocidade da corrida. Isso pode ser realizado quase em todo lugar, em uma cadeira de balanço, preso no congestionamento ou enquanto se espera no aeroporto. O ensaio mental é uma trapaça psicológica que lhe permite visualizar o que você provavelmente mais gostaria de fazer e retornar para o que você provavelmente irá fazer.

A coisa mais importante a ser lembrada é que o treinamento psicológico leva tempo e é mais bem integrado que o treinamento fisiológico. E assim, como nossas características fisiológicas e bioquímicas básicas são determinadas geneticamente, as nossas características psicológicas básicas também são. Não podemos escolher nossos pais, mas podemos fazer o melhor com o que eles nos deram!

11
ALIMENTAÇÃO PARA O CONDICIONAMENTO FÍSICO

Uma dieta somente animal é prescrita e carne de vaca e de carneiro são as preferidas... as coxas de frango são altamente valorizadas.... biscoitos e pão amanhecido são as únicas preparações de vegetais que são permitidas.

A. R. Downer, Scottish AAA Campeão dos 100, 200 e 400m de 1883, 1884 e 1885.

Corredores estão agora entendendo a importância da nutrição. Você não deveria tornar-se obcecado, contudo, especialmente na idade do corredor profissional, quando alguém está procurando maneiras de melhorar o desempenho. Sua dieta é importante, mas ela deveria ser olhada com mais atenção.

Dr. Sarah Rowell (melhor maratonista da maratona de Londres com o tempo de 2h28min6, 1985).

Sob circunstâncias normais, o desempenho atlético melhora conforme o estado do treinamento do atleta melhora. Contudo, é observado algumas vezes que o desempenho atlético piora mesmo quando índices do estado de treinamento são melhores ou não mudam. Porém, a capacidade de treinamento piora sem explicação. Há muitas teorias sobre os mecanismos envolvendo esta deterioração no treinamento e no desempenho. Uma destas teorias é que a queda do desempenho é causada por uma depleção aguda ou redução crônica nas reservas de carboidratos corporal.

W. M. Sherman e G. S. Wimer.

Atletas sempre têm se preocupado a respeito de sua alimentação, e nunca houve uma pequena quantidade de conselhos. Alimentação é algo sobre a qual todos nós temos uma opinião. Mas, o que os cientistas dizem? Durante muitos anos, eles têm trabalhado para estabelecer um mínimo de exigências dos diferentes componentes dos alimentos necessários para manter a vida saudável. Tais estudos não são fáceis. Por exemplo, alimentar seres humanos com dietas sintéticas por qualquer período de tempo não é nem exeqüível nem ético. Qualquer porção de alimento real contém centenas de substâncias, cada qual podendo ter um efeito nutricional diferente. Além disso, os indivíduos diferem em relação às suas necessidades – e pense o quanto levaria para demonstrar em que medida o óleo de fígado bacalhau, tomado por uma criança, reduz a incidência de ataques do coração no indivíduo idoso.

QUADRO 11.1 ALIMENTO DOS DEUSES

A dieta da Grécia Antiga era especialmente sugestiva para o atleta, consistindo especialmente de peixe (fresco e seco), pão, frutas (especialmente figos, uvas e tâmaras), sopas espessas de vegetais e uma variedade de bolos adoçados com mel (um equivalente dos nossos dias é a paklava[1]). O óleo de oliva era utilizado para cozinhar, e o vinho, aguado, era a principal bebida. Os gregos não eram vegetarianos, mas comiam carne somente em ocasiões especiais. Desde que o atleta pudesse obter o suficiente desta alimentação, especialmente dos componentes ricos em carboidratos, sua dieta não deveria ser limitada. Entretanto, os atletas antigos eram tão propensos quanto os de hoje a adotar crenças equivocadas sobre alimentação, como nos informa Harris, em seu livro sobre os esportes Gregos: "Existia, obviamente, razões pelas quais um atleta deveria ser cuidadoso sobre a alimentação. Xenofonte destaca isso quando diz que o homem em treinamento deve evitar pão. Claramente, os Gregos conheciam o perigo de amido em excesso".

A partir desta afirmação, parece que o autor, escrevendo em 1972, sabia tão pouco sobre as relações entre a nutrição e o desempenho no exercício quanto Xenofonte escrevendo quase 2.500 anos antes.

Surpreendentemente, apenas nos últimos anos, uma dieta rica em carboidratos passou a ser recomendada de modo generalizado para o desempenho esportivo. Felizmente, é muito provável que a mesma depleção de glicogênio muscular, produzida pelas árduas sessões de treinamento na Grécia Antiga, tenha produzido o mesmo desejo por alimentos doces nos atletas antigos e também nos atletas dos dias modernos. Se os alimentos doces estão disponíveis, não há dúvida que eles serão consumidos, garantindo a repleção do glicogênio muscular e a capacidade de treinar ou competir efetivamente no próximo dia.

Existem muitas referências na literatura Grega sobre quantidade de alimento consumida pelos atletas, largamente considerada excessiva. Galeno, nascido em 180 a. C., escreveu: "Negligenciando o velho conselho de moderação em todas as coisas, eles gastam seu tempo se exercitando em excesso, comendo e dormindo em excesso, como porcos".

Moderação em todas as coisas permanece um bom conselho para o atleta, dois milênios mais tarde – todas as coisas, isto é, exceto para o carboidrato da dieta.

Apesar de todas as dificuldades, atualmente são estabelecidas quantidades nutricionais recomendadas (RDAs, em inglês) em relação a todos os nutrientes para homens, mulheres e crianças. Um problema é que elas são ligeiramente diferentes de país para país,

[1] Doce de origem grega consumido nos EUA.

pois são baseadas em estudos experimentais diferentes. Mas, e quanto aos atletas? Poucas pesquisas têm sido realizadas, mas a abordagem do senso comum é a de que o atleta adicione à sua alimentação geral bem balanceada as necessidades sugeridas por um entendimento das demandas do corpo durante períodos de treinamento intenso e suas necessidades durante a competição.

Para complicar ainda mais as considerações sobre a alimentação, é cada vez mais reconhecido que muitas doenças podem ser agravadas e algumas, pode-se dizer, serem causadas por uma dieta pouco balanceada. Em outras palavras, uma alimentação que contenha o suficiente de cada componente individual e não tenha nada especialmente prejudicial pode ainda não ser saudável. Adicione a isso os interesses de investimento dos fabricantes de alimentos, e não será de se admirar que o público em geral – incluindo alguns atletas – seja confuso em relação à alimentação. Desta forma, por onde começar numa tentativa de clarear esta questão? Um bom lugar seria o relatório do *National Commitee on Nutrition Education* (NACNE), publicado em 1983, que produziu cinco recomendações sobre a alimentação saudável. Nós podemos então atentar sobre como estas recomendações podem ser modificadas para as necessidades especiais dos atletas.

As recomendações do NACNE são:

- Não mais od que 30% da energia deve ser oriunda das gorduras.

- Uma alta proporção desta gordura deve ser insaturada.
- Os carboidratos, de preferências os complexos, devem constituir cerca de 50 a 60% de toda a energia ingerida.
- A ingestão de fibra deve ser alta.
- A ingestão de sal deve ser moderada.

Mesmo esta curta lista indica complexidades. Existem gorduras e gorduras, carboidratos e carboidratos e, como iremos ver, mesmo proteínas e proteínas. Não há como evitar isso – o atleta que quer ser informado em relação à alimentação tem que conhecer um pouco de química dos alimentos para selecioná-los melhor para o treinamento e a competição.

OS CARBOIDRATOS: SIMPLES E COMPLEXOS

Carboidrato é o termo coletivo para açúcares e polissacarídeos, que, apesar de sua relação química, possuem papéis um pouco diferentes na dieta. Os açúcares são solúveis e doces. O açúcar mais importante para que o atleta conheça alguma coisa é a glicose, transportada no sangue como uma fonte de energia para os tecidos do corpo. Para satisfazer seu papel, sua concentração tem de ser mantida entre limites bem estreitos. Na alimentação natural, há relativamente a presença de pouca glicose, ainda que ela esteja presente nas frutas, no mel e em alguns refrigerantes comercialmente disponíveis. Na média, consumimos cerca de 16 gramas de glicose por dia (Tabela 11.1). Entretanto, muitíssimo mais dela está presente na forma polimerizada no amido.

A glicose é um monossacarídeo — um açúcar de uma única unidade. Na dieta, os açúcares dissacarídeos, compostos por duas unidades simples unidas, são muito mais abundantes. Os dissacarídeos também são doces e solúveis, especialmente a sacarose — uma associação química entre a glicose e a frutose (uma variante da glicose, que também ocorre livre no mel e em frutas). A sacarose é o açúcar de mesa obtido tanto na cana de açúcar quanto da beterraba. Nestas plantas, ela serve como reserva de energia. Ela forma cerca de 30%, em média, da ingestão de carboidrato do homem ocidental (Tabela 11.1). Um segundo dissacarídeo, a lactose — desta vez uma combinação de glicose e galactose — é o açúcar presente no leite.

Os polissacarídeos — carboidratos complexos — são compostos de unidades de monossacarídeos (a maioria glicose) quimicamente ligadas, freqüentemente formando cadeias muito longas. O principal componente do amido — o substrato armazenado por muitas plantas e o carboidrato complexo mais importante na dieta — consiste de cadeias com mais de 5.000 unidades de glicose, ligadas de uma ponta a outra. Um segundo componente do amido é um polímero ramificado de glico-

se, muito mais parecido com o glicogênio na estrutura molecular (ver Figura 4.2). Apesar desta similaridade com o glicogênio, ele ainda tem que ser transformado em glicose nos intestinos antes de ser absorvido pelo corpo. Na realidade, todos os polissacarídeos e dissacarídeos devem ser hidrolisados a monossacarídeos antes de poderem entrar na corrente sanguínea a partir dos intestinos e serem postos para o uso (Figura 11.1). Em geral, a digestão significa que a glicose entra no sangue mais lentamente quando oriunda dos polissacarídeos do que se estivesse livre nos alimentos. A rapidez depende do tipo de alimento e de como ele foi cozido.

Um grupo bem diferente de polissacarídeos alcançou as manchetes nutricionais nos últimos anos, principalmente aqueles presentes nas fibras. Esses são os carboidratos complexos, que não são bem digeridos no intestino delgado humano e nem contribuem muito para o fornecimento de energia para o organismo. O interesse na fibra baseia-se na boa correlação entre uma dieta rica em fibra e a boa saúde, pois a fibra:

- Adiciona volume ao alimento, promovendo assim a saciedade e reduzindo a ocorrência da ingestão excessiva de alimentos.
- Aumenta a retenção de água nas fezes, mantendo-as moles e reduzindo o perigo de lesão ao intestino.
- Melhora a eliminação de certas toxinas e substâncias do intestino grosso.

TABELA 11.1 INGESTÃO DE AÇÚCAR E AMIDO EM VÁRIOS ALIMENTOS POR INDIVÍDUOS BRITÂNICOS (BASEADO NOS ALIMENTOS REGISTRADOS NA NATIONAL FOOD SURVEY, EM 1987

| TOTAL | INGESTÃO (g POR PESSOA POR DIA) | | | | |
	SUCROSE 57,2	GLICOSE 13,2	FRUTOSE 10,4	LACTOSE 16,9	AMIDO 141,1
ALIMENTOS REGISTRADOS NO LEVANTA-MENTO NACIONAL DE ALIMENTOS					
AÇÚCAR DE MESA	31,8	0	0	0	0
LEITE, QUEIJO	0,8	0,2	0,1	15,5	0,1
CARNE, PEIXE	0,1	0,1	0	0,1	5,4
BATATAS	0,6	0,4	0,3	0	19,2
VEGETAIS FRESCOS E PROCESSADOS	2,8	1,4	1,2	0	10,5
FRUTAS E PRODUTOS DE FRUTAS	5,2	4,3	5,5	0	0,4
PÃES E FARINHA	0,7	2,5	0,2	0	67,0
BOLOS, BISCOITOS E PRODUTOS DE CEREAIS	10,8	1,2	0,9	0,6	36,6
OUTROS ALIMENTOS	4,4	3,1	2,2	0,7	1,9
ALIMENTOS ADICIONADOS					
CHOCOLATE E AÇÚCAR DE CONFEITARIA	16,1	2,1	0,3	1,2	0
BEBIDAS ALCOÓLICAS	0,1	1,0	0,4	0	0
TOTAL	73,4	16,3	11,1	18,1	141,1

Um total de 7,1g de outros tipos de açúcar, principalmente galactose e maltose, foram consumidas a cada dia (Lewis e Buss, 1990).

Um benefício adicional da fibra é o fato de que elas podem fornecer nutrientes para as células na parede do intestino delgado e melhorar sua atividade. Esta possibilidade surge porque bactérias no intestino delgado fazem, em parte, a digestão das fibras e produtos da digestão são utilizados pelas células do intestino grosso.

Os produtos das plantas são, geralmente, ricos em fibras, a não ser que tenham sido processados, como a farinha branca. Algumas fibras, como a celulose, que é muito abundante, são moderadamente positivas em fornecer benefícios. Ainda melhor são as pectinas e as gomas – não verdadeiramente fibras, mas, apesar disso, não digeríveis – que estão presentes na maioria das frutas.

O lado ruim de uma dieta rica em fibras é que ela pode reduzir a absorção de nutrientes importantes, especialmente minerais (ver abaixo); farelo de cereais, freqüentemente utilizado em alimentos para aumentar seu conteúdo de fibra, tem uma reputação particularmente ruim neste sentido. A fibra também diminui a quantidade de carboidrato digerível na alimentação, o que restringe a reposição dos estoques de glicogênio. A ingestão de fibras deve, portanto, ser mantida num mínimo durante os períodos de treinamento intenso e antes da competição.

A razão por trás do aconselhamento para que o público em geral coma mais carboidrato é que ele irá, como resultado, comer menos gordura. Isso é considerado

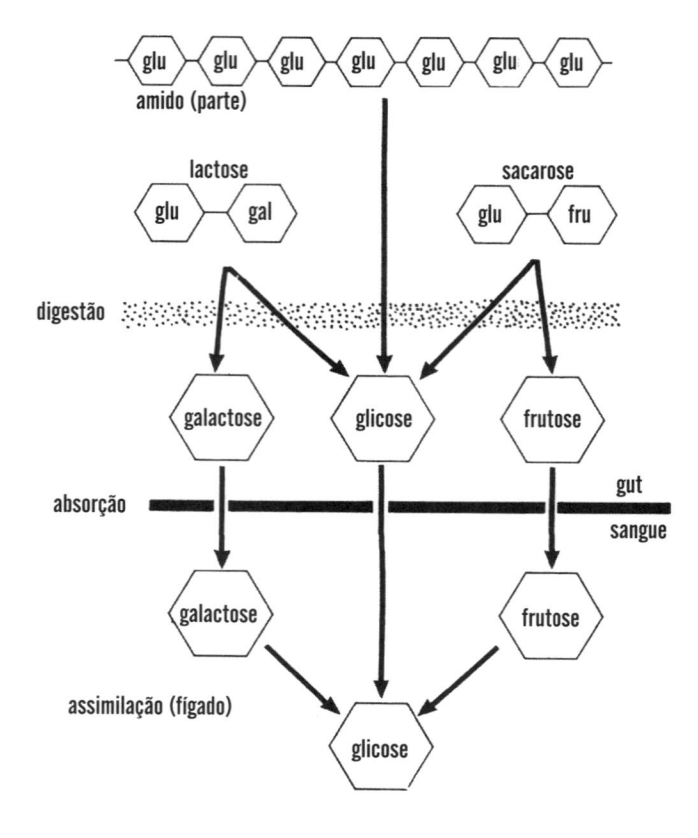

Figura 11.1 — As origens nutricionais da glicose sanguínea.

bom porque uma dieta rica em gordura é um fator para o desenvolvimento de algumas das doenças modernas mais comuns, como, por exemplo, doença arterial coronariana e obesidade. Os carboidratos complexos, ao invés dos açúcares, são recomendados devido à propensão dos últimos de produzir um rápido aumento indesejado na concentração plasmática de glicose. Atualmente, é sabido que alguns carboidratos complexos na dieta, se preparados de certas formas, podem causar uma rápida elevação das concentrações plasmáticas de glicose e também provocar cáries. Isso, então, enfatiza a importância da higiene dental (escovar freqüentemente) e exercício, que ajuda a prevenir grandes aumentos na concentração plasmática de glicose.

E QUANTO AO ATLETA?

O nível de glicogênio nos músculos é de acentuada importância para todos os atletas que correm distâncias de 800m para cima. Entretanto, ele é importante para todos os atletas durante as sessões de treinamento intenso, quando, por exemplo, muitos velocistas podem adicionar o trabalho com peso ao seu treinamento. Para os corredores de meia distância, quanto maior for o

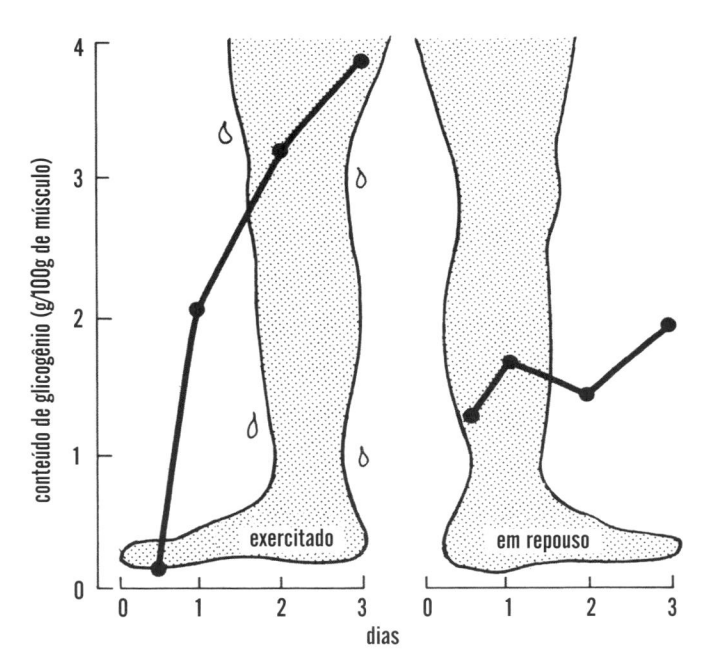

Figura 11.2 — A reposição do glicogênio é mais rápida e maior após o exercício. Neste experimento, os indivíduos exercitaram uma perna, mas não a outra, até a exaustão, em um ciclo ergômetro. Durante os próximos dias, os indivíduos consumiram uma alimentação com alto conteúdo de carboidratos e a concentração de glicogênio foi medida no músculo quadríceps de ambas as pernas (Bergström e Hultman, 1966).

estoque de glicogênio, maior a quantidade de substrato poupador de oxigênio e produção de ATP que pode ser gerada pelo metabolismo anaeróbio. Em corridas de longa distância, um grande depósito de glicogênio previne que o corredor, nos últimos estágios da corrida, dependa, em excesso, da gordura como fonte de energia, que não pode fornecê-la ao músculo na mesma taxa que os carboidratos (ver Figura 5.14).

Independente da fonte, uma vez que a glicose entra na corrente sanguínea, ela é preferencialmente direcionada para repor os estoques de glicogênio no músculo. Isso é particularmente longo após os estoques terem sido diminuídos ou esvaziados pelo treinamento ou competição (Figura 11.2). De 2 a 3 horas depois do exercício, os ácidos graxos estão disponíveis na corrente sanguínea e, estando eles em repouso, fornecem substrato energético para a maioria dos tecidos, de modo que virtualmente toda a glicose que entra no corpo encontra-se disponível para o armazenamento no músculo – o que é mais importante. Se os estoques puderem ser repostos rapidamente, a quantidade de glicogênio realmente armazenada pode ser aumentada acima da concentração normal.

Desta forma, como um atleta deve repor seu glicogênio após uma corrida de longa distância ou sessão de treinamento intenso? O problema é que muitos tentam lanche de conveniência (ou seja, *crisps*, biscoitos, bolos, chocolate, sorvete) que são, na realidade, mais ricos em gorduras do que em carboidratos. E isso pode ser um problema particular para os atletas de *endurance*, uma vez que evidências recentes sugerem que de 30 a 35% de sua ingestão calórica diária é oriunda de lanches. Os lanches fornecem não apenas uma pequena quantidade de carboidratos, mas, na realidade, a gordura diminui a velocidade da digestão e absorção de carboidratos, de modo que muito da glicose pode entrar no corpo mais tarde, perdendo o período pós-exercício ideal para a síntese de glicogênio no músculo. Uma solução para este problema é consumir bebidas ricas em carboidratos, que podem ser compradas prontas. Algumas dessas contêm polímeros de glicose, que são quebrados gradualmente durante todo o período ideal de duas horas para a ressíntese de glicogênio, imediatamente após o término do exercício. Isso pode encorajar mais a glicose que entra no corpo a ser convertida em glicogênio muscular, mas os atletas precisam estar menos preocupados que outros em relação aos perigos da elevação excessiva da glicose plasmática a partir de grandes quantidades de açúcares simples, uma vez que, com a depleção extrema de glicogênio após sessões de treinamento intenso, a ressíntese ocorre tão rapidamente que a concentração não permanece elevada por muito tempo.

Tem sido sugerido que uma forma de satisfazer a necessidade de grandes quantidades de carboidrato sem elevar excessivamente as concentrações plasmáticas de glicose pelo consumo de frutose por parte do atleta. Esse é um componente de ocorrência natural da sacarose convertido a glicogênio no fígado, sem aparecer como glicose plasmática. Parece uma boa idéia, mas uma nota de cautela deve ser dada. A frutose pode ser "natural", mas grandes quantidades não o são. Sabe-se que o metabolismo de frutose, em grande escala no fígado, depleta as concentrações de ATP neste órgão e produz um sério *déficit* de energia que pode danificar o fígado. Muita frutose ou, na realidade, sacarose em excesso, deve ser evitada.

De modo ideal, o que é necessário após o treinamento é um lanche simples, rico em carboidratos e pobre em gordura, como uma grande travessa de *cornflakes* (ou qualquer outro cereal refinado) misturado com leite desnatado ou xarope de uma lata de fruta. A fruta por si só irá fornecer fibras e carboidratos, além de repor muito do potássio perdido durante o treinamento. Isso pode ser feito com uma bebida rica em carboidrato. Tudo isso pode ser colocado na bolsa de treinamento com o resto do kit. Mas não esqueça o abridor de lata. A reposição de glicogênio após o treinamento deve ser um aspecto essencial do treinamento, não uma luxúria a ser atendida se o tempo permitir.

Desta forma, em treinamento você não precisa ter receio quanto aos carboidratos simples, devendo beneficiar-se deles como uma forma de aumentar o carboidrato total ingerido para fornecer pelo menos 60% de suas necessidades energéticas. Isso é, provavelmente, suficiente para todos e

TABELA 11.2 QUANTIFICAÇÃO DA ENERGIA INGERIDA E GASTA POR CICLISTAS NA VOLTA DA FRANÇA				
DIA DO EXPERIMENTO	CONDIÇÕES DO INDIVÍDUO	ENERGIA (kJ/DIA)		DIFERENÇA (kJ/DIA)
		INGESTÃO	GASTO	
3	REPOUSO	19.400	16.100	+3.300
4	EXERCITADO	19.300	26.800	-7.500
5	EXERCITADO	19.500	25.200	-5.700
6	REPOUSO	21.200	16.100	+5.100

Após dois dias de aclimatação em um grande calorímetro, a cada ciclista foi permitido alimentar-se e beber conforme sua vontade, sendo eles encorajados a ingerir a maior quantidade possível de alimento, especialmente carboidratos. O terceiro dia foi utilizado para descanso e, como esperado, a ingestão de alimentos superou a energia. No dia 4 e 5, os voluntários realizaram exercícios em um ciclo ergômetro no nível correspondente ao da Volta da França. Nestes dias, eles consumiram substancialmente menos do que eles gastaram – 7.500kJ, aproximadamente um consumo normal de mulheres por dia –, utilizando o restante de suas reservas de gordura. Esses foram parcialmente repostos durante o dia subseqüente de repouso. Em um experimento separado, eles foram baseados em que o saldo da energia ingerida e gasta somente se manteria se bebidas contendo carboidratos fossem ingeridas freqüentemente pelos ciclistas, somando-se as refeições e lanches normais com grande quantidade de carboidratos (Brouns, 1991).

mesmo para as necessidades excepcionais. Entretanto, com base nos estudos do gasto energético nos níveis experimentados por ciclistas de elite, por exemplo, a corrida da Volta da França, o Dr. Fred Brouns recomenda que um massivo 80% do conteúdo energético da alimentação deva ser de carboidrato, permitindo a ressíntese adequada de glicogênio (Tabela 11.2). Para preparar e consumir tal ingestão rica em carboidratos, fornecendo 17mJ por dia, significa comer 600g de carboidrato digerível – quase o dobro de uma dieta normal. Note que isso são 600g de carboidrato puro e seco, e não 600g de alimentos contendo carboidrato. A proporção da energia fornecida pelos carboidratos e outros componentes da alimentação em alguns alimentos normalmente consumidos é dada na Tabela 11.3, e sugestões para a preparação de refeições ricas em carboidratos são oferecidas na Parte II.

Deve ser observado que, assim como o treinamento adequado não é fácil de se realizar, a alimentação adequada também não o é. As dificuldades de uma alimentação rica em carboidratos são consideráveis:

- Grande volume necessário pode causar distensão abdominal e interferência no exercício subseqüente.
- A proteína essencial pode ser retirada da dieta.
- Um programa de treinamento intensivo pode não deixar tempo suficiente para preparação, consumo e digestão de tais quantidades elevadas de alimentos ricos em carboidratos.
- A não ser que seja cuidadosamente planejada e preparada, uma refeição rica em carboidrato pode não ser muito saborosa.

Para consumir tais taxas elevadas de carboidratos, bebidas contendo carboidratos devem ser consumidas com o tipo de refeições ricas em carboidrato e lanches sugeridos na Parte II.

Há apenas uma situação em que um atleta pode não ter a obrigação de consumir carboidratos: imediatamente antes da corrida. Os açúcares são apenas energia "imediata" para o cérebro. Os músculos obtêm quase toda sua energia do glicogênio e levam várias horas para ingerir glicose para ser assimilada neste estoque. O problema com açúcares antes de uma corrida é que eles podem aumentar a concentração plasmática de insulina, que pode, então, diminuir a taxa de quebra do glicogênio (e a concentração plasmática de glicose), interferindo, portanto, no metabolismo do principal combustível para o músculo.

Em contraste, para o corredor de maratona e, particularmente, o de ultramaratona, bebidas contendo açúcar são vantajosas durante a corrida. Para o maratonista que não é de elite, consumir glicose ou bebida contendo carboidrato durante a corrida pode ajudar a conservar o glicogênio muscular durante toda a corrida, mas é mais provável que restrinja a mobilização de ácidos graxos do tecido adiposo. Assim, o músculo utiliza apenas substratos a base de carboidrato. Isso é vantajoso por duas razões:

• A taxa de oxidação de ácido graxo exige mais oxigênio para produzir a mesma quantidade de ATP, de modo que é menos "eficiente" em relação ao consumo de oxigênio (pág.110).

• Concentrações elevadas de ácidos graxos podem induzir a fadiga central (ver Figura 5.15).

Além disso, na maratona, ultramaratona e durante treinamentos de corridas longas, bebidas contendo glicose podem prevenir a hipoglicemia. Para encorajar a absorção rápida pelo corpo, bebidas não devem conter açúcar demais, sendo recomendado cerca de 10%, isto é, 10g/100ml.

Para o ciclista de elite, consumir bebidas contendo carboidratos pode ser ainda mais vantajoso, uma vez que elas podem ser consumidas mais facilmente durante uma corrida. Por haver menos movimentação do corpo, há menos desconforto derivado do movimento do líquido no estômago.

Em atividades explosivas, tais como futebol, rugby e hóquei, tornou-se moda bebidas ricas em glicose antes do evento. Pelas razões mencionadas acima, é improvável que isso tenha algum efeito benéfico sobre o desempenho. Entretanto, o Dr. B. Ekblom, em Estocolmo, descobriu que jogadores de futebol freqüentemente depletam seus estoques de glicogênio muscular antes do fim do jogo. Assim, bebidas contendo carboidrato no intervalo podem ter valor e uma alimentação rica em carboidrato, consumida por 2 ou 3 dias antes de um jogo, também pode reduzir a avalanche de gols que ocorre no final de muitos jogos de futebol!

TABELA 11.3 PORCENTAGEM DE ENERGIA DE CARBOIDRATOS, GORDURAS E PROTEÍNAS EM ALGUNS ALIMENTOS COMUNS

ALIMENTOS	PORCENTAGEM DE ENERGIA		
	CARBOIDRATOS	GORDURA	PROTEÍNA
CHOCOLATE EM BARRA			
BARRA DE *CRUNCHIE CADBURY'S*	60	37	3
CREME DE CHOCOLATE *FRY'S*	67	30	3
CREME DE OVOS *CADBURY'S*	57.5	38.5	4
BARRA DE CHOCOLATE AO LEITE *HERSHEY*	43	51	6
BARRA DE CHOCOLATE AO LEITE COM AMENDOIM *HERSHEY*	31	59	10
BARRA MARTE	61	34	5
LEITE PASTEURIZADO *CADBURY'S*	43	51	6
PÃES			
BOLINHO DE PÃO	80	13	7
PÃO BRANCO	72	14	14
PÃO DE TRIGO INTEGRAL	68	16	16
REFEIÇÃO DE PÃO INTEGRAL	73	11	16
BISCOITOS			
BOLOS JAFFA	76	20	4
REFEIÇÃO DE DOCES DIGESTIVOS	56	39	5
WAFER RYE	83	4	13
BOLO PEQUENO	52	43	5
CREAM CRACKERS	61.5	30.5	8
ARROZ			
ARROZ DO SOLO (PARA PUDINS)	90	3	7
ARROZ BRANCO	91	1	8
ARROZ MARROM	86	5	9
LEITE DE VACA			
NATA TOTAL (O MAIOR)	24	56	20
SEMIDESNATADO	39	33	28
DESNATADO	56	3	41
NORMAL (HOMOGENEIZADO)	28	52	20
LEITE INTEGRAL (AMÉRICA DO NORTE)	29	49	22
BAIXA GORDURA 2% (AMÉRICA DO NORTE)	39	32	29
MILKSHAKE	73	17	10
CEREAIS			
FLOCOS DE MILHO	89	2	9
AVEIAS	67	21	12
TRIGO EM PEDAÇOS	91	5	14
WEETABIX	79	7	14
MASSAS DE TRIGO	81	15	4
POLVILHO (PLANO BRANCO)	83	5	12
MACARRÃO	83	3	14

VEGETAIS			
BATATA:			
COZIDA	88	1	11
ASSADA	87	1	12
FRITAS EM TIRAS (*CHIPS*)	51	43	6
ABACATE	16	79	5
BRÓCOLIS	57	6.5	36.5
BROTO DE BAMBU	61	5	34
CENOURA (COZIDA)	84	5	11
COUVE-FLOR (COZIDA, PLANTA INTEIRA)	56	4	40
AIPO	73.5	5.5	21
ERVILHAS PEQUENAS	68	9	23
REFEIÇÕES			
BACON E OVOS *MCMUFFIN* (MCDONALDS)	32	42	26
MACARRÃO COM QUEIJO (ASSADO NA CAÇAROLA)	37	47	16
BIG MAC (MCDONALDS)	28	52	20
SANDUÍCHE DE SALADA COM OVOS	43	41	16
SALADA DE ATUM	10	53	37
SALADA DE BATATA	63	25	12
SALADA DO CHEFE	4	77	19
FILÉ DE PEIXE (MCDONALDS)	38	42	20
CHICKEN MCNUGGETS (MCDONALDS)	17	53	30
CHEESEBURGER (MCDONALDS)	38	40	22
OVOS (FRANGO ASSADO JUNTO)	3	64.5	32.5
FRANGO (ASSADO, REFEIÇÃO LEVE, SEM PELE)	0	23	77
BOLOS			
MUFFIN BLUEBERRY	63	29	8
FARELO	54	36	10
ROSQUINHA	36	58	6
MASSA DINAMARQUESA	44	49	7
BOLO DO CHOCOLATE (CHOCOLATE GELADO)	55	40	5
ROSQUINHA (TIPO BOLO)	46.5	48.5	5
TORTA DE MAÇÃ (MCDONALDS)	47	49	4
FRUTAS			
MAÇÃ	93	5.5	1.5
DAMASCO	82	11	7
BANANA	91	5	4
GRAPEFRUIT	90	3	7
UVAS	89	4	7
MELÃO	82	3	5
MELANCIA	84	8	8
LARANJA	90	3	7
ABACAXI	89	8	3
AMEIXAS	86	9	5
TÂMARA (SECA)	97	–	3
FIGO (FRESCO)	93	3	4
FIGO (SECO)	92	3	5

PRODUTOS LATICÍNEOS			
MANTEIGA	0.4	99.2	0.4
NATA	4	94	2
OVOS (GALINHA, COZIDOS)	3	64	33
ALIMENTOS ENLATADOS			
SOPA DE TOMATE	54	40	6
PIPOCA DOCE	82	7	11
FEIJÕES COZIDOS	67	6	28
ESPAGUETE	86	5	10

SOBRECARGA DE GLICOGÊNIO

Os atletas de *endurance* não demoraram para explorar a descoberta escandinava, reportada em 1967, de que o desempenho de *endurance* depende do tamanho dos estoques de glicogênio, e que esses pode ser aumentados pela manipulação da alimentação. Provavelmente, esta informação foi primeiro utilizada pelo maratonista britânico Ron Hill em sua preparação para o campeonato europeu, realizado em Atenas, em 1969. Hill venceu a maratona.

No regime original seguido por Hill, as concentrações de glicogênio eram inicialmente depletadas por uma corrida extenuante 6 dias antes da competição. Após 3 dias de uma dieta pobre em carboidrato, uma segunda corrida extenuante era realizada, para exaurir completamente o glicogênio muscular. Nos três dias finais, uma dieta rica em carboidrato foi consumida, de modo que ocorreu a "supercompensação" e mais glicogênio foi armazenado do que o utilizado nas corridas. No estudo original, este procedimento dobrou as concentrações de glicogênio nos voluntários não treinados. Entretanto, maratonistas experimentam menos supercompensação devido ao fato da depleção dos estoques de glicogênio ocorrer de forma menos freqüente durante seu treinamento e o efeito diminuir com a repetição. Na realidade, muitos corredores descobriram que este regime interferiu com seu treinamento normal, causou mal-estar gastrointestinal e, possivelmente, aumentou sua susceptibilidade a infecções virais. Hoje em dia, a maioria dos corredores de maratona se ajusta a um regime com menos dificuldades. Uma vez que o treinamento normal diminui drasticamente seu conteúdo de glicogênio muscular de qualquer forma, eles apenas se ajustam para uma dieta rica em carboidratos durante os poucos dias que antecedem uma corrida. Alguns atletas precedem isso com um período de baixo consumo de carboidrato, mas os organismos diferem e a experiência pessoal é necessária.

Entretanto, a coordenação correta do tempo é crucial, pois o excesso de glicogênio persiste por um curto período, mesmo na ausência de exercício. Festas de massa na noite anterior ao evento podem ser divertidas, mas, no que diz respeito à sobrecarga de glicogênio, é apenas um complemento; o trabalho pesado já terá sido realizado. Os atletas usam um número de estratégias para monitorar o progresso de suas manobras de sobrecarga do glicogênio, incluindo:

- A diarréia ocorre se for ingerido carboidrato em excesso, uma vez que nem toda a glicose liberada pela digestão pode ser absorvida pelo intestino delgado e uma parte alcança o intestino grosso. Essa é a hora de parar a sobrecarga.
- A pesagem cuidadosa no mesmo horário, a cada dia, pode revelar o progresso, uma vez que a carga completa de glicogênio, com água associada, adiciona cerca de 5kg de massa corporal.
- A perda da sobrecarga é marcada por um significativo aumento no fluxo urinário, à medida que a água ligada ao glicogênio é liberada. Isso pode ocorrer sem o exercício se a sobrecarga começar muito cedo. Um corolário disso é a importância de manter uma ingestão suficiente de fluido durante a sobrecarga para evitar a desidratação.

O que começou como uma manipulação especial da alimentação para beneficiar corredores de maratona é atualmente visto como uma ligeira extensão do princípio geral de que todos os corredores de meia distância e superiores se beneficiarão ao manterem as concentrações de glicogênio tão elevadas quanto for possível. Isso pode ser obtido com o tipo de refeições ricas em carboidratos advogadas na Parte II (D).

GORDURAS: ENERGIA ELEVADA, MAS...

A gordura é quase um estoque ideal de energia em longo prazo, com seu alto conteúdo energético e sua capacidade de ser armazenada praticamente sem água (ver Capítulo 4). Entretanto, ela não é utilizada, em nenhuma extensão significativa, nos eventos de pista, ainda que desempenhe um papel na maratona e seja particularmente importante nos eventos de ultramaratona.

A comida que consumimos é largamente a reserva de energia de outros organismos, de modo que essa, inevitavelmente, inclui gordura. As gorduras são uma fonte econômica de energia na alimentação e não é má, a não ser se consumida em excesso, sendo que elas normalmente estão em nosso 'soft mundo Ocidental', onde a fome é rara e a auto-indulgência é norma. Com sua pronta disponibilidade, forma concentrada e apelo nutricional, é muito fácil consumir gorduras. A evolução, ao longo de períodos severos, adaptou os seres humanos a estocar este excesso de energia de modo que, ao invés da sobrevivência, a obesidade seja o resultado. Os nutricionistas recomendam que menos de 30% de nossa ingestão energética seja oriunda de gorduras. Nas sociedades primitivas, este quadro era freqüentemente menor do que 10%, e, durante os períodos de treinamento intenso, os atletas também devem ir em direção a este quadro.

Um problema em seguir este conselho é que as gorduras freqüentemente aumentam a palatabilidade da alimentação e da maioria das preparações de alimentos.

"Abstenha-se" ou, se não for possível, adicione gordura. São necessários esforços muitos especiais com nossas refeições para manter-se o conteúdo de gordura abaixo dos 10%. Por exemplo, leite desnatado (0,4% de gordura) deve substituir o leite integral (3,4% de gordura) e queijo cottage (19% de gordura) deve substituir o queijo Cheddar (65% de gordura).

QUADRO 11.2 O QUE OS ATLETAS REALMENTE COMEM?

Descobrir o que as pessoas realmente comem é muito difícil. É tedioso obter registros de tudo o que é consumido com porções exatas, e a composição dos nutrientes das refeições freqüentemente só é conhecida de forma imperfeita. O sujeitos também podem, consciente ou inconscientemente, enganar-se ou enganar ao investigador, registrando o que eles deveriam comer e não o que eles realmente comeram.

Em 1985, o Dr. William Haskell e seus associados realizaram um estudo muito relevante sobre 13 membros da equipe norte-americana de esqui nórdico. Eles registraram sua ingestão alimentar, por um período de 3 dias, em 4 ocasiões separadas, durante um ano de treinamento, dois dos quais treinamentos de campo, quando os alimentos eram preparados pelos esquiadores. Os seguintes pontos de interesse surgiram:

- O consumo de energia foi elevado (205 a 318kJ/kg de peso corporal por dia para os homens e 176 a 297kJ/kg de peso corporal por dia para as mulheres), mas provavelmente não alto o suficiente para atender seu gasto calórico total sob aquelas circunstâncias.
- A proporção da energia consumida como carboidrato (cerca de 45%) estava bem abaixo dos 60% recomendado como um mínimo para atletas treinando intensamente. A proporção consumida como gordura (38-39%) foi correspondentemente alta.
- A proporção da energia consumida como carboidrato foi menor nos treinamentos em campo, quando os atletas planejaram e consumiram sua própria alimentação em casa. O quanto isso refletiu nas escolhas inadequadas disponíveis no campo ou decisões que foram tomadas com base no sabor ao invés do valor nutricional não está claro. Sempre haverá, certamente, a tentação de comer um segundo pedaço de frango frito ao invés de outra batata.

- A ingestão de ferro pelas mulheres foi consistente, ainda que ligeiramente abaixo das recomendações para mulheres não-atletas.

Van Erp-Baart et al. (1992) realizaram um detalhado estudo durante vários anos sobre os hábitos alimentares de atletas de elite, muitos dos quais completam detalhados diários de alimentos por um mínimo de quatro dias consecutivos e, se possível, por sete. Um total de 419 atletas, que treinaram pelo menos de 1 a 2 horas por dia, foi estudado. Os principais achados foram:

- A ingestão de proteínas foi o suficiente para satisfazer as necessidades.
- A contribuição dos carboidratos para a ingestão de energia variou entre 40 e 63%. Ainda que os valores mais altos para a ingestão de carboidrato fossem observados em atletas de *endurance* (50 a 60% do total energético), mesmo que isso pareça ser baixo, quando comparado com os 70% recomendado (ver pág. 217-218).
- 35% do total da ingestão calórica foi consumido na forma de lanches, isto é, alimentos consumidos em períodos outros que não as três refeições principais. Parece que os atletas comem espaçadamente ao longo de todo dia, provavelmente porque refeições muito grandes podem afetar o desempenho no treinamento ou competição. Portanto, o conteúdo de carboidrato dos lanches para os atletas é de particular importância.
- O alimento preferido dos atletas foi pão.

Tão importante como manter o conteúdo de gordura baixo é o tipo de gordura consumida: saturada ou insaturada. Estes termos não têm relação nenhuma com o conteúdo de água, mas se referem a presença de duplas ligações nos ácidos graxos compondo as gorduras (Figura 11.3). Ainda que isso possa ser visto como um abs-

TABELA 11.4 PORCENTAGEM DE ÁCIDO GRAXO DA COMPOSIÇÃO DE ALGUMAS GORDURAS, ÓLEOS E ALIMENTOS			
	COMPOSIÇÃO APROXIMADA DE GORDURAS (%)		
	SATURADO	MONO-INSATURADO	POLINSATURADO
MANTEIGA	67	30	3
ÓLEO DE MILHO	14	31	55
FRANGO	35	45	20
PEIXE	23	27	50
MARGARINA (SÓLIDA)	54	33	13
MARGARINA (LIQUIDA)	25	22	53
AZEITE DE OLIVA	15	73	12
ÓLEO DE SEMENTE DE GIRASSOL	19	21	60
ÓLEO DE SEMENTE DE *SAFFLOWER*	19	21	60

Figura 11.3 – Ácidos graxos saturados e insaturados como parte de molécula de triglicerídeo.

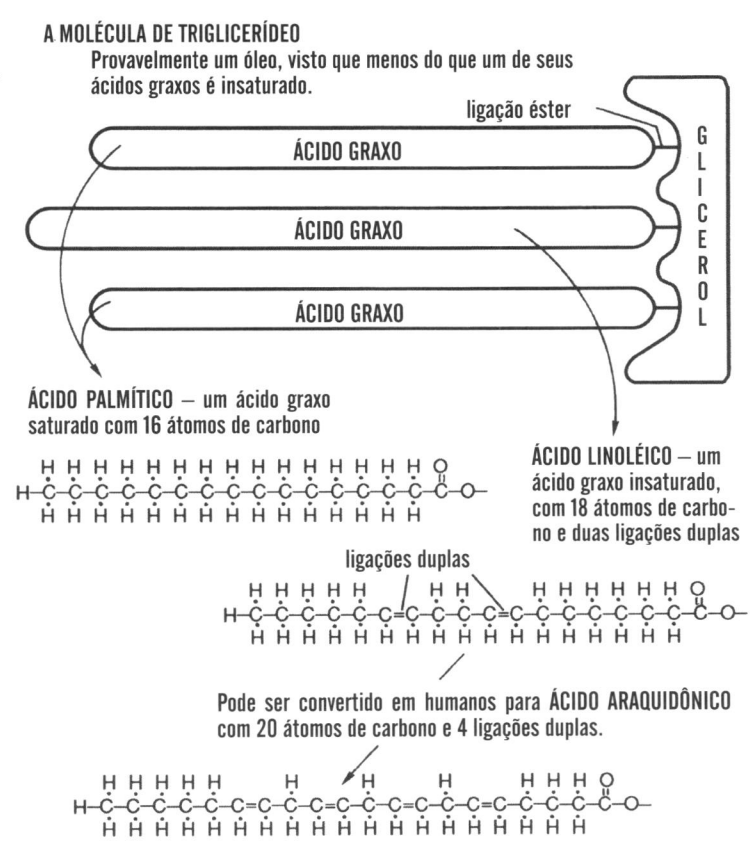

A MOLÉCULA DE TRIGLICERÍDEO
Provavelmente um óleo, visto que menos do que um de seus ácidos graxos é insaturado.

truso ponto químico, é um de significativa importância nutricional, pois há muita evidência de que uma dieta rica em gordura saturada e baixa em gordura insaturada predispõe a ataques do coração e derrames, sem mencionar as pedras na vesícula, diabetes e certas formas de câncer. Para tornar as coisas simples, pode ser considerar que óleos derivados de peixe e plantas são ricos em ácidos graxos insaturados e aqueles obtidas de outros animais e produtos desses são ricos em ácidos graxos saturados (Tabela 11.4).

RUMO AOS ESSENCIAIS

Até hoje, considera-se que os alimentos ricos em gordura são ricos em energia e devem ser consumidos com moderação, para evitar o ganho de peso, e que aumentar a proporção de ácidos graxos insaturados na alimentação promove benefícios em longo prazo para a saúde. Na realidade, as gorduras podem ser fabricadas no organismo quase que prontamente a partir dos carboidratos, ainda que não seja possível converter gordura em carboidrato. Isso significa que qualquer carboidrato consumido além do necessário para as necessidades energéticas imediatas ou para repor os estoques teciduais de glicogênio será convertido em gordura e armazenado no tecido adiposo. Sendo assim, a gordura é, de alguma forma, necessária na alimentação? O mais certo é que sim, devido ao fato de que fornecer energia não é o único papel das gorduras na dieta. A gordura dos óleos das plantas, e também dos óleos de peixe, contêm ácidos graxos essenciais. Esses são essenciais porque o corpo não pode produzi-los a partir de nenhum outro componente da dieta. Quimicamente, eles possuem mais do que uma ligação dupla (Figura 11.3) – o sinal de instauração –, sendo assim conhecidos como ácidos graxos poliinsaturados, ou PUFAs. Ainda que o fígado humano possa realizar um imenso número de transformações químicas, uma coisa que ele não pode fazer é introduzir ligações duplas nas posições corretas em um ácido graxo para produzir PUFAs, que devem, portanto, ser fornecidos prontos, o que nesta Era Moderna significa "obtidos da prateleira de supermercado".

Os PUFAs tem dois papéis especiais na dieta. O primeiro envolve a estrutura das membranas, que isola as células de seus arredores e forma estruturas, tais como as mitocôndrias dentro delas. Um importante componente de todas as membranas são os fosfolipídios – uma molécula similar à gordura, possuindo duas cadeias de ácidos graxos, uma das quais é quase invariavelmente poliinsaturada. Os PUFAs são necessários para fornecer o tipo correto de fosfolipídio, não apenas à medida que o corpo cresce, mas também para o reparo de células danificadas. O ciclo de lesão e reparo das membranas celulares é amplamente acelerado durante o treinamento, e, ainda que alguns destes PUFAs nestas membranas sejam reciclados, muitos serão danificados e, então, quebrados. A única fonte de novos PUFAs para repor os danificados é a dieta, sendo de particular importância para que o atleta, durante o pico de treinamento, tenha um bom suprimento de PUFAs.

O segundo papel desempenhado pelos PUFAs é a síntese de prostaglandinas, que atuam como mensageiros químicos, controlando muitos processos dentro dos tecidos. Um desses é o controle do reparo após o dano imposto pelo treinamento. As prostaglandinas também estão envolvidas nos processos de inflamação e na síntese de tecidos para a dor – respostas diminuídas por drogas, tais como aspirina, que inibem a síntese de prostaglandinas.

Desta forma, de onde o atleta pode obter PUFAs? A resposta é: a partir de óleos de planta ou peixe. Óleos são simplesmente gorduras com baixos pontos de fusão, de modo que, à temperatura ambiente, estão no estado líquido. Uma vez que o baixo ponto de fusão é conferido em óleos pelos ácidos graxos insaturados, óleos são ricos em PUFAs. As melhores fontes de PUFAs são os óleos de sementes vegetais (especialmente os de girassol e *safflower*), óleos de peixe (fígado de bacalhau) e "carne" de peixes gordurosos (mequerel, salmão, arenque). Ao atleta, é especialmente importante que estes óleos, sempre que possível, substituam as gorduras animais, mantendo a ingestão de PUFAs enquanto aquela de gordura total na dieta seja mantida baixa. Uma forma de fazer isso é com a substituição de manteiga por margarinas ricas em ácidos graxos poliinsaturados e utilização apenas de óleos na preparação dos alimentos. Entretanto, os óleos poliinsaturados não devem ser utilizados para fritar, uma vez que o aquecimento produz radicais livres – elementos químicos muito reativos, que podem ser prejudiciais.

QUADRO 11.3 ESPALHANDO CONFUSÃO

Com o reconhecimento de que a manteiga não é uma coisa boa para se comer, pelo menos não em grandes quantidades, houve proliferação das *spreads*, conhecidas coletivamente como margarinas. Elas, entretanto, foram originalmente desenvolvidas não como alimentos saudáveis, mas alternativas mais baratas para a manteiga. Em geral, óleos de plantas são muito mais baratos do que gorduras animais, mas não é fácil espalhar um óleo de planta, por exemplo, sobre um pedaço de torrada – tente! A solução química é drástica, mas eficiente – aqueça-os com hidrogênio gasoso na presença de níquel em pó como catalisador. Este tratamento adiciona átomos de hidrogênio às duplas ligações, convertendo assim gorduras insaturadas em saturadas. Isso fornece um material similar à manteiga (mas, claro, não com o mesmo gosto), denominado margarina. Tais margarinas duras se espalham bem na temperatura ambiente, mas como os refrigeradores domésticos se tornaram um lugar comum, isto já não é mais uma vantagem. Na verdade, elas são difíceis de espalhar, se "vindas direto da geladeira". Portanto, foram produzidas margarinas macias, com um alto conteúdo de gordura insaturada. Seu elevado conteúdo de PUFA conferiu benefícios adicionais de saúde, e as vendas decolaram.

Um aspecto adicional do marketing de margarina foi o advento das margarinas com baixa caloria, elaboradas para ajudar o consumidor que deseja reduzir seu consumo energético. Para produzi-las, gorduras poliinsaturadas são homogeneizadas com uma grande quantidade de água, de modo que a mesma margarina contenha menos energia. Além disso,

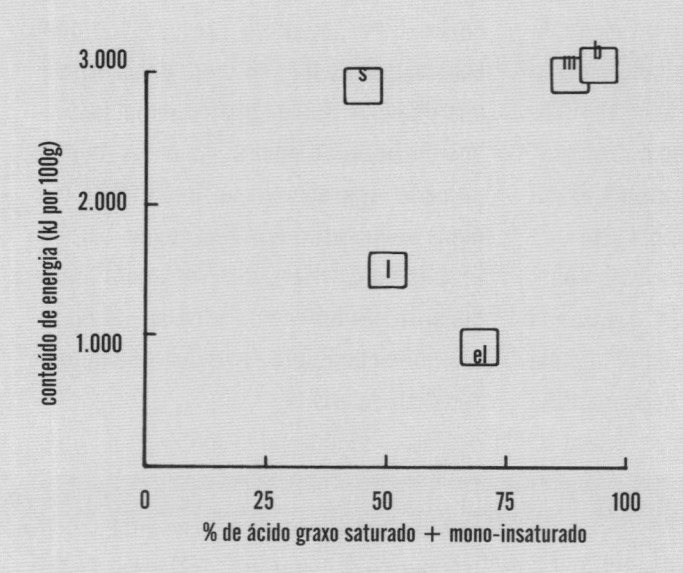

Figura 11.4 – Conteúdo de energia e porcentagem de gordura que não é poliinsaturada em extensão. Chave: b, manteiga; m, margarina sólida; s, margarina líquida; l, margarina com pouca gordura; el, margarina com pouquíssima gordura.

outra linha de produtos teve origem a partir da combinação da manteiga, com seu sabor bem popular e óleos vegetais mais baratos, saudáveis e fáceis de serem espalhados.

Os fabricantes de margarinas, sem dúvidas, beneficiaram-se da preocupação com a saúde em relação à manteiga e, ainda que eles tenham de evitar falsas afirmações, muitas das propagandas fazem pouco para resolver a confusão sobre os benefícios das margarinas para a saúde. Talvez a Figura 11.4 possa ajudar.

No momento, é controverso dizer o quanto todos os PUFAs são benéficos. Um PUFA importante no corpo é o ácido aracdônico, que pode ser formado em nosso fígado a partir de outros PUFAs, normalmente presentes em altas concentrações nos óleos de semente. Pode, no entanto, ocorrer um problema: esta conversão envolve enzimas e há alguma evidência que a atividade catalítica de pelo menos uma delas envolvida na formação do ácido aracdônico possa ser bastante lenta em algumas pessoas. Por esta razão, talvez seja benéfico consumir ácido g-linolênico, para que o passo lento da via para o ácido aracdônico possa ser contornado.

Para o atleta que deseja suplementar sua alimentação desta forma, durante o período do pico de treinamento, o ácido g-linolênico está presente no óleo da prímula da noite (agora comercialmente disponível, por exemplo, como cápsulas "Effamol"). Ainda que isso não tenha sido testado em atletas, há evidências de que seja benéfico em algumas condições patológicas, tais como a tensão pré-menstrual, eczema atópico e neuropatia do diabetes.

AS PROTEÍNAS: VARIAÇÕES EM UM TEMA – AMINOÁCIDO

Uma forma de produzir grandes moléculas é ligar uma grande porção de moléculas menores. O processo é chamado polimerização, sendo utilizado pelos químicos para produzir plástico. Se unidades pequenas e idênticas (monômeros) ligarem-se de ponta a ponta, o resultado será moléculas também idênticas, exceto pelo número de unidades de monômero contidas por elas. Entretanto, se você começar com vários monômeros diferentes e permitir que eles se conectem em seqüências predeterminadas, um grande número de diferentes polímeros pode ser produzido. No caso das proteínas, vinte diferentes aminoácidos monômeros estão disponíveis, podendo ser ligados em seqüências definidas que, usualmente, contêm de 50 a até várias centenas de aminoácidos (Figura 11.5). Portanto, é possível chegar-se a um número astronômico de proteínas e, a partir delas, a evolução seleciona milhares para realizar funções diversas, como catalisar reações (as enzimas), transportar oxigênio (hemoglobina) e formar o cabelo (queratina).

Quase todas as células do corpo humano possuem o aparato para sintetizar proteínas, mas só podem fazer isso quando supridas por aminoácidos. Metade dos vinte aminoácidos necessários pode ser feita a partir de componentes, prontamente disponíveis no organismo. Em contraste, a outra metade – os aminoácidos *essenciais* – devem ser fornecidos na dieta. A digestão da proteína no intestino libera aminoácidos, absorvidos na corrente sanguínea e captados pelos tecidos que necessitam deles.

Devido à reposição contínua das células e à quebra e ressintetização de proteínas nas células, a demanda por proteí-

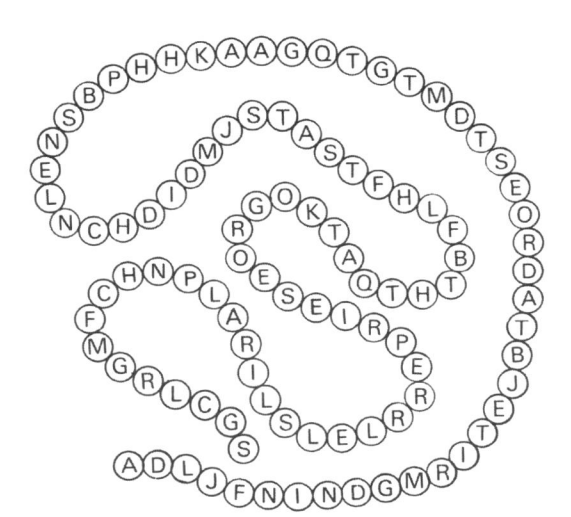

Figura 11.5 – A estrutura de uma pequena proteína hipotética. Cada círculo representa um aminoácido.

na continua mesmo após o crescimento ter cessado. A Organização Mundial de Saúde recomenda que a ingestão diária de proteína deva ser de, pelo menos, 0,8g para cada kg de peso corporal, isto é, cerca de 56g para um adulto médio que pese 70kg. A criança em crescimento necessita de muito mais (2,4g/kg de peso corporal nos primeiros meses e 1,5g/kg aos 6 meses – embora, infelizmente, em muitas partes do mundo elas não tenham acesso a isso). É amplamente aceito que, durante períodos de treinamento intenso, atletas também necessitem de uma maior quantidade, mas não se chega a um acordo sobre o número exato. Para uma pessoa muito ativa, na faixa etária de 18 a 34, o departamento de Saúde do Reino Unido recomenda 1,2g/kg de peso corporal por dia para homens e 1g/kg para mulheres. As 84g necessárias para um homem de 70kg nesta categoria poderiam ser fornecidas por cerca de meio quilograma do melhor bife a cada dia, mas é claro que proteína é fornecida por muitas outras fontes além dessa. Tem havido sugestões de que, nos atletas treinando intensamente, a ingestão de proteínas deve ser tão elevada quanto 1,5-1,8g/kg de peso corporal por dia.

Há muito tempo, os atletas aceitaram a necessidade de uma dieta rica em proteínas. Além disso, os músculos são feitos de proteína. Mas aqueles que seguem a tradicional dieta da "carne vermelha e ovos", ou a idiossincrática versão de Downer da "carne de boi, carne de carneiro e pernas de frango", sem dúvida ingerem muito mais proteína do que necessitam. É improvável que isso seja benéfico, mas poderia ser desvantajoso ou mesmo prejudicial? Há várias razões pelas quais isso pode ser:

- Alimentos ricos em proteínas normalmente são caros.
- Dietas ricas em proteínas normalmente contêm, principalmente, proteína animal, freqüentemente associada a grandes quantidades de gordura saturada.
- A saciedade com quantidades excessivas de alimentos ricos em proteína normalmente significa que pouco carboidrato foi consumido, que deve ser fornecido carboidrato suficiente para a reposição dos estoques de glicogênio muscular.
- O nitrogênio presente nos aminoácidos é convertido em uréia para a excreção na urina; a água necessária para que isso ocorra poderia aumentar o risco de desidratação durante o exercício subseqüente.

Assim, ainda que a proteína seja importante, o atleta deve evitar a tentação de seguir o velho conselho de que uma dieta muito rica em proteína é essencial. Particularmente durante o período de treinamento intenso e preparação para a competição, as refeições devem ser ricas em carboidrato e adequadas em proteína.

A consideração das necessidades diárias de proteína é envolvida pelo fato de que nem todas as proteínas da dieta possuem o mesmo valor nutricional, uma vez que contêm diferentes quantidades de aminoácidos essenciais. As proteínas presentes em alimentos como ovos, leite e carne contêm o suficiente de cada aminoácido essencial para permitir que a síntese protéica ocorra sem a necessidade de consumir proteína a mais (Figura 11.6).

Por outro lado, as proteínas de origem vegetal podem ser deficientes em aminoácidos particulares. Felizmente, nem todas as plantas são deficientes em um mesmo aminoácido, de modo que, consumindo uma variedade de alimentos vegetais, como, por exemplo, cereais e legumes, quantidades adequadas de cada aminoácido podem ser obtidas a partir de uma dieta vegetariana. Um atleta vegetariano, que não consome nem mesmo produtos derivados de origem animal, tem que planejar sua dieta cuidadosamente, para se recuperar depois do pico de treinamento. Isso, entretanto, provavelmente não constitui um problema, uma vez que os vegetarianos normalmente despendem considerável atenção em sua dieta. Pesquisas recentes sugerem que uma dieta deste tipo pode ser totalmente adequada para a manutenção do treinamento intenso e desempenho.

Desta forma, o atleta deve procurar o equilíbrio. Com proteína demais, a dieta fica distorcida; com pouca, a recuperação após o treinamento intenso

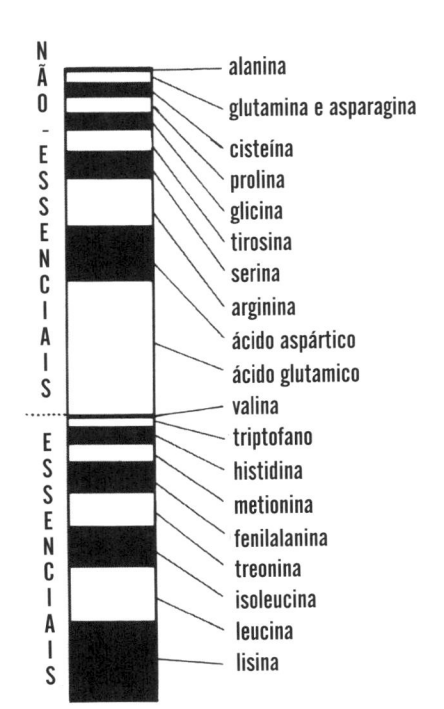

Figura 11.6 — A composição dos aminoácidos da miosina, uma das duas maiores proteínas do músculo e, conseqüentemente, da massa magra.

pode ficar mais lenta. Este problema leva à consideração da suplementação da dieta com aminoácidos essenciais, especialmente durante o pico de treinamento. Mas apenas os aminoácidos conhecidos como essenciais devem ser fornecidos? A ajuda talvez tenha chegado de uma direção inesperada. Bebês muito pequenos e prematuros podem ser mantidos vivos em incubadoras. A questão da nutrição de proteínas surgiu para estes bebês, uma vez que os aminoácidos não podem mais ser fornecidos pela mãe e a alimentação por via oral não é possível. Atualmente, é aparente que, para manter o crescimento e desenvolvimento destes prematuros, alguns aminoácidos previamente considerados como não essenciais são, na realidade, essenciais para eles. Ainda que seu fígado possa produzir aminoácidos não-essenciais, ele não pode fazê-lo rápido o suficiente para satisfazer as suas necessidades de proteína. Assim, eles devem ser fornecidos.

A necessidade de aminoácidos destes recém-nascidos sugere que o atleta no pico de treinamento pode considerar a suplementação com os seguintes aminoácidos: glicina, arginina, glutamina, serina, taurina, metionina, aminoácidos de cadeia ramificada e cisteína, dos quais apenas os últimos três são considerados essenciais. Um número de pontos surge desta lista de aminoácidos:

- A metionina no corpo é convertida tanto em cisteína quanto em taurina, de modo que, se a metionina for consumida em quantidade suficiente, ela pode garantir as concentrações dos outros dois aminoácidos. A taurina não é componente das proteínas, mas provavelmente é utilizada no reparo e recuperação após lesões, como as causadas pelo treinamento.

- Uma pequena família de aminoácidos, os aminoácidos de cadeia ramificada (valina, leucina e isoleucina), pode ser particularmente importante na promoção do crescimento muscular durante a recuperação após o exercício prolongado ou sessões de treinamento muito intensas, reduzindo assim a cansaço (Quadro 11.4).

- A glutamina ainda não está presente nas bebidas esportivas comercialmente disponíveis, uma vez que ela pode, durante o armazenamento, ser convertida espontaneamente em uma substância tóxica. No futuro, ela pode estar disponível na forma de pó para ser misturada à comida ou ser dissolvida na água, e consumida assim que for dissolvida.

Os atletas devem estar atentos que, ainda que algumas afirmações sejam feitas quanto à suplementação individual de determinados aminoácidos serem realizadas de acordo com conhecimento bioquímico apropriado, os benefícios não foram testados. O metabolismo humano é muito complexo e, portanto, pode não haver soluções simples para os problemas encarados pelos atletas durante o treinamento intenso e a competição. Em resumo, os melhores conselhos que podem ser dados no presente momento para o atleta treinando intensamente é:

- Consuma uma quantidade adequada, mas não excessiva, de proteínas.

- Evite fontes de proteínas que também sejam ricas em gorduras saturadas (tais como carnes vermelhas, hambúrgueres e salsichas).
- Considere a suplementação após as sessões de treinamento intenso, com uma mistura de aminoácidos.

QUADRO 11.4 UMA SOLUÇÃO DE CADEIA RAMIFICADA?

Os aminoácidos de cadeia ramificada (BCAA, no inglês) são mais do que especiais, sendo os únicos a gerarem energia no músculo que se exercita. À medida que as concentrações de glicogênio se aproximam do fim, ao término de uma corrida de meia ou longa distância, estes BCAAs começam a realizar uma contribuição ao suprimento de energia. Ainda que esta contribuição seja provavelmente pequena, suas conseqüências podem ser muito mais significativas.

No Capítulo 6, foi explicado que os BCAAs são transportados para dentro das células do cérebro pela mesma via do triptofano. No cérebro, o triptofano é utilizado como um precursor para a síntese de 5-hidroxitriptamina (5-HT), que poderia exercer um papel na "fadiga central", ou seja, fadiga iniciada no cérebro, e não no músculo. Uma concentração muito alta de 5-HT em certas partes do cérebro poderia tornar mais difícil manter um determinado ritmo, de modo que o atleta ou teria de aplicar um grande esforço mental ou diminuir. À medida que os BCAAs são utilizados para fornecer energia, sua concentração no sangue irá cair, de modo que eles não mais competem tão eficientemente com o triptofano para entrar no cérebro. Conseqüentemente, mais triptofano entra e mais 5-HT é feita, o que aumenta a fadiga central. Mantendo a concentração de BCAA no sangue poderia ser possível prevenir este aumento na produção de 5-HT.

Muito sobre a teoria; e quanto a prática? Metade dos 193 participantes da maratona de Estocolmo foi voluntária neste experimento e receberam bebidas contendo BCAAs 4 vezes durante a corrida. A outra metade, selecionada aleatoriamente, recebeu uma bebida placebo. O experimento foi conduzido de forma duplo cego: nem os corredores nem os cientistas sabiam quem estava recebendo BCAAs e quem estava recebendo o placebo.

Diante disso, os resultados foram despontadores; o grupo BCAA, como um todo, não teve um desempenho significativamente melhor do que o dos outros, mas um exame mais detalhado revelou uma diferença. Se apenas os corredores mais lentos fossem considerados (isto é, aqueles que levaram entre 3h5 e 3h30), o grupo experimental foi melhor do que o controle – em torno de 5 a 6 minutos. Por que os melhores corredores não foram beneficiados desta forma? Possivelmente porque eles eram menos susceptíveis à fadiga central ou seus estoques de glicogênio os mantiveram por mais tempo e eles foram capazes de correr com concentrações mais baixas de ácidos graxos no sangue (ver *Fadiga e Aminoácidos,* no Capítulo 6).

Em outros estudos similares, nenhuma melhoria no desempenho pôde ser atribuída ao consumo de bebidas contendo BCAA, mas os investigadores demonstraram que a percepção do esforço foi significativamente menor – elas tornaram a corrida muito mais fácil! Estudos em outros esportes, tais como futebol, tênis, squash e remo estão em progresso e o produto atualmente encontra-se comercialmente disponível.

VITAMINAS: O ALFABETO ESSENCIAL

Algo sobre as vitaminas prende a imaginação. Talvez seja a forma pela qual foram descobertas – como curas mágicas para doenças como escorbuto, raquitismo e beribéri –, pelo armazenamento de sua efetividade em doses tão pequenas ou porque elas podem ser sintetizadas de forma barata e formuladas em pílulas, de modo que qualquer um possa "tratar" de seu próprio desequilíbrio nutricional.

A definição das vitaminas como substâncias orgânicas necessárias em pequenas quantidades, mas não capazes de serem manufaturadas pelo corpo em quantidades adequadas, parece diretamente suficiente. Ela implica que, se uma determinada vitamina não está presente na alimentação, algum problema – uma doença por deficiência – irá surgir. Mas a nutrição de vitaminas ainda é praguejada com algumas incertezas. Para começar, muitas substâncias foram falsamente identificadas como vitaminas: as da série B atingem a B_{20}! Isso não é surpreendente, considerando-se as pequenas quantidades envolvidas e o quão difícil é realizar experimentos nutricionais em seres humanos (nem todas as espécies têm as mesmas necessidades de vitaminas). Algumas destas nem vitaminas eram, e talvez ainda sejam, comercialmente exploradas durante longos períodos após terem sido desacreditadas.

Em alguns casos, o corpo pode sintetizar um componente vital, mas pode não ser capaz de fazê-lo na taxa adequada sob certas circunstâncias. A vitamina D é um bom exemplo. A ação da luz do Sol sobre a pele pode gerar toda a vitamina D que o corpo humano precisa, mas, nas latitudes do Hemisfério Norte, pouca pele é exposta a pouca luz solar, de forma que as fontes alimentares de vitamina D são essenciais. Também é possível que um determinado componente possa ser feito rápido o suficiente para suprir as necessidades normais, mas a demanda aumentada empurra-a à categoria de "vitamina". O treinamento esportivo aumenta a demanda para virtualmente todos os nutrientes e bem pode ser responsável pela elevação da colina à condição de vitamina.

A real dificuldade com as vitaminas é saber o quanto uma carência é responsável por ligeiros efeitos: dores de cabeça adicionais, incidência aumentada de resfriados, uma pequena porcentagem de diminuição no desempenho, dor após uma determinada sessão de treinamento. O problema é que sempre há outras explicações, mas a suplementação da dieta é uma ação positiva, que pode ser facilmente realizada.

Cerca de uma dúzia de substâncias são amplamente reconhecidas como vitaminas (Tabela 11.5), ainda que algumas sejam, na verdade, famílias intercambiáveis de formas químicas. Um grupo adicional, incluindo colina, inositol e bioflavanóides, está na categoria de "possíveis" – pelo menos aos olhos de alguns especialistas (os ácidos graxos e os aminoácidos essenciais foram excluídos da categoria de vitaminas por razões históricas e por serem necessários em quantidades bem maiores do que as vitaminas verdadeiras). As quantidades recomendadas de vitaminas para adultos variam de 3µg (0,000003g) para a vitamina B12 a 60mg (0,06g) para a vitamina C.

QUADRO 11.5 ALIMENTO PARA O CÉREBRO – E O ATLETA

A natureza é econômica. Um repertório relativamente pequeno de moléculas é prensado em amplas variedades de serviços. A colina, por exemplo – um pequeno álcool rico em nitrogênio – constitui não apenas parte de um neurotransmissor, a acetilcolina, de importância vital no cérebro e nas junções neuromusculares, mas também parte do fosfolipídio lecitina – um componente essencial das membranas celulares. Os fosfolipídios se assemelham a triglicérides (Figura 11.3), no sentido de que eles contêm uma unidade glicerol, mas essa se encontra ligada a dois, ao invés de três, ácidos graxos. A posição remanescente no glicerol é ocupada por um grupo fosfato e uma pequena faixa de bases – incluindo a colina. As membranas são formadas por moléculas de fosfolipídios alinhadas em uma dupla camada com seus grupos ácidos graxos projetados para dentro e seus grupos fosfatos – grupos básicos – projetados para fora. Diferentemente, dos ácidos graxos, estes grupos são hidrofílicos, ou seja, formam uma associação estável com a água – um arranjo ideal para uma membrana que tem que separar dois compartimentos aquosos. O fosfolipídio que contém colina é conhecido como fosfatidilcolina ou lecitina.

Não há dúvida de que o corpo pode produzir colina suficiente para satisfazer as demandas normais. Mas aquelas de um atleta durante o pico de treinamento dificilmente são normais. As concentrações de colina no plasma caem significativamente após uma maratona, possivelmente por causa da quantidade necessária para reparar as membranas nos tecidos lesionados pelo treinamento intenso, a colina pode, na realidade, ser uma vitamina, embora ainda não exista evidência científica disso ainda.

Se o atleta prudente deseja consumir uma dieta rica em colina, uma das melhores formas de fazer isso é comer uma porção de peixe – há muito considerado bom para o cérebro. No pico de treinamento, pode ser necessário mais colina e essa pode ser consumida nesta forma ou na forma de grânulos de lecitina, que podem ser misturados num lanche rico em carboidratos e consumido assim que o treino terminar.

Quatro vitaminas – A, D, E e K – são *lipossolúveis,* e o resto é *hidrossolúvel.* Esta distinção explica parcialmente suas diferentes fontes na dieta (Tabela 11.5) e, se a suplementação for realizada, as vitaminas lipossolúveis devem ser tomadas durante, ou imediatamente após, uma refeição que contenha alguma gordura para a absorção efetiva.

O conselho sobre as vitaminas para a população em geral é que a suplementação não é necessária, exceto se a dieta estiver anormal. Isso pode ocorrer na velhice ou no indivíduo muito jovem, quando existem problemas na absorção do alimento ou uma demanda excepcional de vitaminas, como durante a gravidez. A questão relevante é o quanto o treinamento intenso é também um caso especial. Alguns cientistas respondem à esta questão com um não definitivo, e outros com um qualificado sim! O Dr. W. Saris concluiu, por meio do seu estudo com o ciclista da da Volta da França, de 1986, que a ingestão de vitaminas B (especialmente B_1) e C destes indivíduos, ainda que "normal", era inadequada sob aquelas circunstâncias. E outros atletas que treinam intensamente, mas restringem a ingestão alimentar em uma tentativa de perder peso, podem ter um consumo inadequado de algumas vitaminas. Além disso, um entendimento de como as vitaminas E e C e a colina são utilizadas pelo corpo sugere fortemente que um atleta irá precisar muito mais de cada uma de-

TABELA 11.5 ALGUMAS VITAMINAS: SUAS FONTES E FUNÇÕES		
VITAMINA	**FUNÇÃO DAS VITAMINAS**	**FONTES DE VITAMINA**
VITAMINAS SOLÚVEIS EM ÁGUA		
B_1 (TIAMINA)	ENVOLVIDA NO METABOLISMO AERÓBIO, IMPORTANTE PARA CORREDORES DE *ENDURANCE* E MEIA DISTÂNCIA	VEGETAIS FRESCOS, GRÃOS DE CEREAIS COM CASCA, CARNES (ESPECIALMENTE FÍGADO)
B_2 (RIBOFLAVINA)	ANTES E DURANTE O CRESCIMENTO, PODE SER PARTICULARMENTE IMPORTANTE NO TREINAMENTO INTENSO	LEITE E PRODUTOS DE CARNE
ÁCIDO NICOTÍNICO (NIACINA)	ENVOLVIDO EM TODO O METABOLISMO ENERGÉTICO	FÍGADO, CARNES MAGRAS, CEREAIS E LEGUMES
B_6 (PIRODOXINA)	IMPORTANTE NA FUNÇÃO DO SISTEMA NERVOSO E NO METABOLISMO DE AMINOÁCIDOS, TAMBÉM IMPORTANTE NA RECUPERAÇÃO APÓS TREINAMENTO INTENSO	CARNES, CEREAIS, LENTILHAS, NOZES, ALGUMAS FRUTAS E VEGETAIS
ÁCIDO PANTOTÊNICO	EXTENSAMENTE ENVOLVIDO NOS PROCESSOS METABÓLICOS, IMPORTANTE TANTO PARA O FORNECIMENTO DE ENERGIA COMO PARA TREINAMENTO	FÍGADO, CARNES, CEREAIS, LEITE, GEMA DE OVO, VEGETAIS
FOLATO	ENVOLVIDO NO CRESCIMENTO E REPARO, ESPECIALMENTE DO METABOLISMO DO ÁCIDO NUCLÉICO	LEVEDURA, FÍGADO, VEGETAIS VERDES FRESCOS
B_{12} (COBALAMINA)	NECESSÁRIO PARA FORMAÇÃO DOS ERITRÓCITO ETC.; PODE FALTAR EM DIETA VEGETARIANA	CARNE, PEIXE, AVES, LEITE E PRODUTOS DO LEITE; PRODUZIDAS TAMBÉM POR BACTÉRIAS NO INTESTINO GROSSO
BIOTINA	ENVOLVIDO EM MUITOS ASPECTOS DO METABOLISMO DE AMINOÁCIDOS	LEVEDURA, VÍSCERAS, CARNES MAGRAS, LATICÍNIOS, GRÃOS, FRUTAS; PRODUTOS DE MICRO-ORGANISMOS
COLINA	COMPONENTE DOS NEUROTRANSMISSORES E NOS FOSFOLIPÍDIOS DAS MEMBRANAS CELULARES. ALGUNS SÃO FEITOS NO CORPO	CARNE, GEMA DO OVO, LEGUMES, CEREAIS
VITAMINA C – ÁCIDO ASCÓRBICO	TEM FUNÇÃO NA SÍNTESE DO TECIDO CONJUNTIVO E, CONSEQÜENTEMENTE, NA REPARAÇÃO DO TECIDO LESADO PELO TREINAMENTO INTENSO. TAMBÉM TEM FUNÇÃO COMO UM ANTIOXIDANTE ASSOCIADO COM A VITAMINA E	FRUTAS E VEGETAIS FRESCOS
VITAMINAS LIPOSSOLÚVEIS		
VITAMINA A RETINOL	UM COMPONENTE USADO NO PIGMENTO PARA VISÃO COM POUCA LUZ	PELE DE ANIMAIS, FÍGADO, PLANTAS VERDES
VITAMINA D COLECALCIFEROL	CONTROLA A CAPTAÇÃO E MOBILIZAÇÃO DO CÁLCIO NO CORPO, SENDO NECESSÁRIO PARA O FORTALECIMENTO ÓSSEO	PRODUZIDO NA EXPOSIÇÃO DA PELE AO SOL, ADICIONADOS EM ALGUNS ALIMENTOS, POR EXEMPLO, MARGARINA

VITAMINA E TOCO-FEROL	ANTIOXIDANTE QUE PODE AJUDAR A PREVENIR OS DANOS DE MEMBRANA CAUSADOS POR RADICAIS LIVRES DE OXIGÊNIO	VEGETAIS SEM ÓLEO, LEITE, OVOS E CARNE
VITAMINA K FILO-QUINONA	ENVOLVIDO NA SÍNTESE E ATIVAÇÃO DE FATORES DA COAGULAÇÃO DO SANGUE	VEGETAIS FOLHOSOS VERDES, CARNES E LATICÍNIOS

las durante o treinamento realmente intenso.

Num estudo com alpinistas treinados, os participantes foram divididos em dois grupos. A cada alpinista do primeiro grupo foi dado 400mg de vitamina E, diariamente, por 4 semana, enquanto os do grupo controle não receberam suplemento. Ambos os grupos realizaram, então, uma subida extenuante de 5.000m. Na metade do caminho e novamente no topo, o limiar anaeróbio de cada alpinista foi mensurado, utilizando-se um ergômetro, sendo avaliado o dano muscular. O grupo que recebeu vitamina E demonstrou um limiar anaeróbio melhorado e menos dano muscular. Isso sugere que a vitamina E pode possuir um efeito benéfico sobre o desempenho esportivo durante o que é equivalente ao treinamento intenso.

Há evidências crescentes de que o dano possa ocorrer em células absortivas sensíveis, encontradas na parede do intestino delgado, quando o fluxo sanguíneo para o intestino é reduzido por qualquer período de tempo, como durante o exercício intenso. Isso pode causar diarréia e aumentar a incidência de ataques de bactérias e vírus, à medida que a barreira imunológica oferecida pelas células absortivas é mais prontamente rompida. Um ponto interessante é que este dano pode ocorrer não apenas durante o período em que o fluxo sanguíneo está reduzido, mas também após o exercício ter terminado, quando o fluxo sanguíneo retorna ao normal. A vitamina C pode ajudar a proteger contra este dano e deve ser consumida com uma bebida rica em carboidrato imediatamente após a sessão de treinamento. A vitamina E também protege, mas deve ser consumida com as refeições durante os dias que antecedem o período de treinamento intenso e este período de treinamento.

Pesquisas também têm demonstrado que entre 30 e 80% dos atletas sentem que necessitam suplementar sua dieta com vitaminas adicionais (Tabela 11.6). Os fatores que devem estar em mente incluem os seguintes:

• As vitaminas hidrossolúveis (B e C) não são armazenadas em grandes quantidades no corpo, de modo que qualquer efeito causado por sua deficiência se tornará aparente muito rápido. A suplementação deve, portanto, ser realizada durante o período de treinamento intenso.

TABELA 11.6 INGESTÃO DIÁRIA RECOMENDADA PARA ALGUMAS VITAMINAS E OUTRAS SUBSTÂNCIAS, JUNTO COM O NÍVEL DE SUPLEMENTAÇÃO REPORTADO POR ATLETAS. ESSES DADOS SÃO DA INGESTÃO DE UM DIA

GRUPO DA VITAMINA	IDR AMERICANO (mg)		IDR BRITÂNICO (mg)		QUANTIDADE INFOR-MADA DE SUPLE-MENTAÇÃO POR AL-GUNS ATLETAS (mg)
	HOMENS	MULHERES	HOMENS	MULHERES	
A RETINOL	1.0	0.8	0.7	0.6	1-9
B TIAMINA (B_1)	1.4	1.0	1.0	0.8	40-600
B RIBOFLAVINA (B_2)	1.6	1.2	1.3	1.1	30-250
B NIACINA (ÁCIDO NICOTÍNICO)	18	13	17	13	100-1000
B ÁCIDO PANTOTÊNICO	4-7	4-7	-	-	50-1000
B PIRODOXINA (B_6)	2.2	2.0	1.4	1.2	40-300
B COBALAMINA (B_{12})	0.003	0.003	0.0015	0.0115	0.1-0.3
B FOLATO	0.4	0.4	0.2	0.2	3-30
B BIOTINA	0.1-0.2	0.1-0.2	-	-	2-100
B INOSITOL	-	-	-	-	100-1000
C ASCORBATO	60	60	40	40	2000-16000
D COLECALCIFEROL	5	5	-	-	5-62
E TOCOFERÓIS	10	8	-	-	200-1600
K FILOQUINONA	0.07-0.14	0.07-0.14	-	-	-
p-ÁCIDO AMINO-BENZÓICO	-	-	-	-	100-500
LECITINA	-	-	-	-	200-2000

IDR – Ingestão Diária Recomendada para americanos (EUA) e britânicos
Tem-se percebido que a ingestão de algumas vitaminas (especialmente A), por algum tempo e com quantidades acima do IDR, pode ser tóxica (Bloch e Shills, 1988).

- As vitaminas lipossolúveis (A, D, E e K) são armazenadas no corpo de modo que possa existir uma vantagem na suplementação antes do pico do programa de treinamento.
- Não há evidências sólidas de que doses muito altas de vitaminas produzam efeitos benéficos não relacionados à sua função normal de vitamina.
- Doses muito elevadas de vitaminas podem ser prejudiciais e fatais no caso, por exemplo, da vitamina A (um risco que é reduzido se a vitamina é consumida na forma de ß-caroteno). Mesmo a vitamina C, se consumida em quantidades maciças (i.e., em uma tentativa de reduzir a chance de apanhar um resfriado), pode causar problemas gastrointestinais.
- O consumo excessivo de álcool pode reduzir a captação de algumas vitaminas hidrossolúveis.
- Algumas drogas, incluindo os anticoncepcionais orais e o tabaco, aumentam a demanda corporal para as vitaminas B, C e E.

Em vista das dúvidas que existem nesta área, sugerimos que a suplementação de vitaminas no nível recomendado pelas RDA, na Tabela 11.6, para as vitaminas A e D e quantidades maiores para as vitaminas B, C e E podem ser úteis.

MINERAIS: ELEMENTOS ADICIONAIS DA VIDA

Fora os 92 elementos químicos de ocorrência natural, 21 são necessários para formar do corpo humano e permitir que ele funcione. Apenas quatro deles – carbono, hidrogênio, oxigênio e nitrogênio – vêm de componentes orgânicos, os quais já enfatizamos consideravelmente (carboidrato, gordura e proteína), e mais dois – enxofre e fósforo – apresentam-se em combinação com estes componentes orgânicos. Os 15 elementos remanescentes, conhecidos como minerais, desempenham uma grande gama de funções, sendo necessários em diferentes quantidades, das gramas de sódio e potássio até as miligramas, ou menor ainda, como nos chamados elementos traço, tais como molibdênio e cromo (Tabela 11.7).

A falta de alguns minerais na alimentação causa doenças bem conhecidas, como anemia, por falta de ferro, e bócio, devido à falta de iodo. Muitos suspeitam, entretanto, de que vários outros aspectos da saúde ruim também podem ser atribuídos às deficiências de minerais. Tem sido, por exemplo, sugerido que a deficiência de zinco pode levar à diminuição da resposta do sistema imunológico e, assim, a uma maior susceptibilidade de resfriados, tosse e infecções da garganta. Ainda que as evidências científicas destes efeitos este-

TABELA 11.7 INGESTÃO DIÁRIA RECOMENDADA DE ALGUNS MINERAIS E QUANTIDADES DE SUPLEMENTAÇÃO INFORMADA POR ATLETAS

MINERAL	IDR AMERICANO (mg)		IDR BRITÂNICO (mg)		QUANTIDADES A SEREM SUPLEMENTADAS PARA ALGUNS ATLETAS (mg)
	HOMENS	MULHERES	HOMENS	MULHERES	
CÁLCIO	800	800	700	700	1000-3500
CROMO[a]	0.05-0.2	0.05-0.2	-	-	50-500
COBRE	2.3	2.3	1.2	1.2	0-5
FERRO	10	18	8.7	14.8	30-60
IODO	0.15	0.15	0.14	0.14	0.15-1.0
MANGANÊS[a]	2.5-5.0	2.5-5.0	-	-	20-100
MAGNÉSIO	350	300	300	270	1000-2000
MOLIBDÊNIO[a]	0.15-0.5	0.15-0.5	1.2	1.2	0-5
FÓSFORO	800	800	550	550	200-2000
POTÁSSIO[a]	1525-4575	1525-4575	3500	3500	198-5000
SELÊNIO[a]	0.05-0.2	0.05-0.2	0.075	0.060	0.2-1.0
SÓDIO[a]	900-2700	900-2700	1600	1600	-
ZINCO	15	15	9.5	7.0	50-150

Tem-se notado que, em alguns casos, a ingestão por algum tempo e com quantidades maiores do que o IDR para alguns minerais pode ser perigoso. Isso é considerado nos Estados Unidos, onde a informação existente é insuficiente para este mineral, sobre o qual é a taxa base de ingestão é feita (Report of the Panel on Dietary Reference Values of the Commttee on Medical Aspects of Food Policy, 1991 e Bloch e Shills, 1988).

jam ausentes, sabemos que o exercício severo aumenta a eliminação de alguns minerais, presumivelmente como conseqüência do *turnover* aumentado dos constituintes corporais que estão envolvidos no reparo tecidual. Atletas submetidos ao treinamento intenso podem considerar as RDAs publicadas (Tabela 11.7) para serem conservadores e, assim, considerarem a suplementação moderada, por exemplo com cápsulas multi-minerais. Mas devem tomar cuidado para não consumirem quantidades excessivas de nenhum deles, uma vez que isso pode reduzir a captação de outros. A ingestão excessiva de ferro pode, por exemplo, reduzir a captação de zinco, cobre e cromo.

Alguns dos minerais discutidos na literatura científica em relação ao desempenho esportivo são analisados abaixo, em ordem alfabética. Esta discussão não deve ser tomada para insinuar que os atletas irão necessariamente ter falta de minerais em suas dietas.

CÁLCIO

Sais de cálcio, especialmente o fosfato de cálcio, são responsáveis pela rigidez dos ossos. Mas esta rigidez não significa que o osso é inerte em termos bioquímicos. Longe disso: as células dentro do osso estão continuamente captando e liberando cálcio e fosfato, e as pequenas quantidades inevitavelmente perdidas do corpo devem ser as repostas. Este *turnover* aumenta com o exercício, especialmente em atletas jovens,

e capacita uma resposta rápida, caso ocorram danos aos ossos.

Muitas das outras funções do cálcio envolvem o controle das reações químicas dentro das células. Por exemplo, íons cálcio são liberados dos reservatórios dentro das fibras musculares para a contração das miofibrilas (ver Capítulo 2). Ainda que as quantidades de cálcio necessárias para o controle sejam pequenas, se comparadas com a necessidade no osso, a necessidade é literalmente vital, de modo que, se a dieta fornecer muito pouco cálcio, ele será retirado dos ossos. Num dado momento, isso irá enfraquecê-los, tornando as fraturas mais prováveis, reduzindo a velocidade de cura de ossos danificados.

Os laticínios são a principal fonte de cálcio na dieta, de modo que um atleta pode ter problemas caso diminua-se a ingestão de alimentos como leite, com base em seu alto conteúdo de gordura. É preciso, então, ingerir alimentos com pouca gordura, tais como leite desnatado e queijo *cottage*. Alguns adultos, entretanto, são incapazes de apreciar o leite em qualquer forma, à medida que ele causa flatulência e diarréia. O problema deles, e um dos mais presentes entre os africanos e asiáticos, é que eles não mantiveram a capacidade de produzir a enzima lactase. Esta enzima é produzida no intestino, onde quebra o açúcar do leite – lactose – em glicose e galactose, que são absorvidas na corrente sanguínea. Na ausência da enzima, a lactose que não pode ser absorvida, permanecendo sem ser digerida e, ao entrar no intestino grosso, iniciando a captação de água e é fermentada pelas bactérias produtoras de gás. A solução óbvia para este problema é evitar totalmente o leite, mas tomar tabletes de cálcio. Alternativamente, consumir iogurte contendo bactérias vivas ao mesmo tempo em que se bebe o leite pode superar o problema, devido ao fato da bactéria conter a enzima que está faltando.

COBRE

Este metal exerce um papel no sistema imunológico, que defende o corpo contra doenças, na formação de colágeno (ver p.256), formação das células vermelhas e proteção contra o dano causado pelo estresse, tal como o exercício intenso. Uma deficiência de cobre resulta no controle inadequado da concentração plasmática de glicose, concentrações aumentadas de ácidos graxos no plasma e problemas cardiovasculares. Na realidade, um estudo com uma dieta contendo pouco cobre teve de ser interrompido, uma vez que 4 dos 23 participantes desenvolveram anormalidades cardíacas.

As concentrações plasmáticas de cobre aumentam com o exercício, mas muito pouco é perdido na urina. Mais é perdido pelo suor, de forma que se deve tomar cuidado para garantir a ingestão adequada de cobre quando o treinamento ocorrer no calor ou em ambientes fechados.

CROMO

Ainda que haja controvérsia a respeito do quanto este elemento é, de fato, essencial, a visão corrente é de que ele possui um papel natural (provavelmente como parte de algum complexo orgânico) regulado com o uso da glicose no corpo. Demonstrou-se que os atletas perdem duas vezes mais cromo em sua urina em um dia de exercício do que em um dia normal, de modo que pode ser benéfico consumir cromo adicional. Um pequeno efeito anabólico tem sido proposto como resultado da suplementação de cromo.

FERRO

Em contraste com os outros metais discutidos, a deficiência de ferro em atletas é bem documentada e razoavelmente comum. O ferro é um componente da hemoglobina, e sua deficiência causa anemia – uma diminuição da contagem de células vermelhas. Uma vez que a função destas células é transportar oxigênio, a anemia resulta em uma diminuição do suprimento de oxigênio no músculo e, portanto, numa maior dependência do metabolismo anaeróbio. Para o atleta, isso irá se manifestar como uma redução do limiar anaeróbio e do VO_2máx., de modo que, para um mesmo ritmo, o indivíduo apresentará uma taxa mais rápida de acúmulo de ácido láctico no músculo – a chamada "fadiga anêmica". Deve-se observar que um hematócrito reduzido no atleta não necessariamente indica um problema com ferro. O treinamento de *endurance,* freqüentemente, eleva o volume total de sangue mais do que o número de células vermelhas, reduzindo o hematócrito em 1 a 4%. Essa tal pseudo-anemia ou "anemia do esporte" acontece para nos lembrar que o transporte de oxigênio não é a única função do sangue.

A anemia pode surgir do suprimento inadequado de ferro na alimentação, da perda excessiva do mesmo devido a sangramentos, da absorção reduzida do ferro pelo intestino ou de um defeito na síntese de heme. Há muito ela foi reconhecida como um potencial problema das mulheres atletas, como uma conseqüência do sangramento intenso e prolongado durante a menstruação, especialmente se elas seguirem uma dieta vegetariana. Também há evidências de que a deficiência de ferro em homens atletas está aumentando, provavelmente, como um resultado da maior intensidade do treinamento e uma diminuição na ingestão de carne vermelha. Além disso, parece que o dano por impacto durante a corrida pode realmente danificar células vermelhas do sangue, de modo que elas sejam destruídas no corpo numa taxa mais alta. Ainda que a maioria do ferro liberada das células vermelhas do sangue seja recuperada e, portanto, utilizada na síntese de novas células vermelhas, existem perdas inevitáveis. Assim, a ingestão alimentar inadequada de ferro pode resultar em anemia.

A solução alimentar é comer mais carne vermelha e vegetais verdes. Mas esses possuem outras desvantagens nutricionais. A carne vermelha está associada com a gordura saturada e os vegetais deixam o indivíduo cheio. Em qualquer um dos casos, a absorção de ferro pelos vegetais é relativamente pobre, devido a seu conteúdo de ácido fítico. O fígado é uma boa fonte de ferro, assim como é de outros minerais, mas ele não é do gosto de todos os atletas. A suplementação deve ser realizada com cuidado, pois o excesso de ferro pode ser perigoso, e qualquer um que suspeite estar sofrendo de anemia deve consultar um médico.

MAGNÉSIO

O magnésio é o mineral mais diretamente associado ao metabolismo energético, uma vez que todas as moléculas de ATP devem associar-se com ele antes de poderem participar de qualquer reação catalisada por enzima. Em circunstâncias normais, a deficiência de magnésio nunca ocorre, devido ao fato do elemento estar disperso nos alimentos. Plantas verdes são uma importante fonte, uma vez que a molécula de clorofila por si só contém um átomo de magnésio. Apesar disso, as concentrações plasmáticas de magnésio podem cair dramaticamente após o exercício intenso e os atletas devem considerar a suplementação de magnésio, apesar da ausência de evidências científicas de seus benefícios.

SELÊNIO

O selênio é necessário em quantidades extremamente pequenas, mas exerce um papel no organismo particularmente relevante para o atleta. Ele fornece uma parte essencial da enzima glutationa peroxidase, envolvida no reparo do dano a membranas, causado pela atividade física intensa. Apesar da ausência de evidências científicas para sua efetividade, a suplementação de selênio é freqüentemente recomendada, mas os perigos de consumi-lo em um excesso não devem ser ignorados.

ZINCO

Os átomos de zinco são parte vital de mais de 100 enzimas que executam uma ampla variedade de funções celulares, incluindo a regeneração do ATP no músculo. Na realidade, de 50 a 60% do zinco no organismo está presente neste tecido. Uma deficiência de zinco em seres humanos resulta no retardo do crescimento, atraso da maturidade sexual, diminuição da cicatrização e do apetite, perda do paladar e olfato e diminuição da função imunológica. As concentrações plasmáticas aumentam após o exercício intenso de curta duração, presumivelmente como resultado do dano muscular que libera zinco no plasma. Exercícios mais prolongados (isto é, uma corrida de 15km) resultam na diminuição da concentração plasmática de zinco, presumivelmente devido a redistribuição nos tecidos como fígado e células imunológicas. Se a suplementação de zinco for utilizada, ela deve ser iniciada imediatamente antes do pico de treinamento, e continuada por todo o período. Mas ainda não existem achados científicos consistentes para apoiar o ponto de vista de que consumir zinco adicional beneficia o desempenho.

ELETRÓLITOS: CARREGANDO A BATERIA

Devido ao fato de estarem presentes em concentrações relativamente elevadas, os íons sódio, potássio e cloreto fazem a maior contribuição para a condutividade elétrica dos fluidos corporais, sendo conhecidos como eletrólitos. Sua capacidade de manter a concentração total de soluto previne o movimento excessivo de água para dentro e para fora das células por meio da osmose, mas eles também possuem um papel mais específico. Os impulsos elétricos que transportam a informação ao longo dos nervos são gerados e propagados pelo movimento controlado destes íons através das membranas celulares. A ruptura severa das concentrações de sódio ou potássio no corpo interfere com esta sinalização, assim como uma queda na concentração de eletrólito em uma bateria de carro impede sua função.

Virtualmente, todo o material dissolvido no suor, formando de 2 a 3% de seu volume total, é de eletrólitos, de modo que o exercício em um dia quente pode causar perda considerável. Apesar disso, até quando sódio e cloreto são considerados, uma dieta normal contém muito destes minerais, de modo que as perdas são rapidamente recuperadas. Neste meio tempo, os rins reduzem sua excreção de íons sódio e cloreto na urina. A não ser que o exercício seja realmente severo, talvez uma ultramaratona ou um triathlon em um dia quente, os tabletes de sal não são normalmente recomendados.

Mas o potássio é uma outra questão. Por um lado, está presente em baixa quantidade na dieta normal e, por outro, a sudorese pode, na realidade, conter mais potássio do que o sangue, ainda que esta diferença desapareça com o treinamento. Após o treinamento ou competição severa, a primeira prioridade deve ser consumir água mais carboidrato, mas deve ser dada alguma atenção para a restauração da concentração do potássio corporal. As frutas e os sucos de frutas são boas fontes naturais deste mineral. A cerveja também contém potássio, mas os atletas devem estar atentos, pois esse não é seu único constituinte. O álcool é um diurético e pode promover a perda inadequada de água.

12
QUANDO O TREINAMENTO NÃO DÁ CERTO

Por alguns meses após minha primeira maratona em Comrades, em 1973, desenvolvi uma lesão que persistia, mesmo com todos os conselhos médicos convencionais. Somente quando estive na Conferência de Ciências da Academia de Nova York, em 1976, antes da Maratona, e ouvi a apresentação dos doutores George Sheehan, Richard Schuster e Steven Sabotrick, foi que comecei a prestar maior atenção em meu tênis de corrida e no uso de uma poderosa órtese na minha lesão. Desde que tomei estas medidas, não tenho mais sofrido nenhuma lesão de corrida.

T. Noakes (1992)

Muitas lesões clínicas esportivas, maior categoria isolada de lesões, são causadas pela corrida – ainda maior do que aquelas causadas pelo futebol ou *rugby*, nos quais o contato entre jogadores é freqüente. Isso não significa que correr seja um esporte perigoso, o que, em parte, reflete sua popularidade. Porém, permanece o fato de que atletas não apenas levam seus corpos até seus limites fisiológicos e bioquímicos, mas também aos mecânicos – e além. A boa notícia é que poucas das lesões são, de alguma forma, sérias e a maioria pode ser completamente curada. Apesar disso, o conhecimento e entendimento do que pode estar errado, e porque, pode ajudar o atleta lesado a recuperar-se mais rapidamente ou, melhor, a evitar a lesão em primeiro lugar.

Lesões agudas são causadas por um único evento – um impacto ou alguma outra força que exceda a própria força de nossos componentes mecânicos. Outras lesões resultam do estresse, as quais, individualmente, são bastante pequenas. No entanto, quando acontecem de modo recorrente, as lesões acumuladas podem ser preocupantes. Elas são conhecidas como lesões crônicas ou de estresse. O fato de que elas também são conhecidas como lesões por sobrecarga não deveria sugerir que elas são causadas simplesmente pelo exercício excessivo. É provável que haja um problema mecânico subjacente, e isso tem de ser resolvido caso o problema não recue. Um problema com estas lesões epidêmicas de corrida é que a maioria dos médicos consultados para tratá-las são inexperientes nesta área, podendo não serem capazes de identificar a causa do problema. O médico esportivo pode ser de grande ajuda, mas é igualmente importante para o atleta lesado (e seu treinador) ter algum entendimento da lesão e do seu tratamento. A cooperação entre todos os envolvidos deve resultar em um retorno acelerado para a pista.

O objetivo deste capítulo é ajudar os atletas e seus treinadores a melhorar o seu entendimento sobre as lesões e o tratamento. Particularmente, não estamos impressionados com o conselho detalhado sobre lesões oferecidos pelo Dr. Tim Noakes – não apenas um médico, mas também corredor e cientista –, estando reproduzidos alguns dos seus conselhos específicos sobre as lesões e seu tratamento na Seção E.

DANO ESTRUTURAL

O sistema de locomoção humano envolve ossos, cartilagens, ligamentos, tendões e músculos. Todos suscetíveis a dano e lesão.

LESÕES ÓSSEAS

Fraturas reais são raras na corrida, ainda que elas possam resultar de uma queda. Após uma fratura, o osso deve ser imobilizado para permitir que as células internas do mesmo produzam novas fibras protéicas e novos componentes minerais na área lesionada. Outras células reorganizam proteína e mineral e fornecem a estrutura precisa que dá rigidez aos ossos.

Uma lesão óssea muito mais comum, especialmente entre atletas jovens, é a fra-

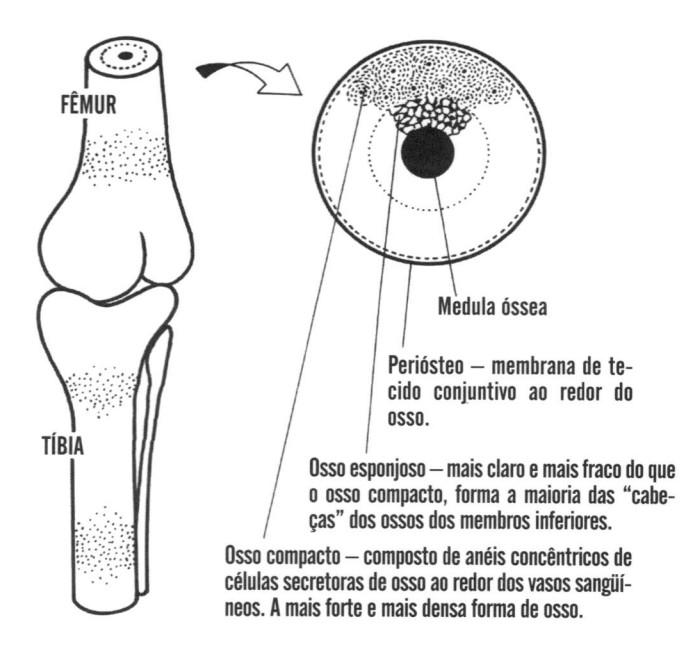

FÊMUR

TÍBIA

Medula óssea

Periósteo — membrana de tecido conjuntivo ao redor do osso.

Osso esponjoso — mais claro e mais fraco do que o osso compacto, forma a maioria das "cabeças" dos ossos dos membros inferiores.

Osso compacto — composto de anéis concêntricos de células secretoras de osso ao redor dos vasos sangüíneos. A mais forte e mais densa forma de osso.

Figura 12.1 – Estrutura dos ossos dos membros inferiores mostrando locais comuns de fraturas de estresse (Sombreado).

tura por estresse, onde não há quebra real, mas uma ruptura da altamente organizada estrutura mineral, que fornece sua força aos membros ósseos (Figura 12.1). Impactos repetidos durante a corrida, especialmente em superfícies duras, são os responsáveis por este tipo de lesão, e os ossos mais freqüentemente afetados são a tíbia e os metatarsos. Em atletas do sexo feminino, as mudanças nas concentrações dos hormônios, associadas aos distúrbios do ciclo menstrual, devido às prolongadas sessões de exercício, podem impedir a deposição de sais de cálcio nos ossos e, assim, a taxa de reparo normal que ocorre após toda sessão de treinamento pode não ser adequada. O tratamento imediato para as fraturas de estresse é o repouso. Mas o corredor pode precisar mudar seu estilo ou intensidade da corrida para prevenir a recorrência. A suplementação da dieta com cálcio também pode ser importante (ver Capítulo 11), mas a terapia de reposição hormonal deve ser considerada em conjunto com o médico.

PROBLEMAS DAS CARTILAGENS

As articulações são pedaços complexos de engenharia biológica, que permitem às extremidades ósseas deslizarem suavemente umas sobre as outras, permitindo o movimento (Figura 12.2). As superfícies articulares são acolchoadas com uma camada resistente de cartilagem, fina e teoricamente sem fibras, em muitas articulações. Mas, em outras, tais como o joelho, é mais extensiva e contém fibras colágenas (Figura 12.3). Infelizmente, estas fibras colágenas nem sempre fornecem força suficiente, e, em resposta a um grande estresse, a cartilagem rompe. O dano ao joelho normalmente ocorre quando esse é torcido enquanto sustenta peso, o que traz grandes riscos para jogadores de futebol. Partes separadas da cartilagem podem estar entre as superfícies articulares e "travar" a articulação, sendo essa uma lesão particularmente séria, que tem como único tratamento a cirurgia, seguida por um longo período de repouso, enquanto a lenta recuperação da cartilagem repara a si mesma.

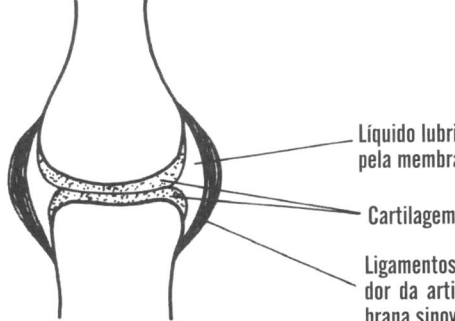

Figura 12.2 – Seção completa da articulação sinovial.

Líquido lubrificante sinovial, secretado pela membrana sinovial

Cartilagem articular

Ligamentos formando a cápsula ao redor da articulação (ligado pela membrana sinovial)

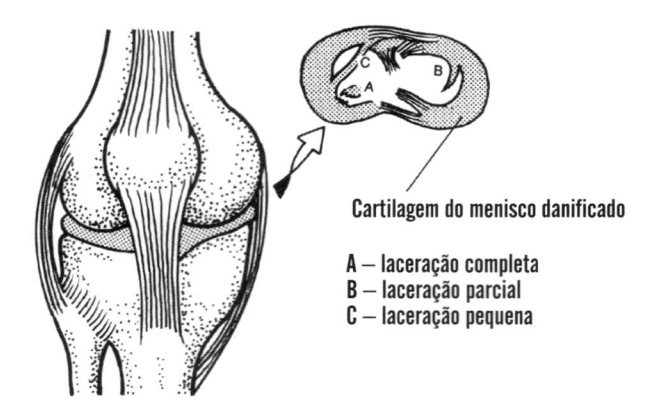

Figura 12.3 – Visão frontal do joelho direito e da cartilagem danificada. (Lachmann, 1988)

Cartilagem do menisco danificado

A – laceração completa
B – laceração parcial
C – laceração pequena

LESÕES NOS LIGAMENTOS

Os ligamentos conectam os ossos entre si, mantendo-os unidos na articulação (Figura 12.2). Alguns ligamentos formam a parte da cápsula que circunda a articulação e retém o fluido sinovial que a lubrifica, enquanto outros estão fora da cápsula. Todos são compostos por fibras colágenas inextensíveis ligadas a uma matriz. Uma pressão desagradável sobre a articulação pode causar entorse nos ligamentos, isto é, faz eles partirem-se parcialmente. É raro um ligamento se romper completamente, caso no qual a cirurgia é necessária.

LESÕES MUSCULARES

Um golpe pode causar uma lesão, devido ao sangue que escapa de um capilar rompido. Se for violento, pode haver um vazamento de sangue suficiente para formar um coágulo dentro do músculo, causando assim um edema localizado e doloroso – hematoma. Se este edema for grande, pode haver um longo tempo de cura, pois o coágulo tem que se dispersar antes que o tecido circundante possa ser reparado.

De longe, a lesão muscular mais comum é o estiramento, que ocorre quando um pequeno número de fibras é rompido e há um pequeno sangramento dentro do músculo. Apenas raramente o músculo chega realmente a se romper, caso no qual a cirurgia é necessária para ligar as partes separadas. Os músculos rompem mais facilmente quando não estão aquecidos nem alongados. A importância de um aquecimento adequado, que inclui exercícios de alongamento antes do treinamento ou da competição não pode ser enfatizada em excesso.

LESÕES NOS TENDÕES

Os tendões são feixes de fibras, a maioria colágeno, com algumas fibras elásticas que conectam as fibras musculares entre si e com os ossos. As células produtoras destas fibras colágenas estão fixadas na matriz do tendão. Tendões saudáveis são muito fortes e raramente lesados, mas

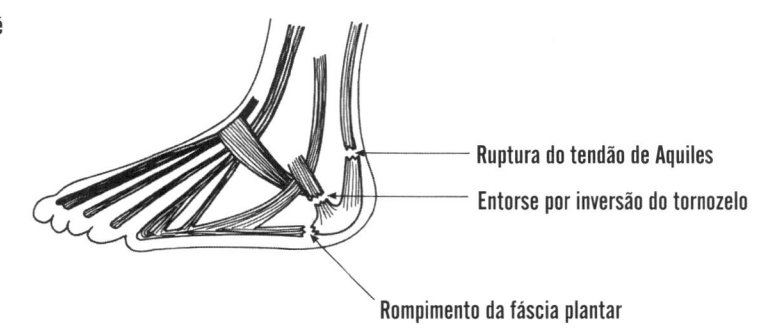

Figura 12.4 – Tendões do pé mostrando locais comuns de lesão.

Ruptura do tendão de Aquiles

Entorse por inversão do tornozelo

Rompimento da fáscia plantar

as ligações entre osso e tendão, e vice-versa, podem ser rompidas por forças excessivas. O tendão de Aquiles – o mais longo do corpo (Figura 12.4) – é particularmente propenso à lesão e irá se romper com relativa facilidade, especialmente à medida que enfraquece, como parte do processo normal de envelhecimento.

Normalmente, os tendões se movem além de objetos estacionários, tais como projeções ósseas. Se esta fricção causar uma lesão, ocorre inflamação, e tem-se o início de um círculo vicioso, no qual o tecido aumentado fricciona-se mais firmemente os seus arredores e isso aumenta ainda mais a inflamação. Descanso, fisioterapia e drogas podem ser necessários para quebrar o círculo. O cotovelo de tenista (dor no lado externo do cotovelo, especialmente ao agarrar e girar), bursite pré-patelar e a tendinite no tendão de Aquiles são todas manifestações desta condição.

LESÕES NA PELE

A pele evoluiu a fim de tolerar uma grande quantidade de abrasão, mas o atrito pode produzir bolhas (Figura 12.5). Em uma bolha, a fricção faz que a epiderme se separe da derme subjacente, e o intervalo entre elas fique cheio com fluido extracelular. As bolhas são conseqüência de

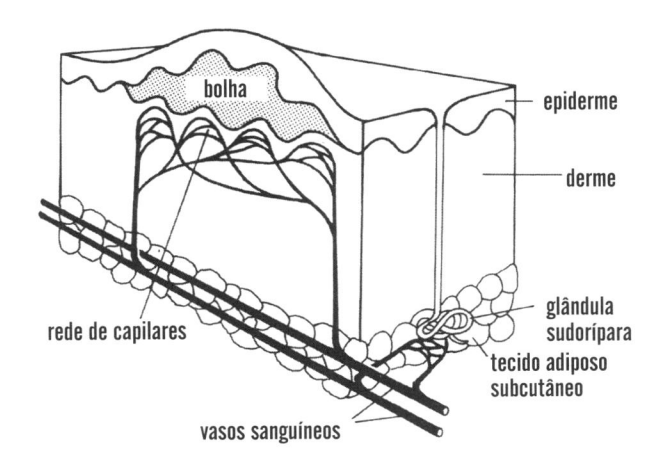

bolha

epiderme

derme

glândula sudorípara

tecido adiposo subcutâneo

rede de capilares

vasos sanguíneos

Figura 12.5 – Diagrama da secção completa da pele mostrando uma bolha.

um desajuste entre a forma do pé e a do sapato. O tratamento envolve furar a bolha com uma agulha estéril e drená-la, antes de aplicar um curativo.

A pele responde à pressão extra com um aumento da espessura da epiderme no local. Freqüentemente, isso é benéfico, mas, no pé, um calo pode ser formado e a pele mais espessa pode pressionar dolorosamente os tecidos abaixo. Neste caso, os serviços de um pedicuro podem ser necessários.

CÃIBRA E DOR LOCAL

Ainda que não sejam realmente lesões, cãibras e dores locais são um desconforto experimentado pela maioria dos atletas em algum período. Apesar de sua ocorrência comum, não existem explicações satisfatórias para nenhuma delas. Elas não são causadas pelo acúmulo de ácido láctico, ainda que a lesão resultante da acidez possa ser parcialmente responsável por uma cãibra. Uma teoria é a de que as cãibras ocorrem porque a membrana muscular permite que uma grande quantidade de cálcio "vaze" de dentro das fibras musculares, o que é suficiente para gerar uma forte contração. Esta forte contração local resulta em dor e, uma vez que a resposta muscular à dor é a contração, mais unidades motoras são recrutadas, aumentando a dor – um exemplo desconfortável de retroalimentação positiva. A cura é gerar tensão nos músculos antagonistas, fazendo que, pela inibição recíproca, seja diminuída a estimulação

nervosa para o músculo com cãibra. É muito pouco provável que esta condição dos músculos tenham alguma coisa a ver com a falta de sal, apesar da opinião popular.

Uma dor local é uma dor aguda ou espasmo ao lado do abdome. Existem muitas teorias a respeito de sua causa. Mas, na realidade, podem haver muitas causas. Uma sugestão é que ela seja causada pelo alimento no intestino delgado, que poderia puxar o tecido conjuntivo nesta região da cavidade abdominal e causar dor pela ativação de receptores de estiramento. O corredor afetado tem uma escolha: ou pára o exercício que está causando a dor local ou continua a ignorá-la. Em ambos os casos, a dor local continua.

LESÃO E REPARAÇÃO

O edema e a dor são quase que invariavelmente conseqüências da lesão mecânica e, uma vez que a maioria dos tratamentos iniciais é direcionada, no sentido de aliviar estes sintomas, é útil entender sua natureza. Células lesadas liberam vários sinais químicos, que iniciam uma série de eventos bioquímicos, resultando na inflamação – uma resposta complexa à lesão, caracterizada por calor, edema, vermelhidão, dor e perda de função. A resposta inicial é a vasoconstrição (diminuição do fluxo sanguíneo) que reduz a perda de sangue pelos vasos lesionados. Mas, tão logo os vasos tenham sido obstruídos por um coágulo sanguíneo, há uma massiva vasodilatação local, podendo aumentar o fluxo sanguíneo em até 10 vezes. Este sangue extra traz oxigênio, nutrientes e células brancas do sangue para a região. Além disso, uma permeabilidade capilar aumentada permite a estas células acessar o local de lesão e diminuir o edema. Estas mudanças são orquestradas por substâncias químicas locais similares a hormônios, que incluem a bradicinina, os leucotrienos e as prostaglandinas, que também estimulam receptores de dor. A dor resultante é intensificada por qualquer pressão no local da lesão e previne que o paciente utilize a parte lesionada. Esta dor é produzida para propiciar repouso para a parte lesionada da anatomia. Os coágulos sanguíneos que se formam durante a primeira resposta à lesão são gradualmente dispersados pelas células brancas, que também irão remover componentes químicos prejudiciais que se acumulem nos locais de lesão e, claro, também as bactérias.

Toda esta atividade pode ser exemplificada por uma casa danificada pelo fogo. Depois que se apaga o incêndio e o reparo começa, a calma após o fogo cessa; aumenta o tráfico de pessoas com diferentes funções, com considerável barulho e atividade. Os moradores da casa são afligidos e perturbados por toda esta atividade, mas isso é essencial para o reparo definitivo da casa.

As articulações não são simplesmente estruturas mecânicas. Elas são recobertas com sensores, conhecidos como proprioceptores, que liberam informação da articulação para a medula espinal e o cérebro. Esta informação inclui as forças dentro da articulação e a posição relativa de suas partes, sendo utilizada pelo sistema nervoso central para ajustar a tensão nos músculos que movem os ossos naquela articulação. A inflamação na articulação irá interferir na função destes sensores e reduzir a quantidade de informações relativas ao estado da articulação que passa ao cérebro. Conseqüentemente, se a articulação for utilizada, a falta de informação de retroalimentação adequada pode levar a danos adicionais. Um atleta que continue a correr com uma articulação recentemente danificada pode, portanto, complicar o problema. É trabalho do fisioterapeuta avaliar a lesão e sua taxa de recuperação, além de informar o atleta e o treinador o quanto de exercício pode ser realizado durante a recuperação. O fisioterapeuta pode ajudar na recuperação da articulação em relação à sua função proprioceptiva, fazendo que novamente ela possa fornecer informações úteis para o sistema nervoso central. Isso pode ser equivalente a "treinar" a articulação e pode, por exemplo, ser realizado da melhor maneira possível para lesões do tornozelo com a utilização de uma tábua de oscilação sob supervisão do fisioterapeuta.

O PROCESSO DE CICATRIZAÇÃO

O processo de cicatrização não repõe o tecido hormonal da mesma forma que uma lâmpada quebrada é consertada. É um processo gradual, que pode levar meses para se completar. A lesão em um tecido causa ativação de células que permaneceram dormentes, e essas, então, começam a produzir as proteínas e outras moléculas grandes, características do tecido que foi danificado. Algumas destas proteínas são secretadas para fora das células para formar fibras, em sua maior parte colágeno. No terceiro dia após uma lesão, novos capilares começam a se formar, mas são necessários vários dias a mais até que estejam completos. Pelo sétimo dia, a continuidade da área lesada é restaurada, mas se leva mais duas semanas de atividade de reparo intensivo até que o conteúdo de colágeno tenha se tornado máximo. Ainda assim, este tecido sob reparação tem maior força de tensão que o normal, sendo mais suscetível a romper se tensão ou movimentos indevidos ocorrerem. Além disso, qualquer rompimento irá resultar em sangramento intensivo, uma vez que o suprimento sanguíneo para a área danificada ainda está aumentado acima do normal, podendo muito bem resultar em inflamação adicional, que irá atrasar a recuperação ainda mais.

À medida que a reparação progride, a força aumenta gradualmente, mas leva-se três meses para que o atleta volte ao normal e, mesmo assim, com uma cicatriz. Para tendões e ligamentos, isso não é muito diferente do tecido normal e obterá uma força de tração de até 95% da original. No músculo, entretanto, o tecido do qual constitui a cicatriz não contribui muito com a potência e, mais significativo, é menos elástico, resultando no perigo de seu rompimento novamente mais prontamente do que antes. Desta forma, um problema de lesão progressivamente deteriorante pode ocorrer. Entretanto, isso não significa que o repouso completo de um membro lesionado não seja recomendado. Exercícios de alongamento, feitos de forma adequada e sob a supervisão de um fisioterapeuta, durante a recuperação, garantem que as novas fibras do tecido da cicatriz estejam alinhadas com a direção normal de tração do músculo, diminuindo, assim, o risco de um rompimento durante uma atividade normal, uma vez que a área lesionada tenha sido reparada.

A capacidade de treinar a mente para trabalhar de um modo positivo, em situações como competição e pico de treinamento de treinamento, é discutida no Capítulo 10. As formas de fornecer uma atenção positiva e focada para o desempenho físico também podem ser aplicadas no processo de cicatrização. Preparação positiva, visualização mental do processo de cicatrização, alcance das metas de recuperação e ênfase no lado positivo da recuperação são sugeridos como uma forma de promover a taxa de recuperação. Atualmente, existe um considerável interesse na forma pela qual a mente pode influenciar o sistema imunológico, que exerce uma função do processo de cicatrização.

RGCE (RICE) PARA OS PRIMEIROS SOCORROS

Esta sigla resume o tratamento inicial, que pode diminuir a dor do atleta e acelerar a recuperação da lesão. As letras abreviam repouso (*rest*), gelo (*ice*), compressão (*compression*) e elevação (*elevation*).

- *Repouso*. Óbvio, podendo ser inevitável se a dor for intensa – em cada caso, a dor está fazendo seu trabalho!
- *Gelo*. A arma mágica no arsenal de quem presta os primeiros socorros. A aplicação rápida, mantida por cerca de 5 minutos, reduz drasticamente o edema. Mas isso é desejável? Uma vez que o edema é a manifestação de um fluxo sanguíneo aumentado e também a permeabilidade capilar que inicia a cicatrização, ele deve ser reduzido? A resposta é sim! Isso reduz a taxa de sangramento interno, fazendo que o coágulo formado como resultado do dano capilar seja menor do que o que seria sem gelo.
- *Compressão*. Uma bandagem de compressão aplicada à região danificada propicia uma pressão suave, prevenindo o edema excessivo e fornecendo algum alívio.
- *Elevação*. Elevar a região lesionada, se possível, de modo que ela fique acima da altura do coração reduz a pressão arterial e o sangramento. Isso deve ser realizado ao mesmo tempo do restante do tratamento.

ELIMINANDO A DOR

Substâncias químicas denominadas prostaglandinas são, em parte, responsáveis por causar tanto dor quanto inflamação no local da lesão. Observou-se que várias drogas interferem na síntese destas prostaglandinas, reduzindo assim sua concentração no local da lesão, a dor e a inflamação. A aspirina é um que possui a vantagem da grande disponibilidade (observe que o paracetamol, ainda que também seja um inibidor da síntese de prostaglandinas, atua apenas dentro do cérebro, de modo que não é eficiente em diminuir a inflamação). Em doses recomendadas, a aspirina, particularmente a solúvel, tem um excelente registro de saúde, ainda que possa causar problemas, se consumidas por longos períodos. Se algo "mais forte" for necessário, drogas antiinflamatórias não-esteroidais, tais como ibuprofeno, indometacina e fenbufen, podem ser prescritas. Na realidade, algumas dessas encontram-se disponíveis sem receita. A descrição de "não-esteroidal" distingue-as dos corticosteróides (incluindo a cortisona), que possuem efeitos antiinflamatórios notáveis, mas tem que ser utilizada com alguma cautela, pois efeitos colaterais podem ocorrer se o uso for prolongado.

Pode parecer que as drogas eliminadoras da dor não atrasam o processo de reparação, apesar de reduzir a resposta antiinflamatória. Estas drogas, entretanto, desligam os sinais normais de aviso do corpo, e isso não deve implicar na redução imediata da atividade normal. A dor crônica, aquela que não responde às drogas, é algumas vezes um grande problema. A acupuntura pode, em alguns casos, ter sucesso, mas o conselho dos médicos esportivos deve ser ouvido antes deste tratamento ser realizado.

CHAMANDO O FISIOTERAPEUTA

A fisioterapia é a prática de auxiliar na recuperação dos sistemas musculoesqueléticos após a lesão ou operação. O papel do fisioterapeuta é retornar o atleta a todo seu condicionamento físico funcional, no tempo mais curto e da forma mais segura possível. Qualquer lesão razoavelmente séria para um atleta exige a atenção de um fisioterapeuta treinado. E mesmo uma lesão menor pode se beneficiar de seu aconselhamento e tratamento. Algum conhecimento das técnicas utilizadas pode ajudar o atleta a procurar e aceitar o tratamento de um fisioterapeuta mais prontamente e, no caso de lesões menores, duplicá-lo em casa. O fisioterapeuta é, de longe, para a maioria das lesões, mais importante que o médico, devendo realizar-se um exame clínico e anotar-se um histórico completo da lesão.

Isso significa que o melhor fisioterapeuta despende grande parte do tempo com seus pacientes, esforçando-se para avaliar a extensão do dano, suas causas e, então, o tratamento apropriado. Se seu fisioterapeuta não está lhe fornecendo tal serviço, mude de profissional. Finalmente, durante a recuperação, o fisioterapeuta deve trabalhar junto com o técnico no sentido de um retorno com o condicionamento físico, utilizando alguma das seguintes técnicas.

MASSAGEM

Alguns atletas utilizam a massagem para relaxar seus músculos como rotina antes da competição, e isso pode ser de particular importância nas áreas do músculo previamente lesionadas. Durante a recuperação, o principal benefício da massagem é aumentar o fluxo de sangue nos músculos, o que promove a recuperação. A massagem também pode auxiliar na melhora da orientação das fibras colágenas no tecido da cicatriz, fazendo que o alongamento subseqüente apresente menor possibilidade de causar lesão, sendo usado um vibrador para este propósito. A massagem não é muito benéfica logo após o término da sessão de treinamento, exceto para melhorar o relaxamento, sendo recomendado imediatamente após a lesão.

Se embrocações ou linimentos auxiliam na recuperação, é uma questão a ser discutida. Eles certamente causam vasodilatação na pele, com sessões de aquecimento, mas este efeito é superficial, e qualquer influência sobre o fluxo sanguíneo nos tecidos mais profundos é questionável. O principal benefício deles pode ser como lubrificantes para facilitar a massagem.

ALONGAMENTO

O alongamento regular e freqüente é importante durante a recuperação das fibras musculares para, como a massagem, auxiliar na correta orientação das fibras e para contrapor-se à tendência normal do tecido da cicatriz de encurtar-se e contrair-se. Mesmo após a cicatrização completa, os exercícios de alongamento continuam apresentando valor, para dissuadir a contração do tecido da cicatriz, evitando, portanto, que esse se torne mais vulnerável ao rompimento.

EXERCÍCIO

O desenvolvimento da lesão nos próprios músculos lesionados, e conseqüentemente nos tendões e ligamentos associados, pode, à primeira vista, não ser visto como capaz de contribuir para a cicatrização. Mas, assim como o alongamento passivo, o movimento dos músculos promove uma boa orientação das fibras nos tecidos moles da cicatriz.

Inicialmente, os exercícios devem ser leves, mas podem ter sua intensidade progressivamente aumentada. O treinamento profissional do fisioterapeuta ou a longa experiência de um técnico veterano não apresenta valor no encorajamento de um nível seguro mais efetivo de exercício. Nos estágios iniciais da recuperação, eles podem aconselhar exercícios isométricos nos quais a tensão é desenvolvida sem produzir movimento das articulações. A avaliação da força em máquinas isométricas e a amplitude de movimento possível podem ser utilizados quantitativa e objetivamente para avaliar os benefícios e progressos do tratamento.

BANDAGENS E APOIO

Assim como exercitar os tecidos lesionados, bandagens ou outras formas de diminuir a mobilidade são questões de avaliação refinada. O apoio leve pode ser desejável em alguns casos como uma medida preventiva ou ligeira proteção, mas deve-se ter em mente que a imobilização é o oposto do exercício! Não há perigo apenas em reduzir a taxa de cicatrização, mas também a possibilidade de que ela imponha pressão adicional sobre as partes anatômicas até então não lesionadas.

CALOR

A razão subtendida da terapia com calor é que a elevação da temperatura inclui o melhor fluxo sanguíneo para a área lesionada e, assim, da velocidade de cicatrização. O calor pode ser aplicado por imersão na água quente, cintas térmicas elétricas, toalhas quentes ou lâmpadas infravermelhas. Entretanto, o grau de penetração de tais fontes superficiais de calor é questionável e os benefícios podem ser, geralmente, de natureza mais confortante. O calor não deve ser utilizado dentro do período de 48 horas após a lesão, uma vez que isso pode encorajar o sangramento.

ELETROTERAPIA

De alcance profundo, e assim mais eficiente, o aquecimento pode ser obtido pela utilização de equipamentos mais sofisticados, que necessitem de conhecimento especializado para sua aplicação segura. Esses são coletivamente conhecidos como eletroterapia e incluem o ultra-som, diatermia de ondas curtas e, mais recentemente, o laser. A física por trás de cada um destes tratamentos é diferente, mas todos eles aquecem tecidos profundos. Entretanto, apesar disso, não existem estudos científicos para demonstrar que eles diferem significativamente em seus efeitos. A diatermia de ondas curtas é, talvez, a mais utilizada destas técnicas, e se apóia no fato de que ondas de radiação eletromagnética de ondas curtas penetram nos tecidos e são absorvidas pelas moléculas desses. A energia absorvida faz que as moléculas vibrem, convertendo sua energia em calor, assim como um microondas doméstico.

O ultra-som é uma segunda técnica, em que as moléculas internas dos tecidos são induzidas a vibrar. Desta vez, o movimento é gerado por ondas sonoras, de freqüência muito elevada, produzidas por um cristal oscilante aplicado à pele. As ondas sonoras passam prontamente pelos tecidos moles e úmidos, mas não pelos ossos e ar. Benefícios que não estão diretamente associados ao efeito de aquecimento do ultra-som também têm sido propostos. Esses incluem um efeito analgésico, uma estimulação direta das células produtoras de proteínas fibrosas e um aumento na absorção de líquido extracelular nos vasos sanguíneos para reduzir o edema. Trabalhos científicos adicionais são necessários para se testar estas alegações.

CRIOTERAPIA

O uso de gelo no tratamento de primeiros socorros das lesões esportivas já foi mencionado, mas ele também tem im-

portância no processo de cicatrização. Em certo grau, de modo paradoxal, ele funciona porque aumenta o fluxo sanguíneo nos tecidos profundos. Inicialmente, quando o gelo é aplicado, há uma vasoconstrição, que reduz o fluxo sanguíneo e o desconforto imediato. Mas, após 5 ou 10 minutos, isso é substituído por uma vasodilatação na pele e, o mais importante, nos tecidos profundos. Se a baixa temperatura for mantida, a vasodilatação e a vasoconstrição tendem a oscilar, aparentemente devido ao funcionamento imperfeito do controle do mecanismo de retroalimentação que regula o fluxo sanguíneo. Na prática, a pele é lubrificada para prevenir lesões na superfície do tecido, sendo um pacote de gelo (e não gelo seco) aplicado durante 10 minutos. O tratamento pode ser repetido várias vezes ao dia, ainda que seja desconfortável. Ele, na realidade, induz uma cura mais profunda do que se o calor fosse aplicado no local.

É possível que vários destes tratamentos sejam utilizados de modo seqüencial. Por exemplo, aplicação de gelo seguida de ultra-som, seguido, por sua vez, de diatermia de ondas curtas.

PREVENIR É MELHOR DO QUE REMEDIAR

Ainda que as lesões se curem, elas sempre são uma má notícia para o atleta. No mínimo, é perdido um tempo valioso durante a recuperação, o que pode impedir a participação dele em uma importante competição, para a qual ele havia se preparado durante meses, ou mesmo anos. As seguintes regras de ouro são um esforço para prevenir lesões sérias:

- Faça exercícios de alongamento para reduzir o dano de lesão.
- Trate as pequenas lesões de modo precoce, para que elas não se desenvolvam em lesões maiores.
- Recupere-se completamente antes de retornar totalmente aos esquemas de treinamento.

O atleta de pista deve lembrar também que é possível realizar outros exercícios, além da corrida. Por exemplo, natação, ciclismo e esqui evitam os problemas de impacto da corrida, enquanto mantém o condicionamento cardiovascular, produzindo uma melhoria geral da motivação e bem-estar, normalmente obtidos na corrida.

SUPERTREINAMENTO: EXCESSO DE UMA COISA BOA

Atribuem-se a Alberto Salazar, maratonista de elite norte-americano da década de 1980, as seguintes palavras:

> Nos últimos anos, eu pensei que, se 180 (km por semana) me levaram a correr em 2h8 (a maratona), se fosse então 210, eu poderia correr em 2h7. Isso não aconteceu. Parece tão óbvio; se o treinamento é uma coisa boa, então o treinamento intenso deve ser melhor ainda. Mas a vida não é tão simples... Você cruza a fronteira entre o treinamento e o supertreinamento.

Então, o que é supertreinamento? É o fenômeno que ocorre quando o aumento num treinamento aparentemente apropriado resulta numa diminuição do desempenho (Figura 12.6). Os atletas também o conhecem por outros nomes: excesso de trabalho, excesso de carga, esgotamento, apatia e fadiga crônica – termos simples para um fenômeno complexo.

Uma síndrome é um conjunto de sintomas que ocorrem em conjunto. Normalmente, é assumida como conseqüência de uma causa subjacente. O termo é legitimamente aplicado à situação do supertreinamento porque esse se manifesta em muitas outras formas que não simplesmente uma redução do desempenho (Tabela 12.1). Tim Noakes escreveu, em 1992, sobre aqueles que apresentavam a síndrome de supertreinamento:

> As casualidades desta abordagem (supertreinamento) estavam fazendo suas aparições diárias. Havia visitas de corredores de cujo treinamento os havia reduzido a caminhada de recuperação. Alguns sofriam de fadiga generalizada e dores de cabeça recorrentes, diarréia e perda de peso, desinteresse sexual e pouco apetite pelos alimentos ou trabalho. Outros eram incapazes de dormir adequadamente, reclamando que tinham problemas em acordar cedo, incapacidade de relaxar e uma atitude geral de desatenção com a vida. Subitamente, aparecia o inchaço generalizado dos gânglios linfáticos, inexplicavelmente as alergias tinham piorado; resfriados, gripe e outras infecções respiratórias comuns resistiam a todas as terapias convencionais.

Figura 12.6 – Uma plotagem idealizada para mostrar os efeitos do supertreinamento no ponto de inflexão da freqüência cardíaca. (Conconi, Ferrari, Ziglio et al., 1982).

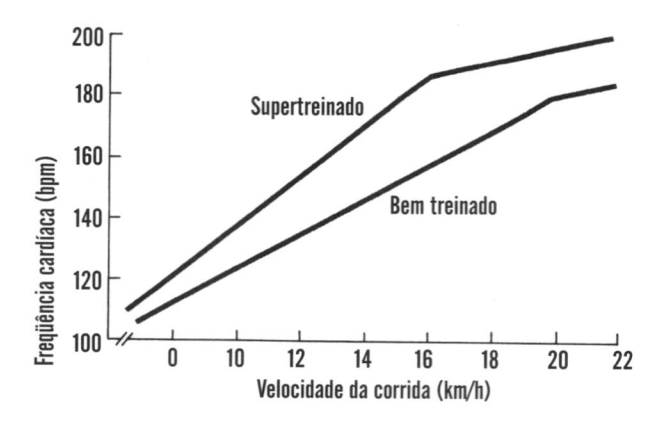

Todo o treinamento estressa o organismo, de modo que ele responde e, então, funciona de uma maneira melhorada, mas há um limite – o limite do supertreinamento. É interessante especular que a síndrome do supertreinamento é, talvez, a manifestação no atleta do que, no executivo, surge na forma de aumento na pressão arterial, de úlceras duodenais e de precipitação de esgotamentos nervosos: *o estresse do executivo*. E, como no caso do executivo, se os sintomas iniciais forem ignorados (por si só uma manifestação da síndrome de estresse), a condição progride para um estado mais difícil de ser revertido.

Primeiramente, com o treinamento, o atleta é recompensado pelo aumento moderado no desempenho. Então, vem um estágio no qual o treinamento adicional (pico de treinamento) induz a uma "fase de superadaptação", onde o desempenho aumenta drasticamente. É neste estágio crucial que o atleta de elite fica entre a cruz e a espada, ou seja, entre o pico de desempenho e o supertreinamento, devendo manter o olho aberto para os sintomas descritos abaixo.

TABELA 12.1 ALGUMAS DAS CARACTERÍSTICAS MAIS QUANTIFICÁVEIS QUE PODEM OCORRER NO ESTADO DE SUPERTREINAMENTO
FREQÜÊNCIA CARDÍACA AUMENTADA NO INÍCIO DA MANHÃ
RECUPERAÇÃO RETARDADA DA FREQÜÊNCIA CARDÍACA APÓS O EXERCÍCIO
HIPOTENSÃO POSTURAL
QUEDA NO HEMATÓCRITO
DESEMPENHO DIMINUÍDO
AMENORRÉIA
DIMINUIÇÃO NO VO_2máx.
PERDA DE PESO
INCIDÊNCIA AUMENTADA DE INFECÇÕES
MÁ CICATRIZAÇÃO DE FERIMENTOS
PERFIL DE *ICEBERG* INVERTIDO NO POMA (VER FIGURAS 10.5 E 12.8)

Dados de Budgett (1990).

A síndrome de supertreinamento é algo que afeta particularmente os corredores de média e longa distância, tendo sido relatado que, pelo menos, 60% dos corredores de longa distância de elite o experimentaram. Ele também ocorre em outros esportes, incluindo ciclismo, remo, natação e luta greco-romana. Em contraste, a síndrome de supertreinamento parece ocorrer de modo muito menos freqüente em atletas que participam de eventos "explosivos", que duram menos de 2 minutos, talvez porque seja mais difícil, durante o treinamento destes eventos, exercitar-se demais. A fadiga faz seu trabalho.

Uma das dificuldades, especialmente para o treinador, é separar o estágio inferior ao supertreinamento do supertreinamento propriamente dito. A condição é amplamente descrita por Noakes (1992) como "dificuldade"!

O problema, para muitos atletas, é que o desempenho ruim durante o treinamento provoca raiva, frustração e fraqueza aparente no corpo, fazendo que as próximas sessões de treinamento sejam planejadas para serem ainda mais intensas. Isso, por sua vez, causa mais estresse, e se desenvolve um círculo vicioso, com o atleta bem no caminho do estado de supertreinamento ou, como Noakes o chama, "a superdificuldade".

O atleta que está cronicamente em supertreinamento pode nunca atingir todo seu potencial. Em uma maratona em Harlow, Inglaterra, em 1973, o grande favorito era Ron Hill; mas ele foi superado – bem superado – por Ian Thompson. Naquele contexto, Thompson era desconhecido, e tinha treinado não mais do que 10km por semana. Mas ele veio a se tornar conhecido por vencer os títulos do

QUADRO 12.1 O RESULTADO INESPERADO

O *jet lag* é uma conseqüência familiar, mas não bem-vinda, do vôo por vários fusos horários. E a maioria dos viajantes o acha mais problemático quando se voa do Oeste para o Leste do que na direção oposta. Potencialmente, ele possui um problema sério para o atleta em pico, que tem que viajar metade do mundo para uma competição. Talvez o atleta devesse escolher voar do Leste para o Oeste quando há uma alternativa. Entretanto, quando o Dr. W. P. Morgan investigou o problema, não observou diferenças significativas entre voar nos dois sentidos.

O que o surpreendeu foi que os atletas em vôos longos, em qualquer direção, relatavam melhora da saúde mental e diminuição da dor muscular. Quando um experimento não apóia a hipótese (ver Capítulo 1), ela deve ser abandonada, e uma nova deve ser proposta. A explicação mais provável é que os atletas se beneficiem do descanso durante a pré-competição e que nos vôos longos eles tenham justamente o que precisam quando necessário. Talvez o descanso sem a viagem traga benefícios ainda maiores.

Commowealth e o Europeu. Ele foi aconselhado que nunca seria realmente bom se não corresse, pelo menos, 190 a 210km por semana. Ele seguiu este conselho e nunca mais repetiu seu sucesso de 1974! Seria esse um caso de síndrome do supertreinamento?

DIAGNÓSTICO

Alguns dos sinais mais quantificáveis do supertreinamento estão listados na Tabela 12.1. Além disso, o atleta pode sofrer:

- Distúrbios intestinais, perda de apetite, diarréia.
- Percepção ao esforço aumentada numa dada intensidade de exercício.
- Dor muscular.
- Vigor diminuído.
- Distúrbio no padrão normal de sono.

- Ansiedade e depressão aumentadas.
- Libido diminuída.

Noakes desenvolveu um questionário para o corredor apontar avaliações subjetivas em uma escala de fadiga (Tabela 12.2).

Três testes mais específicos podem ser úteis para detectar o estado de supertreinamento:

- *Freqüência cardíaca de repouso*. A pulsação deve ser tomada durante a primeira caminhada da manhã. Se estiver aumentada em mais de cinco batimentos, por 7 a 10 dias consecutivos, isso é uma indicação de síndrome de supertreinamento (Figura 12.7).
- *Peso corporal de repouso*. O peso corporal deve ser mensurado sobre balanças

TABELA 12.2 ESCALA DE CLASSIFICAÇÃO DE FADIGA DE ROSE/NOAKES	
COMO VOCÊ SE SENTE DURANTE O TREINO?	**PONTUAÇÃO**
LENTO, EXAUSTO. INCAPAZ DE CORRER	0
LENTO E COM DOR MUSCULAR NO INÍCIO	1
PIOR À MEDIDA QUE A CORRIDA PROGRIDE. TOTALMENTE INCAPAZ DE CORRER MAIS RÁPIDO	
LENTO, COM DOR MUSCULAR DURANTE TODO O PERCURSO	2
LENTO, COM DOR MUSCULAR NO INÍCIO. SENTE-SE MELHOR A MEDIDA QUE A CORRIDA PROGRIDE	3
SEM DOR MUSCULAR, MAS AS PERNAS E O CORPO PERMANECEM LENTOS. EXIGE-SE UM GRANDE ESFORÇO PARA CORRER MAIS RÁPIDO NA SUBIDA	4
LEVEMENTE CANSADO, MAS SE EXIGE MENOS ESFORÇO PARA CORRER MAIS RÁPIDO OU NA SUBIDA	5
RELAXADO, DESFRUTANDO A CORRIDA. SUBINDO LADEIRAS OU ACELERANDO POR CURTAS DISTÂNCIAS SEM ESFORÇO	6
ESFORÇO DE MODERADO PARA INTENSO. FATIGADO NO FINAL	7
ESFORÇO INTENSO. FATIGADO NO COMEÇO	8
ESFORÇO MUITO INTENSO. FADIGA APENAS LEVE AO FINAL	9
MELHOR QUE NUNCA	10

Para usar esta escala, registre o número que melhor corresponde à sua sensação após o treinamento ou competição. Se o número estiver abaixo de 5, Noakes reconhece que percebeu um caso de "dificuldade" e, abaixo de 3, de "superdificuldade" (Noakes, 1992).

de banheiro, logo após o atleta ter acordado, esvaziado a bexiga e evacuado os intestinos. Uma diminuição de 1 a 1,5 quilogramas pode ser uma indicação de síndrome de supertreinamento.

- *Inversão do perfil de iceberg*. O teste POMS (perfil de estados de motivação) indica o perfil em *iceberg*, característico de atletas de elite (Capítulo 10), que se torna invertido se o supertreinamento ocorrer (Figura 12.8). O uso judicioso deste teste pode ajudar a detectar problemas iniciais e, desta forma, prevenir que as "dificuldades" se transformem em superdificuldades. O uso desta ferramenta bastante útil exige o auxílio do psicólogo esportivo, ou pelo menos que o técnico seja treinado na aplicação deste teste.

Ainda que os atletas de elite possam estar nas manchetes quando têm de se retirar de um evento importante, devido à síndrome do supertreinamento (usualmente chamada de um "vírus"), isso pode,

da mesma maneira, afetar facilmente o jogador ou clube do atleta, que aumenta a intensidade ou duração do treinamento de modo muito rápido.

A síndrome do supertreinamento pode ser precipitada por um evento fora do esporte, o qual, durante o estresse do treinamento intenso ou do pico de treinamento, simplesmente adiciona outro estresse; "o cesto que quebra nas costas do camelo". A pressão aumentada no trabalho, ser demitido e problemas domésticos com um parente próximo podem levar um atleta que está treinando duro ao estado de supertreinamento. Um treinador alerta deve estar atento a estas influências. Entretanto, deve ser percebido, especialmente pelos técnicos, que alguns atletas irão sucumbir mais prontamente do que outros à síndrome do supertreinamento. No presente, a razão para isso não é mais aparente do que a variação na susceptibilidade a outras condições de estresse. Fatores genéticos, padrões prévios e intensidade de treinamento, frustrações, estilo geral

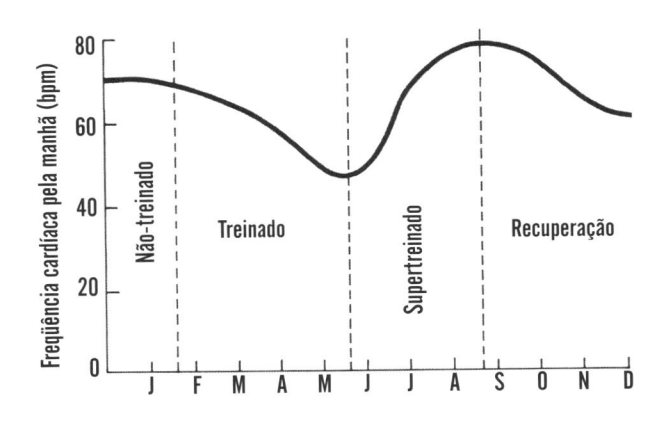

Figura 12.7 – Mudanças na freqüência cardíaca de esquiadores em supertreinamento. Os índices foram medidos 20 segundos depois deles se levantarem da cama (Czajkowski, 1982).

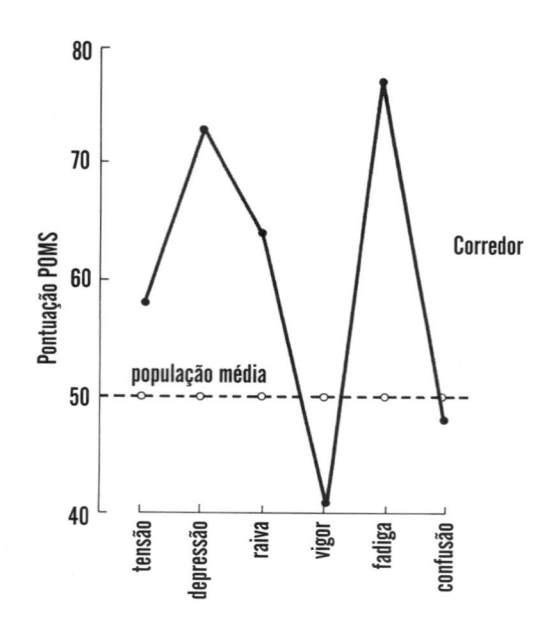

Figura 12.8 – Variação dos estados de humor para o mesmo atleta, como mostrado na Figura 10.5 depois do supertreinamento, mostrando uma ponta de um *iceberg* invertido (Morgan, Brown, Raglin et al., 1987).

de vida e mesmo a dieta podem exercer um importante papel.

TRATAMENTO

Se um atleta sofre de um caso de supertreinamento bem instalado, pode ser necessário um período de, pelo menos, 6 semanas de repouso parcial para restaurar a normalidade. Durante tais períodos longos de descanso e recuperação, particularmente para aqueles em supertreinamento, podem ocorrer problemas psicológicos, particularmente a depressão, atrasando ainda mais a recuperação. Uma sugestão de programa de recuperação de 6 semanas segue abaixo:

• Semanas 1 e 2: repouso quase que completo, apenas com exercício muito leve.

• Semanas 2 a 4: aumento muito lento no volume de treinamento.

• Semanas 4 a 6: aumento do treinamento no sentido de um volume normal, mas a alta intensidade deve ser evitada.

É difícil para um atleta dedicado reconhecer que o supertreinamento em estágio inicial é prontamente reversível e concordar em descansar alguns poucos dias. Entretanto, ocasionalmente, as circunstâncias conspiram para prevenir que um atleta treine na intensidade que normalmente ele o faria. Como conta Sebastian Coe, em seu livro *Running Free*, as conseqüências podem ser agradavelmente inesperadas:

> Tinha como objetivo, em 1979, me formar, e tudo o mais estava subordinado a isso... Uma redução no treinamento em março,

exames em junho e, então, depois disso, começar novamente o treinamento... Eu ia me retirar de alguns eventos internacionais, pois sabia que não estava com minha mente na forma adequada após um mês estudando até duas ou três da manhã para minhas provas finais, tendo corrido muito pouco. Mas, em Malmo, senti minhas forças voltando subitamente. E gastar energia física ao invés da mental era muito relaxante. Observei que tinha corrido o suficiente nos 800m, fui capaz de acelerar nos últimos 200m e fui para casa ainda com muita energia para gastar.

Em 3 de julho de 1979, Sebastian Coe correu os 800m mais rápidos do mundo (1min42s33). No dia 17 de julho, correu a milha mais rápida do mundo (3min48s95). E, no dia 15 de agosto, correu os 1.500m mais rápidos do mundo (3min32s3). Três recordes mundiais dentro de 6 meses, de um homem que tinha treinado muito pouco durante 4 meses.

13

MORRENDO PARA VENCER: DROGAS E O ATLETA

Quando a Religião é forte e a Ciência é fraca, os homens procuram a mágica como remédio; quando a Ciência é forte e a Religião é fraca, procuram os remédios como mágica.

Thomaz Saaz

O treinamento é um trabalho duro. Qualquer coisa que possa aumentar sua eficiência ou melhorar o desempenho acima dos resultados obtidos por meio do treinamento intenso está destinado a tentar o atleta. Nos últimos anos, esta tentação tem aumentado devido às altas recompensas financeiras em decorrência do sucesso. Porções mágicas estão fora de moda, mas a indústria farmacêutica tem fornecido alternativas. Em 1967, Tom Simpson teve um colapso a apenas 2km do fim de uma subida muito longa (1.828m) na prova da Volta da França. Ele faleceu no hospital. E a autópsia revelou uma alta concentração de anfetamina em seu sangue, o que certamente precipitou sua morte por infarto. Isso voltou a atenção do público para uma prática que, apesar dos perigos e da desaprovação oficial, tem ganhado força desde os anos 50.

Ainda que o uso de drogas tenha refletido no uso das mesmas na comunidade, o objetivo de sua utilização nos dois casos é diferente; quando os atletas usam drogas, geralmente, o fazem numa tentativa de aumentar seu desempenho e sua capacidade competitiva. Em 1986, a comissão médica do Comitê Olímpico Internacional (COI) detectou substâncias banidas em 623 amostras de urina, quase 2% de todas as testadas, a maioria em atletas que participavam de algum campeonato importante. Nos Jogos Olímpicos de 1988, os incidentes com drogas criaram mais manchetes e interesse do que os próprios desempenhos. Mas o consumo de drogas no esforço de melhorar o desempenho não é um fenômeno recente. Em 1904, nos Jogos Olímpicos de Saint Louis, Thomas Hicks consumiu estricnina – que, embora seja um veneno poderoso, pode atuar como estimulante em baixas quantidades – junto com conhaque, durante os últimos 12km da maratona. Na realidade, substâncias que podem aumentar o desempenho têm sido utilizadas desde as primeiras competições documentadas, e provavelmente antes. De acordo com o médico grego Galeno, os atletas da Grécia Antiga já usavam estimulantes no século terceiro a.C. Não se pode ter certeza de quantas de suas bebidas favoritas de cascos de asno, macerados e fervidos em óleos com rosas, seriam banidas pelo COI! Os astecas também utilizaram estimulantes obtidos dos cactos – atualmente, sabe-se que estas substâncias têm uma estrutura química semelhante à da estricnina – num esforço em melhorar seu desempenho em corridas que demoravam até 72 horas.

As drogas são substâncias químicas introduzidas no corpo geralmente com um propósito entre três: curar ou melhorar doenças, produzir um estado mental alterado ou melhorar o desempenho esportivo. Os dois últimos são geralmente considerados uso abusivo de drogas, mas nem sempre é possível fazer uma clara distinção entre o uso de drogas e o consumo abusivo no esporte. Por que é necessário traçar tal distinção? Se for permitido aos atletas utilizarem diferentes regimes de treinamento, diferentes treina-

dores e calçados, treinar na altitude, consumir diferentes alimentos etc., por que então não devem consumir diferentes substâncias químicas? Sem dúvida, tal questão filosófica tem sido discutida em encontros das organizações esportivas ao redor do mundo, e pelo menos quatro motivos tem sido propostos para o banimento do uso de drogas no esporte:

- As drogas podem dar ao atleta uma vantagem injusta sobre os outros competidores. O professor A. H. Beckett expressou isso de forma sucinta, afirmando que "a competição deve ser entre os atletas, não entre os farmacêuticos e médicos" (Figura 13.1).

- Os competidores que utilizam drogas arriscam-se a ficar dependentes, prejudicar seriamente a saúde e, possivelmente, morrer. Em resposta à imensa pressão pelo sucesso, os atletas são tentados a fazer qualquer coisa, ou tomar qualquer coisa, para melhorar seus desempenhos – especialmente se eles acreditam que outros competidores estão fazendo o mesmo.

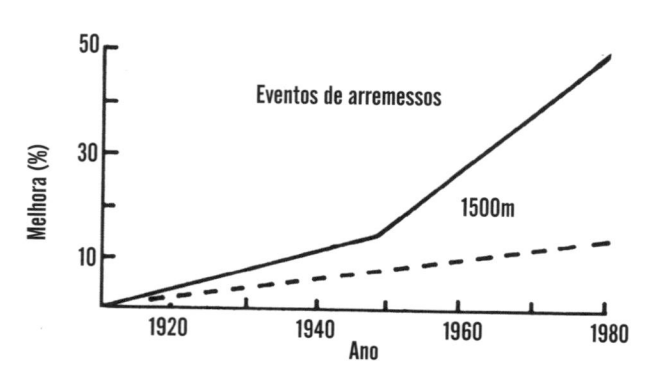

Figura 13.1 – Aumento nos melhores desempenhos para 1.500m e eventos de arremessos. Diferenças entre as curvas têm dado a sugestão de que esteróides anabolizantes têm feito parte das melhoras dos desempenhos de arremessos.

- Algumas drogas podem diminuir a capacidade de julgamento, o que poderia colocar em risco outros competidores.
- E, talvez, o mais importante: os atletas, sem dúvida, são exemplos para muitos jovens e, portanto, sua influência é muito significativa.

O uso de drogas fora do esporte ocorre atualmente em uma enorme escala (estima-se que 4 milhões de norte-americanos usem cocaína regularmente), e, provavelmente, isso traz muito mais infelicidade do que prazer. O presidente Ronald Reagan, em seu discurso à nação sobre o uso de drogas e sua prevenção, tinha uma mensagem especial para os atletas: "No esporte, vocês, homens e mulheres, estão entre os cidadãos mais amados de nossa nação... Poucos de nós dão aos jovens algo tão especial e forte como o desejo de ser como nós. Por favor, não os deixem cair".

QUADRO 13.1 UMA BRECHA LEGAL?

Como qualquer conjunto de leis, aquelas desenvolvidas pela comissão médica do COI, referentes à utilização de drogas no esporte, podem ser ambíguas. Mas, com tanto dinheiro, ambigüidade torna-se um termo relativo. Tome, por exemplo, o caso do clenbuterol – uma droga introduzida para o tratamento de asma, mas que também atua tanto como estimulante quanto como agente anabólico (apesar de não ser um esteróide). Ele parece ideal para o atleta inclinado para a farmacologia. E vários deles o têm utilizado.

Em 1992, nos Jogos Olímpicos de Barcelona, os levantadores de peso Andrew Saxton e Andrew Davies foram enviados de volta para casa, desonrados, após o teste positivo para o clenbuterol. Eles admitiram estar utilizando a droga durante a preparação para os Jogos. Porém, teriam eles infringido as regulamentações do COI? Elas afirmavam claramente que, como outros estimulantes, o clenbuterol estava banido durante a competição, mas não fora dela. Isto faz sentido, uma vez que o efeito dos estimulantes é imediato. Os esteróides anabolizantes estão claramente banidos, tanto durante quanto fora da competição, por causa de seus efeitos duradouros. Argumenta-se que o clenbuterol não deva ser listado como as demais drogas desta categoria, e a frase abrangente "e substâncias relacionadas" não pode se referir a ele, pois é certo que este não é quimicamente relacionado com os esteróides.

Saxton e Davies foram subseqüentemente perdoados, mas não antes de suas reputações, e talvez a da Comissão Médica do COI, terem sido manchadas.

Opor-se ao uso de drogas no esporte é simples. Traçar um conjunto de regras práticas é muito mais difícil. Alguns dos problemas estão implícitos na declaração de quatro pontos, produzida pela Comissão Médica do COI.

- Prevenir no esporte o uso de drogas perigosas para os outros competidores e para a saúde dos próprios atletas.
- Prevenir o abuso de droga, mas com um mínimo de interferência e um correto uso terapêutico delas.
- Banir apenas as drogas adequadas às técnicas analíticas existentes para sua detecção precisa em amostras de urina (ou sangue) – uma vez que os procedimentos modernos de teste de drogas são extremamente sensíveis, tem que se tomar um grande cuidado para se garantir que os procedimentos são realizáveis e que não há a possibilidade de surgimento de erro.
- Banir classes de drogas (baseadas na atividade farmacológica), e não drogas individuais – isso evita o uso das chamadas "drogas elaboradas", com as quais modificações químicas comuns produzem uma "nova" droga, sem alterar de modo significativo seus efeitos no organismo (apesar desta frase cuidadosa, ambigüidades existem). Na Seção F, é fornecida uma lista com algumas substâncias banidas pelo COI.

A legislação é, sem dúvida, importante, mas improvável, para eliminar o problema, a não ser que dê apoio aos atletas. Isso exige educação, sendo o restante deste capítulo uma tentativa de fornecer informações sobre como diferentes classes de drogas utilizadas no esporte afetam o corpo humano.

QUADRO 13.2 APANHANDO OS CULPADOS

Esteja o atleta sob suspeita ou sendo realizada uma verificação aleatória, os seguintes procedimentos devem ser seguidos:

- O atleta é convocado ao Centro de Controle de *Doping*, podendo ser acompanhado por um assistente da equipe e, se necessário, um intérprete.
- Somente a um atleta por equipe é permitido entrar na sala de espera.
- O atleta deve ser claramente identificado pelo Diretor do Centro de Controle.
- O atleta escolhe, então, um recipiente para a coleta e acompanha o oficial encarregado de obter as amostras à sala onde, pelo menos, 70ml de amostra deve ser coletado. O fato de uma amostra de urina ser produzida na frente de um oficial tem levado a sugestão de "testes sexuais" não serem mais necessários (ver p.162-64).

- Uma amostra da urina é dividida em duas garrafas, escolhidas pelo atleta.
- Um código é selecionado pelo atleta nas amostras e nas duas garrafas seladas.
- O Centro de Controle relaciona com o atleta ou assistente da equipe que drogas, se for o caso, foram prescritas e tomadas pelo atleta nas últimas 48 horas.
- O atleta deve assinalar que todos os procedimentos foram conduzidos de acordo com as Regulamentações do Controle de *Doping*.
- Uma garrafa é colocada num recipiente lacrado, que será transportado para os laboratórios. A outra garrafa é depositada num recipiente para amostras reserva.
- Se um resultado positivo for obtido na primeira amostra, uma análise similar é repetida na segunda.

Atualmente, a maioria dos testes é realizada nos principais eventos, mas cada vez mais testes aleatórios, realizados em qualquer período do ano, estão se tornando regra na maioria dos países. Os atletas precisam dar sua permissão antecipadamente para que tais amostras aleatórias possam ser obtidas.

O problema com os quais o químico analítico defronta-se é que a urina humana contém milhares de compostos químicos – a maioria em quantidades extremamente pequenas. A detecção de substâncias proibidas depende, em primeiro lugar, da separação destes componentes, o que normalmente é realizado por cromatografia a gás ou líquida de alta performance (HPLC). Nestas técnicas, a mistura na urina original é passada por um tubo contendo material que adsorve diferentes compostos ao longo de sua extensão. Os compostos podem ser separados do material adsorvente e ele surge da coluna de acordo com a firmeza que está ligado à mesma, isto é, eles são separados. Muito pode ser deduzido a partir da ordem de aparecimento da substância, mas a identificação precisa depende da espectometria de massa – uma técnica sofisticada na qual as moléculas do composto são fragmentadas por um feixe de elétrons e o padrão dos tamanhos dos fragmentos é determinado. O poder e a precisão das técnicas analíticas modernas são espantosos – é possível detectar até mesmo traços de esteróides na urina várias semanas após o atleta ter interrompido o uso. Entretanto, a monitoração rigorosa do desempenho em laboratório, incluindo a análise das amostras padrão do teste preparadas de modo independente, é essencial, uma vez que o futuro do atleta pode depender do relatório do laboratório.

ESTIMULANTES

Como o nome sugere, as drogas desta classe aumentam o movimento intencional e a atividade mental e elevam a motivação. Os membros mais conhecidos são as anfetaminas, conhecidas nas ruas como aceleradores. Considera-se que seu principal benefício para o atleta seja o atraso na ocorrência da fadiga. Mas quase certamente o efeito é sobre o sistema nervoso central, reduzindo a percepção da fadiga, ao invés de qualquer processo muscular que afete a capacidade de trabalho do músculo. Qualquer que seja seu modo de ação, o atleta deve lembrar que a fadiga é uma válvula de segurança da natureza, e a interferência nessa pode ser perigoso.

É provável que as anfetaminas causem seus efeitos por meio da interferência na ação de importantes substâncias, conhecidas como catecolaminas, sobre o cérebro. As catecolaminas incluem a adrenalina (nos USA conhecidas como epinefrina) e a noradrenalina (norepinefrina). Elas, em conjunto com várias outras substâncias, atuam como neurotransmissores no cérebro (e em algumas outras partes do sistema nervoso). Os neurotransmissores são substâncias químicas liberadas das extremidades de um neurônio excitado (fibra nervosa) e afetam outros neurônios na mesma área. O espaço muito pequeno entre neurônios adjacentes é conhecido como sinapse, e os neurotransmissores liberados na sinapse estimulam ou inibem a atividade elétrica no próximo neurônio (Figura 13.2). Desta forma, as sinapses atuam como interruptores, pelo aumento de neurotransmissores que fornecem a base para o processamento de informações em redes neurais. A partir disso, acredita-se que aumentem não apenas nossa capacidade de controlar nossos corpos, mas também a obtenção de funções mais nobres, tais como o pensamento racional.

Então, o que as anfetaminas tem de fazer com as catecolaminas neurotransmissoras? A resposta é que elas são bastante similares em estrutura química. Os químicos utilizam a fórmula estrutural para demonstrar o arranjo dos átomos no espaço, que determina as propriedades do composto e como ele irá reagir com outros compostos. Mas você não precisa ser um químico para observar na Figura 13.3 que existe uma considerável semelhança entre as anfetaminas e os neurotransmissores naturais. As anfetaminas aumentam as quantidades de catecolaminas no cérebro, provavelmente em partes muito específicas, seja pela liberação dos estoques de neurotransmissores ou pela interferência na sua recaptação pelos neurônios, após eles terem realizado seu trabalho. Desta forma, a efetividade do neurotransmissor é aumentada e, dependendo da parte do cérebro na qual este fenômeno ocorre, alguns aspectos do comportamento irão ser alterados.

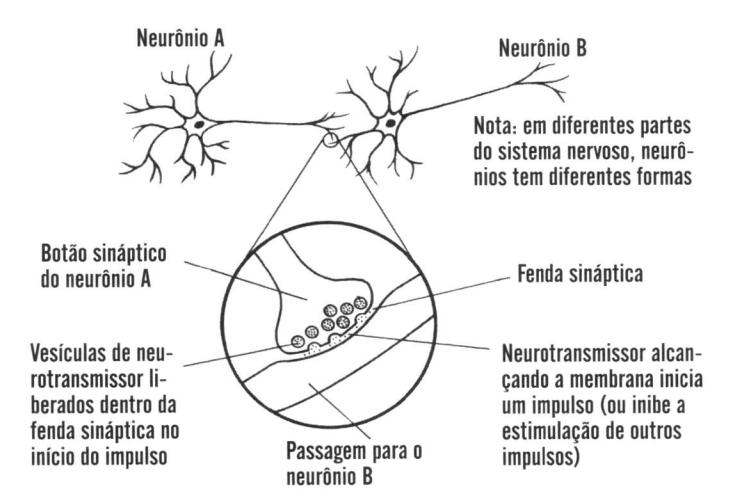

Figura 13.2 — Transmissão de impulsos nervosos de um neurônio para um próximo em uma sinapse. Estes diagramas não estão desenhados em escala — a fenda sináptica tem somente 0,00002mm de largura.

As informações da Figura 13.3 também esclarecem os problemas de Lindford Christie, nos Jogos Olímpicos de 1988. O corredor britânico chegou em terceiro nos 100m, mas foi promovido à medalha de prata quando o vencedor (Ben Johnson, do Canadá) foi desqualificado, após esteróides anabolizantes tem sido encontrados em sua urina. Então, encontrou-se efedrina na urina de Christie, a qual é similar, em estrutura química, à anfetamina, sendo uma substância banida. A efedrina está presente em plantas do gênero da Efedra, e tem sido utilizada por muito tempo na Ásia como um remédio. Na medicina moderna, ela é utilizada para a estimular os efeitos da adrenalina, expandir as passagens brônquicas no pulmão e aliviar os ataques de asma, em outras condições alérgicas e na bronquite crônica. Ela também é um estimulante para o sistema nervoso central, mas tem um efeito muito mais fraco do que o da anfetamina. Os problemas para os atletas podem surgir, porque os extratos destas plantas estão incluídos entre as muitas formulações que não necessitem de receita para aliviar resfriados, febre e asma. Mas essa não foi a causa do problema de Lindford Christie. Os jogos Olímpicos de 1988 foram realizados na Coréia, onde o chá de ginseng encontrava-se disponível rotineiramente, junto a outras bebidas, na cantina da vila olímpica. Christie provou uma xícara no dia anterior à sua corrida, sem saber que o ginseng contém pequenas quantidades de efedrina. Uma vez que isso foi estabelecido pelo Comitê, foi permitido a ele manter a medalha de prata. Mas este episódio infeliz destaca a importante responsabilidade dividida pelos atletas e seus treinadores em garantir que substâncias químicas banidas não sejam consumidas em medicamentos, alimentos e bebidas.

Um estimulante ainda mais utilizado é a cafeína. Ela também aparece na lista de substâncias banidas pelo COI. Mas os consumidores de café podem se confortar com o fato de que, neste caso, foi estabelecido um limite (12μg/ml de urina), e somente se isso for excedido sua ação ocorre. Deveria ser ne-

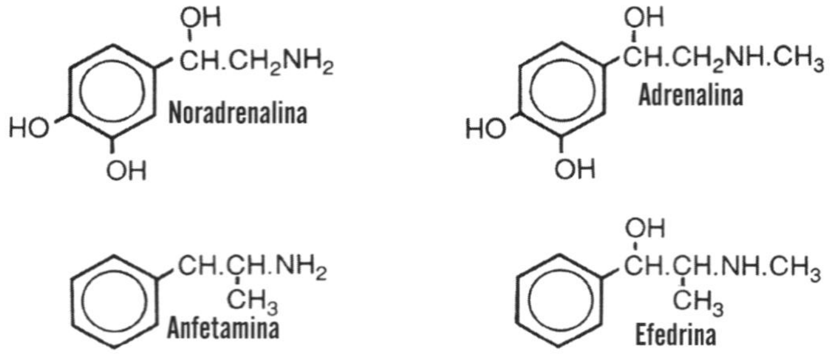

Figura 13.3 – Comparação de estruturas moleculares de drogas estimulantes e catecolaminas ocorrendo no encéfalo.

cessário consumir pelo menos seis xícaras de café forte, dentro de um período de poucas horas para atingir esta concentração. Mas a cafeína é um componente prontamente disponível nos tabletes "estimulantes".

Também na lista dos estimulantes banidos está a cocaína, uma droga "recreacional" muito utilizada, com sérios problemas de dependência. Ainda que ela não compartilhe uma semelhança química estreita com a anfetamina, também exerce seus efeitos por meio do aumento da concentração de catecolaminas nas sinapses de algumas partes do cérebro. Seu efeito de aumento da motivação tem duração mais curta do que o da anfetamina; 20 a 30 minutos contra 6 a 9 horas. Talvez

por causa de seu rápido e amplo efeito, a cocaína seja conhecida como o "champanhe dos estimulantes psicológicos", mas ela também pode ter efeitos rápidos sobre o coração, resultando em aumento súbito do ritmo cardíaco. Ela produz dependência física rapidamente e, ainda pior, são necessárias doses cada vez mais altas para produzir o mesmo efeito. Até 1906, a Coca-Cola, divulgada como "tônico cerebral e bebida da fonte", continha cocaína, mas essa foi rapidamente substituída pela cafeína. Novamente, é pouco provável que os atletas consumam o suficiente para que um teste de urina seja positivo e, de qualquer modo, atualmente existe uma forma sem cafeína desta bebida popular.

QUADRO 13.3 A ABORDAGEM CIENTÍFICA

Parece simples – pegar dois grupos de atletas, dar a droga para um e não para outro, monitorar o desempenho e verificar o quanto a droga é eficiente. Infelizmente, tais experimentos não são tão simples na prática. O primeiro passo é estabelecer o quanto o experimento é adequado em termos éticos. É adequado administrar drogas que poderiam causar dano, especialmente quando não existe benefício médico? Os comitês de ética ponderam tais questões. Elas não são fáceis de responder.

Os seres humanos variam em sua resposta à droga, como o fazem em outras situações. Isso significa que são necessários grandes grupos experimentais, especialmente se os efeitos da droga forem pequenos. Os resultados têm que ser analisados matematicamente para demonstrar que são significativos em termos estatísticos, isto é, quaisquer diferenças são em função da droga, e não do acaso. O grupo que não está consumindo a droga é chamado de grupo controle, e seu papel é demonstrar que qualquer efeito observado nos usuários de droga é devido somente à droga. O controle e os grupos experimentais devem ser os mais similares possíveis em todos os aspectos, incluindo sexo, composição corporal, idade, capacidade esportiva e experiência de treinamento. Eles devem diferir apenas quanto ao consumo da droga em questão. Existe ainda a possibilidade de que receber a droga irá afetar o desempenho não por causa de qualquer efeito direto, mas devido às expectativas – positivas ou negativas – da parte dos sujeitos. Para eliminar este efeito, um placebo é utilizado; aos membros do grupo controle é fornecida a "droga" sem o ingrediente ativo. Os participantes estão "cegos" no sentido de que não sabem se estão recebendo ou não a droga. Mas essa não é a única fonte de tendenciosidade. Os próprios pesquisadores podem, sem intenção, afetar o resultado do experimento ao tratar os grupos experimental e controle de modo diferente. Por esta razão, eles também estão "cegos", não sabendo que indivíduo está recebendo o placebo e qual está tomando a droga, até isso ser revelado, após os resultados experimentais terem sido obtidos. Tais testes "duplo-cegos" são atualmente considerados essenciais em qualquer experimento elaborado para testar a eficiência de uma droga.

Uma das questões mais formuladas sobre as drogas no esporte é se "elas funcionam". As impressões subjetivas são de que os estimulantes podem melhorar o desempenho, mas são necessários experimentos científicos para estabelecer a questão de modo conclusivo. Tais experimentos são muito difíceis de realizar e, de acordo com o conhecimento dos autores, poucos tem sido realizados. Um estudo demonstrou que

TABELA 13.1 EFEITO DAS ANFETAMINAS NO DESEMPENHO DA NATAÇÃO			
EVENTO	TEMPO (s)		% DE MELHORA
	PLACEBO	ANFETAMINA	
100 JARDAS NADO LIVRE	57.47	56.87	1.04
100 JARDAS BORBOLETA	70.96	69.36	2.25
200 JARDAS NADO LIVRE	136.88	135.94	0.69
200 JARDAS NADO COSTAS	159.80	158.32	0.93
200 JARDAS NADO PEITO	171.87	170.22	0.96

Uma dose de 14mg de dl-anfetamina sulfato por 70kg de peso corporal foi dado de 2 a 3 horas antes do evento. Cada equipe representa a média de três nadadores em quatro ocasiões separadas. Embora o efeito geral tenha sido pequeno, 14 dos 15 nadadores mostraram melhora. Os autores, mais tarde, continuaram a mostrar que, em nadadores bem treinados, a variação era muito menor. Em um teste similar em corredores, 19 de 26 mostraram melhora, mas os efeitos foram mais variáveis.
Dados de Laties e Weiss (1981).

as anfetaminas melhoram realmente o desempenho do nado (Tabela 13.1).

Nosso conhecimento de bioquímica nos diz que é pouco provável que corredores de meia distância beneficiem-se do uso de estimulantes, devido ao fato desses aumentarem a taxa de liberação de ácidos graxos do tecido adiposo. Os ácidos graxos liberados seriam utilizados pelos músculos, em detrimento do glicogênio, mas menos ATP seria gerado por litro de oxigênio quando fossem utilizados ácidos graxos, em comparação ao uso do glicogênio (ver p.77-82). Assim, quando o suprimento de oxigênio é limitado, o desempenho é diminuído.

O verdadeiro problema com as anfetaminas, fora as considerações da vantagem competitiva injusta, é o sério dano que elas podem trazer ao atleta. Tanto o desempenho como a capacidade de julgamento podem ser afetadas. Como a tolerância se estabelece, é necessário o consumo de doses cada vez mais altas para produzir o mesmo efeito, e os efeitos colaterais não desejados das anfetaminas, tais como ansiedade e depressão, tornam-se desproporcionalmente mais problemáticos. O efeito estimulante das anfetaminas sobre o coração aumenta a pressão arterial e, com isso, o risco de infarto; o batimento cardíaco pode tornar-se irregular e, em ocasiões raras, o coração pára de bater. Na prática, o problema mais sério tem sido o perigoso aumento da suscetibilidade à hipertermia – aquecimento excessivo do corpo. As catecolaminas funcionam como neurotransmissores para os nervos que regulam o diâmetro dos vasos sanguíneos e, portanto, controlam as taxas de fluxo sanguíneo em diferentes órgãos. Um fluxo sanguíneo aumentado através da pele capacita as grandes quantidades de calor geradas durante o exercício de serem dissipadas para o ambiente, mantendo assim estável a temperatura do atleta. As anfetaminas reduzem os fluxo de sangue através da pele, e assim interferem com este sistema, que normalmente é um mecanismo muito eficiente de resfriamento. Não é coincidência que Tom Simpson tenha morrido na corrida da Volta da França quando a temperatura era de 90°F. Em 1960, nos Jogos Olímpicos, em Roma, três ciclistas dinamarqueses sofreram intermação grave durante a corrida de 100km e, posteriormente, um morreu. Todos os três haviam tomado álcool nicotinil, um estimulante. Foi estimado que, nos últimos 10 anos, mais de 100 atletas morreram devido ao mau uso de tais substâncias.

BETABLOQUEADORES

As catecolaminas, que atuam como neurotransmissores dentro do sistema nervoso central, também exercem um papel como hormônios fora deste sistema. A adrenalina, com alguma noradrenalina, é liberada das glândulas adrenais quando o corpo está sob ameaça ou estresse. Ela provoca muitas mudanças, incluindo aumento da freqüência cardíaca, direcionamento do suprimento sanguíneo para os músculos e mobilização das reservas de energia; modificações que preparam o corpo para a ação. A noradrenalina é o neurotransmissor da parte do sistema nervoso periférico (o sistema nervoso fora do encéfalo) que controla o funcionamento básico do corpo – a parte que nós não podemos influenciar diretamente e recebemos por concessão. Então, os hormônios e o sistema nervoso interagem e completam-se.

Para exercer um efeito sobre os processos celulares, as substâncias químicas, sejam neurotransmissores ou hormônios, devem combinar-se com receptores específicos, dentro ou fora da superfície das células. Dos tipos de receptores, conhecidos como alfa e beta, diferem quanto a sua capacidade de ligar diferentes catecolaminas, incluindo as produzidas de modo sintético pelos químicos em laboratório (Figura 13.4). A ligação das catecolaminas aos receptores alfa e beta produz diferentes efeitos. Em alguns tecidos, como nos músculos do útero, que possuem ambos receptores, a estimulação dos alfa causa contração, enquanto a estimulação dos receptores beta, relaxamento. A resposta do órgão depende, então, do balanço do número destes dois tipos de receptores.

Se uma certa substância química combina com um receptor sem produzir a resposta, mas previne a ligação do estimulador normal, ela é chamada de "bloqueadora" (Figura 13.5). A descoberta de alguns agentes que bloqueavam apenas os receptores beta foi feita por James Black nos laboratórios do ICI, na Grã-Bretanha. Esta descoberta teve uma grande conseqüência clínica. A questão é que os receptores do coração são do tipo beta, e seu bloqueio previne que a adrenalina aumente tanto a freqüência cardíaca quanto a força com a qual o coração contrai (Figura 13.5). Portanto, os betabloqueadores tais como o propranolol (Figura 13.6), tornam o coração mais lento, sem afetar as funções controladas pelos receptores alfa. Tais drogas têm tido um sucesso notável no tratamento da hipertensão, angina e irregularidades dos batimentos cardíacos. Em reconhecimento ao seu trabalho (e também ao trabalho sobre os receptores de histamina), James Black foi um dos que receberam o prêmio Nobel de Fisiologia e Medicina, em 1988.

De modo geral, é pouco provável que a redução do débito cardíaco ajude o atleta! Entretanto, existem alguns esportes nos quais a atividade excessiva do coração causa problemas. O batimento do coração pode movimentar os ombros, braços e mãos o suficiente para atrapalhar o alvo dos atiradores de carabina e pistola, arqueiros e até mesmo de jogadores de sinuca. Na realidade, atiradores de elite deslizam o gatilho e os arqueiros liberam a flecha num estágio do ciclo cardíaco que o coração está mais relaxado. O problema é intensificado pela adrenalina adicional liberada em resposta à tensão da competição. Além disso, a adrenalina pode causar tremor,

Figura 13.4 – Agentes alfa (alfa agonistas) adaptam-se aos receptores alfa e agentes beta (beta agonistas) adaptam-se aos receptores beta. Somente se uma célula possuir um receptor apropriado na sua membrana pode se obter a resposta na presença do agente químico.

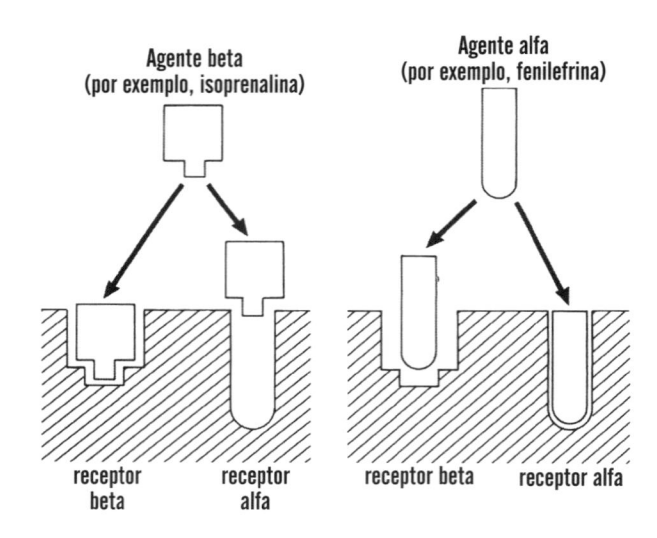

Betabloqueador (exemplo propanolol)

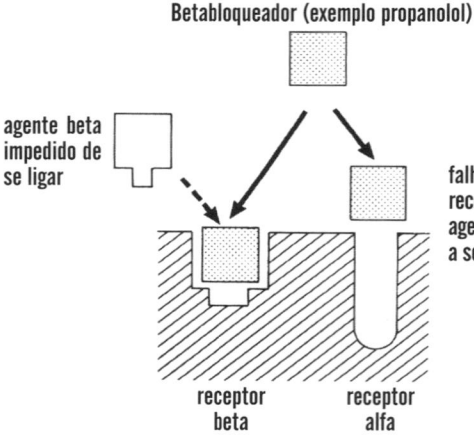

agente beta impedido de se ligar

falha para adaptação do receptor alfa; portanto o agente alfa pode continuar a se ligar

Figura 13.5 – Ação das drogas betabloqueadoras nas células com receptores alfa e beta.

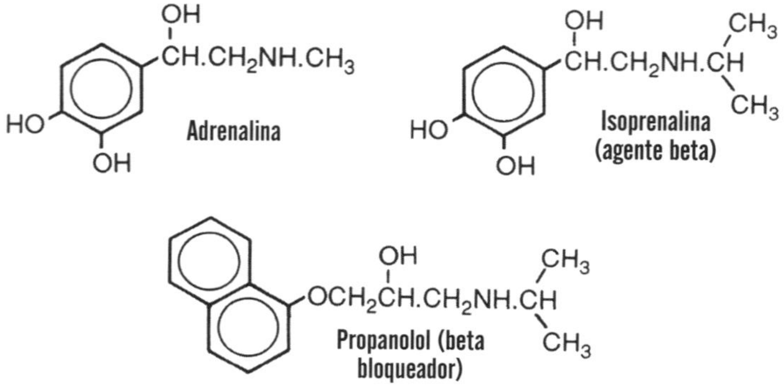

Figura 13.6 – Estruturas moleculares dos agentes alfa e beta e de um betabloqueador.

o que poderia claramente ser um importante problema nestes esportes. O que os betabloqueadores fazem por tais atletas (ou fariam, se fossem permitidos) é estabilizar os músculos de seus membros superiores. Outra "aplicação" deles no esporte é reduzir os efeitos da adrenalina liberada em grandes quantidades nos esportes de "pânico", tais como salto com esqui e *bobsleighing*, nos quais o controle fino ainda é essencial.

O grande problema prático enfrentado pelas agências de controle nesta área é em como responder a um competidor que alega, talvez de modo justificado, que possui uma condição clínica real necessitando do uso de betabloqueadores. Encontrar drogas alternativas que não sejam proibidas pelo COI para o tratamento da condição do paciente é um problema para o médico.

ANALGÉSICOS NARCÓTICOS

Os analgésicos são drogas que aliviam a dor, e algumas das mais eficientes são também narcóticos, ou seja, induzem o sono. Estão incluídas neste grupo a morfina e a codeína, mais amplamente utilizadas, as quais são obtidas do ópio, o látex seco da papoula *Papaver somniferum*, e foram banidas pela Comissão Médica do COI.

Existem evidências de que esta classe de drogas seja utilizada pelos atletas, ainda que não em grande escala, para melhorar o desempenho. Dos 623 testes de urina realizados em 1986, que confirmaram a presença de substâncias proibidas, apenas 23 continham analgésicos narcóticos. É possível que alguns tenham sido consumidos por razões "recreacionais" não relacionadas ao esporte, mas a euforia que eles podem induzir e suas propriedades analgésicas servem para entorpecer a sensibilidade do atleta, o que poderia diminuir a resposta aos sinais de fadiga. Assim como os estimulantes, as drogas desta classe, especialmente a codeína, podem estar presentes em remédios vendidos sem necessidade de receita médica, tais como aqueles para alívio da dor e cura do resfriado. É fundamental que os atletas, seus treinadores e conselheiros médicos, sejam escrupulosos, para evitar tais preparações e que estejam familiarizados com outros analgésicos, antiinflamatórios e remédios para a cura de resfriado considerados "seguros".

O perigo com os analgésicos narcóticos é seu efeito depressor sobre o centro respiratório localizado no encéfalo. Na realidade, eles podem reduzir tão seriamente a respiração que a morte ocorre como se a traquéia estivesse sendo comprimida com força. Além disso, o perigo da dependência física e psicológica é muito real para muitas destas drogas.

ESTERÓIDES ANABOLIZANTES

Anabólico significa promotor de crescimento; deduz-se daí que os esteróides anabolizantes são substâncias que aumentam a massa muscular do corpo. Quimicamente, eles são drogas derivadas do hormônio sexual masculino: a testosterona. Um aumento na concentração deste hormônio nos meninos, na puberdade, é o responsável pelo desenvolvimento das características sexuais masculinas, incluindo o engrossamento da voz, aumentando o tamanho da genitália e causando mudanças na quantidade e distribuição dos cabelos corporais. É obvio que não são estes os efeitos observados pelos que consomem tais drogas depois desta fase, ainda que o seu desenvolvimento junto à supressão da função ovariana em mulheres possa causar problemas. O efeito desejado é aquele também observado em adolescentes do sexo masculino, principalmente um aumento na massa musculoesquelética e, portanto, na força. Eles também têm sido utilizados pelos médicos para restaurar os músculos em mulheres após, por exemplo, a auto-imposição da fome (anorexia nervosa). Entretanto, para o atleta maduro, doses muitos elevadas destes esteróides são necessárias para serem eficientes, o que cria a possibilidade de que este efeito particular do esteróide anabolizante nestes indivíduos seja o resultado de um mecanismo que não pode exercer um papel no desenvolvimento normal.

QUADRO 13.4 ELA NÃO É NATURAL

A testosterona que alguns atletas decidem injetar ou tomar por via oral é quimicamente idêntica ao hormônio que os homens normalmente produzem. Existe uma variação natural na quantidade do hormônio nos diferentes indivíduos, e o atleta pode alegar que a alta quantidade encontrada em sua amostra reflete, simplesmente, uma concentração naturalmente mais elevada em seu sangue. Quem vai contradizê-lo? Os bioquímicos irão, destacando que os testículos dele estarão produzindo não apenas testosterona, mas também um segundo hormônio, a dihidrotestosterona. Ainda que similares, em termos químicos, estes dois componentes podem ser detectados e mensurados de modo separado em laboratório. Normalmente, a quantidade circulante desses hormônios no sangue é controlada por um mecanismo de retroalimentação negativa: à medida que sua concentração aumenta, a liberação é reduzida e, à medida que a concentração cai, mais hormônio é liberado pelos testículos. Este mecanismo mantém a concentração do hormônio constante, apesar das flutuações na sua taxa de excreção. No caso do atleta que toma testosterona como droga, o mesmo mecanismo fará seus testículos liberarem menos hormônio após a droga ter sido injetada ou consumida via oral. Os testículos dele, entretanto, não irão produzir apenas menor quantidade de testosterona, mas também menos dihidrotestosterona, fazendo que a relação da concentração de dihidrotestosterona para testosterona em sua urina caia para uma concentração abaixo do normal, e é isso que irá atrair a atenção dos administradores.

Tem sido sugerido que os esteróides anabolizantes obtiveram a reputação de promover aumento na massa muscular, não tanto pelo efeito direto sobre os músculos, mas por permitir um treinamento mais freqüente e intenso. Certamente, seus efeitos só são observados quando eles são consumidos durante o treinamento intenso. Supõe-se que isso aconteça devido ao fato deles possuírem um efeito sobre o cérebro que permita treinos mais longos e difíceis – talvez uma extensão de sua estabelecida capacidade de aumentar o comportamento agressivo. Outra possibilidade é que, de alguma forma, estas drogas superem um fator limitador normal para a produção de proteína muscular. Esse é um campo onde a ciência fica atrás dos resultados obtidos pelos atletas.

Independente do modo de ação, parece haver pouca dúvida de que os efeitos são reais e que a maior massa muscular resultante significa uma potência anaeróbia aumentada e, portanto, um melhor desempenho em corridas de velocidade (*sprints*) e em outros eventos que exijam aumentos súbitos de atividade explosiva. Correr em alta velocidade, arremessar e levantar peso são eventos que tem sido associados com um alto nível de abuso dos esteróides anabolizantes. Estas substâncias foram responsáveis por dois terços dos testes *antidoping* positivos realizados nos atletas, em 1986.

A testosterona por si só, tomada por via oral, a não ser em grandes quantidades, possui pouco efeito sobre o organismo, principalmente por causa da velocidade com a qual é destruída pelo fígado. Entretanto, por meio de injeção, pode-se colocar a droga no sangue mais rápido do que ela é destruída. Uma vez que os hormônios sexuais possuam usos clínicos legítimos, os químicos logo realizaram o trabalho de modificar a estrutura da testosterona para reduzir sua velocidade de degradação pelo fígado. Outras modificações reduziram substancialmente seus efeitos sobre o desenvolvimento sexual, ainda que mantendo ou aumentando suas propriedades anabólicas (promotoras de crescimento). Apesar disso, os usuários de esteróides anabolizantes para o "aumento da massa muscular" observam que eles necessitam entre 10 a 40 vezes da dose terapêutica e que, nestas concentrações, ocorrem efeitos colaterais, muitos dos quais irreversíveis, incluindo acne, impotência, esterilidade, diabetes, doenças cardíacas e câncer do fígado. Tem sido obtida evidência de que, em atletas consumidores de esteróides, a contagem de espermatozóides é muito baixa e o tamanho dos testículos encontra-se diminuído em quase 40%. Existem evidências de que atletas podem tornar-se dependentes destas drogas, e a interrupção de seu uso resulta em sintomas negativos. Os atletas não devem esperar, ou mesmo permitir, sacrificar sua saúde pelo sucesso no esporte.

DIURÉTICOS

Você evita xícaras de chá ou café tarde da noite, caso seu sono seja perturbado por um chamado da natureza? O problema surge porque as propriedades diuréticas das xantinas contidas nestas bebidas fazem que você excrete mais água na urina do que o que foi consumido na bebida. Clinicamente, os diuréticos são utilizados para tratar pacientes com hipertensão arterial, pois reduzem o volume do sangue. Os atletas os utilizam, ou usam erroneamente, por uma razão entre as duas possíveis: (1) a perda rápida de água causaria uma diminuição correspondente na massa corporal – uma consideração, digamos, para o boxeador que irá obter uma vantagem ao competir numa categoria de peso mais baixa; e (2) a expansão do volume plasmático de urina por meio da excreção de mais água, fazendo que outras substâncias banidas possam ser diluídas e suas concentrações na urina diminuam abaixo daquelas capazes de serem detectadas pelos químicos analíticos. Os atletas que tem isso em mente estão claramente subestimando a notável sensibilidade das técnicas analíticas modernas.

HORMÔNIO DO CRESCIMENTO

O nanismo é uma condição rara, freqüentemente trágica para aqueles que dela sofrem, na qual os ossos longos falham em crescer até o comprimento esperado no adulto. Portanto, os indivíduos afetados apresentam uma estatura excepcionalmente baixa, com cabeça e corpo desproporcionalmente grandes. Esta condição é, normalmente, causada pela falha da hipófise, que se encontra na base do encéfalo, em produzir o suficiente de um hormônio – o hormônio do crescimento – que controla o crescimento durante o desenvolvimento normal. O nanismo é muito mais raro de se ver atualmente porque o hormônio do crescimento puro é encontrado à disposição e pode ser injetado na criança que apresenta esta doença. Ainda de modo mais raro, uma superprodução do hormônio do crescimento pela hipófise (normalmente devido a um tumor nesta glândula) leva ao gigantismo. Esta condição é caracterizada pelo comprimento desproporcional dos ossos longos (braços e pernas longos) e levou à sugestão de que a administração de quantidades adicionais de hormônio do crescimento a atletas de estatura normal iria transformá-los em gigantes, juntamente com uma prontidão esportiva aumentada! Entretanto, uma vez que os ossos longos tenham parado de crescer (normalmente pela idade de 18 anos), eles não podem mais ser estimulados, por meio de hormônios, a crescerem mais do que já cresceram, e o hormônio do crescimento não é eficiente em estimular um crescimento adicional. O "benefício" do hormônio do crescimento para o atleta maduro surge na sua capacidade de promover um aumento muscular.

A massa muscular aumentada não é, entretanto, a única conseqüência da injeção de hormônio do crescimento. Alguns ossos, no adulto, podem aumentar de tamanho, em resposta a tal hormônio, incluindo aqueles na mandíbula, pés e mãos, produzindo uma condição conhecida como acromegalia. Mesmo o *Underground Steroid Handbook* reconhece este perigo:

> Esta é a única droga que pode remediar uma genética ruim, à medida que irá fazer todos crescerem. Podem ocorrer, entretanto, alguns efeitos colaterais. Ela pode aumentar o comprimento do queixo, pés e mãos, mas isto cessa com a interrupção do uso da droga... O hormônio do crescimento é a maior aposta que um atleta pode fazer, à medida que algumas alterações são irreversíveis. Mesmo com tudo isso, nós o amamos.

Outros efeitos colaterais sérios incluem um maior risco de adquirir diabetes e a possibilidade de contrair a doença fatal de Creutzfeldt-Jakob (transmitida a partir de hipófises humanas, de onde inicialmente se extraia o hormônio do crescimento). Com o advento da engenharia genética, o hormônio do crescimento é atualmente produzido por células vivas em cultura. Em termos clínicos, isso deve ser uma boa notícia, uma vez que aumenta drasticamente a segurança do hormônio e reduz o preço dele, o que irá, entretanto, torná-lo mais disponível ao atleta crédulo. O perigo da transmissão de doenças não será totalmente eliminado, pois seu uso exige injeção e, com isso, a possibilidade de que condições, como a hepatite e AIDS, sejam passadas por meio do compartilhamento de agulhas e seringas. Existe evidência de que pelo menos um atleta tenha contraído AIDS pelo compartilhamento de agulhas para injeção de esteróides.

O problema em banir o hormônio do crescimento está em sua detecção. Até o presente momento, não há forma de detectá-lo, ou a seus subprodutos, na urina. Entretanto, é possível detectar sua presença ou uma mudança química, como o resultado de uma grande quantidade no sangue, e atualmente a coleta de sangue tem sido aprovada pelo COI.

DOPING DE SANGUE

Ainda que o *doping* de sangue não envolva o uso de substâncias proibidas, a natureza da manipulação levou o COI a declará-lo uma prática ilegal, portanto sua inclusão neste capítulo. Seus benefícios dependem do pressuposto de que a disponibilidade de oxigênio nos músculos limite o desempenho aeróbio, e para a maioria dos eventos de pista no atletismo este pode bem ser o caso; ele também seria uma vantagem na maratona.

Algumas semanas antes da competição, os atletas retiram 1 litro de sangue de uma veia e o armazenam. Esta retirada significa que o atleta possuiu poucas células

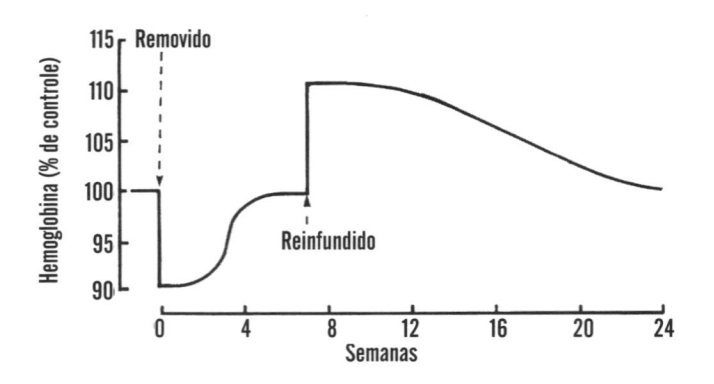

Figura 13.7 – Mudanças na quantidade de hemoglobina depois da remoção de 900ml de sangue e subseqüente reinfusão de eritrócitos.

vermelhas circulando na corrente sanguínea. Esta diminuição no número de células vermelhas é, de algum modo, detectada pelo organismo e, como resultado, a velocidade de sua produção na medula óssea é aumentada, de modo que, após cerca de um mês, o número de células vermelhas no sangue retorna ao normal. Neste momento, o sangue que foi previamente removido é infundido novamente, aumentando o conteúdo de hemoglobina do atleta em cerca de 10%. Ainda que isto volte ao normal, tal processo é lento, e a concentração de hemoglobina irá permanecer elevada por várias semanas, e possivelmente vários meses (Figura 13.7).

Estudos experimentais têm demonstrado que este procedimento pode aumentar o VO_2máx. em 5% ou mais – mais que o bastante para "justificar" seu uso pelo atleta, ansioso em melhorar seu desempenho competitivo.

Na realidade é possível realizar reduções bem-sucedidas e reinfusões do sangue ao longo de um curto período de tempo. Es-

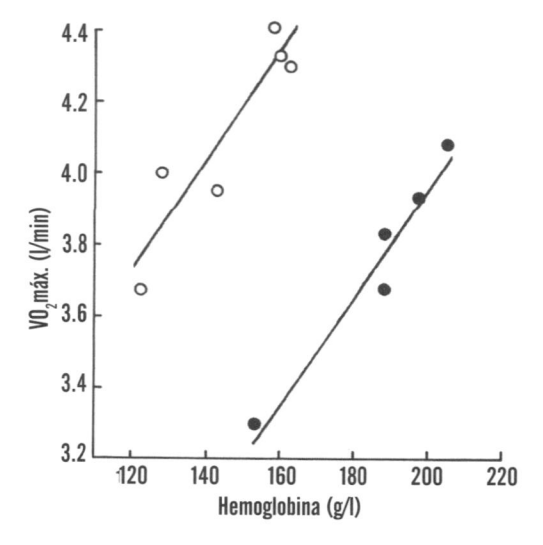

Figura 13.8 – Mudanças no VO_2máx. depois de algumas reinfusões de eritrócitos em um indivíduo com baixa concentração inicial de hemoglobina e um com uma alta concentração. Em adultos saudáveis, há uma grande variação na concentração de hemoglobina no sangue (aproximadamente 120-170g/l); a concentração é freqüentemente baixa em atletas (p.146). Parece possível que benefícios de reinfusões poderiam somente ocorrer naqueles indivíduos que tem baixas concentrações iniciais de hemoglobina. Este estudo mostrou que o aumento do VO_2máx. foi similar depois de algumas reinfusões, independente da concentração inicial de hemoglobina ser mais alta ou mais baixa. Os dados demonstram um aumento no VO_2máx. de aproximadamente 19ml/mim por cada um grama de aumento de hemoglobina (Celsing, Svedenhag, Pihlstedt et al., 1987).

tas reinfusões possuem efeito aditivo sobre o conteúdo de hemoglobina e o VO_2máx., que é proporcional ao conteúdo de hemoglobina ao longo da faixa investigada em um estudo escandinavo (Figura 13.8).

Ainda que proibido pelo COI, o *doping* de sangue é difícil de ser detectado. Uma abordagem possível é detectar mudanças na química do sangue que reflete o aumento artificial no número de células vermelhas no sangue.

DOPING DE SANGUE SEM SANGUE

Quando um litro de sangue é removido do corpo para o *doping* de sangue, o corpo responde a um hematócrito mais baixo com o aumento da concentração de um hormônio produzido pelos rins e conhecido como eritopoietina (EPO). A EPO estimula a taxa de produção de novas células vermelhas na medula óssea, o que resulta, em poucos dias, na restauração do número normal destas células no sangue. Portanto, no momento da reinfusão das células originais, o hematócrito aumenta.

Desta forma, o mesmo "benefício" deve resultar da injeção de EPO numa pessoa cujo sangue não foi removido. Na realidade, ele o faz. A engenharia genética tornou possível produzir comercialmente grandes quantidades de EPO para o tratamento de pacientes, tais como aqueles com rins defeituosos, incapazes de produzir o suficiente de sua própria EPO, ou daqueles que sofrem de certas formas de anemia. Isso também tornou a EPO mais disponível para os atletas.

PARTE II

OS ELEMENTOS NA PRÁTICA

A
PROGRAMA DE TREINAMENTO DE TULLOH

A implicação da primeira parte deste livro nos ajuda a compreender melhor como os atletas realizam os seus desempenhos no limite da capacidade, e assim treinar nossos organismos de forma similar – ou melhor. Acreditamos firmemente ser assim que isso funciona, e gostaríamos, neste estágio, de recomendar programas de treinamento, planejados por Bruce Tulloh, que colocou estes princípios na prática. No entanto, quando estamos empenhados em fazer tanto, corremos contra algumas dificuldades insuperáveis – a mais séria delas é a falta de prova. Como cientistas, podemos apenas aceitar os benefícios de uma técnica se ela foi experimentada em grupos controle adequados, e se um apropriado procedimento estatístico aplicado. Se isso não foi feito, podemos parar por aqui. Mas vamos insistir e apresentar uma série de programas que nos parece razoável e pedir a você que aceite um julgamento subjetivo na ausência de provas. É o melhor que podemos oferecer, mas esperamos que membros dos departamentos das ciências esportivas nas universidades e institutos possam ser induzidos a desenvolver tais pesquisas.

A segunda dificuldade é uma que você, o leitor, pode resolver. Um programa ideal para uma pessoa pode não ser bom pra outra; um que melhore o desempenho de um atleta de elite pode não necessariamente ajudar o corredor recreativo. Apenas você se conhece. Então, começamos com alguns conselhos gerais.

EXAMINANDO VOCÊ MESMO

- *Fisiculturismo*. Metas para o desempenho devem estar de acordo com o que é realizável no fisiculturismo. Um corpo gordo deve ser medido regularmente (com a espessura de uma dobra cutânea – os experientes utilizarão compassos de dobras cutâneas, mas uma indicação qualitativa pode ser obtida comprimindo-se a pele bem abaixo do quadril). Qualquer excesso impede o corredor, não possuindo função no fornecimento de substrato mesmo na mais longa corrida de trilha. Mesmo na maratona, onde a gordura é usada, a sua quantia nunca limita o desempenho, desde que o corredor com menos percentual de gordura tenha o suficiente para 2 ou 3 dias da corrida da maratona. Qualquer ganho ou perda repentina de peso, que não é relacionada com o armazenamento ou uso do glicogênio, deve ser investigado.

- *Mobilidade e força das juntas*. Um técnico experiente deve checar a ação dos corredores a fim de perceber movimentos excessivos das juntas principais (quadril, joelho e tornozelo), mais suscetíveis a desenvolver ferimentos. O treinamento intensivo deve ser aumentado gradualmente para reduzir a probabilidade de ferimento.

- *Idade e experiência de corrida*. Mudanças repentinas no volume e tipo de treinamento devem ser evitadas. Se o treinamento for interrompido, um período inicial de 4 semanas, com 42km por semana, deve ser estabelecido e, depois disso, um aumento num total de quilometragem de 10% por semana é aceitável. Jovens corredores vão, em geral, aceitar uma carga maior de treinamento intenso e recuperar-se rapidamente de ferimentos, mas podem ser prejudicados mentalmente por treinamentos prolongados. Corredores mais velhos, contudo, recuperam-se mais devagar de um treinamento intenso, mas é mais provável que aceitem uma carga de treinamento prolongada. Em geral, é seguro construir primeiro o volume para, então, aumentar a intensidade.

PLANEJANDO SUA ESTRATÉGIA

- *Esclarecer objetivos*. O treinamento só pode ser planejado se a pessoa sabe quantas competições terá em uma estação, e quantas corridas por competição. O corredor de meia-distância de elite deve estar preparado para correr três corridas de alto nível em determinados dias. O velocista treina para um esforço explosivo, mas a explosão pode ocorrer várias vezes na mesma competição se ele, ou ela, por exemplo, estiver fazendo o revezamento e salto em distância também.

- *Plano em longo prazo*. Pode ser não apenas a próxima estação que interessa, mas a progressão gradual através de vários anos. Nem todos os atletas que querem resultados imediatos vão apreciar isso.

- *Estabelecer objetivos*. Decida quanto é realístico melhorar em um determinado ano. Aceite que isso irá diminuir em termos absolutos, à medida que você melhora e, conforme esta melhora se torna menor, o desempenho pode ser afetado por uma grande extensão de outras variáveis como, por exemplo, as táticas em corridas, testes e dietas apropriados, ferimentos, infecções virais e sorte.

- *Mantendo recordes*. Tanto o técnico quanto o atleta deve manter um diário detalhado de todos os aspectos da vida do atleta, incluindo desempenho, avaliação subjetiva, esforços percebidos, doenças, ferimentos, mudanças na dieta etc. Reavaliar estas informações pode resultar na revelação de bons relacionamentos, desconhecidos em outros tempos, que irão ajudar no desenvolvimento de futuros atletas. Isso pode, também, revelar precocemente sinais de supertreinamento (Tabela 12.1).

CONSTRUINDO OS PROGRAMAS

- *Diversidade*. É preciso avaliar todos os fatores limitantes em potencial para a competição em questão, e é nisso que a aproximação científica pode ajudar. O treinamento fora da trilha (por exemplo, treinamento de flexibilidade das juntas e mental) também deve receber atenção.
- *Cronometragem e duração.* O objetivo do treinamento é produzir o melhor desempenho. Idealmente, o treinamento atlético deve ser inserido como muitas sessões pesadas de treinamento por semana, à medida que os outros compromissos permitem, mas sem causar supertreinamento ou ferimentos. Para muitos corredores, a maior parte do tempo, isso pode significar três pesadas sessões e um tempo de teste em cada semana, acrescentando isso apenas ao estágio final do pico do treinamento.
- *Seqüência de treinamento.* A tradicional aproximação de corredores de média e longa distâncias é para se obter um período de desenvolvimento de 4 semanas, no qual toda corrida é feita em passo lento e natural. No geral, contudo, treinamentos fora das sessões devem ser do mesmo tipo comum que treinamentos mais

intensos da sessão competitiva, mas com um menor volume e intensidade e maiores períodos de descanso.

- *Volume.* O volume total deve ser ditado pela quantia que o atleta aguenta, tendo em mente fatores como idade, experiência anterior em corridas, resistência à lesão, disfarce psicológico e outros exigidos ao longo do tempo. Uma sessão com grande intensidade pode ser definida pela utilização de 4,8km de intervalos de corrida, e deve ser realizada cerca de três vezes por semana, intercalada com treinamento leve de flexibilidade ou de saltos.
- *Velocidade.* Considerações de velocidade e distância são criteriosas, pois determinam o modo como os caminhos de utilização do combustível são treinados (ver Capítulo 9). Alguma orientação para a interpretação dos programas é oferecida na Tabela A.1. Para corredores de médias e longas distâncias, um tempo relativamente pequeno, especialmente em estágios tardios de treinamento, deve ser dedicado a pequenas corridas a 100% da velocidade, pois a capacidade é mantida com pequenos treinamentos, enquanto que treinamentos de velocidade podem suprimir a capacidade aeróbia.
- *Duração da recuperação.* Via de regra, para pequenos intervalos, o período de recuperação deve ser duas vezes mais longo que o intervalo e, para intervalos mais longos, aproximadamente igual à duração da corri-

TABELA A.1	
ELEMENTOS DE TREINAMENTO	VELOCIDADE DE CORRIDA EQUIVALENTE
150-200m CORRIDA EM VELOCIDADE	VELOCIDADE TOTAL (100% DE ESFORÇO)
INTERVALOS DE 30s	800m (DE 90-95% DE ESFORÇO)
INTERVALOS DE 60-90s	3km (80% DO ESFORÇO)
INTERVALOS DE 2-3min	5km
INTERVALOS DE 4-6min	10km

da (veja Quadro 9.3). No início do programa, é aceitável permitir um longo período de recuperação. Um guia é usado para medir a pulsação, começando o próximo intervalo quando ela cair para 120 por minuto. Se isso ocasionar períodos de recuperação muito longos, a intensidade do intervalo deve ser reduzida.

OS PROGRAMAS EM GERAL

Os programas a seguir devem ser considerados modelos a serem modificados de acordo com os modelos esboçados anteriormente. Para cada evento, amostras de programas são mostradas para dois atletas: um de elite e um corredor recreativo. Programas separados são oferecidos para condicionamento, pré-competição e fases de treinamento. Com as condições esboçadas anteriormente, todos os programas são igualmente adequados para atletas homens e mulheres.

Cada programa envolve duas ou três sessões de treinamento por dia. Geralmente, as primeiras são as mesmas dia após dia, mas o último ciclo de sessões tem uma série de 7 exercícios (ocasionalmente 10). Os programas são apresentados como semanas completas, mas o mesmo número

de "duras" sessões pode ser estendido por um período de 2 semanas, intercaladas com sessões "leves", para aqueles que não podem enfrentar programas intensivos. Detalhes dos exercícios seguidos por uma letra (por exemplo, [A]) serão encontrados no fim dos programas (p.328).

1	100m/200m	CLUBE	CONDICIONAMENTO

TEMPO ALVO: 10s7/21s8

SESSÃO 1, 20-30min; 4 OU 5 DIAS POR SEMANA

5min DE *JOGGING* OU *SKIPPING*
2min DE EXERCÍCIO PARA SOLTAR [A]
5min DE EXERCÍCIO DE ALONGAMENTO [B]
CERCA DE 10-20min DE EXERCÍCIOS DE FORTALECIMENTO, COM PESOS LEVES [C]

SESSÃO 2, NO MÍNIMO 3 HORAS APÓS A SESSÃO 1

AQUECIMENTO DIÁRIO	5min DE *JOGGING* OU *SKIPPING* 10min DE EXERCÍCIOS DE ALONGAMENTO PARA SOLTAR 5min DE CORRIDA NO LUGAR, SALTITOS OU SALTITOS COM JOELHO ALTO
SEGUNDA-FEIRA	10X60m DE CORRIDA EM ACLIVE (12 A 15% DE INCLINAÇÃO) OU 10X60m CORRIDA DE *ENDURANCE* [D] 60s DE CAMINHADA DE COSTA PARA RECUPERAÇÃO 30-40min TREINAMENTO COM PESO [E]
TERÇA-FEIRA	REPOUSO OU EXERCÍCIO DE RECUPERAÇÃO [F]
QUARTA-FEIRA	8-10X100-150m CORRIDA EM ACLIVE (10 A 12% DE INCLINAÇÃO) 2min DE RECUPERAÇÃO 6X50m CORRIDA ACELERADA 1½-3km (1,6-3,2km) DE VOLTA À CALMA
QUINTA-FEIRA	30-40min DE TREINAMENTO COM PESOS [E] 5km DE CORRIDA (4min/km)
SEXTA-FEIRA	REPOUSO
SÁBADO	8km DE CORRIDA 80m, 160m, 240m, 320m, INTERVALADO DE 10s, 80m COM 2min DE RE-CUPERAÇÃO 2-3km DE VOLTA A CALMA
DOMINGO	6X100m DE CORRIDA NO ACLIVE (10 A 12% DE INCLINAÇÃO) OU 6X100m DE CORRIDA DE *ENDURANCE* [D] 2min DE RECUPERAÇÃO 5X30m SALTITOS COM JOELHO ALTO 5min DE REPOUSO 6X100m DE CORRIDA NO ACLIVE (10 A 12% DE INCLINAÇÃO) OU 6X100m DE CORRIDA DE *ENDURANCE* [D] VOLTA À CALMA

2	100m/200m	CLUBE	PRÉ-COMPETIÇÃO

TEMPO ALVO: 10s7/21s8

SESSÃO 1, 20-30min; 4 OU 5 DIAS NA SEMANA

5min *JOGGING* OU *SKIPPING*
2min DE EXERCÍCIOS PARA SOLTAR [A]
5min EXERCÍCIOS DE ALONGAMENTO [B]
10-20min DE EXERCÍCIOS DE ALONGAMENTO PARA O CORPO TODO [C]

SESSÃO 2, NO MÍNIMO 3 HORAS APÓS A SESSÃO 1

AQUECIMENTO DIÁRIO	5min DE *JOGGING* OU *SKIPPING* 10min DE EXERCÍCIOS PARA SOLTAR 5min DE SALTOS, SALTITOS OU SALTITOS COM O JOELHO ALTO 5-10min *JOGGING* E ANDAR COM PASSOS LARGOS POR 50-80m
SEGUNDA-FEIRA	CORRIDA DE RESISTÊNCIA DE VELOCIDADE ENTRE 90 A 95% DO MÁXI-MO: 150m, 2min DE REPOUSO – 250m, 4min DE REPOUSO – 150m, 2min DE REPOUSO – 300m, 5min DE REPOUSO – 150m, 2min DE REPOUSO – 250m, 3min DE REPOUSO 1.600m DE VOLTA À CALMA
TERÇA-FEIRA	30-40min DE TREINAMENTO DE FORÇA [E]
QUARTA-FEIRA	5X60m DE CORRIDA EM ACLIVE (15% DE INCLINAÇÃO) 60s DE CAMINHADA DE COSTAS PARA RECUPERAÇÃO 5X50m DE EDUCATIVO DE VELOCIDADE (OU SEJA, "SALTOS" COM UMA PERNA) 5X60m DE CORRIDA EM ACLIVE (15% DE INCLINAÇÃO) 60s DE CAMINHADA DE COSTAS PARA RECUPERAÇÃO 5X50m DE EDUCATIVO DE VELOCIDADE (OU SEJA, ACELERAÇÃO DA PERNA) 1.600m DE VOLTA À CALMA
QUINTA-FEIRA	6X60m DE *SPRINT* A 90 A 95% DO ESFORÇO DA LARGADA NA CORRI-DA COM 2min DE REPOUSO ENTRE OS *SPRINTS* 20-30min DE TREINAMENTO DE FORÇA INTENSO [C] 4X60m DE *SPRINT* A 90 A 100% DO MÁXIMO 1,5-3km DE VOLTA À CALMA
SEXTA-FEIRA	REPOUSO
SÁBADO	4X100m NA CURVA, A 95% DO MÁXIMO; 2min DE REPOUSO ENTRE OS TIROS 6X30m DE PRÁTICA DE LARGADA DO BLOCO 5min DE REPOUSO 110m – 90m – 70m DO INÍCIO DA CORRIDA, SOBRE O TEMPO FINAL DOS 50m, 3min DE REPOUSO ENTRE OS TIROS
DOMINGO	10X60m DE CORRIDA DE *ENDURANCE* 20-30min DE TREINAMENTO DE FORÇA INTENSO [C] 3km DE CORRIDA ESTÁVEL

3	100m/200m	AMADOR	COMPETIÇÃO

TEMPO ALVO: 10s7/21s8

SESSÃO 1, 20-30min; 4 OU 5 DIAS POR SEMANA

5min *JOGGING*
5min DE EXERCÍCIOS DE ALONGAMENTO [B]
10min DE CORRIDA
10min DE EXERCÍCIOS DE ALONGAMENTO PARA TODO O CORPO COM PESOS LIVRES [C]

SESSÃO 2, NO MÍNIMO 3 HORAS APÓS A SESSÃO 1

AQUECIMENTO DIÁRIO	5min DE *JOGGING* OU *SKIPPING* 10min DE EXERCÍCIOS PARA SOLTAR 5min DE SALTOS, SALTITOS OU ESCADA COM JOELHO ALTO 5-10min DE *JOGGING* E ANDAR COM PASSOS LARGOS POR 50-80m
SEGUNDA-FEIRA	1X300m, A 95% DO MÁXIMO 5min DE RECUPERAÇÃO 4X200m "DIFERENTES" [G]; 3min DE RECUPERAÇÃO ENTRE OS TIROS 6X30m PARA PRATICAR SAÍDA DO BLOCO VOLTA À CALMA
TERÇA-FEIRA	20min DE TREINAMENTO DE FORÇA INTENSO [C]
QUARTA-FEIRA	COMPETIÇÃO NO CLUBE, OU 6X60m A 95 A 100% DO MÁXIMO; 2min DE RECUPERAÇÃO ENTRE OS TIROS
QUINTA-FEIRA	10min DE EXERCÍCIOS DE FLEXIBILIDADE [A] 3X5X30m EDUCATIVO DE VELOCIDADE (ESCADA COM JOELHO ALTO, SALTOS COM UMA PERNA, CORRIDA BATENDO NA PARTE POSTERIOR DA PERNA) 4X50m A 80% DO MÁXIMO 1.600m DE VOLTA À CALMA
SEXTA-FEIRA	REPOUSO
SÁBADO	CORRIDA
DOMINGO	20min TREINAMENTO DE FORÇA INTENSO [C] 8X50m DE CORRIDA DE ACELERAÇÃO 1.600m DE VOLTA À CALMA

4	100m/200m	ELITE	CONDICIONAMENTO

TEMPO ALVO: 10s/19s9

SESSÃO 1

AQUECIMENTO DIÁRIO	10min *JOGGING* LENTO 15min DE EXERCÍCIOS DE VOLTA À CALMA [A] 10min *JOGGING,* ANDAR COM PASSOS LARGOS E AUMENTAR GRADA-TIVAMENTE A VELOCIDADE
SEGUNDA-FEIRA	EDUCATIVOS, POR EXEMPLO, 5X50m COM O JOELHO ALTO; 5X50m SALTITOS; 5X40m COM UM CINTO COM UMA CAMINHADA DE COSTA LENTA DE RECUPERAÇÃO APÓS CADA UMA 10min DE *JOGGING* DE VOLTA À CALMA
TERÇA-FEIRA	TREINAMENTO DE FORÇA. UMA SÉRIE DE OITO REPETIÇÕES USANDO TODOS OS GRANDES GRUPOS MUSCULARES: X 10 COM PESOS MODE-RADOS; X 6 PARA GRANDES PESOS; X 3 PARA PESOS ALTÍSSIMOS 3km DE VOLTA À CALMA (OU MASSAGEM)
QUARTA-FEIRA	ESPORTE DE QUADRA COBERTA, POR EXEMPLO, BASQUETEBOL OU PRÁTICA DE ALGUM EVENTO
QUINTA-FEIRA	TREINAMENTO DE FORÇA. UMA SÉRIE DE OITO EXERCÍCIOS PARA TO-DOS OS GRANDES GRUPOS MUSCULARES: X10 PARA PESOS MODE-RADOS; X 6 PARA PESOS ALTOS; X 3 PARA PESOS ALTÍSSIMOS
SEXTA-FEIRA	SOMENTE VOLTA À CALMA
SÁBADO	SOMENTE VOLTA À CALMA
DOMINGO	TREINAMENTO EM CIRCUITO NO GINÁSIO, INCLUINDO SALTOS COM OS DOIS PÉS, SALTOS E EXERCÍCIOS PARA O CORPO TODO

SESSÃO 2, NO MÍNIMO 5 HORAS APÓS A SESSÃO 1

AQUECIMENTO DIÁRIO	10min DE *JOGGING* LENTO 15min DE EXERCÍCIOS PARA SOLTAR [A] 10min DE *JOGGING* E ANDAR COM PASSOS LARGOS COM AUMENTO GRADUAL DA VELOCIDADE
SEGUNDA-FEIRA	6-8X80m DE TREINAMENTO EM ACLIVE, FORTE (10% DE INCLINAÇÃO) 2min DE RECUPERAÇÃO
TERÇA-FEIRA	PASSADAS LARGAS RÁPIDAS SEM TEMPO: 180m, 160m, 140m, 130m, 120m, 110m 2min DE RECUPERAÇÃO 10min DE *JOGGING* DE VOLTA À CALMA
QUARTA-FEIRA	TRABALHO DE *ENDURANCE*, ISTO É, 10X30m DE *SPRINT* EM DUNA DE AREIA OU 6X100m EM ARRANCADAS
QUINTA-FEIRA	TRABALHO DE VELOCIDADE COM 100m, 90m, 80m, 70m, 60m, 50m 2min DE RECUPERAÇÃO 10min DE *JOGGING* DE VOLTA À CALMA
SEXTA-FEIRA	EXERCÍCIOS, ISTO É, 5X50m DE VELOCIDADE DE PERNA; 5X50m IM-PULSO COM O TORNOZELO; 5X50m COSTAS LEVANTADAS, COM UMA CAMINHADA DE COSTAS PARA RECUPERAÇÃO APÓS CADA EXERCÍCIO 5min DE *JOGGING APÓS CADA SÉRIE*
SÁBADO	10X60m TREINAMENTO EM ACLIVE (15% DE INCLINAÇÃO) OU TRABA-LHO DE *ENDURANCE* (VER QUARTA-FEIRA)
DOMINGO	REPOUSO

5	100m/200m	ELITE	PRÉ-COMPETIÇÃO

TEMPO ALVO: 10s/19s9

SESSÃO 1

AQUECIMENTO DIÁRIO	10min *JOGGING* LENTO 15min DE EXERCÍCIOS PARA SOLTAR [A] 10min DE *JOGGING* E PASSOS LARGOS, AUMENTANDO GRADUALMENTE A VELOCIDADE
SEGUNDA-FEIRA	2X(5X60m) SALTOS SOB A GRAMA COM CAMINHADA LENTA DE COSTAS PARA RECUPERAÇÃO APÓS CADA 60m E 5min DE *JOGGING* APÓS CADA SÉRIE
TERÇA-FEIRA	TREINAMENTO COM PESOS. SÉRIES DE OITO EXERCÍCIOS UTILIZANDO TODOS OS GRANDES GRUPOS MUSCULARES: X10 PARA PESOS MODERADOS; X 6 PARA ALTAS CARGAS
QUARTA-FEIRA	SOMENTE AQUECIMENTO
QUINTA-FEIRA	TREINAMENTO EM CIRCUITO NO GINÁSIO, INCLUINDO SALTOS COM OS DOIS PÉS E TODOS OS EXERCÍCIOS DE CIRCUNDUÇÃO
SEXTA-FEIRA	2X(5X60m) SALTOS SOB À GRAMA COM CAMINHADA LENTA DE COSTAS PARA RECUPERAÇÃO APÓS CADA 60m E 5min DE *JOGGING* APÓS CADA SÉRIE
SÁBADO	SOMENTE AQUECIMENTO
DOMINGO	4X120m DE CORRIDA EM ACLIVE (5% DE INCLINAÇÃO) 2min DE RECUPERAÇÃO APÓS CADA TIRO 5min DE *JOGGING* 4X120m EM DECLIVE – TODO SOB A GRAMA, VELOZ, MAS NÃO NO ÚLTIMO TEMPO

SESSÃO 2, NO MÍNIMO 5 HORAS APÓS A SESSÃO 1

AQUECIMENTO DIÁRIO	10min DE *JOGGING* LENTO 15min DE EXERCÍCIOS PARA SOLTAR 10min DE *JOGGING* E SALTOS COM AUMENTO GRADUAL DA VELOCIDADE
SEGUNDA-FEIRA	6X60m DE TRABALHO DE RESISTÊNCIA, EM AREIA OU CONTRA UM CINTO
TERÇA-FEIRA	EXERCÍCIOS: 5X50m LEVANTANDO O JOELHO BEM ALTO; 5X50m SALTANDO; 5X40m CONTRA UM CINTO COM CAMINHADA LENTA DE COSTAS PARA RECUPERAÇÃO APÓS CADA TIRO 10min DE *JOGGING* DE VOLTA À CALMA
QUARTA-FEIRA	SESSÃO DE "CORRIDA DE *ENDURANCE*" PRÓXIMO DO MÁXIMO EM 120m – 150m – 180m – 150m – 120m COM 5 A 6min DE RECUPERAÇÃO APÓS CADA UMA; MARCAR E ANOTAR
QUINTA-FEIRA	5X60m DE EXERCÍCIOS DE VELOCIDADE – "*SKIPPINGS*" COM 10min DE REPOUSO 6X40m DE ACELERAÇÃO SAINDO DO BLOCO (FILMADO E REVISTO PELO TREINADOR APÓS CADA CORRIDA)
SEXTA-FEIRA	REPOUSO
SÁBADO	AQUECIMENTO DIÁRIO
DOMINGO	3km DE *JOGGING*; 15min DE EXERCÍCIOS PARA SOLTAR [A]

6	100m/200m	ELITE	COMPETIÇÃO

TEMPO ALVO: 10s/19s9

SESSÃO 1

AQUECIMENTO DIÁRIO	10min *JOGGING* LENTO 15min DE EXERCÍCIOS PARA SOLTAR [A] 10min DE *JOGGING* E PASSADAS LARGAS, AUMENTANDO GRADUAL-MENTE A VELOCIDADE
SEGUNDA-FEIRA	EXERCÍCIOS, POR EXEMPLO, 5X50m LEVANTANDO O JOELHO BEM ALTO; 5X50m SALTANDO; 5X40m CONTRA UMA CORREIA, COM CAMINHADA DE COSTA DE RECUPERAÇÃO APÓS CADA TIRO
TERÇA-FEIRA	SOMENTE AQUECIMENTO
QUARTA-FEIRA	SOMENTE AQUECIMENTO
QUINTA-FEIRA	SOMENTE AQUECIMENTO
SEXTA-FEIRA	REPOUSO
SÁBADO	SEMIFINAIS OU AQUECIMENTO PARA UM EVENTO DE REVEZAMENTO DO CAMPEONATO E VOLTA À CALMA POR MASSAGENS
DOMINGO	REPOUSO

SESSÃO 2, NO MÍNIMO 5 HORAS APÓS A SESSÃO 1

AQUECIMENTO DIÁRIO	10min DE *JOGGING* LENTO 15min DE EXERCÍCIOS PARA SOLTAR [A] 10min DE *JOGGING* E PASSADAS LARGAS, AUMENTANDO GRADUAL-MENTE A VELOCIDADE
SEGUNDA-FEIRA	2X150m+2X110m DE LARGADA, SEM TEMPO, TRABALHANDO SOBRE O COMPRIMENTO DA PASSADA E "RELAXAMENTO DA VELOCIDADE" 5-10min DE RECUPERAÇÃO APÓS CADA TIRO
TERÇA-FEIRA	6X60m A 100% DO MÁXIMO CRONOMETRADO (FILMADO E OBSERVADO PELO TREINADOR) 5min DE RECUPERAÇÃO APÓS CADA TIRO 10min DE VOLTA À CALMA
QUARTA-FEIRA	PRATICAR CORRIDA DE REVEZAMENTO VOLTA À CAMA SEGUIDA DE MASSAGEM
QUINTA-FEIRA	REPOUSO
SEXTA-FEIRA	AQUECIMENTO LONGO LARGADAS DO CAMPEONATO VOLTA À CALMA
SÁBADO	AQUECIMENTO LONGO FINAIS DO CAMPEONATO VOLTA À CALMA
DOMINGO	SALTOS SOBRE A GRAMA SEM TEMPO, INCLUINDO 4 X 80m, EM INCLINAÇÃO DE 5% 2min DE RECUPERAÇÃO APÓS CADA TIRO

7	400m	CLUBE	CONDICIONAMENTO

TEMPO ALVO: 48s

SESSÃO 1, 20-30min; 4 OU 5 DIAS DA SEMANA

5min DE *JOGGING* OU *SKIPPING*
2min DE EXERCÍCIOS PARA SOLTAR [A]
5min DE EXERCÍCIOS DE ALONGAMENTO [B]
10-20min DE EXERCÍCIOS DE FORTALECIMENTO, COM PESOS LEVES [C]

SESSÃO 2, NO MÍNIMO 3 HORAS APÓS À SESSÃO 1

AQUECIMENTO DIÁRIO	5min DE *JOGGING* 10min DE EXERCÍCIOS PARA SOLTAR E ALONGAMENTO [A] [B] 5min ELEVAÇÃO DOS JOELHOS, SALTOS ALTERNADOS OU CAMINHADA COM JOELHO ALTO
SEGUNDA-FEIRA	6-10X100m EM CORRIDA INCLINADA (12 A 15% DE INCLINAÇÃO) OU 8-10X80-100m DE CORRIDA DE RESISTÊNCIA [D] 30-40min DE TREINAMENTO COM PESOS; 3-4 SÉRIES DE 8 EXERCÍCIOS, 2 PARA A PARTE SUPERIOR DO TRONCO, 2 PARA O TRONCO E O ABDÔMEN, 4 PARA AS PERNAS, TODOS FEITOS EM INTENSIDADE MODERADA EXCETO 2 SÉRIES PARA PERNAS, QUE DEVEM SER REALIZADOS EM ALTA INTENSIDADE
TERÇA-FEIRA	REPOUSO OU EXERCÍCIOS DE RECUPERAÇÃO [F]
QUARTA-FEIRA	8-10X150m DE CORRIDA EM INCLINAÇÃO (10 A 12% DE INCLINAÇÃO); 2min DE RECUPERAÇÃO 2-3km DE VOLTA À CALMA, INCLUINDO ALGUNS 50m DE PASSADAS LARGAS
QUINTA-FEIRA	30-40min DE TREINAMENTO DE PESO, COMO NA SEGUNDA-FEIRA 5-8km DE CORRIDAS (4min/km)
SEXTA-FEIRA	REPOUSO
SÁBADO	5-8km DE CORRIDA (4min/km) CRONOMETRAR 80m - 160m - 240m - 320m COM 2min DE RECUPERAÇÃO, 10-11s/80m 1,5km DE VOLTA À CALMA
DOMINGO	(OMITIR A SESSÃO DA MANHÃ) 8-10km DE CORRIDA SOBRE A GRAMA, INCLUINDO 4X60-90s DE CORRIDA INTENSA, COM 5min DE RECUPERAÇÃO

8	400m	CLUBE	PRÉ-COMPETIÇÃO

TEMPO ALVO: 48s

SESSÃO 1, DIARIAMENTE

5min DE *JOGGING*
5min DE EXERCÍCIOS DE ALONGAMENTO [B]
10min DE CORRIDA CONTINUA (3,45min/km)
10min DE EXERCÍCIOS DE FORTALECIMENTO [C]

SESSÃO 2, NO MÍNIMO 3 HORAS APÓS A SESSÃO 1

AQUECIMENTO DIÁRIO	10min DE *JOGGING* 10min DE EXERCÍCIOS PARA SOLTAR E ALONGAR [A] [B] 5-10min DE *JOGGING* E PASSADAS LARGAS
SEGUNDA-FEIRA	600m (84-86s) 10min DE REPOUSO 4X300m (APROXIMADAMENTE 36s) 5min DE REPOUSO 2-3km DE VOLTA À CALMA
TERÇA-FEIRA	20min DE TREINAMENTO DE FORÇA INTENSO DIRECIONADO PARA AS PERNAS (SUBIDAS DE DEGRAUS, AGACHAMENTO, ELEVAÇÃO DE CAL-CANHARES, *SKIPPING*, SALTITOS) 6X60m DE SALTOS 1,5km DE VOLTA À CALMA
QUARTA-FEIRA	6-8X150m DE CORRIDA EM ACLIVE (10 A 12 % DE INCLINAÇÃO); 2min DE RECUPERAÇÃO 2X5X30m DE EXERCÍCIOS DE VELOCIDADE 1,5km DE VOLTA À CALMA
QUINTA-FEIRA	CORRIDA RÁPIDA EM CURVA: 130m – 15m – 170m – 190m – 170m – 150m – 130m, COM 2-3min DE RECUPERAÇÃO 1,5km DE VOLTA À CALMA
SEXTA-FEIRA	REPOUSO
SÁBADO	4-5X400m DE DIFERENTES CORRIDAS, COM OS PRIMEIROS 200m EM 28-29s COM ESFORÇO MÁXIMO NOS 200m SEGUINTES; 5min DE RECU-PERAÇÃO 1,5km DE *JOGGING* 3X5X30m DE EXERCÍCIOS DE VELOCIDADE
DOMINGO	7-10km DE CORRIDA LEVE SOBRE A GRAMA, INCLUINDO PASSOS LARGOS 20min DE TREINAMENTO DE PESO INTENSO, COMO NA TERÇA-FEIRA

9	400m	CLUBE	COMPETIÇÃO

TEMPO ALVO: 48s

SESSÃO 1, DIARIAMENTE

5min DE *JOGGING*
10min DE EXERCÍCIOS PARA SOLTAR E ALONGAMENTO [A] [B]
5min DE EXERCÍCIOS PARA FORTALECIMENTO DAS COSTAS E DO ABDOME
3km A 3,45min/km; 6min/milha

SESSÃO 2, NO MÍNIMO 3 HORAS APÓS A SESSÃO 1

AQUECIMENTO DIÁRIO	10min DE *JOGGING* 10min DE EXERCÍCIOS PARA SOLTAR E ALONGAR [A] [B] 10min DE *JOGGING* E PASSOS LARGOS
SEGUNDA-FEIRA	500-600m (55s/400m) 6min DE REPOUSO 250m – 300m – 250m – 300m (48s/400m) COM 6min DE REPOUSO APÓS CADA TIRO; 2-3km DE VOLTA À CALMA
TERÇA-FEIRA	20min DE TREINAMENTO DE PESO INTENSO PARA AS PERNAS (SUBINDO ESCADAS, SALTOS-RÃ, CALCANHAR-PONTA DOS PÉS, *SKIPPING*, SALTITOS)
QUARTA-FEIRA	4X400m EM DIFERENTES CORRIDAS, COM OS PRIMEIROS 200m EM 28-29s, COM O MÁXIMO ESFORÇO NOS OUTROS 200m 6min DE RECUPERAÇÃO OU 3X200m DE CORRIDA DE VELOCIDADE (6min DE RECUPERAÇÃO) MAIS 3X100m DE CORRIDA DE VELOCIDADE (3min DE RECUPERAÇÃO) 2-3km DE VOLTA À CALMA
QUINTA-FEIRA	3X5X40m DE EXERCÍCIOS DE VELOCIDADE 4-6X150m "ENSAIO DE CORRIDA" COM 50M ACELERANDO, 50m DE COSTAS, 50m PARANDO NO FINAL VOLTA À CALMA
SEXTA-FEIRA	SOMENTE À SESSÃO DA MANHÃ
SÁBADO	OMITIR A SESSÃO DA MANHÃ AQUECIMENTO CORRIDA VOLTA À CALMA
DOMINGO	OMITIR A SESSÃO DA MANHÃ 8km SOMENTE CORRIDA COM ALGUNS PASSOS CURTOS

10	400m	ELITE	CONDICIONAMENTO

TEMPO ALVO: 44s

SESSÃO 1, DIARIAMENTE (APROXIMADAMENTE ÀS 7 HORAS)

5min DE *JOGGING*
10min DE EXERCÍCIOS PARA SOLTAR E ALONGAMENTO [A] [B]
15min DE CORRIDA ESTÁVEL (3,45-4,05 min/km)

SESSÃO 2, DIARIAMENTE (APROXIMADAMENTE ÀS 12 HORAS)

AQUECIMENTO DIÁRIO	5min DE *JOGGING*
	10min DE EXERCÍCIOS PARA SOLTAR [A]
	10min DE *JOGGING* E PASSOS LARGOS
SEGUNDA-FEIRA	6X60m SALTANDO; 6X60M DE SALTOS EM CADA PERNA; 6X60m DE CORRIDA ACELERANDO PARA TRABALHAR VELOCIDADE
TERÇA-FEIRA	30min DE TREINAMENTO DE PESO PARA TODOS OS GRANDES GRUPOS MUSCULARES
QUARTA-FEIRA	6-8X400m (64-66s); 2min DE RECUPERAÇÃO
	1,5km DE VOLTA À CALMA
QUINTA-FEIRA	30min DE TREINAMENTO DE PESO PARA TODOS OS GRANDES GRUPOS MUSCULARES
SEXTA-FEIRA	5km DE CORRIDA (ABAIXO DE 3,45min/km)
SÁBADO	8X200m (VELOCIDADE DE 28s); 1min DE RECUPERAÇÃO
	1,5km DE VOLTA À CALMA
DOMINGO	5km DE *JOGGING* LENTO

SESSÃO 3, DIARIAMENTE, MAS APENAS 5 HORAS APÓS A SESSÃO 2

AQUECIMENTO DIÁRIO	5min DE *JOGGING*
	10min DE EXERCÍCIOS DE FLEXIBILIDADE
	10min DE *JOGGING* E PASSOS LARGOS
SEGUNDA-FEIRA	8X30-40s DE CORRIDA EM ACLIVE (12,5% DE INCLINAÇÃO); 2min DE RE-CUPERAÇÃO
	2-3km DE VOLTA À CALMA
TERÇA-FEIRA	$6^{1}/_{2}$-8km DE CORRIDA ESTÁVEL (ABAIXO DE 3,45min/km)
QUARTA-FEIRA	4X60s DE ESFORÇO INTENSO SOBRE A AREIA; 3min DE REPOUSO
	4X30s DE ESFORÇO INTENSO SOBRE A AREIA; 2min REPOUSO
	1,5km DE VOLTA À CALMA
QUINTA-FEIRA	6X60m DE SALTOS; 6X60M DE SALTOS COM CADA PERNA; 3X5X40m DE EXERCÍCIOS DE *SPRINT*
	$1^{1}/_{2}$km DE VOLTA À CALMA
SEXTA-FEIRA	REPOUSO
SÁBADO	4X90s DE CORRIDA EM ACLIVE; 6min DE RECUPERAÇÃO
	3km DE VOLTA À CALMA
DOMINGO	30min DE TREINAMENTO COM PESOS PARA TODOS OS GRANDES GRU-POS MUSCULARES

11	400m	ELITE	PRÉ-COMPETIÇÃO

TEMPO ALVO: 44s

SESSÃO 1, DIARIAMENTE (APROXIMADAMENTE ÀS 7 HORAS)

5min DE *JOGGING*
10min DE EXERCÍCIOS PARA SOLTAR E ALONGAMENTO [A] [B]
3km DE CORRIDA (3,45min/km;)

SESSÃO 2, DIARIAMENTE (APROXIMADAMENTE ÀS 12 HORAS)

AQUECIMENTO DIÁRIO	5min DE *JOGGING* 10min DE EXERCÍCIOS PARA SOLTAR [A] 5min DE EXERCÍCIOS PARA FORTALECIMENTO DAS COSTAS E DO ABDÔMEN 10min DE *JOGGING* E PASSOS LARGOS
SEGUNDA-FEIRA	1X500m (50s/400m) 10min DE REPOUSO 6X60m DE SALTOS; 10X60 DE SALTITOS 1,5km DE CORRIDA LENTA
TERÇA-FEIRA	3X5X40m DE EXERCÍCIOS DE *SPRINT* 1,5km DE CORRIDA LENTA
QUARTA-FEIRA	5km DE CORRIDA SOLTA (3,45min/km)
QUINTA-FEIRA	30min DE TREINAMENTO DE FORÇA 6X60m DE SALTOS; 10X60m DE SALTITOS 1,5-5km DE CORRIDA LENTA
SEXTA-FEIRA	3X5X40m DE EXERCÍCIOS DE *SPRINT* 1,5km DE CORRIDA LENTA
SÁBADO	OMITIR SESSÃO 1; SOMENTE AQUECIMENTO
DOMINGO	OMITIR SESSÃO 1; 30min TREINAMENTO DE FORÇA

SESSÃO 3DIARIAMENTE, MAS APENAS 5 HORAS APÓS A SESSÃO 2

AQUECIMENTO DIÁRIO	5min *JOGGING* 10min DE EXERCÍCIOS PARA SOLTAR [A] 5min DE EXERCÍCIOS PARA FORTALECIMENTO DAS COSTAS E DO ABDOME 10min DE *JOGGING* E PASSOS LARGOS
SEGUNDA-FEIRA	4X60s DE ESFORÇO INTENSO SOBRE À AREIA OU EM INCLINAÇÃO; 3 min DE REPOUSO 4X30s DE ESFORÇO INTENSO SOBRE À AREIA OU EM INCLINAÇÃO; 2 min DE REPOUSO
TERÇA-FEIRA	4X400m "DIFERENTES" COM OS PRIMEIROS 200m EM 28-29s NESTA ACELERAÇÃO 1,5-3km DE VOLTA À CALMA
QUARTA-FEIRA	6X400m (60 - 62s); 2 min DE RECUPERAÇÃO 1,5-3km DE VOLTA À CALMA
QUINTA-FEIRA	100m – 200m – 100m – 250m – 150m – 300m – 200m – 200m (11-12s/100m, COM SAÍDA EM MOVIMENTO); 2min DE RECUPERAÇÃO/100M 1,5km DE VOLTA À CALMA
SEXTA-FEIRA	REPOUSO
SÁBADO	3-4X300m; 10min DE RECUPERAÇÃO (COM TESTE DE LACTATO SANGUÍNEO) 3-5km DE VOLTA À CALMA
DOMINGO	6X150m *SPRINT*-CORRIDA DE COSTAS-*SPRINT* VOLTA À CALMA

12	400m	ELITE	COMPETIÇÃO

TEMPO ALVO: 44s

SESSÃO 1, DIARIAMENTE

5min DE *JOGGING*
10min DE EXERCÍCIOS PARA FORTALECIMENTO DO ABDOME E DOS MÚSCULOS DAS COSTAS
10min EXERCÍCIO PARA *UMA* OU *OUTRA* PERNA OU EXERCÍCIOS DE *SPRINT*
1,5-3km DE CORRIDA LENTA

SESSÃO 2, DIARIAMENTE, A PELO MENOS 4 HORAS APÓS A SESSÃO 1

PROGRAMA DE 10 DIAS ANTES DA CORRIDA

AQUECIMENTO DIÁRIO	5min DE *JOGGING* 10min DE EXERCÍCIOS PARA SOLTAR [A] 10-15min DE *JOGGING* OU PASSOS LARGOS
DIA 1	200m – 300m – 300m – 200m (CORRIDA DE VELOCIDADE SEM TEMPO); 8-10min DE RECUPERAÇÃO 3km DE CORRIDA LENTA
DIA 2	3X150m; 3X100m (SUB-11s/100m, SAÍDA EM MOVIMENTO CRONOME- TRADA); 5min DE RECUPERAÇÃO 3km DE VOLTA À CALMA
DIA 3	6X120m DE CORRIDA EM CURVA RELAXADO SEM CRONOMETRAGEM 1,5km DE VOLTA À CALMA
DIA 4	3X400m DIFERENCIADOS (200m EM 25-26s COM O MÁXIMO ESFORÇO NO FINAL); 12min DE RECUPERAÇÃO 3km DE CORRIDA LENTA
DIA 5	SOMENTE AQUECIMENTO
DIA 6	200m – 300m – 300m – 200m (CORRENDO VELOZMENTE SEM CRONO- METRAR) 8-10min DE RECUPERAÇÃO 3km DE VOLTA À CALMA
DIA 7	5-6X150m DE CORRIDA TÁTICA, MUDANDO SEMPRE A PASSADA À CADA 50m COM ORIENTAÇÃO DO TREINADOR
DIA 8	SOMENTE AQUECIMENTO OU PRÁTICA DE RELAXAMENTO
DIA 9	SOMENTE AQUECIMENTO; OMITIR EXERCÍCIOS DE FORTALECIMENTO EM AMBOS AS SESSÕES
DIA 10	CORRIDA; OMITIR EXERCÍCIOS DE FORTALECIMENTO EM AMBAS AS SESSÕES

13	800m/1.500m	CLUBE	CONDICIONAMENTO

TEMPO ALVO: 1min56/4min

SESSÃO 1, DIARIAMENTE

10min DE CORRIDA LEVE
10min DE EXERCÍCIOS PARA SOLTAR E ALONGAMENTO [A] [B]
10min DE CORRIDA EM EQUILÍBRIO

SESSÃO 2, PELO MENOS 4 HORAS APÓS A SESSÃO 1

AQUECIMENTO DIÁRIO	20min, JÁ INCLUINDO EXERCÍCIOS DE ALONGAMENTO
SEGUNDA-FEIRA	6-8X150-200m (10% DE INCLINAÇÃO) COM CAMINHADA DE COSTAS PARA RECUPERAÇÃO 6-8X60m (12% DE INCLINAÇÃO) COM CAMINHADA DE COSTAS PARA RECUPERAÇÃO
TERÇA-FEIRA	10km DE CORRIDA (AUMENTANDO PARA 3,3min/km) 30min DE TREINAMENTO EM CIRCUITO NO GINÁSIO
QUARTA-FEIRA	10X200m (30-31s); 45s DE RECUPERAÇÃO 5min DE *JOGGING* LENTO 10X200m (30-31s); 45s DE RECUPERAÇÃO
QUINTA-FEIRA	NA CORRIDA: 5MIN BEM INTENSO – 5min DE *JOGGING* 2X(3min INTENSO – 3min LEVE – 2min INTENSO – 2min LEVE – 1min INTENSO – 1min LEVE – 5min LEVE)
SEXTA-FEIRA	30min DE TREINAMENTO EM CIRCUITO NO GINÁSIO
SÁBADO	3-5km DE CORRIDA NA ESTRADA OU *CROSS-COUNTRY* EM TEMPO DE PROVA
DOMINGO	OMITIR A SESSÃO 1 13-16km SAINDO LANÇADO, AUMENTANDO PARA 3,45min/km

14	800m/1.500m	CLUBE	PRÉ-COMPETIÇÃO

TEMPO ALVO: 1min56/4min

SESSÃO 1, DIARIAMENTE

10min DE CORRIDA LEVE
10min DE EXERCÍCIOS PARA SOLTAR E ALONGAMENTO [A] [B]
10min DE CORRIDA ESTÁVEL

SESSÃO 2, SOMENTE 4 HORAS APÓS A SESSÃO 1

AQUECIMENTO DIÁRIO	20min, JÁ INCLUINDO EXERCÍCIOS DE ALONGAMENTO
SEGUNDA-FEIRA	4-5X800m SOBRE A GRAMA; 5min DE CORRIDA LEVE PARA RECUPERAÇÃO
TERÇA-FEIRA	6X50m SALTANDO; 400m DE *JOGGING* 6X50m CAMINHANDO COM O JOELHO ALTO; 400m DE *JOGGING* 6X150m PASSADAS LARGAS – *SPRINT* – PASSADAS LARGAS 30min DE CORRIDA EM EQUILÍBRIO
QUARTA-FEIRA	4X400m (65s); 200m DE CORRIDA LEVE PARA RECUPERAÇÃO (90-120s) 4X400m (63s); 200m DE CORRIDA LEVE PARA RECUPERAÇÃO (90-120s) 1,5km DE CORRIDA ESTÁVEL OU 2X(400+200m) (56s/400m) COM 60S DE CAMINHADA ENTRE 400m E 200m E 4min DE CORRIDA LEVE APÓS CADA SÉRIE 2X300m (42s); 2min DE CORRIDA LEVE PARA RECUPERAÇÃO
QUINTA-FEIRA	8-10km DE CORRIDA ESTÁVEL (3,35min/km)
SEXTA-FEIRA	REPOUSO OU 30min DE CORRIDA LEVE
SÁBADO	TEMPO DE PROVA, ISTO É, 2X800m (100% DO MÁXIMO); 10min DE REPOUSO ENTRE OS TIROS OU TREINAMENTO DE VELOCIDADE, ISTO É, 6X300m NO MÁXIMO DA VELOCIDADE; 4min DE REPOUSO ENTRE OS TIROS
DOMINGO	OMITIR A SESSÃO 1 10-13km PARTINDO EM MOVIMENTO, AUMENTANDO PARA 3,45min/km

15	800m/1.500m	CLUBE	COMPETIÇÃO

TEMPO ALVO: 1min56/4min

SESSÃO 1, DIARIAMENTE

10min DE CORRIDA LEVE
10min DE EXERCÍCIOS PARA SOLTAR E ALONGAMENTO [A] [B]
10min DE CORRIDA ESTÁVEL

SESSÃO 2, DIARIAMENTE EM ALGUM PERÍODO DO DIA DA PRÓXIMA COMPETIÇÃO

AQUECIMENTO DIÁRIO	1.600m DE CORRIDA LEVE 5min DE EXERCÍCIOS DE ALONGAMENTO [B] 800m DE CORRIDA ESTÁVEL, INCLUINDO 4X80m EM PASSADAS LARGAS, ACELERANDO ATÉ A VELOCIDADE MÁXIMA
SEGUNDA-FEIRA	2X600m; 2X400m; 2X300m (63-64s/400m); 2min DE CORRIDA LEVE PARA RECUPERAÇÃO (NÃO INCLUIR RECUPERAÇÃO ENTRE OS TIROS) 2-3km DE VOLTA À CALMA
TERÇA-FEIRA	6X50m EM SALTITOS 6X50m CAMINHANDO COM JOELHO ALTO 3km DE CORRIDA RÁPIDA (3,2min/km) 2X6X50m DE EXERCÍCIOS DE VELOCIDADE 2-3km DE VOLTA À CALMA
QUARTA-FEIRA	4X300m (42-43s); 2min DE CORRIDA LEVE PARA RECUPERAÇÃO 2X400m DE PRÁTICA DE TÁTICA, PASSADAS LARGAS A 66s E CORRENDO EM VELOCIDADE, EM RESPOSTA AO SINAL DO TREINADOR
QUINTA-FEIRA	6km SOBRE A GRAMA (3,5min/km)
SEXTA-FEIRA	5km DE CORRIDA LEVE
SÁBADO	CORRIDA
DOMINGO	AUMENTAR A SESSÃO 1 PARA 8km 5-6km DE *FARTLEK*

16	800m/1.500m	ELITE	CONDICIONAMENTO

TEMPO ALVO: 1min42/3min30

SESSÃO 1, DIARIAMENTE (APROXIMADAMENTE ÀS 7 HORAS)

5-10min DE CORRIDA LENTA
10min DE EXERCÍCIOS PARA SOLTAR E ALONGAMENTO [A] [B]
10min DE CORRIDA ESTÁVEL (3,45min/km)

SESSÃO 2, DIARIAMENTE (APROXIMADAMENTE AO MEIO-DIA)

AQUECIMENTO DIÁRIO	10-20min, DEPENDENDO DO TIPO DA SESSÃO, MAS INCLUINDO 10min DE ALONGAMENTO
SEGUNDA-FEIRA	10km DE CORRIDA ESTÁVEL 93,45min/km) 20min DE EXERCÍCIOS PARA SOLTAR [A]
TERÇA-FEIRA	6km DE CORRIDA RÁPIDA (3,25min/km) 1,5km DE CORRIDA LENTA
QUARTA-FEIRA	10km DE CORRIDA ESTÁVEL (3,45min/km)
QUINTA-FEIRA	6km DE CORRIDA ESTÁVEL (3,45min/km) 3X5X60m DE EXERCÍCIOS DE VELOCIDADE
SEXTA-FEIRA	REPOUSO
SÁBADO	OMITIR A SESSÃO 1 8km DE CORRIDA LENTA
DOMINGO	OMITIR A SESSÃO 1 16km DE CORRIDA LENTA

SESSÃO 3, DIARIAMENTE, MAS SOMENTE 5 HORAS APÓS A SESSÃO 2

AQUECIMENTO DIÁRIO	20min, INCLUINDO 10MIN DE ALONGAMENTO
SEGUNDA-FEIRA	8X200m (30s); 60s DE RECUPERAÇÃO 1,5km DE CORRIDA 8X150m (13-14s/100m) 1,5Km DE CORRIDA 8X60m (12s/100m) 3km DE CORRIDA LEVE
TERÇA-FEIRA	30min DE TREINAMENTO COM PESOS NO GINÁSIO PARA TODOS OS PRINCIPAIS GRUPOS MUSCULARES 6km DE CORRIDA LEVE
QUARTA-FEIRA	2X800m (2min16); 2min DE RECUPERAÇÃO 2X400m (62-66s); 1min DE RECUPERAÇÃO 1,5km DE CORRIDA 4X300m (44s); 90s DE RECUPERAÇÃO 1,5km DE CORRIDA
QUINTA-FEIRA	4X2min DE TREINAMENTO EM ACLIVE (10% DE INCLINAÇÃO) 1,5km DE CORRIDA 8X45s DE TREINAMENTO EM ACLIVE (12,5% DE INCLINAÇÃO) 1,5km DE CORRIDA 4X20s DE TREINAMENTO EM ACLIVE (15%) TODOS NO MÁXIMO ESFORÇO 3km DE CORRIDA LENTA
SEXTA-FEIRA	40min DE TREINAMENTO COM PESOS NO GINÁSIO PARA TODOS OS PRINCIPAIS GRUPOS MUSCULARES 6km DE CORRIDA LENTA

SÁBADO	*CROSS-COUNTRY* OU CORRIDA NA RODOVIA COM MAIS DE 8km
	OU
	1X10min MAIS 2X5min DE CORRIDA RÁPIDA SUSTENTADA (ABAIXO DE 3,07min/km)
DOMINGO	3km DE CORRIDA LEVE
	4X5X50m DE EXERCÍCIOS DE VELOCIDADE, INCLUINDO 5X50m DE SALTOS
	3km DE CORRIDA LENTA

17	800m/1.500m	ELITE	PRÉ-COMPETIÇÃO

TEMPO ALVO: 1min42/3min30

SESSÃO 1, DIARIAMENTE (APROXIMADAMENTE ÀS 7 HORAS)

5-10min DE CORRIDA LENTA
10min DE EXERCÍCIOS PARA SOLTAR E ALONGAMENTO [A] [B]
15-20min DE CORRIDA ESTÁVEL (3,45min/km)

SESSÃO 2, DIARIAMENTE, SOMENTE 4 HORAS APÓS A SESSÃO 1

PROGRAMA DE 10 DIAS ANTES DA CORRIDA

AQUECIMENTO DIÁRIO	20min DE *JOGGING,* ALONGAMENTO E ANDAR COM PASSADAS LARGAS E LENTAS 5min DE EXERCÍCIOS DE FORTALECIMENTO 6X30min DE EXERCÍCIOS DE *SPRINT* COM JOELHO ALTO
DIA 1	3X1.000m FORA DA PISTA (CRONOMETRADO); 3min DE CORRIDA DE RECUPERAÇÃO 1,5km DE VOLTA À CALMA
DIA 2	8km DE CORRIDA (3,25min/km)
DIA 3	6X60m SALTANDO 20-30min DE TREINAMENTO DE PESO INTENSO, DIRECIONADO PARA AS PERNAS, ISTO É, SUBIR DEGRAUS, SALTO-RÃ, CALCANHAR-PONTA DOS PÉS, *SKIPPING,* SALTITOS 3km DE VOLTA À CALMA
DIA 4	11km DE *FARTLEK,* COM ALGUNS TIROS DE 200-400m INTENSOS (NÃO MAIS DO QUE 90% DO MÁXIMO)
DIA 5	2X5X60m DE EXERCÍCIOS DE *SPRINT* 800m DE CORRIDA 2X300m (38-39s); 5min DE RECUPERAÇÃO 5X60m SALTANDO 1,5km DE VOLTA À CALMA
DIA 6	11km (3,45min/km)
DIA 7	8km EM APROXIMADAMENTE 29min 8X150m EM PASSADAS LARGAS
DIA 8	10km DE CORRIDA LEVE
DIA 9	6km (3,25min/km) 4X200m (28s); 60s PARA RECUPERAÇÃO 1,5km DE VOLTA À CALMA
DIA 10	13km DE *CROSS-COUNTRY* (3,45min/km)

SESSÃO 3, DIARIAMENTE, NO MÍNIMO 5 HORAS APÓS A SESSÃO 2

AQUECIMENTO DIÁRIO	20min DE *JOGGING,* ALONGAMENTO E CORRER COM PASSADAS LARGAS E LENTAS
DIA 1	8X100m EM DECLIVE (13s APROXIMADAMENTE); CAMINHADA DE COSTAS PARA RECUPERAÇÃO 8X150m EM PASSADAS LARGAS – *SPRINT* – PASSADAS LARGAS; 200m DE CORRIDA PARA RECUPERAÇÃO 3km DE VOLTA À CALMA
DIA 2	3X4X400m (57-59s); 60s DE RECUPERAÇÃO ENTRE AS PRIMEIRAS CORRIDAS, 5min DE RECUPERAÇÃO ENTRE AS SÉRIES 1,5km DE VOLTA À CALMA

DIA 3	11km (3,25min/km)
DIA 4	8X100m EM ACLIVE (13s); 30s PARA RECUPERAÇÃO
	1,5km DE CORRIDA LENTA
	12X200m (28s); 30s PARA RECUPERAÇÃO
	1,5km DE CORRIDA LENTA
	8X150m (28s/200m); 30s DE RECUPERAÇÃO
	1,5km DE CORRIDA LEVE
DIA 5	4X600m (87-89s); 2min DE RECUPERAÇÃO
	3km DE VOLTA À CALMA
DIA 6	8km DE CORRIDA, EM APROXIMADAMENTE 26min
DIA 7	1.000m (2,3min); 60s DE REPOUSO
	200m (25s); 3min DE REPOUSO
	800m (2min); 60s DE REPOUSO
	200m (25s); 3min DE REPOUSO
	600m (1,3min); 60s DE REPOUSO
	200m (25s); 3min DE REPOUSO
	VOLTA À CALMA
DIA 8	5km (3,25min/km)
	400m (57-58s); 1.600m (5min, APROXIMADAMENTE); 400m (56-57s)
	3km DE VOLTA À CALMA
DIA 9	400m (50s, APROXIMADAMENTE); 4min DE REPOUSO
	300m (37s); 3min DE REPOUSO
	200m (24s)
	1,5km DE CORRIDA
	REPETIR OS 400m, 300m e 200m
	VOLTA À CALMA
DIA 10	6X60m SALTANDO
	20-30min DE TREINAMENTO DE PESOS INTENSO, DIRECIONADOS PARA AS PERNAS, ISTO É, SUBINDO DEGRAUS, SALTOS-RÃ, CALCANHAR-PONTA DOS PÉS, *SKIPPING*, SALTOS
	3km DE VOLTA À CALMA

18	800m/1.500m	ELITE	COMPETIÇÃO
TEMPO ALVO: 1min42/3min30			
SESSÃO 1, DIARIAMENTE			
PROGRAMA DE 10 DIAS ANTES DA CORRIDA			
AQUECIMENTO DIÁRIO	20-25min DE AQUECIMENTO, INCLUINDO 10min DE ALONGAMENTO E EXERCÍCIOS DE MOBILIDADE		
DIA 1	50-60min DE CORRIDA MUITO LENTA		
DIA 2	5km DE CORRIDA VELOZ (3,07min/km)		
DIA 3	6km DE CORRIDA ESTÁVEL (3,45min/km)		
DIA 4	10km DE CORRIDA ESTÁVEL (3,45min/km)		
DIA 5	5X1min DE CORRIDA INTENSA EM ACLIVE SOBRE A GRAMA (10% DE INCLINAÇÃO) 5X200m EM DECLIVE (25s)		
DIA 6	6km DE CORRIDA ESTÁVEL (3,45 min/km) 3x5x50m DE EXERCÍCIOS DE *SPRINT*		
DIA 7	3km DE CORRIDA LENTA 2x300m (41-42s) 1,5km DE CORRIDA LENTA		
DIA 8	30min DE CORRIDA LENTA		
DIA 9	20min DE CORRIDA LENTA		
DIA 10	20min DE CORRIDA LENTA		
SESSÃO 2, DIARIAMENTE, NO MÍNIMO 5 HORAS APÓS A SESSÃO 1			
AQUECIMENTO DIÁRIO	20-25min DE AQUECIMENTO, INCLUINDO 10min DE ALONGAMENTO E EXERCÍCIOS DE MOBILIDADE		
DIA 1	3km DE CORRIDA ESTÁVEL (3,45min/km) 8X200m, SOBRE A GRAMA (26-30s); 1-2min DE RECUPERAÇÃO 3km DE CORRIDA ESTÁVEL (3,45min/km)		
DIA 2	3x500m (71-72s); 3min DE RECUPERAÇÃO		
DIA 3	2X1,5km DE CORRIDA RÁPIDA MANTENDO (4,2s); 7MIN DE RECUPERAÇÃO 5km DE CORRIDA ESTÁVEL (3,45min/km)		
DIA 4	4X(2X400m) (56-57s); 40s DE RECUPERAÇÃO ENTRE OS DOIS TIROS E 5min DE RECUPERAÇÃO ENTRE AS SÉRIES		
DIA 5	REPOUSO		
DIA 6	8km DE CORRIDA (3,25min/km)		
DIA 7	6X300/400m DE CORRIDA TÁTICA COM PASSADAS DE CORRIDA, ACELERANDO EM RESPOSTA AOS SINAIS DO TREINADOR; 2min DE RECUPERAÇÃO		
DIA 8	20min DE CORRIDA ESTÁVEL (3,45min/km)		
DIA 9	3X200/300m EM PASSO DE CORRIDA 1,5km DE CORRIDA LENTA		
DIA 10	CORRIDA		

19	3.000m/5.000m	CLUBE	CONDICIONAMENTO

TEMPO ALVO: 8min10/14min15

SESSÃO 1, DIARIAMENTE

10min DE CORRIDA ESTÁVEL
5-10min DE EXERCÍCIOS PARA SOLTAR E ALONGAMENTO [A] [B]
10min DE CORRIDA ESTÁVEL

SESSÃO 2, NO MÍNIMO 4 HORAS APÓS A SESSÃO 1

AQUECIMENTO DIÁRIO	800m DE CORRIDA 5min DE EXERCÍCIOS DE ALONGAMENTO 5min DE EXERCÍCIOS DE FORTALECIMENTO DO TRONCO 5min DE CORRIDA ESTÁVEL
SEGUNDA-FEIRA	(A) 10km DE *FARTLEK* EM LOCAL ACIDENTADO, COM TIROS FORTES OU (B) 8-12X150-200m DE CORRIDA EM ACLIVE (10% DE INCLINAÇÃO), COM CORRIDA BAIXA PARA RECUPERAÇÃO
TERÇA-FEIRA	10km DE CORRIDA ESTÁVEL, SAINDO A 3,45min/km E AUMENTANDO A VELOCIDADE NA SEGUNDA METADE
QUARTA-FEIRA	8X300m; 60-90s DE RECUPERAÇÃO 10min DE TROTE 8X300m; 60-90s DE RECUPERAÇÃO
QUINTA-FEIRA	3km DE CORRIDA RÁPIDA (3,05min/km) 10min DE CORRIDA LEVE 3km DE CORRIDA RÁPIDA (3,05min/km) 10min DE CORRIDA LEVE
SEXTA-FEIRA	REPOUSO OU 30min DE CORRIDA LENTA
SÁBADO	CORRIDA DE *CROSS-COUNTRY* OU 3X1.600m DE CORRIDA RÁPIDA; 5min DE REPOUSO APÓS CADA COR-RIDA 3.000m DE VOLTA À CALMA
DOMINGO	16km DE CORRIDA COM O MESMO RITMO

20	3.000m/5.000m	CLUBE	PRÉ-COMPETIÇÃO

TEMPO ALVO: 8min10/14min15

SESSÃO 1, DIARIAMENTE (EXCETO NO DOMINGO)

10min DE CORRIDA LENTA
5-10min DE EXERCÍCIO PARA SOLTAR E ALONGAR [A] [B]
10min DE CORRIDA COM O MESMO RITMO

SESSÃO 2, NO MÍNIMO 4 HORAS APÓS A SESSÃO 1

AQUECIMENTO DIÁRIO	800m DE CORRIDA 5min DE EXERCÍCIOS DE ALONGAMENTO 5min DE EXERCÍCIOS PARA FORTALECIMENTO DO TRONCO 5min DE CORRIDA COM O MESMO RITMO
SEGUNDA-FEIRA	(A) 2X8X200m (30-31s); 40s DE RECUPERAÇÃO ENTRE AS CORRIDAS E 5min DE CORRIDA ENTRE AS SÉRIES OU (B) 15-20X100m DE CORRIDA RÁPIDA EM INCLINAÇÃO (10% DE INCLINAÇÃO); CORRIDA LEVE PARA RECUPERAÇÃO
TERÇA-FEIRA	10km DE CORRIDA COM O MESMO RITMO (3,35min/km) 5X50m DE CORRIDA COM OS JOELHOS ALTOS 5X50m SALTANDO
QUARTA-FEIRA	(A) 6X1.000m (2min50); CORRIDA LENTA PARA RECUPERAÇÃO OU (B) 2X800m (65-66s/400m); 2min30 DE CORRIDA LENTA PARA RECUPERAÇÃO 2X600m (65-66s/400m); 2min DE CORRIDA LENTA PARA RECUPERAÇÃO 2X400m (65-66s); 1min30 DE CORRIDA LENTA PARA RECUPERAÇÃO 2X200m (100% DA VELOCIDADE); 1min DE CORRIDA LENTA PARA RECUPERAÇÃO
QUINTA-FEIRA	8km DE CORRIDA COM O MESMO RITMO
SEXTA-FEIRA	REPOUSO OU 30min DE CORRIDA LENTA
SÁBADO	2-3km COM TEMPO MUITO LENTO; 10min DE REPOUSO 2X400m (100% DA VELOCIDADE MÁXIMA); 3min DE REPOUSO ENTRE OS TIROS 2-3km DE VOLTA À CALMA
DOMINGO	OMITIR PRIMEIRA SESSÃO 13-16km DE CORRIDA (3,45min/km), COM 6X80m DE CORRIDAS DE ACELERAÇÃO ATÉ O FINAL

21	3.000m/5.000m	CLUBE	COMPETIÇÃO

TEMPO ALVO: 8min10/14min15

SESSÃO 1, DIARIAMENTE (EXCETO DOMINGO, QUANDO É TROCADA POR 8km DE CORRIDA)

10min DE CORRIDA LENTA
10min DE EXERCÍCIOS PARA SOLTAR E ALONGAMENTOS [A] [B]
10min DE CORRIDA COM O MESMO RITMO

SESSÃO 2, NO MÍNIMO 4 HORAS APÓS A SESSÃO 1

AQUECIMENTO DIÁRIO	800m DE CORRIDA
	10min DE EXERCÍCIOS PARA SOLTAR E ALONGAR [A] [B]
	800m DE CORRIDA COM O MESMO RITMO
	800m COM 4X80m DE CORRIDA ACELERADA
SEGUNDA-FEIRA	5X600m (90-94s); 5min DE RECUPERAÇÃO
	2-3km DE VOLTA À CALMA
TERÇA-FEIRA	6X50m DE SALTITOS COM OS JOELHOS ALTOS
	15min DE CORRIDA COM O MESMO RITMO
	4X400m DE PRÁTICA DE TÁTICA, PASSADAS LARGAS (68s) E TIROS
	DE VELOCIDADES, EM RESPOSTA AO SINAL DO TREINADOR
	15min DE CORRIDA COM O MESMO RITMO
QUARTA-FEIRA	6X400m (65s); 60s DE CORRIDA DE RECUPERAÇÃO
	4X300m (44s); 2min DE CORRIDA DE RECUPERAÇÃO
	2-3km DE VOLTA À CALMA
QUINTA-FEIRA	8km DE CORRIDA SOBRE A GRAMA (3,35min/km)
	4X100m DE CORRIDAS COM ACELERAÇÃO
SEXTA-FEIRA	30min DE CORRIDA COM O MESMO RITMO
SÁBADO	CORRIDA
DOMINGO	8-10km DE *FARTLEK*

22	5.000m/10.000m	ELITE	CONDICIONAMENTO

TEMPO ALVO: 13min/27min

SESSÃO 1, DIARIAMENTE (EXCETO DOMINGO), APROXIMADAMENTE ÀS 7 HORAS

5-10min DE CORRIDA LENTA
10min DE EXERCÍCIOS PARA SOLTAR E ALONGAR [A] [B]
15min DE CORRIDA COM O MESMO RITMO (3,45min/km)

SESSÃO 2, APROXIMADAMENTE AO MEIO-DIA

AQUECIMENTO DIÁRIO	10min DE EXERCÍCIOS DE ALONGAMENTOS [B]
SEGUNDA-FEIRA	30min DE EXERCÍCIOS DE FLEXIBILIDADE 8km DE CORRIDA, COM O MESMO RITMO (3,45min/km)
TERÇA-FEIRA	13km DE CORRIDA COM O MESMO RITMO (3,45min/km)
QUARTA-FEIRA	10km DE CORRIDA COM O MESMO RITMO (3,45min/km)
QUINTA-FEIRA	13km DE CORRIDA COM O MESMO RITMO (3,45min/km)
SEXTA-FEIRA	8km DE CORRIDA COM O MESMO RITMO (3,45min/km)
SÁBADO	REPOUSO
DOMINGO	18-24km DE CORRIDA (3,4-4,3min/km)

SESSÃO 3, NO MÍNIMO 5 HORAS APÓS A SESSÃO 2

AQUECIMENTO DIÁRIO	20min, INCLUINDO 10min DE EXERCÍCIOS DE ALONGAMENTO
SEGUNDA-FEIRA	5km DE CORRIDA COM O MESMO RITMO (3,45min/km) 10X200m (33s); 20s DE RECUPERAÇÃO 1,5km DE CORRIDA 8X150m (15s/100m); 20s DE RECUPERAÇÃO 1,5km DE CORRIDA 6X60m DE *SPRINT*; 20s DE RECUPERAÇÃO 8km DE CORRIDA COM O MESMO RITMO (3,45min/km)
TERÇA-FEIRA	8km DE CORRIDA COM O MESMO RITMO (3,45min/km) 20min DE TREINAMENTO COM PESOS PARA AS COSTAS, ABDOMINAL E MÚSCULOS DA PARTE SUPERIOR DO CORPO
QUARTA-FEIRA	TREINAMENTO INTERVALADO COM ALTO VOLUME 8X800m (70s/400m); 2min DE RECUPERAÇÃO 8X400m (70s); 1min DE RECUPERAÇÃO OU CORRIDAS RÁPIDAS, CRONOMETRADAS COM IGUAL DURAÇÃO DE RECUPERAÇÃO, ISTO É, 1, 2, 3, 4, 3, 2, 1, 3, 2, 1, 3, 2, 1min
QUINTA-FEIRA	8X2min DE CORRIDA EM ACLIVE (10% DE INCLINAÇÃO) 3km DE CORRIDA 12X45s DE CORRIDA EM ACLIVE (12% DE INCLINAÇÃO) 3-5km DE CORRIDA LENTA (4,0 min/km)
SEXTA-FEIRA	5km DE CORRIDA RÁPIDA (3,25min/km)
SÁBADO	8-16km DE CORRIDA OU CORRIDA RÁPIDA SUSTENTADA (< 3,05min/km) DE 10,5 E 5min; 5 min DE RECUPERAÇÃO ENTRE CADA TIRO
DOMINGO	5km DE CORRIDA SOBRE A GRAMA, INCLUINDO 6X150m COM PASSADAS LARGAS E LENTAS

23	5.000m/10.000m	ELITE	PRÉ-COMPETIÇÃO

TEMPO ALVO: 13min/27min

SESSÃO 1, DIARIAMENTE, APROXIMADAMENTE ÀS 7 HORAS

5-10min DE CORRIDA LENTA
10min DE EXERCÍCIOS PARA SOLTAR E ALONGAR [A][B]
15min DE CORRIDA COM O MESMO RITMO (3,45min/km)

SESSÃO 2, NO MÍNIMO 4 HORAS APÓS A SESSÃO 1

PROGRAMA DE 10 DIAS ANTES DA CORRIDA

AQUECIMENTO DIÁRIO	20min DE *JOGGING* PARA AQUECIMENTO, ALONGAMENTO E PASSA-DAS LARGAS LENTAS
DIA 1	3X(12X200m) INTERVALADO (30s); 20s DE RECUPERAÇÃO; 5min ENTRE AS SÉRIES
DIA 2	10km DE CORRIDA (3,25min/km)
DIA 3	FORA DA PISTA, MAS COM MARCAÇÃO DO TEMPO DE 1.600m – 1.200m – 1.600m – 1.200m, A 95% DO MÁXIMO
DIA 4	8km DE CORRIDA (3,25min/km)
DIA 5	4X800m (2,06-2,08min); 2min DE RECUPERAÇÃO 5min DE CORRIDA 4X400m (62-64s); 1min DE RECUPERAÇÃO
DIA 6	10km DE CORRIDA (3,25min/km)
DIA 7	UM AQUECIMENTO EXTRA DE 10min 3.000m EM TEMPO DE PROVA (COM LACTATO SANGUÍNEO OU TESTE DE CAPTAÇÃO MÁXIMA DE OXIGÊNIO)
DIA 8	13km DE CORRIDA (3,25min/km)
DIA 9	600m – 500m – 400m (100% DO MÁXIMO); 5min DE RECUPERAÇÃO APÓS CADA TIRO 3km DE VOLTA À CALMA
DIA 10	13-16km DE CORRIDA COM O MESMO RITMO (3,45min/km)

SESSÃO 3, NO MÍNIMO 5 HORAS APÓS A SESSÃO 2

AQUECIMENTO DIÁRIO	20min DE *JOGGING* PARA AQUECIMENTO, ALONGAMENTO E PASSA-DAS LARGAS LENTAS
DIA 1	8km DE CORRIDA (26min, APROXIMADAMENTE) 2X5X50m DE EXERCÍCIOS DE VELOCIDADE 5X200m (27-28 s); 90s DE RECUPERAÇÃO 1,5km DE VOLTA À CALMA
DIA 2	13km DE CORRIDA RÁPIDA (3,15min/km)
DIA 3	10km DE CORRIDA COM O MESMO RITMO (3,25min/km) 6X60m DE SALTANDO
DIA 4	11km DE CORRIDA RÁPIDA (3,15min/km)
DIA 5	5X600m (89s); 4min DE RECUPERAÇÃO
DIA 6	15min DE EXERCÍCIOS EXTRAS DE FLEXIBILIDADE 8km EM, APROXIMADAMENTE, 25min
DIA 7	5km PASSADA LENTA 6X150m PASSADAS LARGAS – *SPRINT* – PASSADAS LARGAS
DIA 8	8km DE CORRIDA (3,15min/km)
DIA 9	3X1.000m (2,42-2,45min) COM 1.600m (5,20min) ENTRE CADA TIRO
DIA 10	5km DE CORRIDA COM O MESMO RITMO (3,25min/km) 5X300m (45s); 2min DE CORRIDA PARA RECUPERAÇÃO

24	5.000m/10.000m	ELITE	COMPETIÇÃO

TEMPO ALVO: 13min/26min
PROGRAMA DE 14 DIAS

SESSÃO 1, DIARIAMENTE, PELA MANHÃ

5-10min DE CORRIDA LENTA
10min DE EXERCÍCIOS PARA SOLTAR E ALONGAR [A] [B]
15min DE CORRIDA COM O MESMO RITMO (3,45min/km)

SESSÃO 2, APROXIMADAMENTE AO MEIO-DIA

AQUECIMENTO DIÁRIO	20-25min, INCLUINDO 10min DE ALONGAMENTO E MOBILIDADE
SEGUNDA-FEIRA 1	3X12X200m (30s); 20s DE RECUPERAÇÃO; 5min ENTRE AS SÉRIES
TERÇA-FEIRA 1	13km DE CORRIDA COM O MESMO RITMO (3,25min/km)
QUARTA-FEIRA 1	10km DE CORRIDA COM O MESMO RITMO (3,25min/km)
QUINTA-FEIRA 1	13km DE CORRIDA LENTA
SEXTA-FEIRA 1	6km DE CORRIDA RÁPIDA (3,15min/km)
SÁBADO 1	5km DE CORRIDA LENTA
DOMINGO 1	19km DE CORRIDA LENTA
SEGUNADA-FEIRA 2	10km DE CORRIDA COM O MESMO RITMO (3,25min/km)
TERÇA-FEIRA 2	5km DE CORRIDA LENTA
QUARTA-FEIRA 2	8km DE CORRIDA COM O MESMO RITMO (3,45min/km)
QUINTA-FEIRA 2	5km DE CORRIDA LENTA
SEXTA-FEIRA 2	5km DE CORRIDA LENTA
SÁBADO 2	5km DE CORRIDA LENTA
DOMINGO 2	8km DE CORRIDA LENTA

SESSÃO 2, DIARIAMENTE, APÓS O MEIO-DIA, NO MÍNIMO 5 HORAS APÓS A SESSÃO 1

AQUECIMENTO DIÁRIO	20-25min, INCLUINDO 10min DE ALONGAMENTO E MOBILIDADE
SEGUNDA-FEIRA 1	4X[(800m (2min10); 90s DE RECUPERAÇÃO; 400m (60s); 2min DE RECUPERAÇÃO)]
TERÇA-FEIRA 1	8km DE CORRIDA LENTA, INCLUINDO 10X80m DE CORRIDA COM ACELERAÇÃO
QUARTA-FEIRA 1	1.200m (3min04); 5min DE RECUPERAÇÃO 800m (2min); 5min DE RECUPERAÇÃO 600m (< 90s); 5min DE RECUPERAÇÃO 2X400m (55-56s); 3min DE RECUPERAÇÃO 3km DE CORRIDA LENTA
QUINTA-FEIRA 1	4X60m DE EXERCÍCIOS DE VELOCIDADE 8km DE CORRIDA COM O MESMO RITMO (3,25min/km)
SEXTA-FEIRA 1	10km DE CORRIDA COM O MESMO RITMO (3,25min/km), INCLUINDO 6X300m (42-45s)
SÁBADO1 UM OU OUTRO, OU ANTES DE UMA CORRIDA DE 5.000M,	5X1.000m; 3min DE RECUPERAÇÃO 3X(400m; 30s DE CORRIDA PARA RECUPERAÇÃO; 800m; 60s DE CORRIDA PARA RECUPERAÇÃO; 400m; 3min DE CORRIDA PARA RECUPERAÇÃO) (E 5.000m DE CORRIDA VELOZ)
OU ANTES DE UMA CORRIDA DE 10.000M	3X(800m; 90s DE CORRIDA PARA RECUPERAÇÃO; 1.200m; 2min DE CORRIDA PARA RECUPERAÇÃO; 800m; 3min DE CORRIDA PARA RECUPERAÇÃO) (E 10.000m DE CORRIDA VELOZ)

DOMINGO1	6km DE CORRIDA COM O MESMO RITMO (3,45min/km)
SEGUNDA-FEIRA 2	8km DE CORRIDA COM O MESMO RITMO (3,45min/km), INCLUINDO 8X200m (27-28s)
TERÇA-FEIRA 2	5X600m (91-93s COM SAÍDAS RÁPIDAS EM RESPOSTA AO SINAL DO TREINADOR); 2min DE RECUPERAÇÃO
QUARTA-FEIRA 2	6km DE CORRIDA LENTA
QUINTA-FEIRA 2 UM OU OUTRO, ANTES DA CORRIDA DE 5.000M,OU ANTES UMA CORRIDA DE 10.000M	4X400m; 45s DE CORRIDA PARA RECUPERAÇÃO 4X800m; 90s DE CORRIDA PARA RECUPERAÇÃO 3km DE CORRIDA LENTA
SEXTA-FEIRA 2	6km DE CORRIDA COM O MESMO RITMO (3,45min/km)
SÁBADO 2	CORRIDA
DOMINGO 2	16km DE CORRIDA COM O MESMO RITMO (3,45min/km)

25	MARATONA	CLUBE	CONDICIONAMENTO
TEMPO ALVO: ABAIXO DE 2h25			
SESSÃO 1, DIARIAMENTE (EXCETO DOMINGO)			
10min DE CORRIDA LENTA 5min DE EXERCÍCIOS PARA SOLTAR E ALONGAR [A] [B] 20min DE CORRIDA COM O MESMO RITMO (3,45min/km; 6min/milha)			
SESSÃO 2, NO MÍNIMO 5 HORAS APÓS A SESSÃO 1			
AQUECIMENTO DIÁRIO	10min DE CORRIDA LENTA 5min DE EXERCÍCIOS DE ALONGAMENTO [B] 5min DE PASSADAS LARGAS		
SEGUNDA-FEIRA	10X200m DE CORRIDA EM ACLIVE (10% DE INCLINAÇÃO); CORRIDA PARA RECUPERAÇÃO 2-3km DE VOLTA À CALMA		
TERÇA-FEIRA	5X2.000m, APROXIMADAMENTE, DE CORRIDA DE REPETIÇÃO (3,05min/km); 5min DE CORRIDA PARA RECUPERAÇÃO		
QUARTA-FEIRA	11-16km LARGANDO A 3,45 min/km E AUMENTANDO A PASSADA EM OUTROS ESTÁGIOS		
QUINTA-FEIRA	20X200m (33s); 45s DE CORRIDA PARA RECUPERAÇÃO 1,5km DE VOLTA À CALMA		
SEXTA-FEIRA	OMITIR A SESSÃO 2		
SÁBADO	CORRIDA (10-16km) OU TEMPO MÁXIMO (100% DO MÁXIMO), POR EXEMPLO, 1X8km OU 2X3km, COM 10min DE RECUPERAÇÃO		
DOMINGO	OMITIR A SESSÃO 1 21-29km COM PASSOS PEQUENOS		

26	MARATONA	CLUBE	PRÉ-CORRIDA

TEMPO ALVO: ABAIXO DE 2h25

SESSÃO 1, DIARIAMENTE (EXCETO DOMINGO)

10min DE CORRIDA LENTA
5min DE EXERCÍCIOS PARA SOLTAR E ALONGAR [A] [B]
20min DE CORRIDA COM O MESMO RITMO (3,45min/km)

SESSÃO 2, NO MÍNIMO 5 HORAS APÓS A SESSÃO 1

AQUECIMENTO DIÁRIO	10min DE CORRIDA LENTA 5min DE EXERCÍCIOS DE ALONGAMENTO [B] 5min DE PASSADAS LARGAS
SEGUNDA-FEIRA	10km DE CORRIDA LENTA
TERÇA-FEIRA	10-15X400m (75s APROXIMADAMENTE); 200m DE CORRIDA PARA RE-CUPERAÇÃO EM 1min
QUARTA-FEIRA	3km DE CORRIDA RÁPIDA (3,10min/km) 8km DE CORRIDA COM O MESMO RITMO (3,40min/km) 1,5 km DE CORRIDA RÁPIDA (3,10min/km) 6-8km DE CORRIDA COM O MESMO RITMO (3,40min/km)
QUINTA-FEIRA	11-13km DE *FARTLEK*, LARGANDO LENTAMENTE COM PASSADAS ES-TÁVEIS COM ALGUNS TIROS DE 100M E 200m AMBOS EM ACLIVE E EM DECLIVE
SEXTA-FEIRA	OMITIR SESSÃO 2
SÁBADO	10-21km DE CORRIDA OU CORRIDA RÁPIDA
DOMINGO	CORRIDA LONGA E COM TEMPO ABAIXO DE 3,45min/km, 24-32km, SE NA SEGUNDA CORREU POUCO; 19-24km, SE NA SEGUNDA CORREU BASTANTE

27	MARATONA	ELITE	CONDICIONAMENTO

TEMPO ALVO: ABAIXO DE 2h12

SESSÃO 1, DIARIAMENTE

10min DE CORRIDA LENTA
5min DE EXERCÍCIOS PARA SOLTAR E ALONGAR [A] [B]
30-40min DE CORRIDA COM O MESMO RITMO (3,30min/km; 5,30min/milha)

SESSÃO 2, NO MÍNIMO 5 HORAS APÓS A SESSÃO 1

AQUECIMENTO DIÁRIO	10min DE CORRIDA LENTA 5min DE EXERCÍCIOS DE ALONGAMENTO [B] 5-10min DE *JOGGING* E PASSADAS LARGAS
SEGUNDA-FEIRA	13-16km DE *FARTLEK* SOBRE UM PERCURSO EM ACLIVE (ABAIXO DE 3,45min/km), COM TIROS NOS ACLIVES
TERÇA-FEIRA	1X4km; 1X3km; 1X2km; 1X1.600m (TODOS ABAIXO DOS 3min/km); 5min DE CORRIDA DE RECUPERAÇÃO ENTRE CADA TIRO
QUARTA-FEIRA	16km EM, APROXIMADAMENTE, 52min
QUINTA-FEIRA	4X400m EM, APROXIMADAMENTE, 52min 3km DE CORRIDA COM O MESMO RITMO (3,30min/km) 4X400m (66-67s); 60s DE CORRIDA PARA RECUPERAÇÃO 3km DE CORRIDA COM O MESMO RITMO (3,30min/km)
SEXTA-FEIRA	8km DE CORRIDA LENTA
SÁBADO	CORRIDA (10-20km) OU TEMPO CRONOMETRADO (100% DO MÁXIMO), POR EXEMPLO, 1X10km OU 2X5km COM 10min DE RECUPERAÇÃO
DOMINGO	2 HORAS DE CORRIDA COM PASSADA CONTINUA A 3,45min/km COM ALGUNS LOCAIS COM AUMENTO DA VELOCIDADE

28	MARATONA	ELITE	PRÉ-CORRIDA

TEMPO ALVO: ABAIXO DE 2h12

SESSÃO 1, DIARIAMENTE

10min DE CORRIDA LENTA
5min DE EXERCÍCIOS PARA SOLTAR E ALONGAR [A] [B]
30-40min DE CORRIDA COM O MESMO RITMO (3,30min/km)

SESSÃO 2, NO MÍNIMO 5 HORAS APÓS A SESSÃO 1

AQUECIMENTO DIÁRIO	10min DE CORRIDA LENTA 5min DE EXERCÍCIOS DE ALONGAMENTO [B] 5-10min DE *JOGGING* E PASSADAS LARGAS
SEGUNDA-FEIRA	10-13km DE *FARTLEK* LENTO, SAINDO LENTAMENTE, COM UM RITMO DE 3,45min/km COM ALGUNS PIQUES DE MAIS DE 200m
TERÇA-FEIRA	10X800m (2,16min, APROXIMADAMENTE); 200m DE CORRIDA DE RE-CUPERAÇÃO EM 90s
QUARTA-FEIRA	1.600m (4,45min); 2min DE RECUPERAÇÃO 6km 3,10min/km; 3,5min DE RECUPERAÇÃO 1.600m (4,45min); 2min DE RECUPERAÇÃO 6km 3,10min/km
QUINTA-FEIRA	10-13km DE *FARTLEK*, SAINDO LENTAMENTE COM PASSADA ESTÁ-VEL COM ALGUNS *SPRINTS* DE 100m e 200m, AMBOS EM ACLIVE E DE-CLIVE
SEXTA-FEIRA	8km DE CORRIDA LENTA
SÁBADO	16km DE CORRIDA OU 10km EM TEMPO DE PROVA (100% DO MÁXIMO)
DOMINGO	2h30 DE CORRIDA COM O MESMO RITMO (VELOCIDADE DE 3,45min/km, COM ALGUMAS SESSÕES DE 3,30min/km)

DETALHES DO TREINAMENTO

[A] EXERCÍCIOS PARA SOLTAR

Exercícios típicos de soltar, ou de mobilidade, são rotação do tronco, balanceio dos braços e das pernas e rotação dos tornozelos. Um padrão de rotina, a qual deve ser realizada somente quando o corpo está aquecido, devendo incluir de seis a oito destes exercícios, cada um realizado por não mais que 20s.

[B] EXERCÍCIOS DE ALONGAMENTO

Um típico exercício de alongamento é o "alongamento sentado", no qual o atleta senta no chão, com as pernas estendidas para frente. Ele ou ela, então, inclina-se para frente, curvando o tronco para frente e alongando os dedos do pé, com a cabeça levantada. Esta posição é mantida por 30s, com o estiramento aumentado gradualmente. Para corredores, é mais importante que os flexores, até a parte de trás da perna, sejam alongados regularmente para permitir que o progresso permaneça máximo. Exercícios de alongamento podem ter utilidade depois de exercícios, desde que a amplitude muscular possa tornar-se restringida depois de muitas contrações repetidas. Estes exercícios podem ser sempre realizados devagar, para evitar o disparo dos reflexos de extensão, e em músculos aquecidos.

[C] EXERCÍCIOS DE FORÇA

Esses são realizados para aumentar a força e a resistência da musculatura geral, mas não devem fazer parte da rotina de aquecimento anterior à corrida. Eles são normalmente empregados na forma de um circuito de seis a vinte exercícios, envolvendo todos os grandes grupos musculares, incluindo pernas, braços, troncos e ombros, com 10 a 20 repetições de cada. Alguns, como sentar, empurrar, puxar e agachar são realizados sem pesos, usando o corpo para prover resistência. Outros pedem peso (livres ou presos). "Pesos leves" implicam em não mais do que metade do peso máximo que pode ser suportado pelo atleta.

[D] CORRIDA DE RESISTÊNCIA

Uma forma de corrida na qual a ação é feita mais duramente do que na areia, lama ou água, ou carregando peso extra. O último pode ser alcançado usando-se pesos nas pernas, botas, uma jaqueta pesadas ou sendo puxado por um cinto que outro atleta segura.

[E] TREINAMENTO DE FORÇA

Como o [C], mas usando pesos máximos.

[F] CORRIDA DE RECUPERAÇÃO

Um exercício leve, realizado bem devagar, entre 4min/km e 6min/km para facilitar o fluxo sanguíneo depois de exercícios intensos, para a remoção de produtos perdidos.

[G] DIFERENCIAIS

Um exercício de corrida no qual as duas metades de um conjunto de distâncias, tipicamente 400m, são corridas em diferentes velocidades. Um corredor de média distância pode correr os primeiros 200m na passada normal de 1.500m e os últimos 400m com a passada de 800m, dando tempos de, assim dizendo, 31s e 28s.

Um treinamento para corredores de longa distância pode ser a realização com 16km, sendo os 2 primeiros e os 2 últimos realizados em ritmo confortável, com 6km no maior ritmo possível.

B
CONSELHOS PARA CORREDORAS

VESTIMENTA

Não há um conjunto de recomendações sobre vestimenta que possa ser aplicada aos corredores do sexo masculino. E, ainda que esta informação se torne cada vez mais disponível para as corredoras experientes, os seguintes conselhos foram elaborados para as iniciantes.

ROUPA DE BAIXO

Tanto a calcinha quanto o sutiã não devem ser apertados e preferênciamente, de algodão, prevenindo o atrito com a pele. Um bom top é essencial.

- Marks & Spencer vende dois tops esportivos. Eles são bons para as iniciantes, mas possuem juntas e tiras que, sem dúvida, causam atrito com a pele da corredora de longa distância.
- Os sutiãs Minimal-bounce encontram-se disponíveis na maioria das boas lojas de esporte. Ou podem ser obtidos pelo correio. É aconselhável comprar um tamanho que dê apoio e, ao mesmo tempo, não restrinja os movimentos do peito por ser muito apertado.

- Os sutiãs de lycra sem costura são muito bons para corredoras de longa distância ou aquelas que não preenchem o bojo. Tais tops estão na moda e, por isso, encontram-se disponíveis na maioria das lojas que vendem lingeries.

CALÇÃO

Freqüentemente, quando a mulher (e muitos homens) começa a correr ou pratica *jogging*, suas pernas raspam uma na outra. Se esse for o caso, calções para ciclismo, ao invés de calções para corrida, podem prevenir o atrito.

EXCESSO DE VESTIMENTA

Tenha cuidado para não usar roupas em excesso. Isso é particularmente importante para a corredora iniciante, que pode vestir um maiô de corrida em um dia quente meramente por excesso de autocrítica. Corredoras mais experientes aprendem o que usar, de acordo com as condições. A confiança na corrida cresce à medida que o tempo passa, trazendo a confiança na aparência, permitindo à corredora vestir-se de acordo com o que é certo para o dia em particular. E não o que é certo para outras corredoras ou vizinhos verem!

O superaquecimento é um problema sério. Portanto, verifique o tempo antes de se planejar e ouça seu corpo. Se você acha que leva um tempo para se aquecer, aqueça-se por meio de alongamentos ou exercícios leves antes de sair de casa, ou use um top que possa ser facilmente removido e amarrado em torno da cintura, deixando um mais fresco por baixo.

MENSTRUAÇÃO

A corrida não tem que parar neste período do mês. Na realidade, correr pode, freqüentemente, aliviar alguns dos sintomas da tensão pré-menstrual (como dores de cabeça, mudanças de humor etc.) e algumas dores da própria menstruação (ver p.168-69). Substâncias que aliviam a dor, tal como paracetamol, são necessárias para algumas mulheres neste período, mas elas não devem interferir no esquema de corrida se forem consumidas uma hora antes da mesma.

Ainda que algumas vezes correr torne temporariamente o fluxo menstrual mais lento, utilizar um absorvente é ainda uma necessidade. Uma mala contendo um absorvente, levado para uma corrida, especialmente em um treino longo de corrida, é, provavelmente, uma idéia melhor do que utilizar um absorvente muito espessa, que pode causar atrito na pele.

GRAVIDEZ

Para aquelas que desejam se exercitar ou continuar a correr durante sua gravidez, foram elaboradas orientações pelo Colégio Americano de Obstetrícia (1985). Mais informações podem ser obtidas do livro *Exercício na Gravidez* (Exercise in Pregnancy) (Artal e Wiswell, 1985):

- Consulte um médico. Pergunte se há qualquer razão médica pela qual se exercitar durante a gravidez possa ser prejudicial. Você pode ser alertada sobre correr em certas condições, tais como um histórico de abortos espontâneos, uma cérvix incompetente, sangramento, dor abdominal ou palpitações durante a corrida.
- Preste particular atenção ao aquecimento e à volta à calma. Eles são aspectos importantes do treinamento em qualquer tempo, mas particularmente importantes durante a segunda metade da gravidez, quando o corpo libera a relaxina – um hormônio que "amolece" as articulações e tecidos conjuntivos, especialmente da região pélvica, durante a preparação para o parto. Estas mudanças aumentam o risco de lesão nas articulações. E este risco persiste por várias semanas após o parto. Lembre-se que, próximo ao final da gravidez, o peso corporal terá aumentado cerca de 20kg, impondo mais estresse sobre as articulações dos tornozelos e joelhos. O centro da gravidade também

muda, o que pode impor mais tensão sobre as articulações.

- Considere uma mudança para uma forma de exercício mais "confortável" durante o final da gravidez. Natação e caminhada são boas alternativas para substituir a corrida.

- Não participe de corridas ou faça trabalho de velocidade em seu treinamento: não corra por longos períodos. Uma diminuição do fluxo sanguíneo para o útero pode lesar o feto. Tente não se exercitar acima de 70% da taxa de sua freqüência cardíaca máxima (essa é calculada pela subtração de sua idade de 220). Assim, mesmo para uma pessoa com 20 anos de idade, o máximo deve ser 140bpm. A gravidez, por si só, já aumenta a freqüência cardíaca e também o volume de ejeção; portanto, o débito cardíaco (p.141-42) já está aumentado no começo. Por isso, há menos capacidade para ser utilizada durante o exercício.

- Não se permita ficar superaquecida – uma elevação na temperatura corporal da mãe pode causar má formação no feto e colocar a vida dele em risco. Beba água ou isotônico em abundância antes, durante e depois da corrida.

- Não inicie um programa de corrida durante a gravidez se você nunca correu antes da concepção.

- Não elabore um programa de treinamento rígido no começo da gravidez para os meses seguintes. Adapte seu programa de treinamento, talvez semanalmente ou diariamente, à suas mudanças corporais e de sentimentos.

- Na gravidez, é necessário consumir quantidades adequadas de vitaminas, minerais e energia. A pesquisa demonstrou que, para a maioria das mulheres, é necessária uma quantidade extra de energia durante a gravidez (estimada em cerca de 1.000kJ por dia), acomodada pelo menor gasto de energia devido ao estilo de vida sedentário. Entretanto, para aquelas que continuam a treinar, é importante que a energia extra consumida no exercício seja consumida nos alimentos diários, de modo que o feto não fique privado de nutrientes: a hipoglicemia na mãe pode ser um problema particularmente importante para o feto.

- Exercitar-se deitada sobre as costas (posição supina) pode não ser a melhor forma para a mulher grávida, uma vez que isso pode causar uma redução marcada na pressão arterial (hipotensão supina), o que pode reduzir o fluxo sanguíneo para o feto.

- Uma vez que o bebê nasceu, a corrida pode ser rapidamente retomada. Algumas mães voltam a correr poucos dias após o parto. O problema das articulações "amaciadas" permanece por cerca de 4 semanas. Mas, além de garantir uma ingestão calórica adequada, caso a mãe esteja amamentando, não há outros problemas.

AUTO-AVALIAÇÃO PSICOLÓGICA E TREINAMENTO

PERFIL DE REAÇÃO EMOCIONAL AO ESPORTE

O perfil de reação emocional ao esporte (PREE) foi elaborado por Thomas Tutko para ajudar atletas a se tornarem mais conscientes dos problemas "psicológicos" que podem interferir em seu desempenho. A abordagem é discutida em detalhes no livro *Pensamento Esportivo (Sport Psyching)*, por Thomas Tutko e Umberto Tosi (J. P. Tarcher Inc., Los Angeles, 1978). No teste, o atleta é solicitado a responder a afirmações, utilizando as respostas:

- Quase sempre (cerca de 90% do tempo).
- Freqüentemente (cerca de 75% do tempo).
- Algumas vezes (cerca de 50% do tempo).
- Raramente (cerca de 25% do tempo).
- Quase nunca (cerca de 10% do tempo).

Com base nestas respostas, uma pontuação é determinada para cada uma das sete características psicológicas (Tabela C.1). Pela comparação dos dados obtidos com os valores "normais", o atleta é alertado de possíveis áreas problemáticas, que poderiam ser ajustadas pela utilização das técnicas adequadas de treinamento psicológico.

DETERMINANDO SEU PREE

O primeiro passo é responder aos 42 itens na Tabela C.2 com uma das cinco respostas listadas acima. Você pode achar útil usar a Tabela C.3 para suas respostas. As questões para os vários traços psicológicos estão listados aleatoriamente na Tabela C.2, de modo que cada traço deve ser pontuado, fazendo-se um círcu-

TABELA C.1 TRAÇOS PSICOLÓGICOS ESPECÍFICOS NOS PERFIS DO PREE
DESEJO
OBJETIVIDADE
SENSIBILIDADE
CONTROLE DE TENSÃO
CONFIANÇA
RESPONSABILIDADE PESSOAL
AUTODISCIPLINA

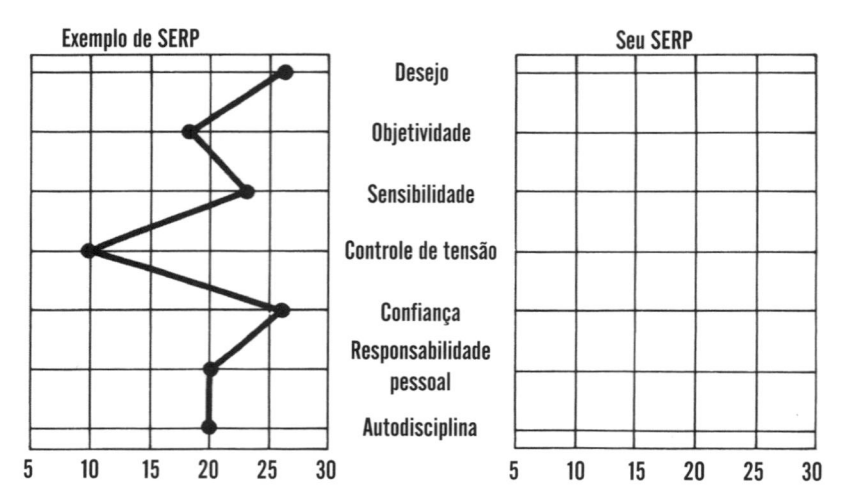

Figura C.1 – Seu perfil de reação emocional ao esporte.

lo em sua resposta a cada item na Tabela C.4. Por exemplo, se para a Questão 1 você marcou "raramente", esta resposta vale 2 pontos no traço "desejo". Se para a questão 41 você marcou "raramente", esta resposta vale quatro pontos para o traço "responsabilidade pessoal". Existem seis entradas para cada traço psicológico. Agora, para cada um, some as seis pontuações que você marcou. Então, entre com a pontuação total.

Para cada uma das sete áreas psicológicas, a pontuação total pode ser tão baixa quanto 5 ou tão elevada quanto 30. Uma forma de visualizar estes resultados é plotar um perfil sobre a Figura C.1. Seja uma pontuação elevada (25-30) ou baixa (5-10), para um traço em particular, poderia indicar um problema em potencial e seu tamanho. O aconselhamento sobre como interpretar suas pontuações é fornecido abaixo.

TABELA C.2 DECLARAÇÕES PARA A DETERMINAÇÃO DO PREE

1. NÃO CONSIDERO MINHA CORRIDA VÁLIDA, A NÃO SER QUE ESTEJA DESEMPENHANDO PRÓXIMO DE MEU MELHOR.
2. ESTOU INTIMIDADO POR OUTROS ATLETAS AGRESSIVOS.
3. POUCOS ABORRECIMENTOS PODEM AFETAR MINHA CORRIDA.
4. SOU CAPAZ DE PERMANECER CALMO ANTES E DURANTE UMA CORRIDA.
5. TENHO FÉ EM MINHA CAPACIDADE.
6. DESCULPO-ME COM OS OUTROS QUANDO COMETO UM ERRO OU CORRO MAL.
7. ORGANIZO MINHA ESTRATÉGIA ANTES DA CORRIDA.
8. CORRO PRINCIPALMENTE POR DIVERSÃO.
9. FALO SEMPRE QUE TENHO ALGUMA COISA A DIZER EM UMA COMPETIÇÃO ATLÉTICA.
10. TENHO NERVOS DE AÇO DURANTE UMA COMPETIÇÃO.
11. COMETO MAIS ERROS DURANTE A COMPETIÇÃO DO QUE NO TREINAMENTO.
12. FALTA-ME CONFIANÇA DURANTE A COMPETIÇÃO.
13. EVITO OBSERVAR O QUE TENHO FEITO DE ERRADO.
14. CORRO ESPONTANEAMENTE, AO INVÉS DE TER UMA ESTRATÉGIA PLANEJADA.
15. QUERO FAZER MEU MELHOR NO EVENTO.
16. RIO DAS COISAS, AO INVÉS DE FICAR NERVOSO COM ELAS.
17. SOU INFLUENCIADO PELO QUE OS OUTROS ACHAM DE MEUS DESEMPENHOS.
18. POSSO CONTROLAR MEU NERVOSISMO ANTES E DURANTE UMA CORRIDA.
19. NORMALMENTE, ENTRO EM UMA CORRIDA ESPERANDO VENCER.
20. MEUS ERROS FAZEM QUE EU ME SINTA MAL POR DIAS.
21. SIGO UMA ROTINA DETERMINADA QUANDO TREINO PARA UMA CORRIDA.
22. PREFIRO TREINAR COM PESSOAS QUE NÃO FAZEM DA CORRIDA UMA "COMPETIÇÃO".
23. SOU O TIPO DE CORREDOR "COM BATERIA CARREGADA".
24. FICO CONFUSO EMOCIONALMENTE DURANTE UMA CORRIDA.
25. MEU NERVOSISMO INTERFERE NA MINHA CORRIDA.
26. PENSO EM PERDER A CORRIDA MESMO ANTES DELA COMEÇAR.
27. PENSO SOBRE OS ERROS QUE MEUS OPONENTES PODEM FAZER, AO INVÉS DE CORRER MINHA PRÓPRIA CORRIDA.
28. PULO DE UMA COISA PARA OUTRA TENTANDO MELHORAR MEU DESEMPENHO NA CORRIDA.
29. NÃO ME SINTO COMO SE ESTIVESSE CORRENDO, A NÃO SER QUE EU TENHA UM DESAFIO.
30. QUANDO MEUS OPONENTES MOSTRAM RAIVA, TENTO IGNORÁ-LOS.
31. UM COMENTÁRIO À PARTE DE ALGUÉM PODE ARRUINAR MINHA CORRIDA.
32. DESFRUTO A PRESSÃO DA COMPETIÇÃO PORQUE ELA ME ESTIMULA A IR BEM.
33. GOSTO DE DESAFIAR OS OPONENTES MAIS FORTES.
34. PREOCUPO-ME COM MINHAS FALHAS MAIS DO QUE APROVEITO O SUCESSO.
35. TENTO ENCONTRAR FORMAS DE SER MAIS EFICIENTE DURANTE O TREINAMENTO E A CORRIDA.
36. POSSO DESFRUTAR DE UMA CORRIDA MESMO QUE POSSA TER COMETIDO UMA PORÇÃO DE ERROS.
37. SOU OBJETIVO EM RELAÇÃO AO ESPORTE.
38. TENTO ELIMINAR TUDO DA MINHA MENTE DURANTE A COMPETIÇÃO.
39. PREOCUPO-ME EM ME HABITUAR A SITUAÇÕES DIFÍCEIS MUITO ANTES DELAS OCORREREM.
40. PREOCUPO-ME QUANTO AO FATO DE QUE MEUS OPONENTES POSSAM ME HUMILHAR.
41. TENTO EVITAR PENSAR EM MEUS ERROS.
42. NÃO SEI O QUE FAZER ATÉ QUE O MOMENTO DA CORRIDA TENHA CHEGADO.

TABELA C.3 RESPOSTAS DO PREE

	QUASE SEMPRE	FREQÜENTEMENTE	ALGUMAS VEZES	RARAMENTE	QUASE NUNCA
1.					
2.					
3.					
4.					
5.					
6.					
7.					
8.					
9.					
10.					
11.					
12.					
13.					
14.					
15.					
16.					
17.					
18.					
19.					
20.					
21.					
22.					
23.					
24.					
25.					
26.					
27.					
28.					
29.					
30.					
31.					
32.					
33.					
34.					
35.					
36.					
37.					
38.					
39.					
40.					
41.					
42.					

TABELA C.4 TABELA DE PONTUAÇÃO PARA O PREE

DESEJO

ITEM	QUASE SEMPRE	FREQÜENTEMENTE	ALGUMAS VEZES	RARAMENTE	QUASE NUNCA
1	5	4	3	2	1
15	5	4	3	2	1
29	5	4	3	2	1
8	1	2	3	4	5
22	1	2	3	4	5
36	1	2	3	4	5

PONTUAÇÃO TOTAL PARA DESEJO:

OBJETVIDADE

ITEM	QUASE SEMPRE	FREQÜENTEMENTE	ALGUMAS VEZES	RARAMENTE	QUASE NUNCA
9	5	4	3	2	1
23	5	4	3	2	1
37	5	4	3	2	1
2	1	2	3	4	5
16	1	2	3	4	5
30	1	2	3	4	5

PONTUAÇÃO TOTAL PARA OBJETIVIDADE:

SENSIBILIDADE

ITEM	QUASE SEMPRE	FREQÜENTEMENTE	ALGUMAS VEZES	RARAMENTE	QUASE NUNCA
3	5	4	3	2	1
17	5	4	3	2	1
31	5	4	3	2	1
10	1	2	3	4	5
24	1	2	3	4	5
38	1	2	3	4	5

PONTUAÇÃO TOTAL PARA SENSIBILIDADE:

CONTROLE DA TENSÃO

ITEM	QUASE SEMPRE	FREQÜENTEMENTE	ALGUMAS VEZES	RARAMENTE	QUASE NUNCA
4	5	4	3	2	1
18	5	4	3	2	1
32	5	4	3	2	1
11	1	2	3	4	5
25	1	2	3	4	5
39	1	2	3	4	5

PONTUAÇÃO TOTAL PARA CONTROLE DA TENSÃO:

AUTODISCIPLINA

ITEM	QUASE SEMPRE	FREQÜENTEMENTE	ALGUMAS VEZES	RARAMENTE	QUASE NUNCA
7	5	4	3	2	1
21	5	4	3	2	1
35	5	4	3	2	1
14	1	2	3	4	5
28	1	2	3	4	5
42	1	2	3	4	5

PONTUAÇÃO TOTAL PARA AUTODISCIPLINA:

CONFIANÇA

ITEM	QUASE SEMPRE	FREQÜENTEMENTE	ALGUMAS VEZES	RARAMENTE	QUASE NUNCA
5	5	4	3	2	1
19	5	4	3	2	1
33	5	4	3	2	1
12	1	2	3	4	5
26	1	2	3	4	5
40	1	2	3	4	5

PONTUAÇÃO TOTAL PARA CONFIANÇA:

RESPONSABILIDADE PESSOAL

ITEM	QUASE SEMPRE	FREQÜENTEMENTE	ALGUMAS VEZES	RARAMENTE	QUASE NUNCA
6	5	4	3	2	1
20	5	4	3	2	1
34	5	4	3	2	1
13	1	2	3	4	5
27	1	2	3	4	5
41	1	2	3	4	5

PONTUAÇÃO TOTAL PARA RESPONSABILIDADE PESSOAL:

- *Desejo*. Uma indicação das metas pessoais do atleta. Uma pontuação elevada é satisfatória, contanto que não promova ansiedade pela tentativa excessiva de alcançar coisas demais. O atleta precisa ser capaz de aceitar limitações, se elas forem reais. Emil Zatopek apreciava a importância de se estabelecer metas realistas: "Quando você ajusta sua meta muito alta e não a alcança, seu entusiasmo torna-se amargo. Estabeleça uma meta que é realista e então a aumente gradualmente. Essa é a única forma para se alcançar o topo".

- *Objetividade*. Uma mensuração da autoconfiança – a determinação para ir ao limite. Um atleta com uma baixa pontuação será mais facilmente intimidado e "batido" mesmo antes da corrida começar. A objetividade pode ser aumentada pelo planejamento de ações diretas e respostas a situações, e então colocá-las em prática. Uma alta pontuação neste item pode ser benéfica para um atleta de pista, mas pode levar a utilização de pouca estratégia nas corridas, uma vez que o atleta irá desejar "ir a partir da linha de frente" – uma característica dos atletas que quebram recordes, mas não ganham medalhas de ouro. Em 1973, Dave Belford correu os 10.000m no tempo de 27min30s8, batendo o recorde mundial, mas não ganhando nenhuma medalha de ouro. Noakes (1992) escreve: "Eu penso de modo inquestionável, assim como Clayton: Beford tentou demais e treinou em excesso". A objetividade pode levar à agressão. E aqueles com uma alta pontuação nesta área devem aprender a não gastar energia por meio da agressão no treinamento antes da corrida, mas canalizar sua agressividade para a competição em si, e, particularmente, para os estágios finais da corrida. Foi o desempenho ruim de Liz McColgn nos Jogos Olímpicos de Barcelona causado pelo supertreinamento? Os atletas objetivos são mais propensos ao supertreinamento (ver Capítulo 12).

- *Sensibilidade*. Um índice de quanto prazer e excitação são obtidos em função do sucesso. Um indivíduo que possua maior pontuação neste traço pode, facilmente, ser desencorajado por erros e falhas. Essa é uma área onde um técnico simpático pode ajudar muito. Uma baixa pontuação quanto à sensibilidade raramente é um problema, uma vez que ela sugere flexibilidade emocional.
- *Controle da tensão*. A capacidade de lidar com a ansiedade. Em um atleta com um controle da tensão ruim, as emoções interferem no desempenho de uma forma já descrita. O desempenho ruim aumenta a ansiedade e o atleta entra em parafuso, de acordo com a teoria da catástrofe. O problema, conforme explicado acima, é o longo caminho de volta ao pico de desempenho. Aqui, uma pontuação elevada só é um problema se essa for acompanhada da falta de desejo, caso no qual haverá pouco incentivo para treinar de modo intenso.
- *Confiança*. Crença na própria capacidade, que deve ser baseada no entendimento amplo desta capacidade. Pouca confiança pode ser eliminada por um treinador que esteja atento ao problema. Mas a confiança também pode ser muito alta e ocorrer, por exemplo, que alguns indivíduos com considerável capacidade natural consigam medalhas no início de sua carreira, sem muito treino. Posteriormente, eles acham a disciplina e o trabalho árduo do treinamento impossíveis de serem aceitos. Noakes (1992) afirma que nenhum dos notáveis maratonistas – Emil Zatopek, Jim Peters, Frank Shorter, Steve Jones e Carlos Lopes – foram notáveis atletas juvenis. Os treinadores, entretanto, devem estar atentos para o fato de que o excesso aparente de confiança pode ser um disfarce para a falta de confiança ou capacidade.
- *Responsabilidade pessoal*. A capacidade de lidar de modo realista com falhas e er-

ros. Uma baixa pontuação pode significar que o atleta culpa os outros por seus erros, enquanto uma pontuação elevada pode significar que o atleta é muito crítico consigo mesmo, ficando com raiva, ou mesmo deprimido, ao menor erro. Isso também conduz prontamente ao supertreinamento.

- *Autodisciplina*. A capacidade de aderir a uma tarefa e não desistir. Uma baixa pontuação pode significar que o atleta não treina o suficiente, falha em seguir os conselhos do treinador e aprender com os erros dos outros, e com os seus próprios. Uma pontuação elevada é boa, a não ser que leve a uma atitude inflexível.

APRENDER A RELAXAR

Se você marcou poucos pontos no "controle da tensão", pode se beneficiar de técnicas de relaxamento que o ajudem a aprender não apenas como relaxar o corpo, mas também como fazê-lo tão bem que isso se torne quase que uma ação reflexa. Isso é importante não apenas durante o pico de treinamento intenso, mas especialmente antes de competições importantes.

A técnica descrita foi desenvolvida por Jacobson (1929), para induzir o relaxamento muscular em indivíduos que têm dificuldade em dormir. Ela consiste no atleta contrair e relaxar seus grupos musculares e, ao fazê-lo, aprender a diferença entre altos níveis de tensão muscular e relaxamento. A seqüência repetitiva de contração/relaxamento, repetida a cada dia, fornece um processo de aprendizagem para o atleta, de modo que, quando a tensão e ansiedade aumentarem, o indivíduo possa relaxar os músculos.

A preparação é importante. Encontre um cômodo confortável e sem distrações, como televisão, rádio ou toca-fita. Coloque uma roupa esportiva e tênis leves e comece a aquecer – algo tão importante para os exercícios de relaxamento quanto para os de pista. O aquecimento consiste em deitar as costas (sobre a cama ou chão) com um travesseiro sob sua cabeça. Seus pés devem estar separados de 30 a 45cm, com os braços ao lado do corpo. Relaxe seu corpo o máximo possível, balance seus braços e suas pernas levemente e gire a cabeça de um lado para o outro. Agora você está pronto para os exercícios de relaxamento propriamente ditos, que irão tomar cerca de 20 minutos por dia.

- *Músculos da perna*. Flexione os músculos da sua perna esquerda, elevando-a de 10 a 18cm acima do chão. Flexione ligeiramente seus dedos do pé em direção à sua cabeça. Mantenha esta posição de tensão o máximo que conseguir – cerca de 10 segundos – até começar a sentir os músculos começarem a tremer. Então, relaxe os músculos; isto é, deixe-os abaixar.

Deixe a perna descansar por outros 10 segundos, observando a sensação de relaxamento nestes músculos. Repita o procedimento para a mesma perna. Associar o relaxamento com uma palavra ou frase – fácil, relaxe, acalme-se – cada vez que um grupo muscular está relaxado, pode ser útil como uma pista verbal para iniciar o relaxamento em outras ocasiões.

Agora, o mesmo procedimento deve ser realizado para a perna direita.

- *Nádegas e coxas*. Contraia os músculos das nádegas e coxas, mantendo-os o mais contraído possível e pelo maior tempo. Então, relaxe, enquanto diz em voz alta a palavra de associação ao relaxamento. Novamente, cerca de 10 segundos, concentre-se na sensação de relaxamento dos músculos. Repita o procedimento.
- *Estômago*. Siga o mesmo procedimento anterior duas vezes para seus músculos abdominais.
- *Braços e ombros*. Imagine que há uma barra acima de você e que você quer utilizá-la para alongar-se. Eleve suas mãos, palmas para cima, acima de seu peito. Agarre a barra imaginária e feche seus punhos em torno dela tão forte quanto for possível, flexionando os músculos em seus braços e ombros. Contraia seus ombros o mais

forte possível, mantenha pelo máximo de tempo que puder e, então, relaxe novamente por cerca de 10 segundos.

- Procedimentos similares podem ser seguidos para os músculos das costas, pescoço, mandíbula e face.
- Finalmente, relaxe seu corpo inteiro. Feche seus olhos e tente relaxar todos os grupos musculares do corpo ao mesmo tempo. Mantenha seus olhos fechados, fique neste estado relaxado pelos 10 minutos restantes da sessão. Pense num local muito agradável e calmo – flutuando em um pequeno barco sobre um lago tranqüilo, com uma brisa suave e o mesmo balançando para frente e para trás; ou relaxando numa praia sossegada, com a luz do sol, brisa quente e o som do mar na praia. Repare nas sensações agradáveis e calmas. Associe este estado com a palavra ou frase que você escolheu para iniciar o relaxamento.

Outra forma de atingir o relaxamento é respirar lenta e profundamente, segurando sua respiração após inalar e exalar. Isso deve ser feito por 5 a 10 minutos, repetido várias vezes por dia.

MELHORE SUA CONCENTRAÇÃO

Para aumentar sua prontidão e focalizá-la de modo eficiente, tente o seguinte todos os dias: ao invés de deitar, sente em uma cadeira ou mesa e ponha um objeto na sua frente como foco de atenção para os exercícios de concentração. O objeto deve ser alguma coisa familiar e de interesse, descrito por uma palavra simples, tal como um livro, uma bola, uma caneca ou uma caneta.

Repita todos os exercícios de relaxamento, mas com uma forma menos elaborada de pensar, por meio da seqüência de tensão-relaxamento dos músculos. Finalmente, relaxe seu corpo todo pela associação de pensamentos relaxantes, conforme descrito acima, e pela utilização de uma palavra-pista para entrar num estado de relaxamento profundo.

Neste estado, você pode começar seus exercícios de concentração. Vamos assumir que você esteja utilizando um livro como objeto de concentração.

- Diga a palavra "livro". Olhe para ele e repita a palavra para si mesmo, para prevenir que a mente se disperse.
- Examine o objeto de concentração. Agora, comece a examinar o livro visualmente em grande detalhe, tentando ignorar todos os outros aspectos do cômodo.
- Sinta o objeto. Apanhe o livro. Vire-o e observe-o de vários ângulos. Isso ajuda a focalizar a sua atenção.
- Imagine o objeto. Ponha o livro em sua frente e focalize sua mente e olhos nele. Veja o livro do modo mais completo que puder, memorizando seus menores deta-

lhes, mas tente não dominá-lo. À medida que você relaxa e mantém seus olhos no livro, irá achar que o objeto parece "estar vindo para você". Deve ser possível concentrar-se no objeto de modo totalmente natural; o processo não pode ser forçado. Eventualmente, você deve ser capaz de "ligar" esta capacidade de se concentrar totalmente de modo natural e, quando o fizer, irá acreditar que isso se assemelha a um processo que elimina misteriosamente todas as outras influências, exceto aquelas do livro.

A primeira vez que você tentar focalizar sua atenção sobre o livro irá acreditar que sua mente se dispersará. Uma grande variedade de pensamentos externos não relacionados entrarão na mente, e você irá prestar atenção em outros objetos e barulhos vindos da rua ou do outro cômodo. Isso é totalmente normal e simplesmente demonstra a dificuldade de concentração por qualquer período de tempo sem treinamento. Traga sua mente de volta para o livro e fique repetindo a palavra. À medida que seu treinamento melhora, sua mente guarda o objeto por períodos cada vez mais longos, de modo que seu poder de concentração se desenvolva de modo similar ao modo como a capacidade aeróbia responde a períodos repetidos de atividade.

Pratique a técnica acima por 20 minutos ao dia. Ao final de uma semana, você será capaz de se concentrar por um período maior do que quando você começou – talvez não por 2 minutos por vez, nem mesmo um, a não ser que você esteja muito bom nisto, mas maior do que antes do treinamento.

Este treinamento será de grande valor para a competição. Ser capaz de focalizar a atenção total na próxima corrida e remover todas as distrações da mente, incluindo os outros competidores, a importância do evento, a multidão e os parentes, é de enorme importância para o desempenho no evento.

D

A DIETA DO CORREDOR

Ao mencionar a palavra dieta, a imagem de pessoas gordas tentando emagrecer, ou pessoas fazendo regime para se recuperar vêem à mente. Mas nossa dieta é simplesmente o que comemos. E, ao consumirmos as coisas adequadas, é quase certo que possamos aumentar nosso desempenho.

Uma vez que os atletas são pessoas, uma boa dieta balanceada, tal como recomendada pelo Comitê Nacional Consultor do Reino Unido sobre Educação Nutricional (NACNE), deve fornecer as bases para decidir o que os atletas devem comer. Entretanto, os atletas são pessoas especiais, o que significa que eles possuem necessidades nutricionais especiais. Essas foram elaboradas no Capítulo 11, e podem ser resumidas por:

- A necessidade total de energia é elevada.
- Pelo menos 60% desta energia deve ser oriunda dos carboidratos.
- Isso pode incluir uma quantidade de açúcar maior do que é recomendado para o público em geral.
- A ingestão de ácidos graxos essenciais deve ser mantida e, uma vez que a ingestão total é reduzida, isso significa substituição de gorduras saturadas por insaturadas sempre que possível.

- A ingestão de proteínas deve ser mantida ligeiramente elevada.
- Certas vitaminas e minerais são necessários em grandes quantidades, podendo ser necessária a suplementação da dieta.
- Os alimentos devem ser fáceis e rápidos de preparar – atletas são pessoas ocupadas. Mas, infelizmente, quase toda a chamada comida de conveniência, ou *fast foods,* é rica em gorduras.

AUMENTANDO OS CARBOIDRATOS

Sem energia, sem corrida. Tanto os carboidratos quanto as gorduras constituem substratos, e os estoques de gordura no corpo são enormes. Então, qual o problema? É bastante simples. Eles são utilizados e armazenados de formas diferentes. O que o corredor submetido ao treinamento de alta intensidade necessita é recarregar os estoques musculares de carboidratos o mais rápido possível após o exercício, e isso só ocorre com uma dieta rica em carboidratos – não numa dieta rica em gorduras. A Tabela D.1 lista alguns dos alimentos ricos em carboidratos.

TABELA D.1 ALIMENTOS CONTENDO CARBOIDRATO SUFICIENTE PARA SEREM UTILIZADOS PELO ATLETA TREINANDO INTENSAMENTE	
CARBOIDRATOS COMPLEXOS	
GRÃOS E CEREAIS PÃO FARELO DE AVEIA MASSAS ARROZ	*VEGETAIS* BATATAS MILHO VERDE FEIJÕES ERVILHAS LENTILHAS GRÃO DE BICO BRÓCOLIS
AÇÚCARES SIMPLES	
AÇÚCAR REFINADO BEBIDAS GASEIFICADAS DOCES FRUTAS (ESPECIALMENTE AS SECAS)	

Os carboidratos complexos devem ser digeridos em açúcar antes de poderem entrar no sangue e serem transportados para os músculos. E isso leva tempo. Os açúcares são absorvidos muito mais rapidamente, de modo que a ingestão de quantidades substanciais de açúcares simples pode ser essencial se o atleta pretender repor as reservas de glicogênio rápido o bastante. Isso não seria um bom conselho para o indivíduo não atleta.

QUADRO D.1 O FATOR COMIDA DE CONVENIÊNCIA

Imagine que você seja um corredor de meia distância, pesando 50kg, engajado num treinamento pré-competitivo intenso. Você não tem muito tempo para cozinhar. Assim, esforça-se para satisfazer suas necessidades diárias de 500g de carboidratos comendo hambúrguer no estabelecimento local de comida de conveniência. Você consulta as informações nutricionais fornecidas por eles e descobre que cada hambúrguer, em um pãozinho, contém 40g de carboidratos. Isso significa que você terá que comer 12 hambúrgueres e meio a cada dia. Se você fosse capaz de administrar esta empreitada, consumiria a desconcertante quantidade de 26.600kJ de energia – muito mais do que os 13.000kJ de que você provavelmente necessita (Tabela D.2). Você se tornaria mais gordo, não mais rápido.

Se você estiver num estabelecimento de comida de conveniência, tente o *milkshake*. Com 72,2% de sua energia na forma de carboidrato e apenas 17,5% como gordura, ele é quase uma boa notícia!

O PROBLEMA COM A GORDURA

As dificuldades nutricionais dos atletas depositam-se, aqui, no fato de que é difícil acomodar sua necessidade de carboidratos quando a maioria das refeições contém quantidades consideráveis de gordura. Nos EUA, 46% da energia origina-se dos carboidratos – menos do que a recomendação do NACME, de 55 a 60%, e menos do que a recomendação para atletas, de 60 a 70%. Cerca de 42% da energia da dieta da Grã-Bretanha é fornecida pela gordura. Por que isso é ruim, e por que é tão alto?

Primeiramente, muitas pessoas comem em excesso, consumindo mais energia do que utilizam. A gordura contém mais energia do que o mesmo peso de carboidratos (p.77-8). Os dois importantes fatores variáveis que influenciam a quantidade de energia necessária para uma pessoa são a massa corporal e o nível de atividade. A Tabela D.2 fornece um guia para aqueles submetidos ao treinamento intenso.

Segundo, muito da gordura consumida é de origem animal, o que significa que ela, provavelmente, é saturada (ver p.227) e associada ao colesterol. Há uma forte possibilidade de que, pelo menos em algumas pessoas, estes fatores aumentem a ocorrência de um ataque cardíaco.

Terceiro, para o atleta que está treinando de modo intenso, consumindo uma dieta que não aumenta o peso corporal, uma alta proporção de gordura deve significar uma baixa proporção e, portanto, baixa quantidade de carboidratos.

De onde vem toda esta gordura? Devido ao fato da gordura ser tão rica em energia, ela se enrosca em nós. Pegue um bife magro, o alimento tradicional do fisiculturista (mas note que tradicional não é sinônimo de benéfico): um bife de 250g fornece cerca de 80g de proteína (1.350kJ de energia), mas também cerca de 60g de gordura, que fornece quase 2.250kJ de energia (há mais de 100g de água no bife). Portanto, *apenas* a gordura deste simples alimento

TABELA D.2 RECOMENDAÇÃO ENERGÉTICA DIÁRIA E INGESTÃO DE CARBOIDRATOS POR ATLETAS SUBMETIDOS AO TREINAMENTO INTENSO		
MASSA CORPORAL (kg)	INGESTÃO DE ENERGIA[a,b] (kJ/dia)	INGESTÃO DE CARBOIDRATOS (g/dia)[c]
40	10.400	400
45	11.700	450
50	13.000	500
55	14.300	550
60	15.600	600
65	16.900	650
70	18.200	700

[a] Atletas do sexo feminino irão necessitar ligeiramente de menos, devido a suas menores massas corporais.
[b] Deve-se observar que a taxa metabólica basal (repouso) varia de modo considerável entre os indivíduos, de modo que seu valor é apenas um guia. Se a ingestão de energia não satisfaz o gasto energético, o peso corporal cai, e ela, então, deve ser aumentada.
[c] Com a base de 65% da energia fornecida na forma de carboidratos.
Dados de Sherman e Wimer (1991).

fornece mais de 20% da ingestão energética diária de 10.000kJ de uma pessoa média.

O carboidrato não é apenas muito menos energético do que a gordura, mas também obtido principalmente quando cozido, muito mais "diluído". Uma colher de sopa de manteiga (25g) contém, aproximadamente, a mesma energia (760kJ) que 150g de massa cozida. Entretanto, é a massa, não a gordura, que repõe os estoques de glicogênio no músculo. Uma vez que o corpo mensura, de alguma forma, a quantidade de energia consumida na refeição e suprime o apetite quando uma quantidade suficiente de energia é consumida, a presença da gordura irá produzir a sensação de saciedade antes que uma quantidade suficiente de carboidrato tenha sido consumida para repor os estoques.

NOSSOS CARDÁPIOS

Os atletas têm, há muito tempo, sido levados "a pensar na proteína". Atualmente, eles têm que se reeducar para "pensar carboidratos". A essência de planejar uma dieta é ajustar as quantidades ao longo de um período, mais utilmente um dia, de modo que, por exemplo, um café da manhã ligeiramente rico em gordura possa ser compensado por um almoço mais rico em carboidratos. Os exemplos de cardápios que nós elaboramos fornecem entre 9.000 e 11.500kJ por dia, com 62 a 73% da energia fornecida na forma de carboidrato (Tabela D.3).

Os cardápios para os dias de 1 a 5 contêm alguma carne ou peixe, e fazem uso de receitas especialmente elaboradas, explicadas de modo detalhado no fim desta seção. Os cardápios para os dias 6 e 7 fazem uso dos itens "fora da prateleira" para mostrar que latas e, especialmente, comidas congeladas (que tendem a ter um baixo conteúdo de gordura), também podem fornecer a base para uma dieta rica em carboidratos. Na realidade, estes últimos cardápios são um pouco mais ricos em carboidratos (e mais baixos em gordura total) que os cinco precedentes, o que os torna adequados para indivíduos que estejam tentando perder peso, e não a forma atlética. Observe que o cardápio para o dia 6 é vegetariano.

Para fazer uso destes cardápios, a primeira coisa a se fazer é determinar qual sua necessidade energética diária, utilizando a Tabela D.2 como guia. A não ser que você seja um atleta de baixo peso corporal, provavelmente terá necessidade de aumentar o conteúdo calórico dos cardápios, consumindo porções proporcionalmente maiores ou suplementando com lanches ricos em carboidratos. Se, após tudo isso, você estiver comendo muito pouco (com diminuição do seu peso) ou em excesso (aumento do peso), ajuste as porções de modo apropriado, mas em proporção ao cardápio total.

Certamente, você irá desejar variar sua dieta para acomodar suas próprias preferências e oportunidades (Quadro D.2). A informação fornecida na Tabela D.4 deve ajudá-lo a construir sua própria dieta com conteúdo energético e de carboidratos específico, e assim planejar seu sucesso esportivo.

TABELA D.3 CARDÁPIOS PARA A SEMANA RICA EM CARBOIDRATOS (OS ITENS MARCADOS COM [R] SERÃO ENCONTRADOS NO FINAL DESTA SESSÃO)

DIA 1

MENU	TAMANHO DA PORÇÃO	PESO (g)			% DE ENERGIA DE			ENERGIA TOTAL (kJ)
		CARBOIDRATO	PROTEÍNA	GORDURA	CARBOIDRATO	PROTEÍNA	GORDURA	
CAFÉ/CHÁ COM LEITE SEMIDES-NATADO	25ml DE LEITE	2	0,8	0,2	60	26	14	53
CAFÉ DA MANHÃ								
MÜSLI	150g	110	20	10				
	100ml DE LEITE				73	13	14	2.647
SUCO DE LARANJA	100ml	10	0,8	0,1				
ALMOÇO								
ESPAGUETE DE FARINHA DE TRIGO COM MOLHO DE TOMATE [R]	VER RECEITA	80	15	3				
BOLINHO DE CARNE	50g							
+ MARGARINA COM BAIXO TEOR DE GORDURA	1 COLHER DE CHÁ (5g)	21	4,7	3	74	16	10	3.125
MANJAR DE CARDAMON [R]	VER RECEITA	42	9	2				
CAFÉ/CHÁ	25ml DE LEITE	2	0,8	0,2				
JANTAR								
RISOTO DE FRUTOS DO MAR [R] COM SALADA	VER RECEITA	93	43,5	24,5	53	21	26	4.476
TORTA DE LIMÃO [R]	VER RECEITA	46	10	7				
SUCO DE LARANJA	100ml	10	0,8	0,1				
TOTAL		416	105,4	50,1	65	17	18	10.301

DIA 2

MENU	TAMANHO DA PORÇÃO	PESO (g)			% DE ENERGIA DE			ENERGIA TOTAL (kJ)
		CARBOIDRATO	PROTEÍNA	GORDURA	CARBOIDRATO	PROTEÍNA	GORDURA	
CAFÉ/CHÁ COM LEITE SEMIDES-NATADO	25ml DE LEITE	2	0,8	0,2	60	26	14	53
CAFÉ DA MANHÃ								
CEREAL (FLOCOS DE MILHO)	100G	106	15	3	83	12	5	2.239
+ LEITE DESNATADO	200ml							
+ AÇÚCAR	1 COLHER DE SOPA (15g)							
SUCO DE LARANJA	100ml	10	0,8	0,1				
ALMOÇO								
MASSA FINA E SOPA DE FEI-JÃO [R]	VER RECEITA	65	20	6	73	15	12	3.409
PÃO ESTILO ORIENTAL	150g	72	9	5				
+ MARGARINA DE BAIXO TEOR DE GORDURA	1 COLHER DE CHÁ (5g)							
PÊRA	150g	16	0,5	–				
CAFÉ/CHÁ	25ml DE LEITE	2	0,8	0,2				
JANTAR								
FRANGO COZIDO NA CAÇARO-LA [R]	VER RECEITA	72	48	7	58	24	18	4.551
+ FEIJÃO VERDE	100g (COZIDOS)	3	1	–				
+ TOMATES	100g	3	1	–				
BOLINHO DE CARNE	50g	21	4,7	1				
+ MARGARINA COM BAIXO TEOR DE GORDURA	1 COLHER DE SOPA (5g)	0,1	0,3	2				
MUSSE DE CHOCOLATE [R]								
+ BANANA + PALITOS DE FARI-NHA MACIOS	VER RECEITA	57	7,5	12				
SUCO DE LARANJA	100ml	10	0,8	0,1				
TOTAL		439,1	110,2	36,6	69	18	13	10.252

DIA 3

MENU	TAMANHO DA PORÇÃO	PESO (g)			% DE ENERGIA DE			ENERGIA TOTAL (kJ)
		CARBOIDRATO	PROTEÍNA	GORDURA	CARBOIDRATO	PROTEÍNA	GORDURA	
CAFÉ/CHÁ COM LEITE SEMIDESNATADO	25ML DE LEITE	2	0,8	0,2	60	26	14	53
CAFÉ DA MANHÃ								
MINGAU DE CEREAIS MASCAVO; AVEIA DE MINGAU DE CEREAIS	30g							
+ LEITE SEMIDESNATADO	240ml	67	16,5	7				
+ GERME DE TRIGO	15g							
+ AÇÚCAR MASCAVO	25g							
TORRADA	2 PEDAÇOS	50	6	5	71	14	15	2.876
+ MARGARINA COM BAIXO TEOR DE GORDURA	10g							
+ MEL	20g							
SUCO DE LARANJA	100ml	10	0,8	0,1				
ALMOÇO								
BATATA COM CASCA	250g	70	33,5	10				
+ QUEIJO COTTAGE COM BAIXO TEOR DE GORDURA	220g							
+ FATIAS DE ABACAXI	125g				63	18	19	3.836
BANANA GRANDE	160g	30	1	0,6				
BOLO DE BANANA (1 FATIA) [R]	VER RECEITA	48	5	9,5				
CAFÉ/CHÁ COM LEITE SEMIDESNATADO	25ml DE LEITE	2	0,8	0,2				
JANTAR								
LASANHA DE FRUTOS DO MAR [R]	VER RECEITA	84,5	46,5	20,5				
+ BRÓCOLIS	100g COZIDOS	5	3	0,3	56	24	20	4.190
PUDIM DE ARROZ COM AROMA DE AMÊNDOAS [R]	VER RECEITA	48	7,5	2				
SUCO DE LARANJA	100ml	10	0,8	0,1				
TOTAL		426,5	121,3	55,5	62	19	19	10.955

DIA 4

MENU	TAMANHO DA PORÇÃO	PESO (g)			% DE ENERGIA DE			ENERGIA TOTAL (kJ)
		CARBOIDRATO	PROTEÍNA	GORDURA	CARBOIDRATO	PROTEÍNA	GORDURA	
CAFÉ/CHÁ COM LEITE SEMIDES-NATADO	25ml DE LEITE	2	0,8	0,2	60	26	14	53
CAFÉ DA MANHÃ								
CEREAL	100g					10	9	2.641
+ LEITE SEMIDESNATADO	200ml	123	15	6,5	81			
+ BANANA GRANDE	160g							
SUCO DE LARANJA	100ml	10	0,8	0,1				
ALMOÇO								
SANDUÍCHES DE ATUM E MILHO DOCE, INCLUINDO O PÃO	4 PEDAÇOS (200g)							
ATUM	100g	100	42	10	61	23	16	3.902
+ MILHO DOCE SOLTO	150g							
TORTA DE LIMÃO [R]	VER RECEITA	46	10	7				
CAFÉ/CHÁ COM LEITE SEMIDES-NATADO	25ml DE LEITE	2	0,8	0,2				
JANTAR								
BOLO DE FEIJÃO E LINGÜIÇA [R]	VER RECEITA	107	36	26	62	15	23	4.711
BOLO DE FRUTA COM MEL [R]	VER RECEITA	64,5	4	4				
SUCO DE LARANJA	100ml	10	0,8	0,1				
TOTAL		464,5	110,2	54,1	66	16	18	11.307

DIA 5

MENU	TAMANHO DA PORÇÃO	PESO (g)			% DE ENERGIA DE			ENERGIA TOTAL (kJ)
		CARBOIDRATO	PROTEÍNA	GORDURA	CARBOIDRATO	PROTEÍNA	GORDURA	
CAFÉ/CHÁ COM LEITE SEMIDESNATADO	25ml DE LEITE	2	0,8	0,2	60	26	14	53
CAFÉ DA MANHÃ								
PANQUECAS	2X20cm DE DIÂMETRO							
INCLUINDO FARINHA	75-100g	90	15	18	63	11	26	2.538
XAROPE COM AROMA DE BAUNILHA	30-40g							
SUCO DE LARANJA	100ml	10	0,8	0,1				
ALMOÇO								
BOLINHO DE PERU E DAMASCO, INCLUINDO COBERTURA DE AVEIA	2 (150g)							
+ MARGARINA COM BAIXO TEOR DE GORDURA	10g	85,5	40	17	55	20	25	3.934
+ PEITO DE PERU ASSADO	85g							
+ CALDA DE DAMASCO	25g							
BOLO DE BANANA [R]	VER RECEITA	48	5	9,5				
CAFÉ/CHÁ COM LEITE SEMIDESNATADO	25ml DE LEITE	2	0,8	0,1				
JANTAR								
TAGLIATELLI DE ATUM [R]	VER RECEITA	88	35	9	70	16	14	5.046
REPOLHO, TOMATE + SALADA DE BERINJELA	250g	6	2,5	0,5				
PÃO	150g	72	9	3				
DOCE DELICIOSO DE CHOCOLATE [R]	VER RECEITA	44	2	6				
SUCO DE LARANJA	100ml	10	0,8	0,1				
TOTAL		457,5	111,7	63,6	63	17	20	11.571

DIA 6

MENU	TAMANHO DA PORÇÃO	PESO (g)			% DE ENERGIA DE			ENERGIA TOTAL (kJ)
		CARBOIDRATO	PROTEÍNA	GORDURA	CARBOIDRATO	PROTEÍNA	GORDURA	
CAFÉ/CHÁ COM LEITE SEMIDES-NATADO	25ml DE LEITE	2	0,8	0,2	60	26	14	53
CAFÉ DA MANHÃ								
ESPAGUETE ASSADO INCLUINDO ESPAGUETE ENLATA-DO (APROXIMADAMENTE ¾ DA LATA)	300g							
+ TORRADA	3 (150g)	88,5	15	7	75	13	12	2.107
+ MARGARINA COM BAIXO TEOR DE GORDURA	10g							
SUCO DE LARANJA	100ml	10	0,8	0,1				
ALMOÇO								
ARROZ ESTILO ORIENTAL COM GRÃO DE BICO								
½ LATA DE GRÃO DE BICO	200g (COZI-DOS)	96	16	6	82	10	8	3.079,5
ARROZ (100g NÃO COZIDO)	250g (NÃO-COZIDOS)							
+ PIMENTÃO VERDE	½							
UMA FRUTA FRESCA (BANANA)	145g	27	1	0,5				
UMA FRUTA SECA (TÂMARA)	50g	32	1	–				
CAFÉ/CHÁ COM LEITE SEMIDES-NATADO	25ml DE LEITE	2	0,8	0,2				
JANTAR								
½ PIZZA	190-220g							
+ FEIJÕES COZIDOS (1/2 LATA)	220g	105	36	19,5	64	18	18	4.105
+ TOMATES FATIADOS	100g							
SORVETE (BAIXA GORDURA)	250g	49	5,5	1				
SUCO DE LARANJA	100ml	10	0,8	0,1				
TOTAL		421,5	77,7	34,6	72	14	14	9.344,5

DIA 7

MENU	TAMANHO DA PORÇÃO	PESO (g)			% DE ENERGIA DE			ENERGIA TOTAL (kJ)
		CARBOIDRATO	PROTEÍNA	GORDURA	CARBOIDRATO	PROTEÍNA	GORDURA	
CAFÉ/CHÁ COM LEITE SEMIDES-NATADO	25ml DE LEITE	2	0,8	0,2	60	26	14	53
CAFÉ DA MANHÃ								
BOLINHO COBERTO COM AÇÚCAR CRISTAL	4 (8 METADES)							
+ MARGARINA COM BAIXO TEOR DE GORDURA	10g				59	11	30	2.461
+ MEL	25g	80	15,5	20				
+ CREME DE QUEIJO COM BAIXO TEOR DE GORDURA	50g							
SUCO DE LARANJA	100g	10	0,8	0,1				
ALMOÇO								
MASSA (100g NÃO COZIDOS)	250-300g	99	16	8				
+ MOLHO DE RAGU*	220g				79	11	10	3112
FIGOS SECOS	100g	53	3,5	–				
CAFÉ/CHÁ COM LEITE SEMIDES-NATADO	25ml DE LEITE	2	0,8	0,2				
JANTAR								
BACALHAU COZIDO NO VAPOR COM MOLHO DE MANTEIGA	170g							
BATATAS FRESCAS (COZIDAS)	400g							
CENOURA (COZIDAS)	100g							
MANDIOQUINHA	100g				77	15	8	3.296
SALADA DE FRUTA, INCLUINDO:								
MELÃO	200g							
MANGA	100g	48	3	–				
BANANA	125g							
SUCO DE LARANJA	100ml	10	0,8	0,1				
TOTAL		405	66,2	35,6	73	12	15	8.922

* ou qualquer outro molho para massas à base de tomates.

TABELA D.4 ALGUMAS INFORMAÇÕES PARA AJUDAR VOCÊ NO PLANEJAMENTO DE SUA DIETA

UNIDADES DE ENERGIA
1 QUILOJOULE (kJ) = 1000 (J)
1 MEGAJOULE (mJ) = 1000 QUILOJOULES (kJ)

A ENERGIA É GERALMENTE MEDIDA EM CALORIAS. PARA PROPOSTAS DE DIETAS, A FORMA MAIS UTILIZADA DESTA UNIDADE É A KILOCALORIA (KCAL), FREQÜENTEMENTE ESCRITA COMO CALORIA (CAL).

1 CALORIA = 4,2kJ

FATORES DE CONVERSÃO
CARBOIDRATO 16kJ/g
PROTEÍNA 17kJ/g
GORDURA 37kJ/g

PARA CALCULAR A PORCENTAGEM DE ENERGIA ADVINDA DO CARBOIDRATO:
1. ESTABELEÇA O NÚMERO DE GRAMAS DE CARBOIDRATO, PROTEÍNAS E GORDURAS DO ALIMENTO;
2. MULTIPLIQUE CADA UM DELES PELO FATOR DE CONVERSÃO APROPRIADO PARA CHEGAR A CONTRIBUIÇÃO ENERGÉTICA DE CADA UM;
3. ADICIONE OS TRÊS COMPONENTES JUNTOS PARA CHEGAR AO TOTAL ENERGÉTICO;
4. % DE ENERGIA ADVINDA DO CARBOIDRATO=
$$\frac{\text{ENERGIA ADVINDA DO CARBOIDRATO}}{\text{ENERGIA TOTAL}} \times 100.$$

PESOS:
1oz = 28,4g (RECOMENDADA A CONVERSÃO APROXIMADA PARA 25g)
100g = 3,52oz (RECOMENDADA A CONVERSÃO APROXIMADA PARA 4Ooz = 125g)
1lb = 454g
1kg = 2,2lb

QUADRO D.2 CHEIO DE FEIJÕES

Nossos pais estavam certos: frutas e vegetais são bons para nós. Eles são ricos em fibra e boa fonte de vitaminas hidrossolúveis. Porém, há um problema para os atletas. Se eles comerem grandes quantidades, o grande volume consumido evita que eles consumam quantidades grandes o suficiente de carboidratos digeríveis. Os atletas devem escolher seus vegetais cuidadosamente, consumindo os que trazem a eles o maior benefício.

Os grãos – as sementes de certas plantas – são os alimentos básicos de quase todas as pessoas no planeta. Na realidade, sem a capacidade de cultivar tais plantas, é improvável que populações humanas pudessem ter alcançado seu atual estágio. Em muitos países da Europa e dos EUA, o trigo é o cereal mais largamente cultivado e, quando se torna farinha, é um componente particularmente versátil da dieta. O processo de moer pode ser manipulado para separar as três principais partes do grão do trigo (Figura D.1): o endosperma, que contém as reservas de amido para o desenvolvimento da planta; o germe, ou embrião; e o farelo, que rodeia o grão. A farinha branca é feita somente do endosperma; mas nas outras farinhas, como a marrom, parte ou todo o germe e farelo são inclusos. O farelo é uma boa fonte de fibra, e o germe é mais rico em proteínas e vitaminas que o endosperma. Pães feitos destas farinhas são mais nutritivos que os de farinha branca. Infelizmente, a inclusão do germe de trigo também reduz o tempo em que a farinha e o pão podem ser mantidos em condições comestíveis. É possível comprar o farelo e o germe de trigo separadamente, e suplementar a dieta, espalhando-os em outros cereais, iogurte ou fruta.

Um segundo grupo de vegetais interessantes para atletas são os legumes – que advêm de uma grande família de plantas, que nos oferece os feijões de haricot, feijões brancos, soja, ervilhas, grão de bico, lentilha, e muitos outros produtos. Uma característica dos membros desta família é que, em suas raízes, existem bactérias capazes de fixar o nitrogênio, gás retirado da atmosfera como fonte vital para estes vegetais. Conseqüentemente, legumes são muito mais ricos em proteínas do que as outras plantas; feijão de haricot tem muito mais proteína do que a carne. Os galhos, em sua maioria, são deficientes em metionina, um aminoácido essencial que contém enxofre, mas quantidades suficientes podem ser obtidas de derivados da farinha de trigo ou de laticínios. Carboidratos complexos podem contribuir com, aproximadamente, 75% do peso de farinha de legumes, que são também ricos em fibras e pobre em gordura.

Se não há vegetais verdes na maior parte das dietas dos atletas, deve haver vegetais em grão, para adicionar a quantidade de carboidrato e vitaminas de que eles necessitam. Batatas são particularmente utilizadas, pois são ricas em vitaminas C e contêm duas vezes mais carboidratos do que a mandioquinha e quatro vezes mais do que as cenouras. O que falta na batata é vitamina A, que pode ser compensada pela cenoura. Uma alternativa interessante é a batata doce, um auxílio nutricional com quantia significativa de vitamina A e menos proteínas.

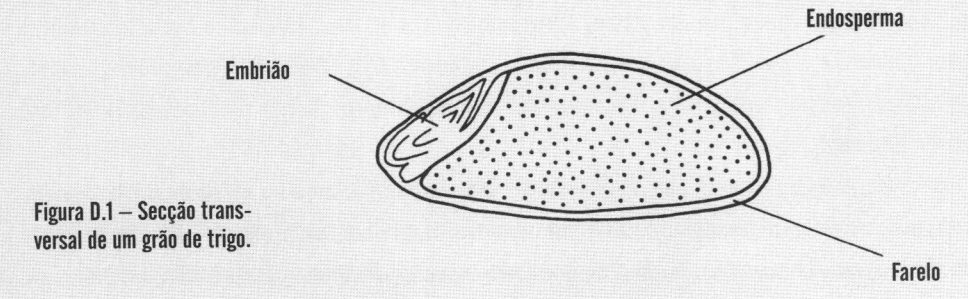

Figura D.1 — Secção transversal de um grão de trigo.

LEGENDA PARA AS RECEITAS SEGUINTES:

☐ = PROTEÍNAS   ▨ = GORDURAS   ■ = CARBOIDRATOS

ESPAGUETE DE TRIGO COM MOLHO DE TOMATE

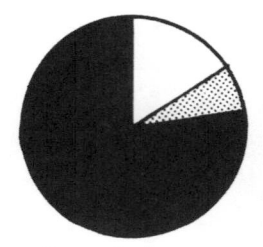 

Número de porções: 2
Tempo de preparo: 5min
Tempo de cozimento: 12-15min
Energia por porção: 1.680kJ
Energia de carboidratos: 1.300kJ

Proporção de energia suprida   Proporção por peso

INGREDIENTES

200g (não-cozidos) de espaguete de trigo
400g de tomates fatiados
1 colher de chá de manjericão seco ou 1 colher de sobremesa de manjericão fresco
1 colher de sobremesa (15ml) de tempero livre de gordura da marca Kraft (opcional)

MODO DE PREPARO

Cozinhe o espaguete em água fervente, seguindo as instruções do fabricante. Em uma panela separada, aqueça levemente os tomates. Misture as ervas. Drene o espaguete à medida que ele for cozinhando, coloque o tempero, se você quiser, e divida em dois pratos ou tigelas. Adicione o molho de tomate no centro do espaguete. Sirva uma porção.

Nota: Embora esta refeição seja rica em carboidratos, a quantidade de proteínas é incompleta. Quando não usar carne ou laticínios, complete as proteínas vegetais misturando grãos; por exemplo, feijão cozidos, arroz com fígado (ou outro), feijão, húmus com pão árabe. Ou, como em nossa sugestão de cardápio, siga esta receita utilizando um laticínio – aqui, Manjar de Cardamon (p.378).

RISOTO DE MACKEREL

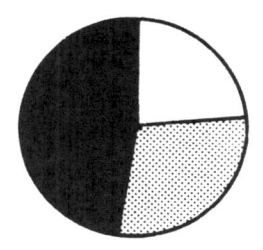

Proporção de energia
suprida

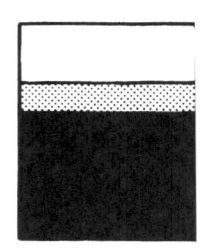

Proporção por peso

Número de porções: 4
Tempo de preparo: 10 minutos
Tempo de cozimento: 25-45 minutos
Energia por porção: 3130kJ
Energia de carboidratos: 1485kJ

INGREDIENTES

400g (não-cozidos) de arroz integral, ou grão longo misturado

450g de filés de Mackerel defumados (aproximadamente 4)

400g de feijão vermelho cozido, seco e lavado

250g de ervilhas cozidas

Um pimentão vermelho descascado e fatiado

3 rodelas de cebola

2 colheres de sobremesa de maionese *light*

2 colheres de sobremesa de molho tártaro

2 colheres de sobremesa de hortelã fresca

1 limão (suco e raspas de limão)

MODO DE PREPARO

Cozinhe o arroz durante 20-40min em água fervente (de acordo com as instruções do fabricante). Uma vez que ele esteja cozido, reduza para o fogo médio, adicionando mais água, se necessário, assegurando-se de que não fique muito cozido. Enquanto o arroz estiver cozinhando, remova a pele e as espinhas do peixe, removendo todas, e prepare os vegetais. Quando o arroz estiver cozido (a água totalmente absorvida e o arroz macio), tire o excesso de água e retorne-o para uma panela. Adicione todos os ingredientes e misture bem. Cozinhe por aproximadamente de 5 a 10min, ou até esquentá-lo bem. Sirva uma porção, enfeitando com a hortelã.

MACARRÃO COM FRANGO COZIDO NA CAÇAROLA

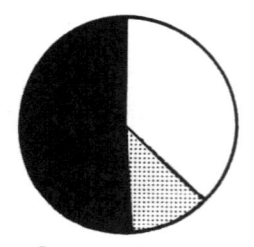

Proporção de energia
suprida

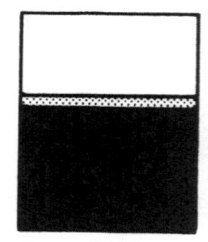

Proporção por peso

Número de porções: 4
Tempo de preparo: 10-15 minutos
Tempo de cozimento: 1 hora e 45 minutos
Energia por porção: 2230kJ
Energia de carboidratos: 1150kJ

INGREDIENTES

450g de peito de frango, cortado em cubos ou deixados em porção individual (4)
250g de macarrão com ovos
350g de milho doce, seco
175g cogumelos
1 pimentão verde descascado e fatiado
575ml de caldo ou concentrado de frango
1 colher de sobremesa de molho de soja *light*
Pimenta do Reino

GUARNIÇÃO

Pedaços de coentro
Rodelas de cebolas

MODO DE PREPARO

Preaqueça o forno a 200°C. Lave os pedaços de frango e corte em cubos, se preferir. Coloque os pedaços ou cubos de frango em uma grande caçarola. Misture o pimentão verde e os cogumelos no caldo ou concentrado de frango e coloque-o sobre o frango. Cubra e coloque no forno. Reduza a temperatura do forno depois de 30 a 45min para 180°C. Cozinhe até o frango ficar ao ponto. Quando o frango estiver quase cozido, coloque um copo de água na fervura. Cozinhe o macarrão com ovos de acordo com o fabricante (aproximadamente 6min). Quando o macarrão estiver cozido, tire a água e misture com o frango na caçarola. Adicione o milho doce à pimenta do reino e o molho de soja.

Cozinhe tudo por 5min, no forno, antes de servir. Sirva primeiramente a guarnição com os pedaços de coentro e as rodelas de cebola.

BOLO DE FEIJÃO E LINGÜIÇA

(para quem gosta de carnes gordurosas!)

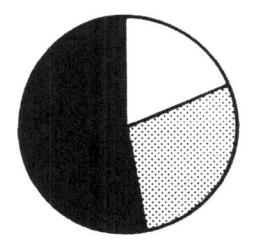

Número de porções: 4
Tempo de preparo: 20 minutos
Tempo de cozimento: 30 minutos
Energia por porção: 3300kJ
Energia de carboidratos: 1732kJ

Proporção de energia
suprida

Proporção por peso

INGREDIENTES

900g de batatas sem pele e fatiadas

450g de lingüiça com aveia (quantidade de gordura mais baixa), corte ¾ (14g de gordura por 100g)

1 cebola cortada bem fina

440g de feijão cozido

285ml de leite semidesnatado

40g de farinha de trigo

40g de margarina para a cozinha, *light*

25g de queijo cheddar

TEMPERO

1 colher de chá de manjericão seco ou 1 colher de sobremesa de manjericão fresco cortado

1 colher de chá de páprica

MODO DE PREPARO

Cozinhe as fatias de batatas em água fervente por 5 a 10min (somente se elas forem bem firmes). Enquanto as batatas estiverem cozinhando, coloque 25g da margarina em uma panela grande (use um fogo baixo confiável, pois esta margarina *light* não tolera altas temperaturas). Adicione as rodelas de lingüiça e cozinhe por 5min. Adicione as cebolas e cozinhe por aproximadamente 5min. Adicione a farinha e cozinhe por 1min, misturando continuamente. Adicione o leite gradualmente. Continue misturando. Deixe ferver e espere de 1 a 2min, continuando a misturar até uma textura de molho ser alcançado. Coloque os feijões cozidos e um o queijo. Transfira a mistura para uma assadeira e coloque as fatias de batata cozida parcialmente por cima. Vá colocando a margarina e uma pequena quantidade de páprica. Cozinhe por 20min, ou até as batatas estarem douradas, em um forno preaquecido a 200ºC. Coloque uma pequena quantidade de manjericão fresco e sirva.

LASANHA DE FRUTOS DO MAR

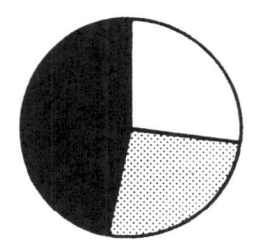

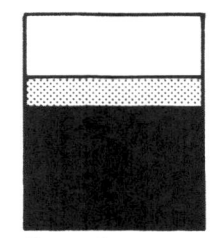

Número de porções: 4
Tempo de preparo: 25 minutos
Tempo de cozimento: 35-40 minutos
Energia por porção: 2900kJ
Energia de carboidratos: 1355kJ

Proporção de energia suprida

Proporção por peso

INGREDIENTES

450g de haddock defumado

250g de lasanha verde (pronta para cozinhar)

330g de milho doce, seco

200g de tomates fatiados

575ml de caldo de frutos do mar fresco (agora disponível em bons supermercados) ou concentrado de peixe

575ml de leite semidesnatado

50g de margarina *light*

50g de farinha

25g ou 1 colher de sobremesade hortelã, cortado bem fino

Suco de 1 limão

TEMPERO

Pedaços de hortelã

Limão

MODO DE PREPARO

Aqueça o leite em uma panela de molho e adicione os pedaços de peixe. Deixe por aproximadamente 10min, ou até o peixe desmanchar. Remova a panela do fogo. Coloque o peixe em uma tigela para esfriar e retenha o leite, pois esse será usado para o molho. Em uma outra panela, derreta a margarina. Uma vez derretida, adicione a farinha e cozinhe a uma temperatura moderada por um minuto. Agora, gradualmente, adicione o leite (que foi usado para cozinhar o peixe), misturando o tempo todo. Deixe a mistura ferver (aumente a temperatura, se necessário) e então deixe ferver lentamente. A mistura deverá ficar leve, mas ser macia – alguns caroços podem ser removidos da mistura por meio de uma colher. Adicione a hortelã, o milho doce e o caldo de frutos do mar ao molho. Continue a misturar.

Despedace o haddock, agora que ele está frio o suficiente para ser tocado, e remova toda a pele e espinhas, coloque o peixe desfiado dentro do molho e misture, adicionando o suco de limão. Tempere. O molho já esta pronto.

Coloque uma camada de molho na tigela da lasanha com uma camada de massa em cima. Repita as camadas até todo o molho e a massa serem totalmente utilizados, finalizando com uma camada de molho. Tome cuidado para cobrir toda a lasanha com o molho, pois ela absorve a mistura do molho durante o cozimento. Coloque os tomates fatiados na tigela para completar.

Cubra a tigela com uma folha de papel alumínio e cozinhe em um forno preaquecido (195°C) por 30 a 40min, ou até a lasanha estar cozida. A folha pode ser removida nos últimos 5 a 10min para garantir que a lasanha doure levemente.

Sirva a guarnição com pedaços de hortelã e o limão.

SOPA DE FEIJÃO E MACARRÃO GROSSO "ESTILO ITALIANO"

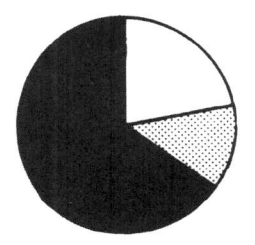

Proporção de energia suprida

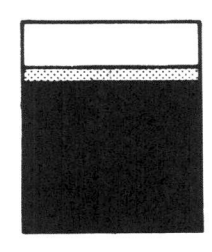

Proporção por peso

Número de porções: 4-6
Tempo de preparo: 15 minutos
Tempo de cozimento: 20 minutos
Energia por porção: 1610kJ
Energia de carboidratos: 1040kJ

INGREDIENTES

350g (não-cozidos) de massa cortada fresca (preenchido por vegetais ou queijo ricota)

430g de *cannellini*, seco e lavado

430g de feijão *borlotti*, seco e lavado

1 litro de concentrado de vegetais

4g de tomates italianos peneirados

2 colheres de sobremesa de massa de tomate

225g de cenouras cortadas

1 cebola pequena, cortada bem fina

25g de margarina para cozinha *light*

TEMPERO

1 colher de sobremesa de manjericão seco ou 1 colher de sobremesa de manjericão cortado fresco

1 folha de louro

MODO DE PREPARO

Aqueça a gordura, em uma temperatura baixa, em uma grande tigela. Adicione a cebola e as cenouras e cozinhe por 4 a 5min até amaciá-los. Coloque o concentrado de vegetais e despeje sobre os vegetais na panela; aumente o fogo. Adicione os tomates peneirados, a massa de tomate, os feijões e o conjunto de massas e coloque para cozinhar. Adicione o manjericão e as folhas de louro. Uma vez cozido, abaixe o fogo e mantenha por cinco minutos. Quando o caldo estiver cozido, remova a folha de louro e sirva enquanto está quente, junto com o pão nan aquecido.

Nota: O pão nan é uma forma oriental de pão (como o pão árabe). Ele pode ser comprado na maioria dos grandes supermercados, e é delicioso aquecido. Além disso, tem uma quantidade alta de carboidrato. O pão nan é ideal para o lanche, junto com uma re-feição, ou, como aqui, com molho.

TAGLIATELLE DE ATUM

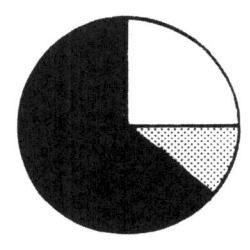

Proporção de energia
suprida

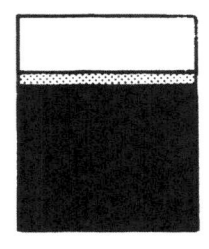

Proporção por peso

Número de porções: 4
Tempo de preparo: 10 minutos
Tempo de cozimento: 20 minutos (aproxi-
madamente)
Energia por porção: 2310kJ
Energia de carboidratos: 1408kJ

INGREDIENTES

500g de massa fresca ou tagliatelle de espinafre (pode ser comprado fresco em paco-
tes de 250g)

365g (2 latas pequenas ou 1 grande) de atum, na salmoura, drenado

350g de tomates fatiados

35g de cebolas fatiadas

1 dente de alho macerado

1 colher de sobremesa de azeite de oliva

2 colheres de sobremesa de vinho tinto

50g de azeitonas pretas, cortadas (opcional)

2 colheres de sobremesa de hortelã cortada (fresca)

MODO DE PREPARO

Aqueça o óleo em uma grande panela de molho. Adicione a cebola, cozinhe até
dourar. Adicione o alho e doure um pouco. Não deixe o alho queimar. Adicione o atum, os
tomates, o vinho tinto e as azeitonas (se estiver usando) à panela; misture bem e deixe
cozinhar. Agora, reduza o fogo e misture por 20min. Enquanto o molho estiver cozinhando, o tagliatelle pode ser preparado. Coloque uma grande panela de água no fogo. Entre
3 e 10 minutos antes do molho estar pronto (dependendo de quão fresca a massa estiver; veja instruções do fabricante), coloque o tagliatelle na água fervente. Uma vez cozido, retire a água e divida o tagliatelle em 4 pratos. Deixe um espaço no meio de cada
prato e preencha-o com molho cozido. Sirva cada uma das porções com hortelã fresca,
e somente uma vez.

MUSSE DE CHOCOLATE COM PALITOS DE CHOCOLATE

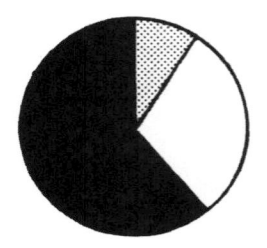

Proporção de energia
suprida

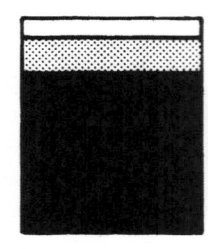

Proporção por peso

Número de porções: 4
Tempo de preparo: 10 minutos
Tempo de cozimento: 20 minutos (aproximadamente)
Energia por porção: 2310 kJ
Energia de carboidratos: 1408 kJ

INGREDIENTES

175g de chocolate em barra

3 ovos, separados em gemas e claras

50g de açúcar marrom escuro

15g de açúcar mascavo (ou 65g de açúcar marrom escuro)

3 colheres de sobremesa de água

1 pitada de sal

COBERTURA

1 pacote de palitos de chocolate

2 bananas cortadas

Nota: prepare a cobertura quando for servir a sobremesa.

MODO DE PREPARO

Quebre a barra de chocolate em pedaços e derreta, mas não ferva, em banho-maria, em um tigela adequada. Mantenha o chocolate derretido (não o deixe retornar ao estado sólido) enquanto estiver preparando os outros ingredientes. Adicione as gemas de ovos, uma de cada vez, batendo bem depois de cada adição. Mantenha a tigela da mistura de chocolate sobre o calor da água, se possível, para ajudar a prevenir a mistura de tornar-se muito grossa e dura. Adicione 3 colheres de sobremesa de água e bata até ficar macio. Em um recipiente separado, combine as claras de ovo e o sal; bata as claras até ficar em neve. Gradualmente, adicione o açúcar e bata até ficar dura. Coloque devegar esta mistura dentro da mistura de chocolate. O musse agora está completo, mas precisa ser resfriado por, no mínimo, 2h antes de servir. O musse pode ser colocado em copos ou potes, mas decore-o com os palitos de chocolate e as bananas cortadas apenas antes de servir.

Nota: Essa é uma rica sobremesa para aqueles que amam chocolate. Seu gosto não é prejudicado pelo fato dele não conter nenhum creme e, além disso, embora com baixo teor de gordura, tem menos gordura que a maioria dos musses feitos em casa. Sirva com os palitos e as bananas para aumentar a quantidade de carboidratos desta sobremesa.

PUDIM DE ARROZ COM AROMA DE AMÊNDOA

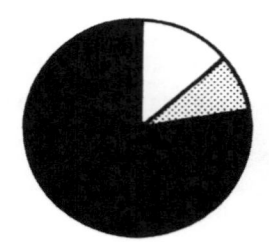

Proporção de energia
suprida

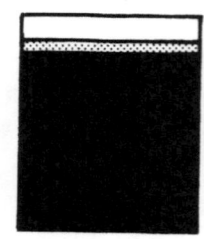

Proporção por peso

Número de porções: 2-3
Tempo de preparo: 5 minutos
Tempo de cozimento: 1,5-2 horas
Energia por porção: 970kJ
Energia de carboidratos: 768kJ

INGREDIENTES

60g de pudim de arroz (30g ou mais por pessoa)
600ml de leite semidesnatado (300ml por pessoa)
50g de açúcar cristal
1-2 colheres de chá de essência de amêndoa
1 colher de chá de essência de baunilha

MODO DE PREPARO

Misture todos os ingredientes em uma tigela transparente, que possa ser levada ao forno. Cubra e coloque em forno preaquecido (150°C) e cozinhe por 1,5 a 2h. Durante este tempo, o arroz absorverá a maioria do fluido; e então estará mais macio quando cozido. Esta sobremesa pode ser servida sozinha ou com frutas secas ou frescas.

Nota: amêndoas são, como outras sementes, ricas em gordura (aproximadamente, 80% do seu valor energético advêm da gordura). A essência de amêndoa é usada nesta receita para melhorar o sabor sem adicionar gordura.

TORTA DE LIMÃO COM QUEIJO

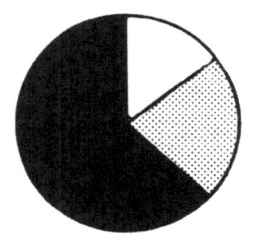

Proporção de energia
suprida

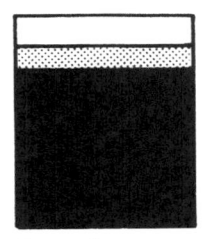

Proporção por peso

Número de porções: 4
Tempo de preparo: 20 a 30 minutos
Tempo de cozimento: 15 a 20 minutos
Energia por porção: 1170kJ
Energia de carboidratos: 740kJ

INGREDIENTES

175g de queijo coalho (10% de gordura)
65g de farinha de trigo
65g de margarina para cozinha *light*
52ml (3½ colheres de sobremesa) de leite semidesnatado
1 ovo batido
50g de açúcar cristal
½ limão (½ limão raspado mais suco de ½ limão)

DECORAÇÃO

50g de gelatina de limão ou fatias de doce de laranja e limão

MODO DE PREPARO

Coloque a farinha em uma tigela e misture com margarina até ficar semelhante a um pão fino. Misture com as duas colheres de sobremesa de leite para formar uma massa. Coloque a massa sobre uma superfície com farinha. Use esta massa para formar um anel de 18cm. Coloque a massa em um forno preaquecido a 200ºC por 15min. Enquanto a massa estiver cozinhando no forno bata o queijo coalho com 1,5 colher de mesa de leite e 1,5 colher de suco de limão (aproximadamente o suco de ½ limão). Raspe a casca do limão e bata junto.

Bata o ovo e o açúcar até engrossar e então, gradualmente, coloque esta mistura dentro da mistura de queijo, batendo aos poucos. Coloque dentro a massa cozida e asse a 190ºC por 20min.

Decore com doce de limão.

DOCE DELICIOSO DE CHOCOLATE

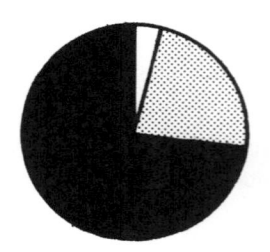

Proporção de energia
suprida

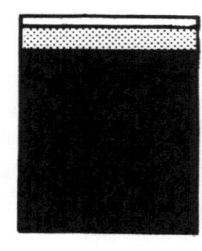

Proporção por peso

Número de porções: 16 ou 35 pedaços de doces
Tempo de preparo: 15 a 20 minutos
Tempo de cozimento: no mínimo, 2 horas,
mas de preferência passar a noite
Energia por porção:
Bolo: 972kJ
Doce: 445kJ
Energia de carboidratos:
Bolo 710kJ
Doce: 325kJ

INGREDIENTES

450g de açúcar mascavo claro ou escuro

150ml de leite semidesnatado

175g de chocolate crocante ralado

125g de aveia

125g de cereal de aveia crocante (ou musli)

125g de glacê de cereja cortadas

15g de margarina

1 colher de chá de essência de baunilha

MODO DE PREPARO

Coloque o leite, o açúcar marrom e a essência de baunilha dentro de uma grande panela de molho. Coloque esta mistura para cozinhar por 2min, ou até o açúcar dissolver, misturando continuamente. Uma vez que o açúcar foi dissolvido, remova a panela do fogo e coloque as raspas de chocolate.

Misture a aveia, o cereal de aveia crocante e as cerejas em uma tigela separada. Gradualmente, adicione este cereal à mistura doce de chocolate. Adicione cereal suficiente para deixar bem consistente. Misture bem.

Se fizer doces, pegue conchas da mistura e faça formatos de doces, em uma bandeja coberta com uma folha para forno ou papel para forno não furado. Coloque a bandeja, uma vez cheia com os doces, no refrigerador. Se fizer bolo com a mistura, coloque dentro um pote grande (ou 2 potes de 20cm), cubra com papel para forno não furado e coloque na geladeira.

A mistura fica melhor se deixada de um dia para o outro na geladeira. Quando prontos, os doces podem ser colocados em papel apropriado para doces. O flan, uma vez pronto, pode ser dividido, formando 16 fatias ou triângulos.

BOLO INTEGRAL DE BANANA

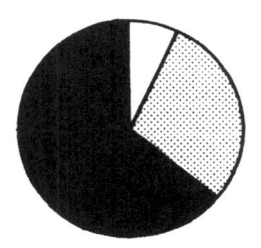

Proporção de energia
suprida

Proporção por peso

Número de porções: 10 a 12 pedaços
grandes
Tempo de preparo: 15 minutos
Tempo de cozimento: 40 a 50 minutos
Energia por porção: 1210kJ
Energia de carboidratos: 765kJ

INGREDIENTES

900g de bananas médias maduras (6-7), amassadas com um garfo

265g de farinha de trigo integral

125g de margarina para cozinha *light*

125g de açúcar cristal

2 ovos médios batidos

1 colher de chá de noz-moscada

MODO DE PREPARO

Misture a margarina com o açúcar até a mistura ficar cremosa. Coloque, então, os ovos batidos até misturar bem. Coloque as bananas amassadas e bata novamente até misturar. Coloque a farinha e a noz-moscada (trigo integral em farinha poderia ser peneirada, mas adicione a mistura). Uma vez colocado, ponha a mistura, com a ajuda de uma colher, em uma tigela com gordura de 22cm de diâmetro. Coloque esta tigela no forno preaquecido (180ºC) e cozinhe por 40 a 50min, até dourar e estar firme ao toque. Sirva quente ou frio, com creme de queijo adocicado.

BOLO RICO EM FRUTAS

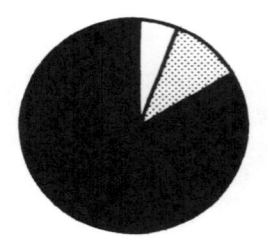

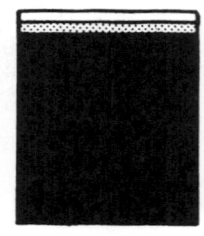

Número de porções: 20 ou mais pedaços. Este é um bolo grande!
Tempo de preparo: 30 minutos
Tempo de cozimento: 3 horas ou mais
Energia por porção: 1322kJ
Energia de carboidratos: 1108kJ

Proporção de energia suprida

Proporção por peso

INGREDIENTES

250g de damasco secos, picados e prontos para comer
250g de uvas passas pequenas
250g de uvas passas grandes
250g de cerejas em pedaços
250g de abacaxi cristalizado, cortado
500ml de suco de laranja ou abacaxi
100g de mel
90g de margarina para cozinha *light*
225g de farinha
225g de farinha integral
150ml de leite semidesnatado (opcional: uma colher de chá de essências)

MODO DE PREPARO

Coloque os damascos secos nos cantos e as cerejas no meio, dentro de uma forma. Adicione as uvas passas pequenas, as uvas passas grandes e o abacaxi cristalizado. Misture tudo e então coloque dentro de uma panela de molho com o mel a margarina e o suco de fruta. Aqueça a mistura até a margarina derreter. Deixe a mistura ferver. Então, reduza o fogo, cubra a panela e deixe por 5min. Coloque a mistura de volta na forma. Deixe a mistura esfriar em temperatura ambiente. Uma vez que a temperatura estiver fria o suficiente, adicione o leite, a farinha e a essência; faça isso em 30min. Coloque a mistura dentro de uma forma preparada (com 23cm de profundidade) e, então, asse em forno preaquecido (150ºC) por aproximadamente 3h. Deixe esfriar na forma.

Nota: se estocado em um local sem entrada de ar, este bolo poderá durar um mês. Ele pode ser feito em uma ocasião especial, sendo perfeito para aniversários ou mesmo natal. Ele pode ser decorado com marzipã e glacê; a única diferença para um bolo normal de natal, ou para outra ocasião especial, é a sua baixa quantidade de gordura. Então, você pode comê-lo sem ficar com o estômago e a consciência pesados! Este bolo tem a mais alta porcentagem energética de carboidrato de todas as receitas – tão alto quanto flocos de milho.

MANJAR DE CARDAMON

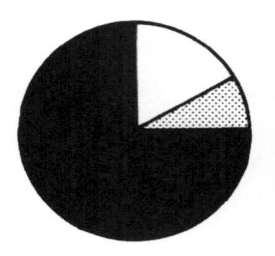

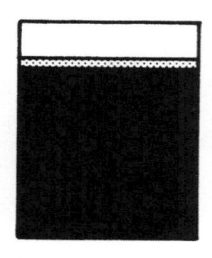

Número de porções: 2
Tempo de preparo e cozimento: 10 minutos
Energia por porção: 900kJ
Energia de carboidratos: 672kJ

Proporção de energia suprida

Proporção por peso

INGREDIENTES

25g de pó para manjar

500ml de leite desnatado

40g de açúcar cristal

10-15 sementes de cardamon ou em vagem, ou 1/8 de colher de chá de pó de cardamon

MODO DE PREPARO

Faça o manjar como é feito geralmente, mas adicione o pó de cardamon junto com o pó para manjar. Alternativamente, use sementes de cardamon ou vagem (envolvido, em musselina para fácil remoção antes de servir). Enquanto mistura e cozinha o manjar para servir, sinta as qualidades aromáticas e o sabor doce; quem sabe o manjar não pode ser exótico?

CEREAL (FLOCOS DE MILHOS OU ARROZ)

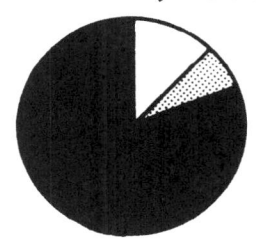

Número de porções: 1
Tempo de preparo: 2 minutos
Energia por porção: 2100kJ
Energia de carboidratos: 1700kJ

Proporção de energia
suprida

Proporção por peso

INGREDIENTES

100g de cereal (pode ser flocos de milho ou arroz)

200ml de leite semidesnatado (pode ser usado o leite desnatado – como no menu do dia

2 – para reduzir a quantidade de gordura)

15g de açúcar para polvilhar por cima

FRUTA ENLATADA COM IOGURTE (OU PUDIM DE ARROZ)

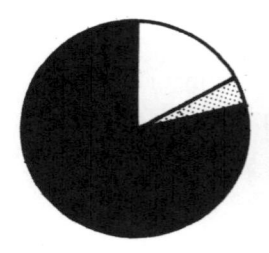

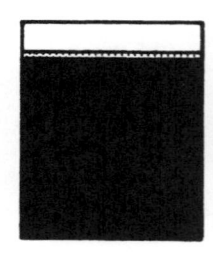

Número de porções: 1
Tempo de preparo: 3 minutos
Energia por porção: 1150kJ (a informação abaixo usa iogurte, e não pudim de arroz)
Energia de carboidratos: 1005kJ

Proporção de energia suprida

Proporção por peso

INGREDIENTES

200g (½ lata de pêssego em fatias em calda)
150g de iogurte de fruta adoçado com baixo teor de gordura

Nota: a fruta enlatada é uma maneira rápida de incluir açúcar simples extra (mais potássio) na dieta. Frutas enlatadas preservadas em calda contêm mais carboidratos (na forma de açúcares) do que o preservado em suco de fruta (aproximadamente 18g/100g comparado com 12g/100g para frutas em suco natural).

FEIJÕES COZIDOS

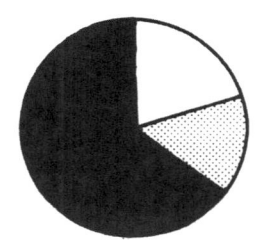

Proporção de energia
suprida

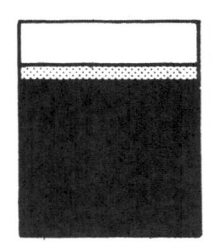

Proporção por peso

Número de porções: 1
Tempo de preparo: 5 minutos
Energia por porção: 1745kJ
Energia de carboidratos: 1130kJ

INGREDIENTES

220g (½ lata) de feijão cozido

2 fatias grossas de torrada integral (50g por fatia)

10g de margarina para espalhar *light*

MARS BAR[1]

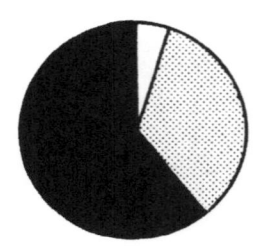

Proporção de energia suprida

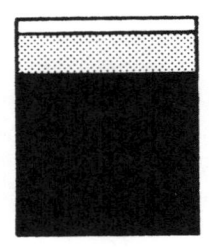

Proporção por peso

Número de porções: 1
Tempo de preparação: o tempo que demorar para a embalagem ser removida!
Energia por porção: 1830 kJ
Energia de carboidratos: 1115 kJ

INGREDIENTES

1 mars bar tamanho grande (100g)

Nota: a porcentagem de energia de gordura!

---

[1]Produto não fabricado no Brasil

COMPOSIÇÃO DAS RECEITAS

Os valores mais precisos de porcentagens por peso e energia para carboidratos, proteínas e gorduras das receitas dadas anteriormente.

RECEITA	% POR PESO			% POR ENERGIA		
	CARBOI-DRATO	PRO-TEÍNA	GOR-DURA	CARBOI-DRATO	PRO-TEÍNA	GOR-DURA
MARS BAR	75	6	19	61	5	34
BOLO DE BANANA	7	8	15	64	7	29
BOLO RICO EM FRUTAS	89	6	5	84	5	11
BOLO DE FEIJÃO E LINGÜIÇA	63	21	16	53	18	29
CEREAL	851	12	3	81	12	7
DOCE DELICIOSO DE CHOCOLATE	85	4	11	73	4	23
ESPAGUETE DE TRIGO COM MOLHO DE TOMATE	82	15	3	78	15	7
FEIJÕES COZIDOS	72	21	7	65	20	15
FRUTA ENLATADA COM IOGURTE	82	16	2	79	17	4
LASANHA DE FRUTOS DO MAR	56	31	13	47	27	26
MACARRÃO COM FRANGO COZIDO NA CAÇAROLA	57	38	5	51	37	12
MANJAR DE CARDAMON	79	17	4	75	17	8
MUSSE DE CHOCOLATE COM PALITOS DE CHOCOLATE	74	10	16	31	9	30
PUDIM DE ARROZ COM AROMA DE AMÊNDOAS	83	13	4	78	13	9
RISOTO DE MACKEREL	58	27	15	47	24	29
SOPA DE FEIJÃO E MACARRÃO	71	22	7	65	22	13
TAGLIATELLE DE ATUM	67	26	7	64	25	11
TORTA DE LIMÃO COM QUEIJO	73	16	11	63	14	23

CONSELHOS DE NOAKES SOBRE LESÕES E TÊNIS DE CORRIDA

A informação contida nesta seção foi resumida do livro *Lore of Running* (1992), de autoria do Dr. Tim Noakes.

LESÕES

Um importante tema de conversa quando os atletas se encontram são suas últimas lesões. Assim como outros aspectos esportivos, tanto informações errôneas quanto corretas são normalmente trocadas. Em uma abordagem de senso comum, informada em termos médicos, sobre as lesões esportivas, é difícil fazer melhor do que os conselhos do Dr. Tim Noakes – médico sul-africano, autor e corredor –, que reproduzimos com alguns de seus comentários.

- As lesões de corrida não são um ato de Deus. Elas resultam de interações infelizes entre o atleta e o ambiente, normalmente como resultado de um defeito bioquímico inerente ao atleta (isto é, uma perna mais curta que a outra).

- A maioria das lesões de corrida progride em quatro estágios:

1. A dor ocorre apenas depois, normalmente várias horas após o término do exercício.

2. Desconforto, mas não dor, ocorre durante o exercício, mas ela não é suficientemente severa para interferir no desempenho.

3. A dor é grande o suficiente para reduzir o treinamento e interferir no desempenho.

4. A dor é severa o bastante para evitar a corrida.

Exceto nos casos de fraturas por estresse e síndrome da fricção da banda iliotibial, um problema de estágio 1 não irá tornar-se subitamente um de estágio 4, mas o tratamento é necessário para prevenir a progressão pelos estágios.

- Parcialmente, todas as lesões de corrida são curáveis. A cura envolve, inicialmente, encontrar a causa, depois tratá-la. Algumas das causas comuns são as seguintes:

1. *Superfícies de corrida*. Superfícies duras podem causar lesão por impacto; o abaulamento da rua pode causar a pronação excessiva do pé na sua parte mais alta; superfícies cobertas com grama são

irregulares e podem causar lesões; correr em subidas alonga os músculos das panturrilhas e os tendões de Aquiles; correr em descidas pode causar dano aos músculos, devido à contração excêntrica (trabalhar os músculos enquanto eles são alongados); trabalhar na pista envolve correr em curvas, e isso faz que a perna de fora dê passos excessivamente largos.

2. *Calçados de treinamento*. Os problemas que podem surgir com os tênis estão discutidos em maiores detalhes abaixo. Os tênis devem ser substituídos quando gastos (o que pode ocorrer bem antes do calçado ter uma aparência de "velho").

3. *Treinamento*. Rapidíssimos, muito freqüentes e sem descanso suficiente explicam a maioria dos problemas de lesão.

• Raios-X e outras investigações sofisticadas raramente são necessárias para o diagnóstico das lesões de corrida. A maioria ocorre nos tecidos moles, de modo que os raios-X não forneçam informação útil. Os médicos esportivos devem utilizar suas mãos e obter um histórico detalhado para fazer um diagnóstico.

• O descanso raramente é o tratamento mais apropriado. O descanso pode ser a cura para os sintomas agudos de uma lesão de corrida, mas é a forma mais inaceitável de tratamento para o corredor sério. O repouso completo é necessário apenas nas lesões nas quais, de qualquer forma, a corrida é impossível (por exemplo, fratu-

ras por estresse). Na realidade, para muitas lesões, e para aumentar a força do tecido reparado, alguns exercícios são benéficos ao fornecerem um alinhamento adequado de fibras novas na área lesionada. A corrida deve ser permitida, mas apenas até o ponto onde surge o desconforto. Ela não deve ser continuada quando se torna dolorosa. O tratamento deve permitir gradualmente corridas mais longas e rápidas, antes que o desconforto ocorra. Se uma lesão não responder ao tratamento, uma investigação adicional deve ser realizada, uma vez que ela pode não estar relacionada à corrida.

• Nunca aceite como opinião final o conselho de uma pessoa que não corre (médico ou similar). Os corredores apreciam a importância da corrida para o indivíduo e, portanto, é pouco provável que lhe dêem o conselho "pare de correr!".

• Evite a cirurgia, se for possível. Ela é irreversível. Pode não ser a cura para a lesão, mas afetar seriamente o futuro do atleta. A cirurgia é adequada apenas para algumas lesões, e apenas quando essas tiverem alcançado os estágios 3 ou 4 (ver o segundo item).

• Não há evidência científica de que a corrida cause osteoartrites nos corredores cujas articulações eram normais quando começaram a correr.

Estas regras são apresentadas como um guia para a consideração de lesões se e

TABELA E.1 LESÕES DO PÉ		
PÉ RÍGIDO	PÉ NORMAL	PÉ COM MOBILIDADE EXCESSIVA
POSSÍVEIS PROBLEMAS	POSSÍVEIS PROBLEMAS	
FRATURAS POR ESTRESSE (DOR AGUDA NO ARCO, QUE PERSISTE APÓS EXERCÍCIO, EDEMA LEVE, SENSIBILIDADE)	TENDINITE NO TENDÃO DE AQUILES (DOR, INTUMESCIMENTO E DOR NO TENDÃO DE AQUILES – ESPECIALMENTE CORRENDO OU CAMINHANDO RÁPIDO)	
SÍNDROME DE FRICÇÃO DA BANDA ILIOTIBIAL (SENSIBLIDADE NO LADO EXTERNO DO JOELHO; A DOR PODE IRRADIAR PARA O LADO DE FORA DA COXA)	JOELHO DE CORREDOR (DOR ATRÁS OU AO REDOR DA CÁPSULA DO JOELHO)	
DOR MUSCULAR E ARTICULAR BEM DEFINIDAS, PARTICULARMENTE APÓS CORRIDAS LONGAS	*SHINSPLINTS* (DESCONFORTO SEVERO OU QUEIMAÇÃO DOLOROSA NA TIBIA OU PANTURRILHA)	

Dados de Noakes (1992).

quando elas surgirem. Entretanto, aconselhamos que, caso uma lesão ocorra, a ajuda e o conselho do técnico, fisioterapeuta ou outro corredor experiente devem ser procurados o mais rápido possível. Uma lista de algumas lesões comuns é fornecida na Tabela E.1.

O PÉ

A força de aterrissagem sobre o pé durante a corrida é enorme. Para compensar e distribuir parte desta força, o pé muda ligeiramente a sua estrutura. À medida que o calcanhar bate no chão, o arco torna-se plano para absorver alguma energia, e o pé, então, rola para dentro – um movimento conhecido como *pronação*. Este movimento para dentro destrava as articulações no tornozelo e meio do pé para absorver o choque. Para compensar, os joelhos fazem a rotação para fora. Para sair do chão, o pé faz a rotação para fora, chamada *supinação*, e ela trava as articulações do tornozelo e da parte média do pé, produzindo uma alavanca rígida para transmitir uma força poderosa (Figura E.1). Infelizmente, muitos corredores fazem a pronação em excesso. O pé faz a rotação muito para dentro e impõe pressão sobre o músculo e, particularmente, sobre as articulações e tendões da perna (parte inferior do membro inferior). Isso pode ser causado, ou piorado, por calçados ruins. Se o sapato estiver tão desgastado que incline para dentro, mesmo quando não está sendo utilizado, essa pode ser a causa da pronação excessiva e, portanto, da lesão. A pronação em excesso também pode ocorrer quando a mecânica do que parece ser um pé normal está, na realidade, ligeiramente anormal. Isso é simplesmente um defeito genético, com o qual o corredor tem de lidar por meio da utilização do calçado de corrida correto para este problema. Alternativamente, um pé rígido pode fazer a rotação para dentro, assim falhando em absorver a energia do impacto.

Uma dica para qualquer problema mecânico afetando os pés pode ser encontrada no padrão de desgaste de um tênis de corrida (Figura E.2). Se não há problema, o desgaste é maior na parte externa da cunha do calcanhar, sob o peito do pé e na frente da sola. A pronação excessiva aumenta o desgaste ao longo da borda interna e, contrariamente, a supinação excessiva, causa o desgaste ao longo da borda externa.

Outro teste pode ser realizado no banheiro. Ponha seu pé descalço e molhado sob um papel toalha seco (até jornal serve). Primeiro sentado e, após mover seu pé, levantado. Veja como a marca muda (Tabela E.1). Se a pegada fica mais estreita quando está de pé, você tem um pé rígido; se ela se torna mais larga, você tem um pé com mobilidade excessiva, ou chato.

- O *pé rígido* constitui uma alavanca firme, sendo o pé ideal para a corrida de velocidade, e não tão bom para o corredor de longa distância. Sem a pronação adequadamente controlada, o

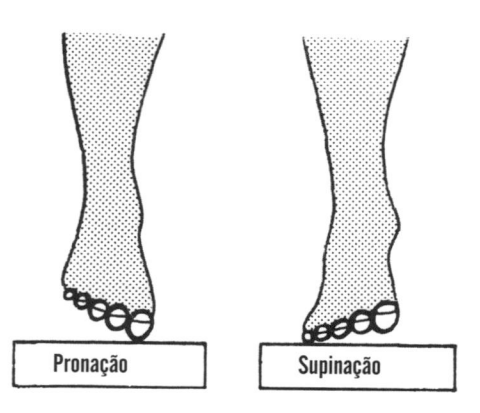

Figura E.1 – Rotações do pé direito. Tanto a supinação (durante a fase de decolagem) quanto pronação (durante a primeira parte da fase de batida) são movimentos normais. Apenas quando estes movimentos são excessivos é que ocorre a lesão.

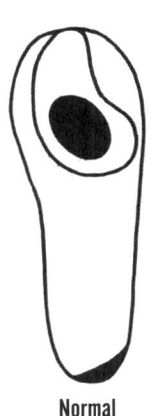  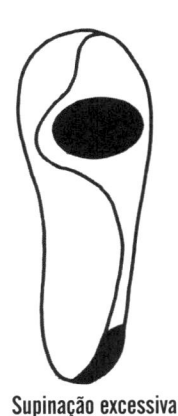

Figura E.2 – Uso do calçado de corrida (demonstrado a esquerda) para diferentes tipos de pé (Noakes, 1992).

Normal   Pronação excessiva   Supinação excessiva

choque não é absorvido, podendo ser transmitido para o joelho, que é incapaz de lidar com ele e, com o tempo, fica lesado.

- O *pé com mobilidade excessiva* absorve bem o impacto, mas é instável durante o impulso da próxima passada. Ele falha em fornecer uma alavanca firme o suficiente, de modo que a perna faz a rotação muito para dentro.

O TÊNIS DE CORRIDA

Uma vez que poucos corredores têm a mecânica do pé ideal, a escolha do calçado de corrida correto é vital para que a lesão seja minimizada. Os tênis de corrida projetados para a máxima absorção de impacto são necessários para os que possuem o pé rígido, enquanto que os calçados com maior controle de mobilidade beneficiam aqueles com pé com mobilidade excessiva. Infelizmente, alguns pés combinam elementos dos dois pontos fracos, e seus donos podem sofrer estresse excessivo, uma vez que nenhum calçado de corrida pode corrigir ambos os problemas ao mesmo tempo.

Os calçados, geralmente, são escolhidos por tentativa e erro; o corredor experimenta até encontrar um par que lhe cause menos lesões. Esse pode ser um processo custoso. A informação seguinte pode reduzir o custo.

Há, pelo menos, cinco aspectos importantes de um calçado de corrida:

- A parte externa da sola.
- Entressola.
- *Slip,* ou "parte sobrando".
- Contraforte.
- Tipo de arco de pé.

PARTE EXTERNA DA SOLA

Essa é a parte do calçado que fica em contato direto com o chão. Fique atento para o desgaste, especialmente na cunha externa do calcanhar.

MEIO DA SOLA

A parte do meio da sola é importante por três razões:

- Ela deve absorver o choque da aterrisagem.
- Deve resistir à pronação excessiva do tornozelo.
- Deve ser capaz de flexionar cerca de dois terços, a partir do calcanhar até a "retirada do dedo" na próxima batida.

Quanto mais flexível o meio da sola, maior é a sua capacidade de absorver a força de impacto. Isso pode ser testado ao se apertar o meio da sola com o dedo indicador e o polegar na loja de calçados. A rigidez do meio da sola pode variar na extensão do calçado, para fornecer propriedades de absorção de impacto no calcanhar; quanto maior a rigidez, mais controle para a pronação no restante do calçado. Os corredores com o pé rígido necessitam da parte do meio da sola macia, e aqueles com o pé com excesso de mobilidade precisam da mesma parte firme.

CABEDAL – *SLIP* OU *BOARD*

Se a porção superior do calçado está diretamente ligada ao meio da sola, temos um *slip lasting*. Se outro pedaço de material faz esta conexão, o calçado é *board lasted*. O último aumenta a capacidade do calçado em resistir à pronação. A *board* pode estender-se do calcanhar ao hálux, ou terminar próximo do peito do pé.

CONTRAFORTE

Essa é a parte do calçado que suporta o calcanhar. Para aqueles que fazem pronação em excesso, um contraforte firme é necessário. A firmeza pode ser avaliada simplesmente ao se apertar o calcanhar do calçado.

TIPO DE ARCO DE PÉ

Trace uma linha reta do meio do calcanhar até o meio do hálux. Se o calçado formar duas metades iguais (ou seja, for simétrico) ele é denominado normal. Se ele apresentar mais sola para dentro da linha, apropriado para aqueles que necessitam de controle da pronação.

Outros pontos que devem ser considerados ao se comprar um par de calçados incluem os seguintes:

- O calçado de corrida deve ser ligeiramente mais largo que o calçado normal, uma vez que o pé incha cerca da metade de seu tamanho durante ela. Deve ser deixado algum espaço entre o dedo mais longo e a parte final superior do calçado.
- Apesar disso, o calcanhar não deve escorregar do opositor do calcanhar durante a retirada dos dedos.
- O calçado de corrida deve ser confortável imediatamente ao ser calçado.
- A largura do calçado também é importante, devendo existir espaço disponível para mover os dedos para frente e sobre o arco do pé.

- Se o calçado de corrida for usado todos os dias, ele irá durar menos de 6 meses, e um corredor que corra pelo menos 100km por semana irá gastar um par em questão de semanas.

DROGAS A EVITAR

No esforço para controlar a utilização de drogas a fim de aumentar o desempenho, o Comitê Olímpico Internacional (COI) formulou uma lista de substâncias que, se encontradas na urina dos atletas, irá levá-los ao banimento das competições. Vários comitês internacionais e organismos que regulamentam os esportes utilizam a mesma lista. O problema é que a lista é muito longa, incluindo várias drogas que têm utilização legítima; algumas delas podem ser compradas até sem receita. Para o propósito do desporto de alto nível, a ofensa é ter a substância proibida na urina, indiferente dela ser proveniente de um remédio normalmente utilizado ou de outros meios. Isto é, não importa como ela entrou no organismo. Atletas, cuidado!

OS NOMES DAS DROGAS

Uma complicação adicional para os atletas é que drogas têm três nomes diferentes. O primeiro é o químico: preciso, mas raramente utilizado, devido ao seu tamanho. Por exemplo: o nome químico da aspirina é acetato de ácido acetilsalicílico. Aspirina é o seu nome genérico. Ela é comercializada com nomes como Aspro e Disprin, e combinada com outras drogas, como Codis, Alka-Seltzer, Solpadeine, entre outras. As drogas banidas são listadas com seu nome genérico. Portanto, é importante que os atletas leiam as bulas dos remédios que ingerem.

PONTOS IMPORTANTES

- A cafeína está na lista de substâncias proibidas. Porém, é permitida em níveis de concentração abaixo de $12\mu g/ml$ na urina. Este nível só será atingido se forem consumidos de seis a oito xícaras de café sem um intervalo de 2 a 3 horas antes do teste.
- A maior parte dos descongestionantes contém aminas simpatomiméticas, consideradas drogas estimulantes. Muitos remédios contêm descongestionantes.
- Chás de ervas, como *ma huang* e *ginseng*, contém efedrina, que é uma substância proibida.
- A codeína somente é permitida para uso médico.
- Injeções de cortico-esteróides nas articulações são permitidas, mas é necessário declaração por escrito, com todos os detalhes sobre a prescrição.

- Testes para beta-bloqueadores são utilizados em participantes de desportos como tiro com arco, tiro, biatlo, pentatlo moderno, *luge* (desporto em que o atleta desliza em uma espécie de trenó), esqui alpino e *bobsled* (modalidade em que uma pista deve ser coberta por uma equipe de dois ou quatro atletas em um trenó, no menor tempo possível).
- Todos os beta-2 – agonistas são proibidos, exceto o salbutamol e a terbutalina, administrados por inalação, cuja utilização deve ser notificada por escrito pelo médico à comissão médica do COI.

Nota: as drogas da lista a seguir são exemplos de drogas proibidas. A lista não é completa. Em alguns casos, a mesma droga é listada sob diferentes nomes. Novas drogas e formulações continuam a aparecer no mercado, e o COI tem banido classes inteiras delas para prevenir a utilização de pequenas modificações químicas que visem a burlar os regulamentos. Para cada classe de drogas listada, a comissão utiliza a frase "e substâncias relacionadas" para incluir as que estejam relacionadas pela estrutura química ou ação farmacológica.

Quando um atleta ingerir qualquer medicação no dia anterior à competição, deve procurar aconselhamento médico sobre a aceitabilidade do remédio pela federação esportiva organizadora.

LISTA DE SUBSTÂNCIAS BANIDAS

DROGA	TIPO	DROGA	TIPO
ACEBUTOLOL	BB	HORMÔNIO DO CRESCIMENTO	HP
ACETAZOLAMIDA	DT	HEROÍNA	NA
ALFAPRODINA	NA	HIDROCLOROTIAZIDA	DT
ALPRENOLOL	BB	LABETALOL	BB
AMFEPRAMONA	ES	LEVORFANOL	NA
ANFETAMINA	ES	MEFENOREX	ES
ANFETAMINIL	ES	MERSALIL	DT
AMINEPTINA	ES	MESOCARBE	ES
AMIFENAZOL	ES	MESTEROLONA	AA
ANILERIDINA	NA	METANDIENONA	AA
ATENOLOL	BB	METENOLONA	AA
BENDROFLUMETIAZIDA	DT	METANDIENONA	NA
BENZFETAMINA	ES	METANFETAMINA	AA
BENZITIAZIDA	DT	METOXIFENAMINA	ES
BOLASTERONA	AA	METILEFEDRINA	ES
BOLDERONA	AA	METILFENIDATO	ES
BUMETANIDA	DT	METILTESTOSTERONA	AA
BUPRENORFINA	NA	METOPROLOL	BB
CAFEÍNA	ES	MORAZONA	ES
CANRENONA	DT	MORFINA	NA
CATINA	ES	NADOLOL	BB

DEHIDROCLORMETILTESTOSTERONA	AA	NALBUFINA	NA
CLORMERODRINA	DT	NANDROLONA	AA
CLORFENTERMINA	ES	NIQUETAMIDA	ES
CLORTALIDONA	DT	NORETANDROLONA	AA
GONADROTOFINA CORIÔNICA	HP	NOREPSEUDOEFEDRINA	ES
CLEMBUTEROL	AA	OXANDROLONA	AA
CLOBENZOREX	ES	OXPRENOLOL	BB
CLORPRENALINA	ES	OXIMESTERONA	AA
CLOSTEBOL	AA	OXIMETOLONA	AA
COCAÍNA	ES	PEMOLINA	ES
CORTICOTROFINA	HP	PENTAZOCINA	NA
CROPROPAMIDA	ES	PENTETRAZOL	ES
CROTETAMIDA	ES	PETIDINA	NA
DEXTROMORAMIDE	NA	PIPRADROL	ES
DIAMORFINA	NA	PROLINTANO	ES
DICLOFENAMIDA	DT	PROPANOLOL	BB
DIETILPROPIONA	ES	PROPILHEXEDRINA	ES
DIHIDROCODEINA	NA	PSEUDOEFEDRINA	ES
DIMETANFETAMINA	ES	PIROVALERONA	ES
DIPIPANONA	NA	SOMATOTROPINA	HP
EFEDRINA	ES	SOTALOL	BB
EPITESTOSTERONA	AA	TESTOSTERONA	AA
ERITROPOIETINA	HP	TRIAMTERENA	DT
ÁCIDO ETACRÍNICO	DT	TRIMEPERIDINA	NA
ETAFEDRINA	ES	ESPIRONOLACTONA	DT
ETAMIVAN	ES	ESTANOZOLOL	AA
ETOHEPTAZINA	NA	ESTRIQUININA	ES
ETILMORFINA	NA	FURFENOREX	ES
ETILANFETAMINA	ES	FENAZOCINA	NA
FENCANFAMINA	ES	FENDIMETRAZINA	ES
FENETILINA	ES	FENMETRAZINA	ES
FENPROPOREX	ES	FENTERMINA	ES
FLUXIMESTERONA	AA	FENILPROPANOLAMINA	ES
FUROSEMIDA	DT		

Legendas: AA – Agente anabólico; BB – Beta-bloqueadores; DT – Diuréticos; NA – Narcóticos analgésicos; HP – Hormônio peptídeo; ES – Estimulantes.

R
RECORDES

RECORDES MUNDIAIS

MASCULINO			
100m	9.77	ASAFA POWELL	2005
200m	19.32	MICHAEL JOHNSON	1996
400m	43.18	MICHAEL JOHNSON	1999
800m	1:41.11	WILSON KIPKETER	1997
1500m	3:26.00	HICHAM EL GUERROUJ	1998
MILHA	3:43.13	HICHAM EL GUERROUJ	1999
3000m	7:20.67	DANIEL KOMEN	1996
5000m	12:37.35	KENENISA BEKELE	2004
10000m	26:20.31	KENENISA BEKELE	2004
3000m S/ OBST.	7:53.63	SAIF SAAEED SHAHEEN	2004
MARATONA	2:04:55	PAUL TERGAT	2003
110m S/ BARREIRAS	12.91	COLIN JACKSON	1993
400m S/ BARREIRAS	46.78	KEVIN YOUNG	1992

FEMININO			
100 M	10.49	FLORENCE GRIFFITH-JOYNER	1988
200 M	21.34	FLORENCE GRIFFITH-JOYNER	1988
400 M	47.60	MARITA KOCH	1985
800 M	1:53.28	JARMILA KRATOCHVÍLOVÁ	1983
1500 M	3:50.46	YUNXIA QU	1993
MILHA	4:12.56	SVETLANA MASTERKOVA	1996
3000 M	8:06.11	JUNXIA WANG	1993
5000 M	14:24.68	ELVAN ABEYLEGESSE	2004
10000 M	29:31.78	JUNXIA WANG	1993
3000 M S/ OBST.	9:01.59	GULNARA SAMITOVA	2004
MARATONA	2:15:25	PAULA RADCLIFFE	2003
110 M S/ BARREIRAS	12.21	YORDANKA DONKOVA	1988
400 M S/ BARREIRAS	52.34	YULIYA PECHONKINA	2003

RECORDES NACIONAIS
INGLATERRA

MASCULINO

100m	9.87	LINFORD CHRISTIE	1993
200m	19.87	JOHN REGIS	1994
400m	44.36	IWAN THOMAS	1997
800m	1:41.73	SEBASTIAN COE	1981
1500m	3:29.67	STEVE CRAM	1985
MILHA	3:46.32	STEVE CRAM	1985
3000m	7:32.79	DAVE MOORCROFT	1982
5000m	13:00.41	DAVE MOORCROFT	1982
10000m	27:18.14	JON BROWN	1998
3000m S/ OBST.	2:07:13	STEVE JONES	1985
MARATONA	8:07.96	MARK ROWLAND	1988
110m S/ BARREIRAS	12.91	COLIN JACKSON	1993
400m S/ BARREIRAS	47.82	KRISS AKABUSI	1992
4X100m	37.73	EQUIPE NACIONAL INGLATERRA	1999
4X400m	2:56.60	EQUIPE NACIONAL INGLATERRA	1996

FEMININO

100m	11.10	KATHY SMALLWOOD/COOK	1981
200m	22.10	KATHY COOK (ENG)	1984
400m	49.43	KATHY COOK (ENG)	1984
800m	1:56.21	KELLY HOLMES (ENG)	1995
1500m	3:57.90	KELLY HOLMES(ENG)	2004
MILHA	8:22.20	PAULA RADCLIFFE (ENG)	2002
3000m	14:29.11	PAULA RADCLIFFE (ENG)	2004
5000m	30:01.09	PAULA RADCLIFFE (ENG)	2002
10000m	2:15:25	PAULA RADCLIFFE (ENG)	2003
3000m S/ OBST.	9:52.71	TARA KRZYWICKI (ENG)	2001
MARATONA	12.80	ANGIE THORP (ENG)	1996
110m S/ BARREIRAS	52.74	SALLY GUNNELL (ENG)	1993
400m S/ BARREIRAS	42.43	GREAT BRITAIN & N.I	1980
4X100m	3:22.01	GREAT BRITAIN & N.I	1991

RECORDES NACIONAIS ESTADOS UNIDOS DA AMÉRICA

MASCULINO			
100m	9.78	TIM MONTGOMERY	2002
200m	19.32	MICHAEL JOHNSON	1996
400m	43.18	MICHAEL JOHNSON	1999
800m	1:42.60	JOHNNY GRAY	1985
1500m	3:29.77	SYDNEY MAREE	1985
MILHAM	3:47.69	STEVE SCOTT	1982
3000m S/ OBSTÁCULOS	8:09.17	HENRY MARSH	1985
3000m	7:30.84	BOB KENNEDY	1998
5000m	12:58.21	BOB KENNEDY	1996
10,000m	27:13.98	MEB KEFLEZIGHI	2001
110m S/ BARREIRA	12.92	ROGER KINGDOM	1889
110m S/ BARREIRA	12.92	ALLEN JOHNSON	1996
400m S/ BARREIRA	46.78	KEVIN YOUNG	1992
MARATHON	2:05:38	KHALID KHANNOUCHI	2002
4X100m	37.40	EQUIPE USA	1992
4X400m	2:54.20	EQUIPE USA	1998

FEMININO			
100m	10.49	FLORENCE GRIFFITH JOYNER	1988
200m	21.34	FLORENCE GRIFFITH JOYNER	1988
400m	48.83	VALERIE BRISCO	1984
800m	1:56.40	JEARL MILES CLARK	1999
1500m	3:57.12	MARY SLANEY	1983
MILE	4:16.71	MARY SLANEY	1985
STEEPLECHASE	9:41.94	ELIZABETH JACKSON	2001
3000m	8:25.83	MARY SLANEY	1985
5000m	14:45.35	REGINA JACOBS	2000
10,000m	31:19.89	LYNN JENNINGS	1992
100h	12.33	GAIL DEVERS	2000
400h	52.61	KIM BATTEN	1995
MARATHON	2:21:21	JOAN SAMUELSON	1985
4X100m	41.47	EQUIPE USA	1997
4X400m	3:15.51	EQUIPE USA	1988

RB
REFERÊNCIAS BIBLIOGRÁFICAS

PARTE I

CAPÍTULO 1

Finley, M. I. and Pleket, H. W. (1976). *The Olympic Games: The First 1000 Years.* Chatto & Windus, London.

Gardiner, E. (1930). *Athletics in the Ancient World.* Oxford University Press, Oxford.

Harris, A. (1972). *Sport in Greece and Rome.* Thames & Hudson, London.

Murrell, J. *(1975). Athletics, Sports and Games.* George, Allen & Unwin, London.

Noel-Baker, P. *(1978).* In *Physical Activity and Human Well-Being: The International Congress of Physical Activity Sciences* (eds Landry, F. and Orban, W. A. R.) Symposia Specialists Inc., Miami, Florida.

CAPÍTULO 2

Alexander, R. McN. *(1992). The Human Machine.* Natural History Museum Publications, London.

Costill, D. L., Daniels, J., Evans, W. et al. (1976). Skeletal muscle enzymes and fiber composition in male and female track atheles. *J. Appl. Physiol.*, 40, 149-154.

Eddington, D. W. and Edgerton, V. R. *(1976). The Biology of Physical Activity.* Houghton-Mifflin, Boston, MA.

Edgerton, V. R., Roy, R. R., Gregor, R. J. et al. (1986). Morphological basis of skeletal muscle power output. In: *Human Muscle Power,* pp.43-64 (eds. Jones, N. L., McCartney, N. and McComas, A. J.). Human Kinetic Publishers, Champaign, IL.

Goldspink, G. (1977). Design of muscles in relation ta locomotion. In: *Mechanics and Energetics of Animal Locomotion*, pp.1-22 (eds. Alexander, R. McN. and Goldspink, G.). Chapman & Hall, London.

Janson, E., Sjodin, B. and Tesch, P. (1978). Changes in muscle fibre type distribution in man after Physical Training. *Acta Physiol. Scand.*, 104, 235-237.

Komi, P. V. (1986). The stretch-shortening cycle and human power output. In: *Human Muscle Power*, pp.27-39 (eds. Jones, N. L., McCartney, N. and McComas, A. J.). Human Kinetic Publishers, Champaign, IL.

Merton, P. A. (1972). How we control the contraction of our muscles. *Sci. Am., 226, No. 5, 30-37.*

Saltin, B., Henriksson, J., Nygaard, E. et al., (1977). Fibre types and metabolic potentials of skeletal muscles in sedentary man and endurance runners. *Ann. NY Acad. Sci.,* 301, 3-29.

Thorne, C. J. R. (1989). Trinity Great Court Run: the facts. *Trackstats, 27,* 12-22.

White, D. C. S. (1977). Muscle mechanics. In: *Mechanics and Energetics of Animal Locomotion,* pp.23-56 (eds. Alexander, R. McN. and Goldspink, G.). Chapman & Hall, London.

Wilkie, D. R. (1976). *Muscle.* Edward Arnold, London.

CAPÍTULO 3

Alexander, R. McN. *(1977).* Terrestrial locomotion. In: *Mechanics and Energetics of Animal Locomotion,* pp.118-203 (eds. Alexander, R. McN. and Goldspink, G.J.). Chapman & Hall, London.

Alexander, R. McN. (1988). *Elastic Mechanisms in Animal Movement.* Cambridge University Press, Cambridge.

Alexander, R. McN. and Ker, R. F. (1990). Running is priced by the step. *Nature, 346,* 220-221.

Alexander, R. McN. (1992). *The Human Machine.* Natural History Museum Publications, London.

Durnin, J. G. V. A. and Passmore, R. (1967). *Energy, Work and Leisure.* Heinemann, London.

Ekblom, B. (1992). Energy expenditure during exercise. In: *Obesity,* p.136-44 (Eds. Bjorntorp, P.; Brodoff, B. N.) Lippincott, Philadelphia.

Gleim, G. W., Stacherfeld, N. S. and Nicholas, J. A. (1990). The influence of flexibility on the economy of walking and jogging. *J. Orthop. Res., 8,* 814-823.

Goldspink, G. (1977). Energy cost of locomotion. In: *Mechanics and Energetics of Animal Locomotion,* pp.153-167 (eds. Alexander, R. McN. and Goldspink, G. J.). Chapman & Hall, London.

Kram, R. and Taylor, C. R. (1990). Energetics of running: a new perspective. *Nature, 346,* 265-267.

Margaria, R. (1976). *Biomechanics and Energetics of Muscular Exercise.* Clarendon Press, Oxford.

Newsholme, E. A. and Leech, A. R. (1983). *Biochemistry for the Medical Sciences.* Wiley, Chichester.

CAPÍTULO 4

Blomstrand, E., Ekblom, B. and Newsholme, E. A. (1986). Maximum activities of key glycolytic and oxidative enzymes in human muscle form differently trained individuals. *J. Physiol. (Lond.), 381,* 111-118.

Costill, D. L. and Fox, E. L. (1969). Energetics of marathon running. *Med. Sci. Sports Exerc., 1,* 81-86.

Costill, D. L., Coyle, E., Dalsky, G. et al. (1977). Effects of elevated plasma FFA and insulin on muscle glycogen usage during exercise. J. *Appl. Physiol., 43,* 695-699.

Henricksson, J. (1992). Metabolism in the contracting skeletal muscle. In *Endurance in Sport,* pp.226-243 (eds. Shephard, R.

J. and Astrand, P. -O.). Blackwell Scientific Publications, Oxford.

Henricksson, J. (1992). Cellular metabolism and endurance. In: *Endurance in Sport*, pp. 46-60 (eds. Shephard, R. J. and Astrand, P. -O. Blackwell Scientific Publications, Oxford.

Hultman, E., Greenhaff, P. L., Ren, J. M. et al. (1991). Energy metabolism and fatigue during intense muscle contraction. *Biochem. Soc. Trans., 19*, 347-353.

Hultman, E. and Greenhaff, P. L. (1992). Food stores and energy reserves. In: *Endurance in Sport*, pp.127-138 (eds. Shephard, R. J. and Astrand, P. O.). Blackwell Scientific Publications, Oxford.

Newsholme, E. A., Blomstrand, E. and Ekblom, B. (1992). Physical and mental fatigue: metabolic mechanisms and importance of plasma amino acids. *Br. Med. Bull., 48*, 477-495.

Wilmore, J. H. (1992). Body composition and body energy stores. In: *Endurance in Sport*, pp.244-255 (eds. Shephard, R. J. and Astrand, P. O.). Blackwell Scientific Publications, Oxford.

CAPÍTULO 5

Bangsbo, J., Gollnick, P. D., Graham, T. E. et al. (1990). Anerobic energy production and O_2 defict-debit relationship during exhaustive exercise in humans. *J. Physiol. (Lond.), 422*, 539-559.

Davies, C. T. M. e Thompson, M. W. (1979). Aerobic performance of female marathon and male ultramarathon athletes. *Eur. J. Appl. Physiol., 41*, 233-245.

Hultman, E. and Greenhaff, P. L. (1992). Food stores and energy reserves. In: *Endurance in Sport,* pp.127-138 (eds. Shephard, R. J. and Astrand, P. -O.). Blackwell Scientific Publications, Oxford.

Maehlum, S., Grandmontagne, M., Newsholme, E. A. et al. (1986). Magnitude and duration of excess postexercise oxygen consumption in healthy young subjects. *Metabolism, 35*, 425-429.

Newsholme, E. A., Blomstrand, E. and Ekblom, B. (1992). Physical and mental fatigue: metabolic mechanisms and importance of plasma amino acids. *Br. Med. Bull., 48*, 477-495.

Noakes, T. (1992). *Lore of Running*. Oxford University Press, Cape Rown.

CAPÍTULO 6

Asmussen, E. (1979). Muscle fatigue. *Med. Sci. Sports Exerc., 11*, 313-321. Edwards, R. H. T. (1981). Human muscle function and fatigue. *Ciba Found. Symp., 82*, 1-18.

Hermansen, L., Hultman, E. and Saltin, B. (1967). Muscle glycogen during prolonged severe exercise. *Acta Physiol. Scand., 71*, 129-139.

Hermansen, L. (1981). Effect of metabolic changes on force generation in skeletal muscle during maximal exercise. *Ciba Found. Symp., 82,* 75-88. Hultman, E. and Sjoholm, H. (1986). Biochemical causes of fatigue. In: *Human Muscle Power,* pp.215-238 (eds. Jones, N. L., McCartney, N. and McComas, A. J.). Human Kinetic Publishers, Champaign, IL.

Hultman, E. and Spriet, L. L. (1986). Skeletal muscle metabolism, contraction force and glycogen utilization during prolonged electrical stimulation in humans. *J. Physiol. (Lond.)*, *374*, 493-501.

Newsholme, E. A., Blomstrand, E. and Ekblom, B. (1992). Physical and mental fatigue: metabolic mechanisms and importance of plasma amino acids. *Br. Med. Bull.*, *48*, 477-495.

CAPÍTULO 7

Blix, A. S. (1976). Metabolic consequences of submersion asphyxia in mammals and birds. *Biochem. Soc. Symp.*, *41*, 169-178.

Costill, D. L. (1979). *A Scientific Approach to Distance Running.* Track & Field News, Los Altos, CA.

Green, S. and Dawson, B. (1993). Measurement of anaerobic capacities in humans: definitions, limitations and unsolved problems. *Sports Med.*, *15,* 312-327.

Karvonen, J. and Vuorimaa, T. (1988). Heart rate and exercise intensity during sports activities: practical application. *Sports Med.*, *5,* 303-311.

McArdle, W. D., Katch, F. I. e Katch, V. L. (1991) *Exercise Physiology: energy, nutrition and human performance.* Lea e Febiger, Philadelphia/London.

Sjodin, B. and Svedenhag, J. (1985). Applied physiology of marathon running. *Sports Med.*, *2*, 83-99.

Wagner, P. D. (1991). Central and peripheral aspects of oxygen transport and adaptations with exercise. *Sports Med., 11*, 133-142.

CAPÍTULO 8

American College of Obstetricians and Gynecologists (1985). Women and Exercise. *ACOG Tech. Bull., 87*, 1-5.

Artal, R. and Wiswell, R. A. (1985). *Exercise in Pregnancy.* Williams & Wilkins, Baltimore.

Constantine, N. W. and Warren, M. P. (1994). Physical activity, fitness and reproductive health in women: clinical observations. In: *Physical Activity, Fitness and Health. International Proceedings and Consensus Statement,* pp.955-966. (eds. Bouchard, C., Shepherd, R. J., Stephens, T.). Human Kinetics Publishers, Champaign, II., U.S.A.

Cummings, D. C. (1988). Reproduction: exercise-related adaptations and the health of women and men. In: *Exercise, Fitness and Health,* pp.677-685 (eds. Bouchard, C., Shephard, R. J., Stephens, T., Sutton, J. R. and McPherson, B. D.). Human Kinetic Publishers, Champaign, IL.

De Souza, M. J., Maguire, M. S., Rubin, K. R. et al. (1990). Effects of menstrual phase and amenorrhoea on exercise performance in runners. *Med. Sci. Sports Exerc., 22*, 575-580.

Fox, J. C. (1990). The fairer sex: how fair the test? *Sports Med. Soft Tissue Trauma, 2*, 5-6.

Keizer, H. A. (1986). Exercise and training-induced menstrual cycle irregularities. *Int. J. Sports Med.,* 7, 38-44.

Kuscsik, N. (1977). The history of women's participation in the marathon. *Ann. NY Acad. Sci., 301*, 862-876.

Loucks, A. B. Physical activity, fitness and female reproductive morbidity (1994). In: *Physical Activity, Fitness and Health. International Proceedings and Consensus Statement,* pp.943-954. (eds. Bouchard, C., Shepherd, R. J., Stephens, T.) Human Kinetics Publishers, Champaign, Il., U.S.A. McKenzie, D. C. (1992). Pregnant women and endurance exercise. In: *Endurance in Sport,* pp. 385-389 (eds. Shephard, R. J. and Astrand, P.-O.). Blackwell Scientific Publications, Oxford.

Moller-Nielson, M. and Hammar, M. (1991). Sports injuries and oral contraceptive use: is there a relationship? *Sports Med., 12,* 152-160.

Prior, J. C. (1988). Reproduction: exercise-related adaptions and the health of women and men. In *Exercise, Fitness and Health,* pp.661-676. (eds. Bouchard, C., Shephard, R. J., Stephens, T., Sutton, J. C. and McPherson, B. D.). Human Kinetic Publishers, Champaign, IL.

Vines, G. *(1992).* Last Olympics for the sex test? *New Scientist, 135,* 39-42. Wardle, M. G., Gloss, M. R. and Gloss, D. S. (1987). Response differences. In: *Sex Differences in Human Performance* (ed. Baker, M. A.). Wiley, Chichester.

Warren, M. P., Brooks-Gunn, J., Hamilton, L. H. et al. (1986). Scoliosis and fractures in young ballet dancers. *N. Engl. J. Med., 314,* 1348-1353.

Wells, C. L. (1980). The female athlete: myths and superstitions put to rest. In: *Toward an Understanding of Human Performance: Readings in Exercise Physiology for the Coaclx and Athlete,* pp.141-1476 (ed Burke, E. J.). Movement Publications, New York.

Whipp, B. J. and Ward, S. A. (1992). Will women soon outrun men? *Nature, 355,* 25.

Williford, H. N., Scharff-Olson, M. and Blessing, D. L. (1993). Exercise prescription for women. *Sports Med., 15,* 299-311.

Wilmore, J. H., Brown, C. H. and Davis, J. A. (1977). Body physique and composition of the female distance runner. *Ann. NY Acad. Sci., 301,* 764-776.

Wolfe, L. A., Hall, P., Webb, K. A. et al. (1989). Prescription of aerobic exercise during pregnancy. *Sports Med., 8,* 273-301.

CAPÍTULO 9

Ainsworth, B. E., Montoye, H. J. and Leon, A. S. (1994). Methods of assessing physical activity during leisure and work. In: *Physical Actiuity, Fitness and Health.* International Proceedings and Consensus Statement, pp. 146-159. (eds. Bouchard, C., Shephard, R. J., Stephens, T.). Human Kinetics Publishers, Champaign, Il., U.S.A.

Anderson, P. (1975). Capillary density in skeletal muscle of man. *Acta Physiol. Scand., 95*, 203-205.

Astrand, P. O. (1992). Endurance in sports, Vol. II. *Encyclopaedia of Sports Medicine,* pp.8-15 (eds. Shephard, R. J. e Astrand, P. -O.). Blackwell Scientific Publications, Oxford.

Brodal, P., Ingier, F. and Hermansen, L. (1977). Suprimento capilar das fibras musculares esqueléticas em homens não treinados e treinados em *endurance. Am. J. Physiol., 232*, H705-H712.

Dal-Monte, A. and Lupo, S. (1989). Specific ergometry in the functional assessment of top class sportsman. *J. Sports Med. Phys. Fitness, 29, 4-8.*

Lucas, J. (1977). A brief history of modern trends in marathon training. *Ann. NY Acad. Sci., 301*, 858-861.

Lydiard, A. *(1978). Run the Lydiard Way.* Hodder, London.

Henriksson, J.; Chi, M. M.; Hintz, C. S. et al. (1986). Chronic stimulation of mammalian muscle: changes in enzimes of six metabolic pathways. *Am. J. Physiol., 251*, C614-632.

Salmons, S. and Jarvis, J. C. (1990). The working capacity of skeletal muscle transformed for use in a cardiac assisted role. In: *Tranformed Muscle for Cardiac Assistant Repair*, pp.89-104 (eds. Chin, R. C-J and Bourgeois, L) Futura, Mount Kisno, NY.

Sargeant, A. J., Davies, C. T. M., Edwards, R. H. T. et al. (1977). Functional and structural changes after disuse of human muscle. *Clin. Sci. Mol. Med., 52*, 337-342.

Sharp, C. (1988). Fitness and its measurement. *The Practitioner, 232*, 974-976.

Shephard, R. J. (1978). *The Fit Athlete.* Oxford University Press, Oxford.

Spurway, N. C. (1992). Aerobic exercise, anaerobic exercise and the lactate threshold. *Br. Med. Bull., 48*, 569-591.

Viru, A. The mechanism of training effects: a hypothesis (1984). *Int. J. Sports Med., 5*, 219-227.

CAPÍTULO 10

Bannister, R. G. (1955). *The First Four Minutes.* Putnam, London.

Bannister, R. G. (1956). Muscular Effort. *Br. Med. Bull., 12*, 222-225.

Blomstrand, E., Hassmen, P. and Newsholme, E. A. (1991). Effect of branched chain amino acid supplementation on mental performance. *Acta Physiol. Scand., 143*, 225-226.

Hardy, L. (1990). A catastrophe model of performance in sport. In: *Stress and Performance in Sport,* pp.81-106 (ed. Jones, J. G. and Hardy, L.). Wiley, Chichester.

Hardy, L. and Parfitt, G. (1991). A catastrophe model of anxiety and performance. *Br. J. Psychol., 82*, 163-178.

Johnson, R. W. and Morgan, W. P. (1981). Personality characteristics of college athletes in different sports. *Scand. J. Sports. Sci., 3*, 41-49.

Jones, J. G. and Hardy, L. (1990). The academic study of stress in sport. In: *Stress and*

Performance in Sport, pp.3-16 (ed. Jones, J. G. and Hardy, L.). Wiley, Chichester.

Koltyn, K. F., O'Connor, P. J. and Morgan, W. P. (1991). Perception of effort in female and male competitive swimmers. *Int. J. Sports Med., 12*, 427-429.

Martens, R., Burton, D. and Vealey, R. (1990). *Competitive Anxiety in Sport.* Champaign, IL: Human Kinetics.

Miller, T. W., Vaughn, M. P. and Miller, J. M. (1990). Clinical issues and treatment strategies in stress-oriented athletes. *Sports Med., 9*, 370-379.

Morgan, W. P. (1980). Test of the champions: the iceberg profile. *Psychol. Today,* July, 92-108.

Morgan, W. P., Brown, D. R., Raglin, J. *S.* et al. (1987). Psychological monitoring of overtraining and staleness. *Br. J. Sports Med., 21*, 107-114.

Morgan, W. P., O'Connor, P. J., Sparling, P. B. et al. (1987). Psychological characterization of the elite female distance runner. *Int. J. Sports Med., 8*, 124-131.

Morgan, W. P., Costill, D. L., Flynn, M. G. et al. (1988). Mood disturbance following increased training in swimmers. *Med. Sci. Sports Exerc., 20*, 408-414.

Morgan, W. P., O'Connor, P. J., Ellickson, K. A. et al. (1988). Personality structure, mood states and performance in elite male distance runners. *Int. J. Sport Psychol., 19*, 247-263.

Morgan, W. P. (1992). Monitoring and prevention of the staleness syndrome. *Second IOC World Congress on Sport Sciences,* pp.19-23. COOB, Barcelona.

Neiss, R. (1988). Reconceptualizing arousal: psychobiological states in motor performance. *Psychotogical Bulletin, 103*, 345-366.

Newsholme, E. A., Blomstrand, E., Hassmen, P. et al. (1991). Physical and mental fatigue: do changes in plasma amino acids play a role? *Biochem. Soc. Trans.,* 19, 358-362.

Nideffer, R. M. (1985). *An Athlete's Guide to Mental Training.* Human Kinetic Publishers, Champaign, IL.

Nideffer, R. M. (1992). Preparation of individual athletes for Olympic competition. *Second IOC World Congress on Sport Sciences,* pp. 62-67. COOB, Barcelona.

Noakes, T. (1992). *Lore of Running* 2nd edit. Oxford University Press, Cape Town.

O'Connor, P. J., Morgan, W. P. and Raglin, J. S. (1991). Psychobiologic effects of increased training in female and male swimmers. *Med. Sci. Sports Exerc., 23*, 1055-1061.

O'Connor, P. J., Morgan, W. P., Koltyn, K. F. et al. (1991). Air travel across four time zones in college swimmers. *Am. Physiol. Soc., 70*, 756-763.

Raglin, J. S., Morgan, W. P. and Luchsinger, A. E. (1990). Mood and selfmotivation in successful and unsuccessful female rowers. *Med. Sci. Sports Exerc., 22*, 849-853.

Raglin, J. S., Morgan, W. P. and Wise, K. J. (1990). Pre-competition anxiety and performance in female high school swimmers: a test of optimal function theory. *Int. J. Sports Med., 11*, 171-175.

Raglin, J. S., Wise, K. J. and Morgan, W. P. (1990). Predicted and actual precompetition anxiety in high school girl swimmers. *J. Swimming Res., 6*, 6-8.

Rushall, B. S. (1979). *Psyching in Sport: The Psychological Preparation for Serious Competition in Sport.* Pelham Books, London.

Smith, A. M., Scott, S. G. and Wiese, D. M. (1990). The psychological effects of sports injuries: coping. *Sports Med., 9*, 352-369.

Tutko, T. and Tosi, U. (1978). *Sports Psyching: Playing Your Best Game All the Time.* Tarcher, Los Angeles.

Yerkes, R. M. and Dodson, J. D. (1908). The relation of strength of stimulus to rapidity of habit formation. *J. Comp. Neurol. Psychol., 18*, 459-482.

CAPÍTULO 11

Alhadeff, L., Gualtieri, T. and Lipton, M. (1984). Toxic effects of water-soluble vitamins. *Nutr. Rev., 42*, 33-40.

Anderson, R. A. (1991). New insights on the trace elements, chromium, copper and zinc and exercise. *Med. Sport Sei, 32*, 38-58.

Applegate, E. A. (1991). Nutritional considerations for ultra-endurance performance. *Int. J. Sports. Nutr., 1*, 118-126.

Barnett, D. W. and Conlee, R. K. (1984). The effects of a commercial dietary supplement on human performance. *Am. J. Clin. Nutr., 40*, 586-590.

Belko, A. Z. (1987). Vitamins and exercise: an update. *Med. Sci. Sports Exerc., 19*, S191-S196.

Bergström, J. E Hultman, E. (1966). The effect of exercise on muscle glycogen and electrolytes in normais. *Scand. J. Clin. Invest., 18*, 16-20.

Bloch, A. S. e Shills, M. E. (1988). Apêndice. In: *Modern Nutrition in Health and Disease,* pp.1488-1489 (eds. Shills, M. E. e Young, V. R.). Lea & Febiger, Philadelphia

Brouns, F. (1991). Effect of diet manipulation on substrate availability e metabolism in trained cyclists. *Biochem. Soc. Trans., 19*, 363-367.

Brouns, F., Saris, W. H. and Stroecken, J. (1989). Eating, drinking and cycling: a controlled Tour de France simulation study. *Int. J. Sports Med., 10*, 532540, S41-S48, S49-S62.

Burke, L. M. and Read, R. S. (1987). Diet patterns of elite Australian male triathletes. *Physician Sports Med., 15*, 140-155.

Campbell, W. W. and Anderson, R. A. (1987). Effects of aerobic exercise and training on the trace minerals chromium, zinc and copper. *Sports Med., 4,* 9-18.

Coggan, A. R. and Coyle, E. F. (1991). Carbohydrate ingestion during prolonged exercise: effects on metabolism and performance. *Exerc. Sport. Sci. Rev., 19,* 1-40.

Costill, D. L. (1988). Carbohydrates for exercise: dietary demands for optimal performance. *Int. J. Sports Med., 9,* 1-18.

Drinkwater, B. L. Physical activity, fitness, and osteoporosis (1994). In: *Physical Activity, Fitness and Health. International Proceedings and Consensus Statement*, pp.724-736. (eds. Bouchard, C., Shephard, R. J., Stephens, T.). Human Kinetics Publishers, Champaign, IL., U.S.A.

Ellsworth, N. M., Hewitt, B. F. and Haskell, V. L. (1985). Nutrient intake of elite male and female nordic skiers. *Physician Sports Med., 13,* 78-92.

Fogoros, R. N. (1980). Runner's trots: gastrointestinal disturbances in runners. *JAMA, 243,* 1743-1744.

Friedman, J. E., Neufer, P. D. and Dohm, G. L. (1991). Regulation of glycogen re-synthesis following exercise: dietary considerations. *Sports Med., 11,* 232 -243.

Hellemans, I. (1991). Nutrition for the iron man triathlete. *J. Sports Med.,* 19,5-7.

Horswill, C. A., Hickner, R. C., Scott, J. R. et al. (1990). Weight loss, dietary carbohydrate modifications and high intensity physical performance. *Med. Sci. Sports Exerc., 22,* 470-476.

Horton, E. S. (1986). Metabolic aspects of exercise and weight reduction. *Med. Sci. Sports Exerc., 18,* 10-18.

Hunding, A., Jordal, R. and Paulav, P-E. (1981). Runner's anaemia and iron deficiency. *Acta Med. Scand., 209,* 315-318.

Kreider, R. B., Miriel, V. and Bertun, E. (1993). Amino acid supplementation and exercise performance: analysis of the proposed ergogenic value. *Sports Med., 16,* 190-209.

Kunz, P., Steiner, G. and Wenk, C. (1989). The importance of providing minerals to long distance runners during a 30km course. *Int. J. Vit. Nutr. Res., 59,* 426.

Lawrence, J. D., Bower, R. C., Riehl, W. P. and Smith, J. L. (1975). Effects of a-tocopherol acetate on the swimming endurance of trained swimmers. *Am. J. Clin. Nutr., 28,* 205-208.

Lefavi, R. G., Anderson, R. A., Keith, R. E., Wilson, G. D., McMillan, J. L. and Stone, M. H. (1992). Efficacy of chromium supplementation in athletes: emphasis on anabolism. *Intern. J. Sports Nutr., 2,* 111-122.

Lemon, P. W. (1987). Protein and exercise: update 1987. *Med. Sci. Sports Exerc., 9,* 5179-5190.

Lemon, P. W. (1991). Effect of exercise on protein requirements. *J. Sports. Sci., 9,* 53-70.

Lemon, P. W. and Proctor, D. N. (1991). Protein intake and athletic performance. *Sports Med., 12,* 313-325.

Lewis, J. and Buss, D. H. (1990). Intakes of individual sugar in Britain. *Proc. Nutr. Soc., 49,* 58A.

Machlin, L. J. (ed.) (1990). *Handbook of Vitamins: Nutritional, Biochemical and Clinical Aspects.* Marcel Dekker, New York.

Martin, D. E., Vroon, D. H., May, D. F. and Pilbeam, S. P. (1986). Physiological changes in elite male distance runners training. *Physician Sports Med., 14,* 152-171.

Maughan, R. J. (1991). Fluid and electrolyte loss and replacement in exercise. *J. Sports Sci., 9,* 117-142.

McDonald, R. and Keen, C. L. (1988). Iron, zinc and magnesium nutrition and athletic performance. *Sports Med., 5*, 171-184.

Niemann, D. C., Butler, J. V., Pollett, L. M. et al. (1989). Nutrient intake of marathon runners. *J. Am. Diet. Assoc., 89*, 1273-1278.

Niemann, D. C., Butler, J. V., Pollet, L. M. et al., (1989). Supplementation patterns in marathon runners. *J. Am. Diet. Assoc., 89*, 1615-1619.

Report of the Panel on Dietary Reference Values of the Commttee on Medical Aspects of Food Policy, Vol. 41. *Dietary Reference Values of Food, Energy and Nutrients for the United Kingdon*. HMSO, Londres (1991).

Saris, W. H. and Brouns, F. (1986). Nutritional concerns for the young athlete. In: *Children and Exercise* XII, pp.11-18 (eds. Rutenfranz, J., Mocelin, R. and Klimt, F.). University Park Press, Champaign, IL.

Saris, W. H., van Erp-Baart, M. A., Brouns, F. et al. (1989). Study on food intake and energy expenditure during extreme sustained exercise: the Tour de France. *Int. J. Sports Med., 10,* SI, S26-S31.

Schofield, W. N. (1985). Predicting basal metabolic rate: new standards and review of previous work. *Hum. Nutr. Clin. Nutr., 39*, (Suppl. 1), 5-41.

Sherman, W. M. and Costill, D. L. (1984). The marathon: dietary manipulation to optimize performance. *Am. J. Sports Med., 12*, 44-50.

Sherman, W. M. and Wimer, G. S. (1991). Insufficient dietary carbohydrate during training: does it impair athletic performance? *Int. J. Sports Nutr., 1,* 28-44.

Simon-Schnass, I. and Pabst, H. (1988). Influence of vitamin E on physical performance. *Int. J. Vit. Nutr. Res., 58*, 49-54.

Simonsen, J. C., Sherman, W. M., Lamb, D. R. *et al.* (1991). Dietary carbohydrate, muscle glycogen and power output during rowing training. *J. Appl. Physiol., 70*, 1500-1505.

Simopoulos, A. P. (1989). Opening address. Nutrition and fitness from the first Olympiad in 776 B.C. to 393 A.C. and the concept of positive health. *Am. J. Clin. Nutr., 49*, 921-926.

Stewart, M. L., McDonalds, J. T., Levy, A. S. et al. (1985). Vitamin/mineral supplement use: a telephone survey of adults in the United States. *J. Am. Diet. Assoc., 85*, 1585-1590.

van Dam, B. (1978). Vitamins and sports. *Br. J. Sports Med., 12*, 74-79.

van der Beek, E. J. (1985). Vitamins and endurance training: food for running or faddish claims? *Sports Med., 2*, 175-197.

van Erp-Baart, M. A., Saris, W., Binkhorst, J. A. et al. (1989). Nationwide survey on nutrient habits in elite athletes. Energy, carbohydrates, protein and fat intake. *Intern. J. Sports Med. 10*, 3-10.

Weight, L. M., Myburgh, K. H. and Noakes, T. D. (1988). Vitamin and mineral supplementation: effect on the running performance of trained athletes. *Am. J. Clin. Nutr., 47*, 192-195.

Weight, L. M., Noakes, T. D., Labadarios, D., Graves, J., Jacobs, P. and Berman, P. A. (1988). Vitamin and mineral status of trained athletes including the effects of supplementation. *Am. J. Clin. Nutr., 47*, 186-191.

Williams, M. H. (1985). *Nutritional Aspects of Human Physical and Athletic Performance,* 2nd edn. Charles C. Thomas, Springfield, IL.

Williams, M. H. (1991). Focus: nutritional ergogenic aids. *Int. J. Sport Nutr., 1*, 213.

Wilmore, J. H. (1991). Eating and weight disorders in the female athlete. *Int. J. Sports Nutr., 1*, 104-117.

CAPÍTULO 12

Budgett, R (1990).Overtraining syndrome. *Br. J. Sports Med., 24*, 231-236.

Conconi, F., Ferrari, M., Ziglio, P.G. et al. (1982). Determination of the anaerobic threshold by a non-invasive field test in runners. *J. Appl. Physiol., 52*, 869-873.

Czajkowski, W. (1982). A simple method fatigue in endurance training. In: *Exercise and Sport Biology*, Vol. 10, pp.207-212 (ed. Komi, P.V.). Human Kinetic Publishers, Champaing, IL.

Dressendorger, R. H., Wade, C. E. and Scaff, J. H. (1985). Increased morning heart rate in runners: a valid sign of overtraining. *Physician Sports Med., 13*, 77-86.

Fry, R. W., Morton, A. R. and Keast, D. (1991). Overtraining in athletes: an update. *Sports Med., 12*, 32-65.

Grisogono, V. (1984). *Sports Injuries: A Self-help Guide.* John Murray, London.

Hanley, D. F. (1976). Medical care of the U.S. Olympic team. *JAMA, 236*, 147-148.

Kreider, R. B., Miriel, V. and Bertun, E. (1993). Amino acid supplementation and exercise performance: analysis of the proposed ergogenic value. *Sports Med., 16*, 190-209.

Lachmann, S. (1988). *Soft Tissue Injuries in Sport.* Blackwell Scientific, Oxford.

Lachmann, S. (1988). Soft Tissue Injuries in Sport, p.76. Oxford: Blackwell Scientific Publications.

Morgan, W.P., Brown, D. R., Raglin, J.S. et al. (1987). Phychological monitorring of overtraining and staleness. *Br. J. Sports Med., 21*, 107-114.

Muckle, D. S. (1982). Injuries in sport. R. *Soc. Heatth J., 102*, 93-94.

Noakes, T. (1992). *Lore of Running,* 2nd edit. Oxford University Press, Cape Town.

Nieman, D. C. Physical activity, fitness and infection (1994). In: *Physical Activity, Fitness, and Health. International Proceedings and Consensus Statement,* pp.796-813. (eds. Bouchard, C., Shephard, R. J., Stephens, T.). Human Kinetics Publishers, Champaign, IL., U.S.A.

O'Connor, P. J., Morgan, W. P., Koltyn, K. F. et al. (1991). Air travel across four time zones in college swimmers. *J. Appl. Physiol., 70*, 756-763.

Pagliano, J. W. and Jackson, D. W. (1987). A clinical study of 3,000 longdistance runners. *Ann. Sports Med., 3*, 88-91.

Read, M. R. and Wade, P. I. (1984). *Sports Injuries. A Unique Guide to Self Diagnosis and Rehabilitation.* Breshlich & Foss, London.

Roberts, J. A. (1986). Viral illnesses and sports performance. *Sports Med., 3*, 296-303.

Vines, G. (1993). Overdosing on exercise. *New Scientist (Suppl.)*, 9th October, 13-14.

CAPÍTULO 13

Berglund, B. and Ekblom, B. (1991). Effect of recombinant human erythropoietin treatment on blood pressure and some haematological parameters in healthy men. *J. Intern. Med., 229*, 125-130.

Bierly, J. R. (1987). Use of anabolic steroids by athletes: do the risks outweigh the benefits? *Postgrad. Med., 82*, 67-75.

Burks, T. F. (1991). Drug use in athletics. *Trends Pharmacol. Sci., 2*, 66-68.

Chol, P. Y. L., Parrott, A. C. and Cowan, D. (1989). Adverse behavioural effects of anabolic steroids in athletes: a brief review. *Sports. Med.,* 1, 183-187.

Cowart, V. (1986). Control and treatment of drug abuse have challenged nation and its physicians for much of history. *JAMA, 256*, 2465-2469.

Cregler, L. L. and Mark, H. (1986). Cardiovascular dangers of cocaine abuse. *Am. J. Cardiol., 57*, 1185-1186.

Celsing, F., Svedenhag, J., Pihlstedt, P. et al., (1987). Effects of anaemia and stepwise-induced polycythaemia on maximal aerobic power in individuals with high and low haemoglobin concentrations. *Acta Physiol. Scand., 129*, 47-54.

Ekblom, B. and Berglund, B. (1991). Effect of erythropoietin administration on maximal aerobic power. *Scand. J. Med. Sci. Sports,* 1, 88-93.

Frankle, M. A., Cicero, G. J. and Payne, J. (1984). Use of androgenic anabolic steroids by athletes. *JAMA, 252,* 482.

Goldman, B., Klatz, R. and Bush, P. (1984). *Death in the Locker Room.* Century Publishing, London.

Hervey, G. R., Knibbs, A. V., Burkinshaw, L. et al. (1981). Effects of methandienone on the performance and body composition of men undergoing athletic training. *Clin. Sci., 60,* 457-461.

Hickson, R. C., Ball, K. L. and Falduto, M. T. (1989). Adverse effects of anabolic steroids. *Med. Toxicol. Adverse Drug Exp., 4*, 254-271.

Lamb, D. R. (1984). Anabolic steroids in athletics: how well do they work and how dangerous are they? *Am. J. Sports Med., 12,* 31-38.

Laties, V. G. and Weiss, B. (1981). The amphetamine margin in sports. *Fed. Proc., 40,* 2689-2692.

Lombardo, J. A., Longrope, C. and Voy, R. O. (1985). Recognising anabolic steroid abuse. *Patient Care, 19,* 28-47.

McCaughan, G. W., Bilous, M. J. and Gallagher, N. D. (1985). Long-term survival with tumor regression in androgen-induced tumors. *Cancer, 56,* 2622-2626.

Mottram, D. R. (ed.) (1988). *Drugs in Sport.* E. & F.N. Spon Ltd, London. Ryan, A. J. (1981). Anabolic steroids are fools' gold. *Fed. Proc., 40*, 2682-2688.

Ryan, A. J. (1984). Causes and remedies for drug misuse and abuse by athletes. *JAMA, 252,* 517-519.

Sklarek, H. M., Mantovani, R. P., Erens, E. et al. (1984). AIDS in a body builder using anabolic steroids. *N. Engl. J. Med., 311,* 1701.

Strauss, R. H., Liggett, M. T. and Lanese, R. R. (1985). Anabolic steroid use and perceived effects in ten weight trained women athletes. *JAMA, 253,* 2871-2873.

Taylor, V. N. (1985). *Hormonal Manipulation.* Jefferson, N. C. McFarland & Co., London.

Tennant, F., Black, D. L. and Voy, R. O. (1988). Anabolic steroid dependence with opioid-type features. *N. Engl. J. Med., 319,* 578.

Wade, N. (1972). Anabolic steroids: doctors denounce them, but athletes aren't listening. *Science, 176,* 1399-1403.

Yesalis, C. E., Wright, J. E. and Bahrke, M. S. (1989). Epidemiological and policy issues in the measurement of the long term health effects of anabolic-androgenic steroids. *Sports Med.,* 8, 129-138.

PARTE II

SEÇÃO B

American College of Obstetricians and Gynecologists (1985). Pregnancy and the post-natal period. *ACOG Home Exercise Programs,* 1-5.

Artal, R. and Wiswell, R. A. (1985). *Exercise in Pregnancy.* Williams & Wilkins, Baltimore. Carpenter, M. W. Physical activity, fitness and health of the pregnant mother and fetus (1994). In: *Physical Activity, Fitness, and Health. International Proceedings and Consensus Statement,* pp.967-989. (eds. Bouchard, C., Shephard, R. J., Stephens, T.). Human Kinetics Publishers, Champaign, IL., U.S.A.

SECTION C

Jacobson, E. (1929). *Progressive relaxation.* University of Chicago Press, Chicago, IL., U.S.A.

Tutko, T. and Tosi, U. (1978). *Sports Psyching.* J. P. Tarcher, Los Angeles.

SEÇÃO D

Sherman, W. M and Wimer, G. S. (1991). Insufficient carbohydrate during training: does it impair athletic performance? *Int. J. Sport Nutr.,* 1, 28-44.

SECTION E

Noakes, T. (1992). *Lore of Running*. Cape Town: Oxford University Press.

Cook, S. D., Brinker, M. R. and Poche, M. *(1990).* Running shoes: their relationship to running injuries. *Sports Med., 10*, 1-8.

BIBLIOGRAFIA INDICADA

Astrand, P. O. and Radahl., K. (1986). *Textbook of Work Physiology.* McGrawHill, New York.

Brooks, G. A. and Fahey, T. D. (1984). *Exercise Physiology: Human Bioenergetics and Its Applications.* Wiley, New York.

Costill, D. L. (1986). *Inside Running: Basics of Sports Physiology.* Benchmark Press, Indianapolis.

Martin, D. E. and Coe, P. N. (1991). *Training Distance Runners.* Human Kinetic Publishers, Champaign, IL.

McArdle, W. D., Katch, F. I. and Katch, V. L. (1991). *Exercise Physiology: Energy, Nutrition and Human Performance.* Lea and Febiger, Philadelphia/ London.

Noakes, T. (1992). *Lore of Running,* 2nd ed. Oxford University Press, Cape Town.

Powers, S. K. and Howley, E. T. (1990). *Exercise Physiology: Theory and Application to Fitness and Performance. W. C.* Brown, Dubuque, IA. Simmons, R. M. (ed.) (1992). *Muscle Contraction.* Cambridge University Press.

Wootton, S. (1988). *Nutrition for Sport.* Simon & Schuster, London.

Wirhed, R. (1994). *Athletic ability and the Anatomy of Motion.* Wolfe Medical, London.

COMPREENDENDO A BARREIRA DO RENDIMENTO FÍSICO

BENEDITO PEREIRA / TÁCITO PESSOA DE SOUZA JR.

17x24cm / 160 páginas / Capa cartonada / ISBN: 85-7655-021-0 / 1ª edição / 2005

Este livro traz uma significante contribuição aos amantes das Ciências do Esporte. São apresentados conceitos biológicos (fisiológicos e bioquímicos) aprofundando os entendimentos dos princípios do treinamento físico e esportivo, tais como sobrecarga, especificidade e variabilidade.

Assim como em obras anteriores, Dimensões Biológicas do Treinamento Físico e Metabolismo Celular e Exercício Físico, os autores Benedito Pereira e Tácito Pessoa de Souza Jr. utilizam as disciplinas biológicas do treinamento físico, como ferramenta para a explicação dos fenômenos ocorridos no supertreinamento e na barreira de rendimento.

ATLETISMO REGRAS DE COMPETIÇÃO
2004 - 2005

IAAF

14x21cm / 224 páginas / Capa Cartonada / ISBN: 85-86702-98-6 / 3ª edição / 2005